国家社会科学基金一般项目（编号：18BGL065）资助

尹洪英 著

供应链关系
对股价崩盘风险的影响研究

Study on the Influence of Supply Chain Relationship
on Stock Price Crash Risk

中国财经出版传媒集团

经济科学出版社
Economic Science Press

图书在版编目（CIP）数据

供应链关系对股价崩盘风险的影响研究／尹洪英著．
—— 北京：经济科学出版社，2023.2
ISBN 978 - 7 - 5218 - 4533 - 4

Ⅰ. ①供… Ⅱ. ①尹… Ⅲ. ①供应链 - 影响 - 股票价
格 - 研究 Ⅳ. ①F830.91

中国国家版本馆 CIP 数据核字（2023）第 023381 号

责任编辑：杜　鹏　郭　威　宋艳波
责任校对：郑淑艳
责任印制：邱　天

供应链关系对股价崩盘风险的影响研究

尹洪英　著

经济科学出版社出版、发行　新华书店经销

社址：北京市海淀区阜成路甲 28 号　邮编：100142

编辑部电话：010 - 88191441　发行部电话：010 - 88191522

网址：www. esp. com. cn

电子邮箱：esp_bj@ 163. com

天猫网店：经济科学出版社旗舰店

网址：http://jjkxcbs. tmall. com

固安华明印业有限公司印装

710 × 1000　16 开　22 印张　370000 字

2023 年 2 月第 1 版　2023 年 2 月第 1 次印刷

ISBN 978 - 7 - 5218 - 4533 - 4　定价：118.00 元

（图书出现印装问题，本社负责调换。电话：010 - 88191545）

（版权所有　侵权必究　打击盗版　举报热线：010 - 88191661

QQ：2242791300　营销中心电话：010 - 88191537

电子邮箱：dbts@ esp. com. cn）

前　言

供应链关系管理作为上市公司经营治理中关键的环节之一，能够对上市公司的经营绩效和生存发展产生重要影响；股价崩盘风险则是上市公司生产、经营和治理在其股票定价过程中的集中反映，关系到资本市场的健康发展和平稳运行。本书基于我国上市公司在供应链管理领域的运作实践，结合国内外有关股价崩盘风险研究的分析方法、理论框架与发展趋势，从供应链关系的透明度、集中度和稳定度三个层面，深入剖析了供应链关系影响公司未来股价崩盘风险的客观表现、影响因素、路径机制和经济后果。

首先，本书利用上市公司对供应链相关信息的披露，从供应链整体关系层面、客户关系层面和供应商关系层面分别测度了公司供应链关系的透明度指标。研究发现，供应链关系的透明度有助于抑制公司未来的股价崩盘风险，并且该影响在一系列稳健性检验中是显著的。此外，透明的供应链关系对未来股价崩盘风险的这种抑制效应在熊市周期、集中度高的行业以及内部控制更差的公司中更强。研究进一步揭示，透明的供应链关系通过提升公司整体的信息透明度，例如降低审计风险、提升分析师预测精度和降低信息不对称程度，进而减少未来公司股价发生暴跌的概率。

其次，本书从供应链整体层面、客户层面和供应商层面分别测度了供应链关系的集中度，并发现上市公司供应链集中度越高，即公司向前五大客户销售额或向前五大供应商采购额的占比越大，公司未来的股价崩盘风险越低，且上述关系在一系列稳健性检验中仍然是显著的。同时，供应链集中度对未来股价崩盘风险的抑制效应在熊市周期、高垄断行业和内部监督弱的公司中更显著。结合供应链外部利益相关者的监督效应，本书揭示了供应链关系的集中度能够降低管理层对财务信息的操纵以及约束管理层的激进避税行为，进而降低未来的股价崩盘风险。

再次，本书从客户稳定度和供应商稳定度两个层面测度了供应链关系的稳定度，发现稳定的客户和供应商合作关系同样会显著降低公司未来的股价崩盘风险，并且该影响在一系列稳健性检验中仍然是显著的。从宏观周期来看，供应链稳定度对未来股价崩盘风险的抑制效应在熊市周期和经济下行周期中更强；在行业层面，对于制造业和集中度较高的行业，稳定的供应链合作关系对股价崩盘风险的负向影响更显著；在公司层面，相比于国有企业，非国有企业中供应链稳定度在维护股价平稳运行中发挥了更重要的作用。此外，企业两权分离程度会同样加强供应链关系的稳定度对未来股价崩盘风险的抑制效应。基于外部利益相关者的监督效应及其对企业经营的治理效应，研究发现稳定的供应链关系通过降低管理层对财务信息的操纵和降低企业经营风险两种途径，抑制未来的股价崩盘风险。

最后，本书基于供应链关系的透明度、集中度和稳定度预测了公司未来的股价崩盘风险，并考察了预期的股价崩盘风险对上市公司融资能力的影响。研究发现，基于供应链关系预测的股价崩盘风险的增加不仅会显著降低上市公司通过银行贷款方式获取资金的可能性，而且将减少公司新增短期贷款规模、长期贷款规模以及银行贷款总规模。更重要的是，基于供应链关系预测的股价崩盘风险的增加同样降低了企业通过股票市场筹措资金的可能性，并会减少公司通过增发和配股方式进行股权再融资的融资规模。此外，基于供应链关系的透明度和集中度预测的股价崩盘风险对公司债券发行与发行债券规模的影响并不显著；然而，基于客户稳定度和供应商稳定度预期的股价崩盘风险越高，公司发行债券的概率越大，并且债券发行规模越大。进一步地，研究揭示了供应链关系预测的股价崩盘风险会加剧上市公司融资约束。上述发现说明，上市公司通过加强供应链管理，促进透明的、集中的和稳定的供应链合作关系，以降低未来的股价崩盘风险，从而提升公司融资能力。

总体而言，本书从供应链关系的透明度、集中度和稳定度三个方面揭示了供应链关系对股价崩盘风险的重要影响，丰富了对股价崩盘风险生产机理的研究，同时拓展了供应链关系治理领域的研究内容和视角。从实践来看，本书能够为完善我国上市公司的股价风险治理路径，加强投资者对客户/供应商等外部利益相关者的角色定位和理解，启示监管层加强供应链信息披露、预防股市暴跌和危机传染以维护金融市场的稳定提供重要的实践指导和启示。

笔者
2023 年 1 月

目　　录

第1章　导论 ……………………………………………………… 1

1.1　研究背景 ……………………………………………………… 1

1.2　研究目标 ……………………………………………………… 4

1.3　研究思路 ……………………………………………………… 4

1.4　研究内容 ……………………………………………………… 6

1.5　研究创新 ……………………………………………………… 9

第2章　理论基础与文献综述 …………………………………… 11

2.1　理论基础 ……………………………………………………… 11

2.2　供应链关系管理研究综述 ………………………………… 21

2.3　股价崩盘风险研究综述 …………………………………… 31

2.4　本章小结 ……………………………………………………… 43

第3章　供应链透明度对股价崩盘风险的影响 ………………… 44

3.1　A股上市公司供应链信息披露的现实背景 ……………… 44

3.2　理论分析与研究假设 ……………………………………… 50

3.3　研究设计 ……………………………………………………… 52

3.4　实证结果 ……………………………………………………… 57

3.5　横截面分析 ………………………………………………… 71

3.6　路径机制检验 ……………………………………………… 93

3.7　稳健性检验 ………………………………………………… 110

3.8　本章小结 …………………………………………………… 123

第4章　供应链集中度对股价崩盘风险的影响 ……………… 125

4.1　理论分析与研究假说 ……………………………………… 125

4.2　研究设计 ································· 128

4.3　实证结果 ································· 136

4.4　横截面分析 ······························ 145

4.5　路径机制检验 ···························· 169

4.6　稳健性检验 ······························ 184

4.7　本章小结 ································· 196

第5章　供应链稳定度对股价崩盘风险的影响 ········ 197

5.1　理论分析与研究假说 ···················· 197

5.2　研究设计 ································· 198

5.3　实证结果 ································· 206

5.4　横截面分析 ······························ 212

5.5　路径机制检验 ···························· 246

5.6　稳健性检验 ······························ 258

5.7　本章小结 ································· 270

第6章　供应链特征、预期股价崩盘风险与上市公司融资能力 ·········· 272

6.1　理论基础与研究假说 ···················· 272

6.2　研究设计 ································· 275

6.3　供应链透明度预期的股价崩盘风险对融资的影响 ······· 281

6.4　供应链集中度预期的股价崩盘风险对融资的影响 ······· 291

6.5　供应链稳定度预期的股价崩盘风险对融资的影响 ······· 300

6.6　本章小结 ································· 314

第7章　研究结论、建议及展望 ··············· 315

7.1　研究结论 ································· 315

7.2　理论贡献 ································· 317

7.3　实践启示 ································· 318

7.4　研究局限和未来展望 ···················· 320

参考文献 ································· 323

第 1 章

导 论

1.1 研究背景

1.1.1 现实背景

资本市场的平稳健康运行能够促进资本配置效率的提升，增强对实体经济发展的支持，为科技、创新、创业型经济发展提供源源不断的动力。然而，中国资本市场的不稳定因素不仅影响了国家的金融稳定，甚至危害实体经济的正常发展，特别是股价暴涨暴跌所带来的股价非对称风险给资本市场的健康发展和投资者的财富带来了极大的冲击与破坏（French et al.，1987；Bekaer and Wu，1997）。股价暴跌导致个人和机构投资者的财富出现大幅度缩水并扰乱金融市场稳定的现实案例不胜枚举。如 2012 年万福生科的财务造假案，其在 2012 年半年报中虚增营业收入、虚增营业成本和虚增利润，而且未披露公司上半年重大停产事项。当财务造假事件曝光后，其股价在一周内大幅下跌。2014 年最大的黑天鹅"獐子岛"，停牌半月之久后突然宣布因为遭遇异常的冷水团，使公司 105.64 万亩海洋牧场遭遇灭顶之灾，受这一影响公司前三季度业绩"大变脸"，由盈利变为亏损约 8.12 亿元，股票复牌后连续 3 日跌停。[①] 2016 年 11 月乐视因拖欠供应商欠款达到一百多亿元，导致供应商拒绝给乐视电动汽车供货，当日乐视股价暴跌。2017 年 3 月在港股市场上，东北著名乳制品企业辉山乳业在半个交易日内股票跌幅超过 85%，公司市值

---

① 獐子岛三季报巨亏 8 亿 "小伙伴们"都惊呆了［EB/OL］. 人民网，http：//shipin.people.com. cn/n/2014/1031/c85914 – 25946010. html，2014 – 10 – 31.

当日缩水近 300 亿元①，创下港股市场跌幅之最，随后公司申请紧急停牌，且作为其审计师的毕马威也对于其"持续经营"能力发出疑问，表示无法准时出具其 2016 年年报审计意见。不到一个月的时间里，另一港股中国金控也发生了暴跌情况。这家以卖卷心菜起家的农业公司，由于农业业务出现萎缩，开始尝试进入金融和其他领域进行多元化经营，然而业绩并不理想，公司出现了内部控制失效，发生了挪用公司款项等行为，在其发布 2016 年年报不久后，即出现股价大幅度下跌情况。股价暴跌产生严重的蝴蝶效应，容易引起投资者的心理恐慌，并催生市场崩盘风险。近年来，随着国际金融危机和中国股灾现象的相继爆发，"股价崩盘风险"成为宏观经济和微观财务学研究的最新热点，并受到监管层、投资者和企业管理层的广泛关注。因此，在我国资本市场剧烈波动进而金融风险和脆弱性逐渐积累的背景下，探索股价崩盘风险的形成和影响因素已成为亟须解答的重要理论和实践问题。

1.1.2 理论背景

公司层面的股价崩盘风险是指个股特有收益出现极端负值的概率，传达的是公司股价短期的急剧波动风险（Jin and Myers，2006）。目前学界对于该问题的研究主要沿袭了吉恩和迈尔斯（Jin and Myers，2006）所提出的"管理层捂盘"理论。由于管理权和所有权分离，管理层实际主导了公司的日常经营管理行为，而股东不能实时掌握企业的经营信息，两者之间存在代理问题，并产生代理成本。管理层出于自身薪酬、职业生涯及晋升的考量，在信息披露中经常会报喜不报忧。如果好消息和坏消息均随机出现，并且管理者均及时披露两类消息，即消息分布是对称的，则股票回报的分布也对称（Kothari et al.，2009）。然而，大量研究表明管理者披露坏消息和好消息分布并不对称——管理层存在隐藏坏消息的行为倾向，即管理者更倾向于隐瞒或推迟披露坏消息而加速披露好消息（Pastena and Ronen，1979；Francis and Philbrick，1994；Kothari et al.，2009）；相反，坏消息随时间的推移在公司内不断积累，但"纸终究包不住火"。由于公司对坏消息的容纳存在一个上限，一旦累积的负面消息超过了这个上限，坏消息将集中释放出来，进而对公司股价造成极大的负面冲击并导致其最终暴跌。

现有文献主要基于会计信息质量（Jin and Myers，2006；Hutton et al.，

①　辉山乳业暴跌背后：谎称自供苜蓿草 金融机构极不专业［EB/OL］. 人民网，http：// capital. people. com. cn/n1/2017/0330/c405954 - 29178489. html，2017 - 3 - 30.

2009）、会计稳健性（Kim and Zhang，2016；袁振超和代冰彬，2017）、税收规避（Kim et al.，2011a；江轩宇，2013）、高管股权激励（Kim et al.，2011b；任莉莉和张瑞君，2019）、分析师（潘越等，2011；许年行等，2012）、机构投资者（许年行等，2013；Callen and Fang，2013）等企业内部特征因素来对股价崩盘风险进行研究，却忽视了基于企业供应链的信息披露和外部契约等关系特征因素来考察股价崩盘风险的生成机理和影响因素。

从信息披露视角来看，供应链信息不仅是公司披露含量及披露质量的重要组成部分，同时作为一个公司信息来源的补充渠道，对资本市场参与者判断公司发展状况也极具价值。目前已有研究基于经济关联公司信息外部性引发的上下游信息传递（information transfer）探讨供应链信息在资本市场上的作用。如奥尔森和迪特里希（Olsen and Dietrich，1985）发现客户的销售公告总是伴随着供应商的股价波动，说明这种经济关联公司的信息能够纵向传递。潘迪特等（Pandit et al.，2011）发现客户的季度盈余预告与供应商窗口期的股票累计异常收益正相关，并且受到客户季度盈余预告的信息含量、供应商和客户之间关系强度等因素的影响。除了直接的信息传递作用外，还有学者从其他利益相关者角度分析了供应链信息的价值。如关等（Guan et al.，2014）研究了同时跟踪供应链上下游企业的分析师预测准确度，发现供应链信息提升了分析师预测准确度。因此，结合不完全信息理性均衡理论，上市公司对供应链信息的披露无疑会提升公司信息透明度，促进外部市场参与者信息处理效率的提升，进而影响资产定价。然而，上市公司供应链关系的透明度，即公司对外部供应链信息的披露，是否以及如何对上市公司股价崩盘风险产生影响，是目前研究尚未充分关注但极具研究价值的重要议题。

从外部契约视角来看，现如今的企业（尤其是制造业企业）处于如图1.1所示的供应链关系网络中，供应商和客户是企业最为重要的外部利益相关者，身处互联市场中的企业正面临着越来越复杂的关系网络，承受着来自上游供应商、下游客户及竞争者等社会各方的外部压力和监督（Trebilcock，2007）。从实践视角来看，当前中国经济处于新常态，企业之间的竞争已经摆脱了以往的单体竞争局面，供应链系统的整体竞争已成为重要的战略竞争基础。因此，管理好供应链关系无疑对企业的财务行为及其资本市场表现会产生显著影响。从理论视角来看，供应链关系对企业而言是把"双刃剑"，一方面，供应链关系可能会抑制企业的信息操纵披露行为。因为稳定和集中的供应商/客户为企业经营提供了可靠的商业信用、利润和现金流保证，企业为维护这一关系的长期稳定可能会主动或被动地披露高质量的财务信息给对方，这体现了供应链关系的外部监督职能。另一方面，供应链关系也可能会强化企业的信息披露操纵行为。因为稳定和集中的供应商/客户关系也强化了企业的专用型交易风险，此时强势的供应商和客户在供应链体系谈判中处于优势，企业为了减少关系准租的损失也可能会主动或被动地通过信息操纵性披露和盈余管理行为来迎合核心供应商与客户对企业未来前景的预期，从而激励对方承担更多的关系专用性投资，这体现了供应链关系的外部压力职能。那么，供应链关系对企业到底产生监督职能还是压力职能呢？这种职能效应是否会进一步产生市场效应，即对信息披露操纵行为引起的股价崩盘风险产生强化或抑制作用呢？研究这些问题不仅有助于揭示上市公司供应链关系管理的溢出效应，而且对拓展股价崩盘风险的研究视角也具有重要的理论指导价值。

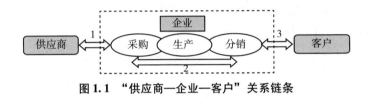

图1.1 "供应商—企业—客户"关系链条

1.2 研究目标

本书的总体目标是：基于我国上市公司所处供应链的契约环境和运作实践，结合国外有关股价崩盘风险研究的分析方法、理论框架与发展趋势，切入供应链关系管理视角，深入分析供应链关系特征与企业股价崩盘风险之间的内在关系，研究供应链关系与股价崩盘风险关系形成的理论机理、客观表现、影响因素、路径机制及其对应的经济后果，得出具有基础性、前沿性、原创性及应用价值的研究成果，丰富和发展有关供应链信息披露和供应链关系管理与股价崩盘风险交叉研究的前沿成果。最终为完善我国上市企业的风险管理，增强投资者对客户/供应商等外部利益相关者的角色定位和理解，启示监管层加强股市监管、防止股市暴跌和危机传染以维护金融稳定提供重要的研究指导。

1.3 研究思路

本书的研究思路如图1.2所示，具体包括以下四条线路。

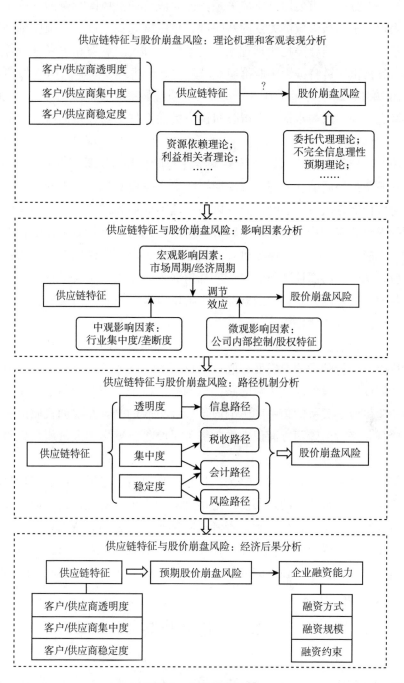

图 1.2　本书研究思路

第一，分析上市公司供应链关系特征对股价崩盘风险影响的理论机理和客观表现。本书从供应链关系的透明度、集中度和稳定度三个维度刻画供应链关系特征，并结合委托代理理论、资源依赖理论、利益相关者理论等理论基础，分析供应链特征影响股价崩盘风险的理论机理，同时利用 A 股市场上市公司 2001~2019 年的大样本，实证考察供应链关系特征对股价崩盘风险影响的客观表现，以初步揭示上市公司供应链关系特征与股价崩盘风险的内在联系。

第二，分析上市公司供应链关系特征与股价崩盘风险关系的影响因素。本书从股票市场周期和宏观经济周期视角探索供应链特征在不同宏观市场态势下对股价崩盘风险影响的差异，以揭示熊市周期和经济下行周期中供应链管理的溢出效应；从行业集中度和行业垄断度视角剖析行业特征是否以及如何调节供应链特征与股价崩盘风险的相互关系，以阐明供应链特征的行业治理效应；从企业内部控制和股权特征视角深入研究供应链关系特征与股价崩盘风险两者关系的微观影响因素，以明晰供应链关系管理对缓解委托代理成本的重要互补或替代作用。

第三，分析上市公司供应链特征影响股价崩盘风险的路径机制。本书从审计风险、分析师预测准确度和股价信息不透明度等信息路径剖析供应链关系的透明度影响股价崩盘风险的路径机制；从盈余管理和管理层避税行为两方面检验供应链关系的集中度影响股价崩盘风险的会计路径和税收路径；从盈余管理和经营风险两方面识别供应链关系的稳定度影响股价崩盘风险的会计路径和风险路径。

第四，分析上市公司供应链关系特征影响股价崩盘风险的经济后果。本书分别基于供应链关系的透明度、集中度和稳定度，对上市公司股价崩盘风险进行预测，并结合债权人和投资者风险感知以及公司融资策略，从融资方式、融资规模和融资约束三方面考察预期股价崩盘风险对上市公司融资能力的影响，以深刻揭示加强供应链信息披露和提升供应链关系管理的重要作用。

1.4　研究内容

本书从不完全信息理性预期均衡理论、委托代理理论、利益相关者理论、资源基础理论、资源依赖理论等基础理论出发，考察供应链关系特征在股价崩盘风险演化过程中的作用，主要内容架构分为七个部分。

第 1 章是导论，重点介绍研究背景、研究目标、研究思路、研究内容和研究创新等。

第 2 章对本书涉及的基础理论以及国内外现有研究进行综述和回顾。通过文献回顾，发现供应链关系的披露可以直接反映企业经营前景和发展状况，这种信息在资本市场上进行传递，有利于降低信息不对称及其交易成本，增加信息的透明度，成为分析师、债权人、投资者、决策者的依据。同时，供应链管理和合作体系与各企业的专用性资源基础以及企业间的资源依赖密切相关。稳定和集中的供应链关系实质是建立跨组织和跨部门的稳定伙伴关系，通过管理企业内外部运作流程达到低成本和高效率的企业运营状态，并强化客户和供应商等外部利益相关者对企业的监督治理作用。但稳定和集中的客户/供应商关系也强化了企业的专用性交易风险，此时强势的供应商和客户在供应链体系谈判中具有相对价格优势，企业为了减少关系准租的损失也可能会主动或被动地迎合客户/供应商。因此，对供应链关系特征的分析应当具备辩证性思维，在充分认识供应链管理为企业带来的经济利益和监督效应的同时，注重供应链关系的外部压力职能。而在股价崩盘风险方面，两权分离的现代企业体系中的委托代理问题是导致股价崩盘的根本原因，市场微观结构层面非知情交易者放大对坏消息的预期造成的大规模抛售则是引起股价崩盘的直接原因。这两者分别从代理问题和信息透明度视角对股价崩盘风险的生成机理进行了诠释。因此，管理层特征和决策、大股东掏空行为、内部治理缺失、信息披露不健全等是股价崩盘风险的重要内部影响因素；同时，股价崩盘风险与制度和文化规范、市场参与者和利益相关者的外部监督等外部因素密切相关。现有文献也充分揭示了债权人和投资者对股价崩盘风险的感知是否以及如何影响企业资本结构或融资能力。

第 3 章基于我国沪深 A 股市场上市公司 2001～2019 年对供应链关系信息的披露实践，考察了供应链关系的透明度对公司未来股价崩盘风险的影响。研究发现，供应链关系透明度的提升有助于降低上市公司未来的股价崩盘风险，并且该影响在供应链整体信息透明度层面、客户信息披露层面以及供应商信息披露层面都是显著的。同时，在熊市周期、集中度更高的行业以及内部控制更弱的公司，透明的供应链关系对未来股价崩盘风险的抑制效应更强。路径机制分析表明，研究发现供应链关系的透明度通过降低审计风险、提高分析师预测精度和降低股价信息不透明度三种信息途径，降低未来的股价崩盘风险。研究同样采用股价崩盘风险的替代变量、控制地区固定效应、使用赫克曼（Heckman）两阶段工具变量回归和 PSM 分析方法，进一步验证了供应链关系的透明度对未来股价崩盘风险影响的稳健性。

第 4 章利用我国沪深 A 股市场 2001～2019 年的上市公司样本，考察了供应链关系的集中度对公司未来股价崩盘风险的影响。研究发现，供应链关系的集中度有助于降低上市公司未来的股价崩盘风险，并且该影响在供应链整体集中度层面、客户集中度层面以及供应商集中度层面都是显著的。横截面的分析表明，在熊市周期、垄断程度更高的行业以及内部监督更弱的公司中，供应链关系的集中度对未来股价崩盘风险的抑制效应更强。此外，研究发现供应链集中度的提升通过降低管理层对财务信息的操纵和约束管理层的激进避税行为两种途径，降低未来的股价崩盘风险。最后，集中的供应链关系对未来股价崩盘风险的影响在一系列稳健性测试中，包括采用股价崩盘风险的替代变量、控制地区固定效应以及使用工具变量 2SLS 回归方法，同样显著。

第 5 章以 2003～2019 年我国沪深 A 股市场上市公司为研究样本，考察了供应链关系的稳定度对公司未来股价崩盘风险的影响。首先，研究发现，稳定的供应链合作关系有助于降低上市公司未来的股价崩盘风险，并且该影响在客户稳定度层面以及供应商稳定度层面都是显著的。其次，异质性分析表明，从宏观周期来看，供应链关系的稳定度对未来股价崩盘风险的抑制效应在熊市周期和经济下行周期中更强；在行业层面，对于制造业和集中度较高的行业，稳定的供应链合作关系对股价崩盘风险的负向影响更显著；在公司层面，相较于国有企业，非国有企业中供应链关系的稳定度在维护股价平稳运行上发挥了更重要的作用，且企业两权分离程度会加强供应链稳定度对未来股价崩盘风险的负向影响。此外，研究发现稳定的供应链关系通过降低管理层对财务信息的操纵和降低企业经营风险两种途径，降低未来的股价崩盘风险。最后，供应链稳定度对未来股价崩盘风险的影响在采用股价崩盘风险的替代变量、控制地区固定效应以及使用工具变量 2SLS 回归方法等的测试中是稳健的。

第 6 章在前面研究的基础上，基于供应链关系的透明度、集中度和稳定度预测了公司未来的股价崩盘风险，并考察了预期的股价崩盘风险对上市公司融资的影响。研究发现，首先，基于供应链关系特征预测的股价崩盘风险的增加不仅会显著降低上市公司通过银行贷款方式获取资金的可能性，而且将减少公司新增短期贷款规模、长期贷款规模以及银行贷款总规模。其次，基于供应链关系特征预测的股价崩盘风险的增加同样降低了企业通过股票市场筹措资金的可能性，并会减少公司通过增发和配股方式进行股权再融资的规模。再次，基于供应链关系的透明度和供应链集中度预测的股价崩盘风险对公司债券发行与发行债券规模的影响并不显著；然而，基于客户稳定度和供应商稳定度预期的股价崩盘风险越高，公司发行债券的概率越大，并且债券发行规模越大。最后，研究同样发现了基于供应链关系特征预测的股价崩盘风险会加剧上市公司融资约束。这些结果充分说明了加强供应链关系治理的重要性。

第7章在本书研究的基础上总结了本书的研究结论，同时阐明了本书的理论贡献和管理启示，并提出了本书的研究局限和对未来的展望。

1.5　研究创新

1.5.1　研究视角创新

现有文献大多从管理层特征和决策、大股东掏空、内部治理、财务信息质量、媒体报道、分析师和机构投资者监督等角度探讨股价崩盘风险的影响因素，鲜少有文献基于供应链关系视角进行研究。本书聚焦供应链关系特征，探讨了股价崩盘风险的影响因素，丰富和拓展了股价崩盘领域文献的研究视角。对于供应链领域的研究，以往文献主要从客户这一单一视角考察客户关系对企业经济绩效、财务绩效、创新绩效等方面的影响。一方面，对于处于供应链中游的企业而言，上游供应商作为企业经营重要的外部参与者，其对企业的外部治理作用不可忽视；另一方面，供应链关系特征对资产定价的溢出效应尚未被充分揭示。本书以供应链关系特征为出发点，以股价崩盘风险为落脚点，深入考察供应链关系特征影响股价崩盘风险的理论机理、客观表现、调节因素、路径机制和经济后果，研究同样拓展了供应链关系管理的研究范式，并且对构建股价崩盘风险的综合因素模型具有重要的理论价值。研究视角是新颖和开拓性的。

1.5.2　研究内容创新

上市公司信息披露是资本市场重要的信息来源之一。本书聚焦上市公司对供应链信息的自愿性披露行为，基于不完全信息理性预期均衡框架，深入研究上市公司对客户和供应商信息的披露如何通过提升公司透明度而降低股价崩盘风险，丰富了信息透明度和资产定价效率等领域的研究内容与成果。客户/供应商是企业重要的利益相关者，与客户/供应商构建关系型交易对企业而言是把"双刃剑"。本书研究内容从会计路径、税收路径和风险路径，系统分析了供应链集中度和供应链稳定度对企业财务信息生产过程、避税行为决策过程以及生产运营风险的客观与主观影响以后，进一步分析这种信息效应是否会引起资本市场的波动反应，研究逻辑具有连贯性。研究内容是系统和深入的。

1.5.3　研究方法创新

首先，本书从供应链关系的透明度、集中度和稳定度三个方面构建了供应链关系特征的综合指标体系。以往文献对供应链的考察基本都局限于在供应链关系的单一维度进行分析和考察。一方面，供应链关系的透明度是供应链领域研究的基础，供应链管理领域的实证研究严重依赖于上市公司对供应链相关信息的自愿性披露。本书依据 A 股市场上市公司供应链信息披露实践，从基本信息和深层信息两个方面创新构建了供应链透明度指标，为后续研究提供了参考借鉴。另一方面，供应链集中度和稳定度分别从"量"和"质"两方面刻画了企业供应链管理水平，其背后有各自不同的经济内涵和管理意义，为检验供应链关系价值的溢出效应提供了新的思路。其次，本书分别基于宏观、中观和微观层面考察供应链关系特征与股价崩盘风险两者之间关系的调节效应，同时综合信息路径、会计路径、税收路径和风险路径揭示供应链关系特征与股价崩盘风险两者之间关系的中介效应，两种效应的验证相互补充和印证，能够为理论机理的探索提供科学和可靠的检验证据。最后，以前文献没有对预期股价崩盘风险所引致的经济后果进行分析，其中的难点可能就在于找到科学的模型设定方法分离出预期的股价崩盘风险。本书在分离出预期股价崩盘风险的基础上，深入分析其对企业融资方式、融资规模和融资约束的影响，对扩展股价崩盘风险的研究体系具有重要的创新和改进。

第 2 章

理论基础与文献综述

本章主要系统综述本书涉及的关键理论基础和现有相关研究。供应链管理领域涉及的基础理论包括资源基础理论、资源依赖理论、交易成本理论和利益相关者理论；股价崩盘风险的产生则根植于委托代理理论。在这些理论的基础上，现有研究对供应链管理特征，包括供应链关系的透明度、集中度和稳定度，以及股价崩盘风险的成因，进行了丰富的理论拓展和实证分析。这些理论成果和实证经验为本书揭示供应链关系特征对股价崩盘风险的影响提供了清晰的分析思路和宝贵的研究启示。

2.1　理 论 基 础

2.1.1　资 源 基 础 理 论

资源基础理论（resource-based theory）的提出是经济学领域和战略管理领域对企业竞争优势来源的解释，认为独特的资源为企业核心竞争优势的塑造奠定了基础。资源基础理论起源于 20 世纪 50 年代，是战略管理领域的重要理论之一，它为解释企业之间业绩差异及企业竞争优势来源提供了理论基础。彭罗斯（Penrose，1959）认为企业的独特性取决于其拥有的资源确保了企业具有异质性的生产性服务。这一观点揭示了影响企业成长的因素，即企业存在异质性。资源基础理论是以沃纳菲尔特（Wernerfelt）在 1984 年出版的《企业资源基础理论》为标志。资源观建立在以下两个假设的基础之上：（1）企业具有不同的无形资源与有形资源，上述资源可以转化为独特的能力，资源在不同企业之间难以复制且不可流动；（2）这些独特的能力与资源是企业持续竞争优势的来源。因此，企业拥有独特、稀缺及难以模仿的资源和能力使得不同企业长期可能会存在异质性（Banerjee et al.，2008），那些长期具有独特资源的企业更容易取得长久的超额利润及竞争优势。资源基础理论的核心内容是，以企业为研究对象，着重考察企业拥有的各项资源，将企业内部资源作为分析出发点与基础，通过分析独特的资源及其形成的特殊能力，达到获取超额利润及提升企业竞争力的目的。

具体地讲，资源基础理论主要包括三个方面内容：其一，特殊的异质资源是企业竞争的优势。该理论认为，每一种资源具有多类用途，且货币资金用途最多。企业获利能力存在差异的一个重要原因在于其资源方面的异质性，这也是拥有优势资源的企业获取经济租金的重要原因。具有竞争优势的资源应当具有如下五个特点，即稀缺性、有价值、不能完全被模仿、无其他替代资源和能够以低于价值的价格取得。其二，竞争优势的持续性来自资源的不可模仿性。企业的竞争力来自企业的资源特殊性，这种资源会给企业赚得经济租金。由于经济利益的存在，优势企业肯定会被没有获得经济租金的企业所模仿，其结果必将是企业趋同，租金减少甚至消散。因此，企业经济租金及竞争优势的存在，必将引发优势企业的特殊资源被别的企业模仿，但模仿成本、路径依赖和因果关系含糊三个因素阻碍了企业之间的互相模仿。其三，特殊资源的取得和管理。该理论为企业的可持续发展指出了方向，即获取或培育能带给企业竞争力的特殊资源。企业决策总是面临着许多复杂性和不确定性，因而企业可从知识管理、组织学习及建立外部网络三个方面发展企业特殊的优势资源。

资源基础理论主要回答两个核心问题，即"企业是什么"与"企业长期竞争优势来源"。对这两个问题的回答使得该理论被分化为三个主要流派：（1）传统资源基础理论；（2）企业能力理论；（3）企业知识理论。其中，传统资源基础理论认为企业是"资源的特殊集合"，企业的竞争优势取决于企业所控制的特殊资源（Wernerfelt，1984）。企业能力理论则认为，企业是"能力的独特集合"，企业的竞争优势取决于企业的动态能力或核心能力（Prahalad and Hamel，1990）。企业知识理论学派指出，企业是"知识的独特集合"，企业的竞争优势取决于集体知识或社会知识（Spender，1996）。这三个流派的思想基本是一致的，特殊性质的要素构成了企业竞争优势，差别在于它们所认为的要素不同，分别为资源、能力与知识。

资源基础理论存在两个明显缺陷：第一，过分重视企业内部而忽视企业外部，造成企业战略很难应对市场变化；第二，对企业不完全模仿以及不完全模仿资源界定不够清晰，很难进行操作，而且别的企业很容易模仿企业的战略资源。随着研究深入，一些学者拓展了该理论的范围，戴尔和辛格（Dyer and Singh，1998）认为企业不仅要依靠内部资源建立可持续竞争优势，还要依靠供应链关系中外部资源及与其他企业合作关系。

然而，资源基础理论能够很好地解释加强供应链集中度和促进稳定的供应链合作关系的重要性。资源基础理论认为，一个企业不可能拥有全部的资源，在全部的资源种类中任一企业也不可能具有绝对优势，在不同的企业中，同样的资源也会表现出异质性（Wernerfelt，1984）。因此，企业不但要考虑内部资源的优化配置，还要兼顾外部战略资源的优势互补。这也说明，加强供应链集中度、促进良好稳定的供应链合作关系的重要条件之一就是各方资源的强互补性。企业通过与上下游供应商和客户实现供应链集中度的提升，又通过维持长期稳定的合作关系保证竞争优势，不仅可以优化配置内部异质性战略资源，同时也能使外部难以获得的战略性资源得到互补（Henderson，1998；Boone，2001；Baiman and Rajan，2002；李维安和唐跃军，2005；孟庆玺等，2018）。

2.1.2 资源依赖理论

从 20 世纪 60 年代开始，组织理论研究的视角开始由组织内部扩展到组织外部，逐步意识到环境对组织的作用及组织和环境之间关系的问题，并将组织外部环境与组织联系起来作为一个开放的系统。在此背景下，资源依赖理论逐渐盛行起来。菲弗和萨兰基克（Pfeffer and Salancik）在 1978 年出版了《组织的外部控制》一书，资源依赖理论成为研究组织关系最重要的理论之一。资源依赖理论与新制度主义理论代表了组织研究中两个重要流派。资源依赖理论认为组织的生存发展离不开周围环境提供的资源，必须与周围环境相互作用、相互依存才能实现目标（Pfeffer and Salancik，1978）。它蕴含三层含义：一是组织和周边环境处在互相依赖之中；二是除了屈服环境以外组织可以选择其他方式，改变对环境的依存程度；三是环境不应该被认为是客观现实，对环境的了解和认识需要一个行为过程。资源依赖理论有四个重要假设：（1）生存对组织来说最为重要；（2）组织生存离不开资源，而这些资源组织不能够自己提供；（3）组织必须与环境中其他组织进行互动；（4）组织生存需要具备控制与其他关系的能力。其中，该理论的核心假设是组织生存离不开从周围环境中获取资源，组织不可能完全自给自足，通过与环境交换获取所需资源。

资源依赖理论主要观点如下：第一，组织与组织之间的资源依赖会导致一个组织对另一个组织的外部控制，会对组织内部权力分配产生影响，保证组织正常运行需要多种异质资源，而这些异质资源不可能都由组织自己生产；第二，外部制约和内部的权力安排构建了组织运行的条件，会导致组织保持内部自治度并摆脱外部依赖行为。资源依赖理论的重要价值在于解释了组织与周围环境之间相互作用、相互依赖关系。组织为了生存采用各种手段不断改造自己，适应环境及选择环境，为研究企业在生产经营及财务决策过程中对资源依赖和使用策略提供了理论基础。

资源依赖理论鲜明的观点就是研究组织怎样以联合、合并、游说及治理等手段改造环境，这说明组织不再是为生存与发展去适应环境的接受者，而要让环境来适应自身发展。该理论不仅强调对环境的作用影响，还强调组织之间的相互关系。现实组织活动中，组织控制环境资源主要通过组织网络行为、组织合并战略等方式，例如，组织为了减少对其他组织的依赖会通过垂直整合方式；通过吸收竞争者实现水平发展，以减少竞争中的不确定性；或通过多样化的经营策略，拓展到更多领域，以避免过度依赖某个领域内的核心组织等（Bryson and Pfeffer，1980）。有学者认为资源依赖理论过度突出了权力的控制作用，忽视了制度文化和效率因素（Casciaro and Piskorski，2005；Gulati and Sytch，2007）。此外，资源依赖理论提出，组织领导者在面对相互依赖关系时，会通过正式和非正式的手段来管理这种依赖性，寻求尽可能多的自主权，这种自主性可以使组织从决策的约束中解脱（Fink，2006；Schmitz et al.，2016）。为了管理组织外部的依赖关系，组织会采取一些措施，例如任命其他组织的人员加入董事会、合并组织以吸收相互依赖并获得竞争优势、组建合资企业等作为合作和吸收的策略（Bommaraju et al.，2018）。

资源依赖理论集中突出了相互依存思想，这是因为任何一个单独企业不可能拥有所有的资源来完成企业目标，会与其他企业优势互补，取得所需资源（Joshi and Stump，1999）。供应链上的企业需要相互依存、相互合作

（Dubois and Fredriksson，2008），这对企业来说既是机会，也面临挑战。它不仅可以增强企业的竞争力（Chen et al.，2004），而且有助于企业更好地掌控环境，提高预测准确程度，保证企业经营管理活动的稳定性（Bresser and Harl，1986）。在供应链管理下，企业不仅要与客户和供应商保持协作的关系，还要保证供应链都处在一种相互分享收益的良性机制中（Dyer and Singh，1998），作为企业的战略合作伙伴，客户和供应商可以向企业提供具有竞争优势的资源及其他社会资源，如诚信、地位等。

因此，资源依赖理论认为，企业是一个开放的组织，自身不能提供生存与发展所有资源，必须与外部环境因素进行资源交换，如客户、供应商、监管机构及竞争者等。其中，客户是重要的利益相关者，他们关心企业创新行为。客户存在异质性，他们与企业关系也存在一定差异。客户集中度代表了客户关系的重要特征，它是指客户群分散或集中的程度。集中度越高，意味着企业依赖于几个大客户，客户重要性越高；集中度越低，意味着客户越分散，核心客户越少。在资源依赖关系中，业务伙伴之间存在权力不对等。当客户有强烈的讨价还价动机，并存在可供替代供应商时，企业在选择最有利可图的合同设计方面自由度较低，对客户依赖程度就较高。具有强大讨价还价能力的客户可以通过抑制需求信息来影响价格，潜在地降低企业的利润率，进而影响企业经营业绩。经营业绩的好坏在一定程度上影响企业内部资源分配，进而会影响投入创新资源的多寡。

在供应链管理领域，资源依赖理论已被广泛用于解释企业供应链上下游企业之间的关系对企业行为、战略以及业绩的影响。例如，保拉吉和陈（Paulraj and Chen，2007）的研究采用了资源依赖理论解释供应链不确定性对战略供应管理的直接影响。金和朱（Kim and Zhu，2018）根据资源依赖理论发现，企业对大客户的依赖程度会提高客户的议价能力，议价能力使得大客户对自己想做的事有很少的限制，使得合作的供应商企业很难找到新的商机，也很难保持资源配置的自由，因此会降低企业的研发投入强度。金（Kim，2017）研究结果表明企业对大客户的依赖会降低企业自身的议价能力从而阻碍企业从合作关系中获得更多利益。布林克霍夫等（Brinkhoff et al.，2015）则发现，大客户议价能力的提升会倒逼合作企业增加研发投入并降低信息障碍，以获取大客户的信任。因此，基于资源依赖理论，企业对合作企业的资源依赖会给企业业绩带来一定压力，同时也会发挥一定程度的监督治理效应。

2.1.3 交易成本理论

美国著名经济学家科斯（Coase）在于 1937 年出版的《企业的性质》一书中，首次提出了交易成本的概念。科斯（1937）认为在市场上进行交易需要付出成本，通过制度建立及交易安排所形成的组织就是为了降低这些成本，即交易成本。科斯（1937）认为交易成本包括三个方面：信息收集成本、谈判和签约成本、履约与监督成本。但科斯（1937）并未就交易成本性质及计量进行深入研究。继科斯（1937）以后，对交易成本理论作出突出贡献的经济学家是威廉姆森（Williamson，1979）。威廉姆森（1979）按照时间将交易成本分为事前交易成本与事后交易成本。事前交易成本包括谈判、起草及签订协议发生的成本；事后交易成本包括维持关系长期性、持续进行投入、结束交易支付费用及其他原因给企业带来的损失成本。达尔曼（Dahlman，1979）进一步细化了交易活动的内容，认为交易成本主要包括信息搜寻成本、合同成本、决策和协商成本、监督成本、转换成本与执行成本，解释了交易成本的基本内涵与形态。简单地说，交易成本就是指当实施交易活动时所伴随而来的条件谈判、信息搜寻和交易进行等各类成本。

威廉姆森（1979）认为交易成本是交易环境因素和人性因素相互影响所导致的市场失灵进而导致交易困难引起的。他进一步说明了交易成本六项来源：第一，有限性。参与交易的人，由于身心、情绪、智能等影响，在追求利益极大化时所产生的制约。第二，投机主义。交易参与各方，为了实现自我利益而实施的欺诈方式，增加相互怀疑和不信任，从而增加了交易过程监督成本并且导致经济效率降低。第三，复杂性和不确定性。因为环境中存在各种变化和不可预期性，交易各方均将复杂性和将来不确定性写入合同中，在交易过程中增加签订合同的议价成本，导致交易成功率下降。第四，专用性投资。一些交易过程过于专一性或者特殊性，或者由于异质性资源和信息无法传播与流通，导致减少交易对象以及少数人控制市场，导致市场失灵。第五，信息不对称。自利行为和环境的不确定性导致的机会主义，交易参与双方掌握信息充分程度不同，使得掌握较多有利信息市场的占领者获益，并导致少量交易。第六，氛围。交易参与者如果相互怀疑，并且立场对立，交易关系无法令人满意，过于重视交易过程形式，增加不必要交易成本。

威廉姆森（1979）的突出贡献是将影响交易成本因素从三个维度进行衡

量：专用性投资、交易频率及交易不确定。专用性投资，可以理解为交易主体与特定交易对象进行投资行为，这种投资如果改变用途或者转让给第三方价值将贬损严重。专用性投资可能会产生积极与消极方面的经济后果。一方面，交易者可以通过专用性投资获取较高专用性收益；另一方面，较高的专用性投资降低了其他用途价值，增加了投资者采取机会主义的风险。交易频率即为交易次数，交易频率越高，交易成本越大，交易频率与交易成本线性相关。交易不确定性即意味着交易中存在着风险。由于市场环境复杂性，交易双方地位不对等及信息不对称，履约风险增大，履约成本及议价成本也会增加。威廉姆森（1979）认为组织间关系中管理决策的关键驱动力是最小化交易成本和最大化交易效率。

总体而言，交易成本理论是作为纵向一体化和买卖关系的理论而出现的（Argyres and Porter，1999）。交易成本理论认为组织不能够独立生产所有产品，组织必须与其他组织进行交易才能生产和运作，而这种与其他组织进行交易或开展其他形式的合作往往能够给企业带来更好的发展（Macher and Richman，2008）。交易成本理论假定交易双方风险中立、平等相待、业务经验广泛以及会聘请专业的管理、法律、技术和财务方面的专家（Lafontaine and Slade，2007）。基于这些假定，交易成本理论侧重于探讨交易伙伴在合同签订过程中遇到的分歧以及其中涉及的成本，而不关注交易伙伴之间的差异（Argyres and Porter，1999；Lafontaine and Slade，2007）。该理论的核心思想是管理者为寻求节省交易成本而进行组织变革，组织的主要目的是使得合作过程中的交易成本最小化（Macher and Richman，2008）。交易成本既包括转移现有产权的成本，也包括定义和执行产权的成本，对企业战略和组织来说十分重要。据此理论，交易成本低的组织比交易成本高的组织具有更好的业绩。克莱蒙斯等（Clemons et al.，1993）认为在供应链各方交易过程中，交易成本包括合作成本和交易风险。合作成本是指在决策制定过程中交换和整合信息所付出的成本，如在客户、供应商双方关系中，合作成本主要包含取得交易产品价格、成本、需求等方面信息付出的成本；交易风险是指因为信息不对称，交易对方可能推脱责任而导致的风险，例如，供应商可能采取隐瞒方式为客户提供粗制滥造的产品。

随着该理论的发展，交易成本经济被逐渐运用到其他领域，如市场营销、会计、金融以及组织管理等，也已经成为管理中许多核心问题的基础，在战略管理、公司治理和国际业务等领域中日益受到重视（Lafontaine and Slade，

2007；Macher and Richman，2008）。而在供应链管理领域，供应链关系的透明度、集中度和稳定度的重要性以及对企业绩效的作用机制能够被交易成本很好地解释。供应链关系的透明度关系到交易成本的可见性；供应链关系的集中度和稳定度的实质是建立跨组织和跨部门的稳定伙伴关系，通过管理企业内外部运作流程，从而实现低成本和高效率的企业运营。从交易成本理论视角来看，供应链上下游企业是产品和服务合作开发的关系，上下游企业的合作运作降低了市场信息获取成本，提高了供应商反应能力和客户黏性。供应链企业的协调合作减少了供应链整体内部不必要的成本消耗，进而使供应链整体利益最大化，整体绩效得以提升。

2.1.4　利益相关者理论

利益相关者理论（stakeholder theory）于20世纪60年代起源于欧美等发达国家，该理论在70年代被西方企业接受，80年代对利益相关者理论的推崇达到了前所未有的高度。其中，最具代表性人物是美国经济学家弗里曼（Freeman，1984）。弗里曼（1984）在其经典代表作《战略管理：利益相关者管理的分析方法》一书中对利益相关者进行了定义。弗里曼（1984）认为，利益相关者是"那些能够影响企业目标实现，或者能够受到企业实现目标及其过程影响的任何群体或个体"。该定义可以被解读为利益相关者范围不仅涵盖影响企业目标实现的个人与群体，而且包括受到企业目标实现过程中影响的个人与群体。具体来说，企业的利益相关者不仅包括股东、债权人、管理者、供应商及客户，而且包括当地社区、政府机构及环保主义者等个人和群体，他们也对企业活动产生或大或小、直接或间接的影响。不同于传统股东至上的思想，该理论认为企业生存发展离不开利益相关者参与和投入，企业不是追求个别主体的利益而是追求利益相关者的整体利益。

利益相关者理论另外一位代表人物克拉克森（Clarkson，1995）也对利益相关者进行了定义，他将"专用性投资"引入该概念，认为"利益相关者是在企业中投入人力资本、实物资本及财务资本或一些有用的群体或者个体，他们承担了某些风险或者企业活动给他们带来的风险"，该定义强化了企业与利益相关者联系，强调了专业化投资，更加集中化和具体化。国内学者贾生华和陈宏辉（2002）以及陈宏辉（2003）对利益相关者的界定也具有一定代表性，他们认为"利益相关者是指在企业中投入一定专用性投资的群体或个体，他们承担一定风险，他们的活动能够对企业目标实现产生影响或者该企业目标实现过程对其产生影响"。相较于克拉克森（1995）的定义，此概念更清晰明确地强调了专用性投资，同时也强调了企业与利益相关者的关联性。

随着对利益相关者理论研究的深入，学者们又对利益相关者进行了细化。弗里曼（1984）从社会利益、所有权和经济利益三个方面对利益相关者进行了区分：其一，拥有企业股票的人，被称为所有权利益相关者，如管理者、董事会成员等；其二，与企业有经济往来的相关群体，被称为经济依赖性利益相关者，如债权人、员工、客户、供应商、竞争对手、管理层等；其三，与企业在社会利益上有关联的利益相关者，被称为社会利益相关者，如特殊群体、媒体、政府机构等。弗雷德里克（Frederick，1991）则将利益相关者分为直接利益相关者与间接利益相关者。直接利益相关者决定企业可持续经营，主要包括股东、债权人、雇员、客户、供应商等个人和群体。间接利益相关者是指不通过市场影响企业运转或者受到企业运转影响的个人和群体，他们不与企业发生直接交易，对企业可持续发展也起不到根本性作用，如政府部门、国际组织、社会团体、一般公众、媒体等。查卡姆（Charkham，1992）依据群体与企业是否存在契约关系，将利益相关者划分为公众型利益相关者和契约型利益相关者。沃纳菲尔特（1984）根据群体是否存在社会性及和公司的联系是否由真实的人直接构建这两个标准，把利益相关者进一步区分为四种：其一，主要的社会利益相关者，同时存在社会性与直接参与性两个属性；其二，次要的社会利益相关者，通过社会活动与企业形成间接关系，主要包括政府部门、竞争者及社会团体等；其三，主要的非社会利益相关者，其对公司有直接的作用，但不针对具体或特定的人，主要是指自然环境等；其四，次要的非社会利益相关者，其不和公司有直接的关联，也不针对具体或特定的人，如动物环保组织等。国内学者也对利益相关者进行了区分。李心合（2001）从威胁性与合作性这两个方面将利益相关者区分为支持型利益相关者、不支持型利益相关者、混合型利益相关者和边缘型利益相关者。陈宏辉（2003）则从利益相关者的主动性、紧急性和重要性三个维度，把利益相关者划分为核心利益相关者、边缘利益相关者与蛰伏利益相关者三类。

传统的公司理论认为，企业的目标是"实现价值最大化"。利益相关者理论的观点削弱了企业的目标，除了实现经济目标，企业必须承担社会责任。这很容易使企业陷入"企业办社会"的局面。社会大众认可利益相关者理论的观点，企业的行为势必受到该框架制约，无形中企业被赋予公益色彩，其结果可能会引起企业利润上的损失，更有可能让企业顾此失彼，例如，企业虽然实现了利润的最大化，却没有兼顾社会责任；或者过多地兼顾到社会责任，可能会无法顾及竞争对手，失去了经济利润。利益相关者与企业关系是相互作用的。从利益相关者角度来看，他们向企业提供了一定的有形或者无形资源并且分担了相应的风险，为了维护自己的利益必将采取相应的措施对企业施加影响或者控制；从企业角度来看，企业为了保证生产经营活动正常运行及自身的生存与发展，必须维护与利益相关者的关系，也会采取一定措施来保障利益相关者的利益。因此，企业在进行经营决策时不仅要将利益相关者的经济利益纳入考虑范围而且在一定程度上受其监督（龚丽，2011）。

从利益相关者理论发展过程来看，供应链上客户及供应商都是企业重要的利益相关者，甚至影响企业生存与发展。与股东、债权人及管理者等利益相关者不同，客户和供应商对企业利益不存在明确的要求权，但客户和供应商与企业之间存在不完全契约关系。因此，企业供应链中的客户和供应商出于自身利益，不仅有动机对企业管理层进行监督，而且还会对企业生产经营活动及财务决策产生影响，进而会影响股价崩盘风险。

2.1.5 委托代理理论

委托代理理论的提出源自公司所有权和经营权分离后所导致的股东与经营者之间的代理问题。伯勒和米恩斯（Berle and Means，1932）认为在股权分散的公司里，股东与管理者双方利益不一致，股东持股规模有限不愿付出更多的监督成本，存在普遍的"搭便车"现象。管理者成为公司实际的控制人，拥有信息优势的管理者有很强的动机作出有利于自身却有损于股东和企业的机会主义行为，代理问题由此产生。此后，众多学者开始探究这一问题，其中最具代表性的是詹森和默克林（Jensen and Merkling，1976）提出的委托代理理论。该理论指出，契约双方根据契约的规定，由委托方将资源授予代理方，委托方根据代理方所完成契约的程度和质量支付相应的报酬，以此对代理方实施激励和约束。其中委托方为企业资源的拥有者即企业所有者，代理方即企业的经营者，委托方和代理方都是理性经济人，以自身利益最大化为目标，因此会形成利益冲突。代理方为了实现自身利益利用信息优势可能作出损害委托方的行为，委托方为了消除或降低这种损害而制定了监督机制，双方因代理问题而产生的损失即为代理成本。就代理问题而言，上述股东与管理者之间的代理问题被称为第一种代理问题，而控股股东与小股东之间的代理问题被称为第二种代理问题（Shleifer and Vishny，1997）。委托代理理论就是探究这两种代理问题并以期降低代理成本而衍生与发展的理论。

对于第一种代理问题来说，在股权分散的公司中，股东为了实现股东财富最大化而对经理人制定各种激励和约束措施以保证经理人付出最大的努力，而经理人通过努力只能获得规定的收益并不能获得剩余索取权，因此会采取偷懒或构建商业帝国等方式的机会主义行为偏离股东价值最大化的目标，此时大股东通过抑制经理人不合理的投资动机（Denis et al.，1997）、提高经理人变更概率（Helwege et al.，2012）、抑制盈余管理行为（La Porta et al.，2000）等方式对经理人进行有效的监督从而降低第一种代理问题成本。对于第二种代理问题来说，在股权较为集中的公司中，控股股东控制私有权收益，通过各种方式侵占中小股东的利益（Shleifer and Vishny，1997；La Porta et al.，2000），此种侵占行为被称为隧道挖掘或掏空行为（Johson and La Porta，2000），主要通过关联方交易、集团内并购、过度投资以及金字塔结构使现金权和控制权分离的方式实现其获取私利的目的，形成第二种代理问题成本。在我国控股股东掏空现象也较为常见，多采用关联方交易（柳建华等，2008）、大股东资金占用（姜国华和岳衡，2015）、盈余管理（雷光勇和刘慧龙，2016）等方式，近年又开始使用较为隐蔽的股权质押行为（郑国坚等，2014；何威风等，2018）。

委托代理理论中另外一个重要问题即为信息不对称问题，以上两种代理问题中双方在信息方面均具有较高的不对称性，逆向选择和道德风险问题时而发生。代理方对企业内部经营和管理掌握绝对的信息优势，从而拥有了获取私有收益的优先权，当代理方通过各种方式对委托方的利益进行侵占时，此时进一步降低了双方信息的对称性，企业信息的透明度进一步恶化。企业信息透明度的恶化不仅会导致外部客户和供应商等利益相关者面临较大的合作风险，而且会通过负面信息的积累增加股价崩盘风险，进而损害股东利益。

2.2　供应链关系管理研究综述

2.2.1　供应链的概念界定

供应链的概念是从扩大生产概念发展来的，它将企业的生产活动进行了前伸和后延，其在欧美发达国家或地区也只有 30 余年的历史。早期观点认为，供应链是指企业从外部采购原材料和零部件，通过生产转换和销售等活动，再传递到零售商和用户的一个过程，属于制造企业内部的过程。所以传统的供应链界定局限于企业内部层面，忽略了与外部供应链成员企业的联系和企业之间的目标冲突。随着扩大再生产的发展，供应链概念扩大到了企业的外部环境。美国学者史蒂文斯（Stevens，1989）认为："通过增值过程和分销渠道控制从供应商到用户的流程就是供应链，它开始于供应的源点，结束于消费的终点。"哈瑞森（Harrison，2005）将供应链定义为："供应链是执行采购原材料，将它们转换为中间产品和成品，并且将成品销售到用户的功能网链。"因此，供应链就是通过计划（plan）、获得（obtain）、存储（store）、分销（distribute）、服务（serve）等这样一些活动而在客户和供应商之间形成的一种衔接（interface），从而使企业能满足内外部顾客的需求。在我国《物流术语》中，供应链被定义为"在企业生产及流通过程中，将产品或服务提供给最终用户活动的上游和下游企业所形成的网链结构"。由此可见，供应链的界定更注重围绕核心企业网链结构关系和企业外部环境变化。

在不同研究领域中，学者们对供应链的理解和侧重点存在较大差异。其中，供应链金融的研究认为，供应链是围绕核心企业，通过对资金流、物流、信息流的控制，将供应商、制造商、分销商、零售商直到最终用户连接成为一个整体的功能网链结构（胡跃飞和黄少卿，2009）。供应链金融是指供应链中特定的金融组织者为供应链资金流管理提供解决方案，其核心是金融主体围绕供应链中的资金流提供金融资源整合等服务。在供应链管理研究领域，供应链是指围绕核心企业，通过对信息流、物流、资金流的协调与控制，从采购原材料开始，制成中间半成品以及最终产品，最后由销售网络把产品送到消费者手中的将供应商、分销商、零售商直到最终用户连成一个整体的网络结构。供应链管理指的是以供应链运作最优化、成本最小化为目标从采购到满足最终客户的所有供应链运作过程，以客户为中心、强调企业核心竞争力、相互合作的双赢理念和优化信息流程是供应链管理的支点。而在公司金融领域的研究中，学者们更多关注财务视角下供应链关系型交易特征，例如客户效应、供应商管理等财务供应链管理方面的内容（王雄元和高开娟，2017；Krolikowski and Yuan，2017；李欢等，2018b），也有学者结合供应链金融的相关理论，考察供应链客户关系对我国企业获取银行贷款的影响（Campello and Gao，2017；江伟等，2017a；李欢等，2018a）。可见该内容的研究在不同领域中并不是完全独立的，具有交叉性和重合性，伴随着供应链发展和服务水平的提升，学者们正不断扩充该领域的研究。

2.2.2　供应链的经济内涵

鉴于现有研究对供应链的理解和侧重点存在较大差异，国内外学者从不同的角度对供应链的经济内涵进行了诠释。例如，克罗斯比等（Crosby et al.，1990）指出，供应链伙伴基于以往商业贸易往来产生对未来继续合作的依赖性。亨特利（Huntley，2006）进一步拓展了供应链的内涵，认为这种关系不应该只局限于商业合作的往来过程中，也不适合只用合作、承诺、信任等维度来度量，供应链的研究更应该考虑社会因素和经济因素等外部因素的影响作用。弗林等（Flynn et al.，2010）引入了供应商整合、客户整合等分析内容，认为供应链企业为了实现服务流、资金流和信息流高效运营，成员之间同时参与业务流程管理和优化战略合作。国内学者对于供应链研究领域也较为重视。廖成林等（2008）及叶飞和徐学军（2009）认为上游和下游企业依照合同和契约方式维持，通过风险分担、信息分享同时构建利益共享的协议关系和长期稳定的合作伙伴关系，具有长久且稳定的供应链优势。陈正林和王彧（2014）从供应链组织和业务的发展思考企业内部与企业之间关系，认为突破单个企业范围，并且各企业在建立合作伙伴关系基础上利用集成化计划和控制系统共同影响供应链更加优化。王迪等（2016）基于社会资本的角度进行探讨，并阐明供应链交易中不仅包括企业和客户/供应商在经营中通过采购和销售活动建立起来的商业关系，还应包括其衍生的私人关系等。李维安等（2016）认为供应链成员企业以稳定持续交易行为为目的，通过契约和社会关系嵌入所构成的供应链利益相关者之间的制度安排以及其所带来的持续互动过程。可见，供应链内容十分丰富，包含多方利益博弈之后形成的信任和承诺，属于商业行为，是一种非正式制度安排。

2.2.3　供应链透明度

供应链透明度，即供应链信息披露，是供应链领域的实证研究得以顺利开展的重要前提。麻省理工学院运输与物流中心（MIT Center for Transportation and Logistics）的麻省理工学院可持续供应链主任亚历克西斯·贝特曼

（Alexis Bateman）认为，有效的供应链透明度需要数据的可见性和信息披露。透明度可以通过评估哪些数据是需要的或已经可用的，然后决定披露多少来实现（Bateman et al. , 2017）。而上市公司披露的供应链信息一般包括以下几项内容：主要客户/供应商排名、业务往来的客户/供应商名称、业务关系、业务类型、金额、占年度业务总额比例、币种以及说明。2006 年，我国证监会制定并发布了《公开发行证券的公司信息披露内容与格式准则第 9 号》（2006 年修订版），该文件中首次提及上市公司应披露采购或者销售比例超过 50% 的供应商和客户。之后，2012 年我国新修订的《公开发行证券的公司信息披露内容与格式准则》鼓励上市公司在其年报中分别披露前五名供应商和客户的名称及采购金额、销售金额。从我国 A 股上市公司对供应链信息披露的实践来看，有的上市公司会披露金额明细及往来客户/供应商名称，有的则只披露金额明细，而往来客户/供应商名称属于自愿披露的内容。

供应链信息披露可以直接反映企业经营前景和发展状况，这种信息在资本市场上进行传递，有利于降低信息不对称及其交易成本，增加信息的透明度，成为分析师、债权人、投资者、决策者的决策依据。

首先，供应链信息披露有利于行业信息的共享，改善资本市场的信息环境。李丹和王丹（2016）从股价同步性的角度进行分析，发现客户信息对上市公司所在的信息环境同样具有重要影响，上市公司作为核心企业披露客户身份增加了投资者获取信息的渠道，降低了股价同步性水平；且当公司重要的客户为上市公司时，公开信息渠道还能促进行业共享，所以对于供应链中的核心企业而言，客户和供应商信息不仅体现了公司层面的信息，还体现了行业层面的信息。彭旋和王雄元（2018）以我国 2007 ~ 2014 年 A 股上市公司为样本，实证发现客户明细信息和具体名称披露程度与企业股价崩盘风险呈显著负向关系；这一情况在信息透明度较高、公司治理较差的企业更为明显。

其次，供应链交易往来所体现的企业与客户关系、企业与供应商关系等信息还是银行授信行为、投资者投资的依据。坎佩洛和高（Campello and Gao，2017）着重对美国上市公司的客户关系进行研究，发现客户集中度显著增加了核心企业银行借款利率，大客户风险所带来的财务困境问题将导致被银行要求更多的抵押资产和限制性契约条款。针对我国新兴市场国家的市场环境特征，我国学者王迪等（2016）也发现企业的供应链关系是银行在授信决策中考量的重要指标，证实供应链关系这种优势在议价能力较高的企业表现更为突出。李欢等（2018a）也证实了客户的认证保障作用能带来银行贷款规模和期限的显著增加，且优质客户比例越高借款优势越明显。不同于以往两者线性关系的讨论，江伟等（2017a）对借款期限的内容格外关注并发现客户集中度和上市公司的长期银行贷款呈现倒"U"型的非线性关系。陈峻等（2015）将研究拓展到了客户集中所带来的风险，对企业股权融资成本的影响，投资者对大客户存在的财务困境风险、经营风险或投资者对供应链关系稳定性的信心都会影响预期报酬，从而股权融资成本更高。

最后，供应链信息还影响着分析师预测和审计师选择等第三方行为。因为供应链的信息不仅包含着微观的企业信息还包括了中观的行业信息，所以审计师或分析师对于企业供应链信息的关注不仅有助于他们能获取有关企业经营状况的信息，还能对行业的发展和预测作出更准确的判断。约翰斯通等（Johnstone et al.，2014）发现供应链信息增加使核心企业的审计质量更高，供应链关系信息具有价值，这一隐蔽的资产可以为投资者理解企业价值提供增量信息，进而影响审计师决策（方红星和张勇，2016）和审计费用（唐斯圆和李丹，2018）。王雄元和彭旋（2016）认为供应链信息披露不仅体现某些私有信息还意味着公共信息含量及其质量的提高，进而改善分析师盈余预测行为，可见供应链交易内容具有重要的信号作用。

尽管供应链信息能够反映企业经营前景和发展状况，有利于降低信息不对称，增加信息的透明度，但现实中上市公司通常对供应链信息披露具有较高的警惕性，尤其是对主要客户/供应商名称的披露。例如，彭旋（2016）发现在客户信息披露方面，我国上市公司总体表现良好，但不同行业存在较大差异，其中"制造业"表现得最为全面；从披露客户自愿性信息来看，企业总体意愿不强。这是由于与盈余预测、业绩预告等自愿性披露内容相比，客户或供应商信息具有独特的经济含义，因为披露这些信息具有专有化成本。以客户信息披露为例，在"客户为王"的经济时代，客户信息对于任何公司都至关重要，掌握客户就等于掌握市场话语权（Arya and Mittendorf，2007），披露客户信息将使企业面临失去客户的巨大风险。同时，客户和供应商信息能够折射出企业真实的经营状况，披露信息将使企业处于不利的竞争地位（Arya and Mittendorf，2007；Ellis et al.，2012）。这些风险和损失就是信息披露的专有化成本，它会弱化企业披露某些信息的意愿（Healy and Palepu，2001）。例如，埃利斯等（Ellis et al.，2012）基于美国客户信息数据研究上市公司供应链客户信息披露决策的影响因素，认为该决策是企业面临着缓解和投资者之间信息不对称的收益与通过披露信息来帮助竞争对手的成本之间的权衡，专有化成本显著降低披露供应链客户信息的意愿。王雄元和喻长秋（2015）利用制造业 A 股上市公司客户信息数据，探讨了专有化成本对公司客户信息披露决策的影响，发现专有化成本与客户信息自愿披露水平整体上显著负相关，即专有化成本越高，公司披露客户明细金额和具体名称的意愿越弱，尤其是不愿披露客户名称；同时，行业集中度越高、对客户的依赖性越强，披露客户信息的专有化成本就越高，公司也就越不愿披露客户详细信息。

2.2.4 供应链集中度

供应链集中度的定义是由拉尼尔等（Lanier et al.，2010）首次提出的。拉尼尔等（2010）将供应链集中度定义为企业向第一大客户的销售额占企业总销售额的百分比，并认为供应链集中度是影响企业经营的重要因素之一。拉尼尔等（2010）对于供应链集中度的定义存在一定的片面性，其没有同时考虑供应链上下游之间的关系。随着学者们对于供应链集中度研究的深入，供应链集中度的定义也在不断完善（王阅等，2009）。

根据现有的研究，供应链集中度主要是指企业在供应链上下游的合作伙伴的数目以及业务的集中程度，主要包括供应商集中度和客户集中度（Kwak and Kim，2020；Zhang et al.，2020）。其中，客户集中度是指企业销售产品的下游客户的数目以及销售量的集中程度；客户集中度高，说明企业的客户数目较少，关键客户的销售收入占总销售收入比例较大（Huang et al.，2016；Hui et al.，2018）。供应商集中度则是指企业购买原材料的上游供应商的数目以及采购量的集中程度；供应商集中度高，说明与之合作的供应商数目较少，从主要供应商的采购量占比较多（Kahkonen et al.，2015）。

在现代商业社会，随着供应商的减少和战略合作的增加，价格早已不是企业选择贸易对象的唯一标准，越来越多的企业倾向于与更少的贸易伙伴建立长期的依存关系，包括上游供应商与下游客户（Patatoukas，2011）。大量文献考察了供应商（客户）这一利益相关者对公司财务决策（Kale and Shahrur，2007；Danese and Bortolotti，2014；江伟等，2017a）、经营成果（Raman and Shahrur，2008；Patatoukas，2011；Ak and Patatoukas，2016；江伟等，2017b）和现金流量（Itzkowitz，2013；赵秀云和鲍群，2015）等方面的影响，并产生了两种相悖的观点，即"价值创造论"和"价值掠夺论"。

其中价值创造论认为，合作关系强调供应链成员之间的合作能够增加信息共享、协作与信任，因此企业能够通过供应链资源整合以及贸易伙伴之间的合作创造比独立经营更大的市场价值（Patatoukas，2011；Kim and Henderson，2015）。例如，卡尔瓦尼和纳拉扬达斯（Kalwani and Narayandas，1995）通过实证研究发现，企业的供应商集中度对企业绩效产生积极的作用。库尔和亨德森（Cool and Henderson，1997）发现供应商（客户）的议价能力与核心企业的盈利能力正相关。帕塔图卡斯（Patatoukas，2011）发现企业的客户集中度能够通过减少企业的销售费用和提高企业资产的利用率来提高企业的盈利能力。金和亨德森（Kim and Henderson，2015）发现在一个相对集中的供应链体系中，对供应商（客户）的依赖程度显著增加了核心企业的经济收益。在我国经济体制背景下，陈正林和王彧（2014）发现，供应链集中度通过降低公司期间费用、提高资产使用效率以及向上下游合作者部分让利等途径推动公司财务绩效的提高。旷乐（2018）发现中国制造业上市公司供应商集中度越高，采购渠道营运资金的管理绩效越好；客户集中度越高，营销渠道营运资金管理绩效的水平越高；供应链集中度与经营性营运资金周转期呈现负相关，集中度越高，营运资金管理绩效则越好。

　　然而，价值掠夺论认为，由于必须与供应链中的其他成员分享价值，供应商—客户之间也存在竞争关系，表现为拥有议价优势的一方出于自利动机会单方面要求更好的交易期限和条件，这导致主要供应商（客户）的关系越密切越损害企业的价值，并且这种掠夺性取决于企业的议价能力（Gosman and Kohlbeck，2009）。加尔布雷斯和斯泰尔斯（Galbraith and Stiles，1983）认为核心企业的盈利能力将随着主要供应商（客户）的讨价还价而降低，而这种讨价还价程度与向主要供应商采购或向主要客户销售的比例密切相关。伊利·连科和贾纳基拉曼（Yli-Renko and Janakiraman，2008）发现，根据资源依赖理论，当企业过于依赖大客户时，其大客户会拥有较强的议价能力，从而能够迫使企业答应更优惠的条款而对企业绩效产生负面影响。金（2017）研究发现，拥有大客户的企业会对企业的财务绩效产生负面的影响，并且客户集中度高的企业，可能在现金流上面临较大的不确定性，因为企业在收入来源上过于依赖大客户，会导致企业无法应对突然失去大客户的风险。唐跃军（2009）通过以中国企业为研究样本，发现客户集中度和供应商集中度与企业绩效之间存在曲线关系，分别是正 "U" 型关系和倒 "U" 型关系。李欢等（2018b）利用 A 股市场上市公司样本发现，客户集中度越高的公司，毛利率和应收账款周转率越低，从而降低公司经营业绩，并且该影响取决于供应商—客户关系的紧密程度及相对议价能力；而在产能过剩比较严重的行业，客户资源能够加速企业资金和货物周转，对企业具有一定的积极作用。

随着供应链集中度领域研究的深入，新兴文献开始关注供应链集中度的治理效应。例如，克拉克森（1995）、阿罗拉和阿拉姆（Arora and Alam，2005）认为，客户不仅依赖于供应商产品和服务的有效供给，而且客户以低成本生产高质量产品的能力也取决于供应商为满足大客户需求而进行的资产投资。陈峻和张志宏（2016）发现在相同的财政政策下，企业实际的资本结构和目标资本结构的偏离程度与客户集中度呈现显著的正相关性，客户越集中，公司实际资本结构偏离目标资本结构的程度也越大。客户更偏向选择负债率较低的企业，其原因是负债率低表明资本结构更加稳定，财务状况更加良好，违约风险更低。伊茨科维茨（Itzkowitz，2013）和张胜（2013）发现客户集中的公司会选择持有较多的现金，以尽可能避免因大客户流失而导致的公司财务危机。孟庆玺等（2018）发现，当客户集中度增加时，企业的融资约束加剧、经营风险上升，两者共同阻碍了技术创新；然而只有当客户的议价能力较强、破产风险较高或者与企业具有关联关系时，客户集中度对企业技术创新的阻碍效应才会存在。王（Wang，2012）、焦小静和张鹏伟（2017）发现客户集中度能够减少管理层的机会主义行为，缓解代理问题，改善公司的治理环境，优化企业生产经营活动，带来较高的盈利能力和业绩，从而降低公司的股利支付。

此外，在企业融资方面，岑等（Cen et al.，2016）指出当客户集中度较高时，银行借贷利息较低同时贷款条款更为宽松。坎佩洛和高（2017）以美国的上市公司作为样本研究信贷市场如何评估企业的客户基础和供应链关系，实证证明在美国市场更高的客户集中度增加了利差以及重新谈判的银行贷款中规定的限制性协议的数量，不利于公司进行银行借贷。江伟等（2017a）发现随着客户集中度的上升，企业的长期银行贷款先逐渐增加，随后又逐渐降低，两者之间存在倒"U"型的非线性关系，而且这一倒"U"型的非线性关系在民营企业和金融发展水平较高的地区更强。王雄元和高开娟（2017）发现，客户集中度对债券投资者具有风险效应，即客户集中度提高了债券信用利差，并且客户关系风险或商业信用风险较高时，客户集中度更容易被解读为风险，发债公司自身风险会放大客户集中度的风险效应。李欢等（2018a）发现客户集中度越高的公司银行贷款的规模越大，期限也越长，且当优质客户（上市公司和国有企业）的比重越高时，这种现象越明显，但以上关系只在遭受"信贷歧视"的民营企业中成立。

最后，在公司会计政策方面，程宏伟（2004）指出，供应链集中度会和公司会计政策的抉择有一定的关联性，因为公司会计政策受到供应链集中度所带来的契约关系的作用。开等（Kai et al.，2012）研究指出，由于客户和管理层所能收集的信息是不同步的，客户为了增强所获取信息的真实性，会倒逼企业提高会计稳健性，因此当客户的集中度比较高时，公司的会计稳健性也会更加良好。王雄元和刘芳（2014）以所有 A 股制造业上市公司作为研究样本分析客户议价能力和供应商会计稳健性之间的关系，发现客户的议价优势突出的时候，客户压迫上游供应商加强会计稳健性的能力也会显著加强，而公司为了交易关系的维持会选择提高稳健性；同时，专有化的投资和产品特性能够加大客户议价优势对于企业会计稳健性的作用，但是行业集中程度越高，这种作用就会越小。樊亚童（2018）基于契约理论分析供应商和客户对于企业会计稳健性的影响，认为由于供应商和客户位于企业供应链的上游和下游，和企业有千丝万缕的关系，企业的会计质量和供应商、客户的利益紧密相连，因此当供应商、客户的集中度达到某个较高程度的时候，其稳健性状况也会比较良好。贾洪彬（2015）基于 2007～2013 年所有 A 股制造业数据分析供应商和客户集中度对企业会计信息质量的作用，结论显示，非国有上市企业的供应商和客户集中度可以显著地提高企业会计稳健性。

2.2.5　供应链稳定度

供应链层面影响企业经营的另外一个重要因素是供应链稳定度，即供应商—客户合作关系的稳定性。在现今复杂的全球竞争环境中，如何维护战略性和稳定性的供应链关系，以更好地为最终客户提供卓越价值，这对企业发展日益重要。企业不仅需要面对复杂的经济形势做出收益最大化的战略决策，还需要在不确定性环境中减缓潜在的风险干扰（例如质量问题、需求改变等）。关系营销领域的文献表明，交易双方之间稳定的供应链关系质量是合作关系的持久性和密切程度的重要决定因素（Hennig-Thurau，2000）；战略管理领域的文献表明，稳定的供应链关系质量表示"关系联结的程度"，反映了战略关系的本质，企业之间的稳定合作关系影响组织成员的个体行为，进而影响企业绩效（Palmatier et al.，2008）。故而供应链关系质量是企业与企业之间关系的核心主题，其反映的是组织之间关系的整体密切性，是指顾客对企业及其员工的信任感与顾客对买卖双方之间关系的满意程度。在供应链情境下，当节点企业对上下游合作企业之间的关系质量感知较高时，将会竭力维持这种关系。因此，供应链稳定度是供应链关系质量的最终体现，也是供应链关系价值的综合性评估（Palmatier et al.，2008；Nyaga and Whipple，2011），逐步成为理论界与企业界的研究热点。

对关系质量的理论研究可以追溯到古梅森（Gummesson，1987）和德怀尔等（Dwyer et al.，1987）分别对企业—客户（B2C）关系和企业—企业（B2B）关系的研究。古梅森（1987）将稳定的关系质量看作企业和顾客之间的互动质量。德怀尔等（1987）认为关系质量是对交易伙伴的信任、满意和机会主义最小化的一种反映。而对关系质量的系统研究起始于克罗斯比等（1990），其在对关系质量进行分析时主要针对 B2C 的关系进行测度，即利用消费者对销售人员的服务专业知识、销售行为等方面进行关系评估。随着供应链关系领域研究的不断深入，关系质量也逐渐被聚焦至供应链稳定度层面。多数学者认为稳定的供应链关系质量是一个高阶构念，由多个维度构成，在不同的研究情境下，稳定的供应链关系质量的构成因素（即构建维度）有很大的差异，主要有信任、承诺、满意、沟通、适应和合作等（Naudé and Buttle，2000；Palmatier et al.，2008）。法因斯等（Fynes et al.，2005）对供应链稳定度的文献进行了综述并指出，在 B2C 情境下，稳定的关系质量的维度划分达成一定的共识，分为信任、满意、承诺，但是 B2B 情境下的关系质量应包含更多的社会因素与情感因素。尼亚加和惠普尔（Nyaga and Whipple，2011）在研究稳定的供应链关系质量对运营绩效、战略绩效的影响机制中，采用信任、承诺、满意、关系专用性资产投资四个维度来测量供应链稳定度。徐可等（2015）在研究供应链情境下节点企业间稳定的供应链关系质量对企业创新价值链影响机制过程中，将供应链稳定合作关系划分为供应链合作的行为过程与交互环境两个维度。李雪灵和申佳（2017）指出，稳定的供应链关系质量是我国企业关系投入的质性效果。

外界市场环境的快速变化使得企业对外部资源依赖性逐步增加，企业更加重视与供应链合作伙伴保持良好的关系。在此背景下，供应链稳定度对企业绩效的重要影响被许多文献充分揭示。例如，阿里亚和米滕多夫（Arya and Mittendorf，2007）指出，供应链稳定度会影响企业的经济和非经济绩效，如运营绩效、财务绩效、创新绩效、知识转移等。法因斯等（2004）研究发现，通过构建稳定的供应链伙伴关系有助于供应链合作绩效的提升。法因斯等（2005）发现供应链稳定度对产品设计质量有正向影响作用，说明与供应链合作伙伴建立稳定良好的伙伴关系，将使得供应商（或顾客）在产品设计或新产品开发中可以变得更加积极主动，从而可以提升产品设计质量。尼亚加和惠普尔（2011）认为稳定的供应链合作关系存在于正式（以合同为基础）和非正式（以信任等为基础）的关系中，并且在两种关系中，合作关系稳定性的提升均有助于供应链绩效与战略绩效满意度的提升。但是，在正式关系中其对供应链绩效和战略绩效满意度的提升低于均值，而非正式关系中影响高于均值。常等（Chang et al.，2012）研究表明，稳定的供应链合作关系鼓励社会资本投资，从而对创新产生积极的影响；同时，稳定的供应链合作关系也促进了信息交流，因此与当地供应商的接触频率有利于创新和适应性的提升，进而提升企业绩效。在我国市场环境中，张首魁和党兴华（2009）研究了合作技术创新中企业间的关系结构、关系质量对企业间知识转移的影响，研究发现弱连接与高关系质量这一组合有利于提升组织间知识的转移。李全喜和孙磐石（2012）将供应链关系分为横向竞争关系和纵向合作关系两种，并认为两种供应链关系能够正向影响质量绩效，且对纵向合作关系的影响更大。徐可等（2015）研究发现知识螺旋在供应链稳定度与企业价值链创新之间具有中介效应，而供应链整合对知识螺旋的中介效应具有正向调节作用。吴松强等（2017）研究了环境动态性和环境复杂性对供应链稳定度与产品创新之间关系的影响，研究发现，环境复杂性负向调节供应链稳定度与产品创新之间的关系。

2.3 股价崩盘风险研究综述

2.3.1 股价崩盘风险的定义

关于股价崩盘风险的定义，学术界有两种说法：一种是基于市场层面的股市暴跌风险；另一种是基于个股层面的特定暴跌风险。

基于市场层面的股市暴跌被定义为，在无任何预兆的情况下，股票指数在短时间内大幅度下跌。现有相关研究发现这种类型的股价崩盘存在三方面特征：（1）股票价格在没有任何坏消息的情况下出现巨幅下跌（French and Roll，1986；Culter et al.，1988）；（2）股票价格变动具有非对称性，即通常股价暴跌幅度要大于暴涨幅度；（3）股价崩盘具有传染性，少数个股的暴跌会引发整个市场的暴跌，而且可以在不同市场之间传染（Hong and Stein，2003；Yuan，2005）。

关注个股股价崩盘风险的学者认为，管理层与股东之间的代理冲突是造成股价崩盘风险的重要因素（Jin and Myers，2006；Bleck and Liu，2007；Hutton et al.，2009）。他们认为，公司管理者出于薪酬契约、职业生涯以及帝国构建等私人利益考虑，有动机隐瞒坏消息，当坏消息积累到一定程度之后，公司高管将没有动机或能力去隐瞒坏消息，此时坏消息被集中公开，导致股价大跌，这就是股价崩盘。鉴于本书聚焦上市公司层面的股价崩盘风险，后续的文献回顾主要对关于公司层面股价崩盘风险进行展开。

2.3.2　股价崩盘风险的生成机理

2.3.2.1　理性预期均衡模型

20 世纪七八十年代，学者们为解释股价崩盘风险的生成机理提出了若干理论模型。其中一类被广泛研究的是理性预期均衡模型，此类模型按信息是否完备分为完全信息理性预期均衡模型和不完全信息理性预期均衡模型。

在完全信息理性预期均衡模型中，最具代表性的是杠杆效应假说和波动率反馈假说。杠杆效应假说认为，股价的下跌会导致企业财务杠杆的上升，从而加剧企业财务风险，这进一步增加了股价波动率，最终导致股价暴跌（Christie，1982；Black，1986）。虽然该假说有一定的理论说服力，但很快遭到部分学者的诟病。施韦特（Schwert，1989）、贝克特和吴（Bekaert and Wu，1997）认为，杠杆效应假说不具备实际操作性，例如对于高频数据而言，股价的下跌很难在短时间内通过影响企业财务杠杆而加剧股价波动率进而导致股价崩盘。因此，波动率反馈假说应运而生。该假说的支持者认为波动率的增加会提升股票的风险溢价，在预期现金流不变的情况下，这会导致股价崩盘（Pindyck，1984；French et al.，1987）。具体地，当股价受到新消息的冲击时，波动率会上升，这会导致风险溢价的上升，因此，如果是好消息，风险溢价的增加会部分地抵消好消息带来的股价上涨；相反，如果是坏消息，其所导致的股价下跌与较高的风险溢价相互叠加则会使股价发生暴跌。

不完全信息理性预期均衡模型中典型的代表是知情交易者隐藏交易信息机制释放假说和非知情交易者推动假说。在知情交易者隐藏交易信息机制释放假说方面，罗默（Romer，1993）提出导致股价崩盘的因素是隐藏信息集中释放。他认为，市场中的交易者并不能完全知悉其他交易者所掌握信息的质量的优劣，一方面，有信息优势的交易者往往会低估自身所掌握信息的质量，过分看重市场价格；另一方面，在信息上有劣势的交易者也有可能过分相信自己所掌握的信息。如此，股票价格便不能及时并准确地反映私人信息，一些私人信息被隐藏并积累起来，随着交易的不断进行，交易者所掌握的私人信息的质量得以被验证，一旦被隐藏的是负面信息，那么便会导致股价崩盘。李（Lee，1998）则利用序贯交易模型解释了由信息隐藏所导致的股价崩盘。他认为，对于知情交易者而言，其每一笔交易都可以被视为一种信息的传递，会导致非知情交易者的跟风交易。如果知情交易者收到坏消息便卖出一定数量的股票，非知情交易者的跟风行为会导致价差增加，这无形中增加了知情交易者的交易成本，因此知情交易者通常会隐瞒坏消息，随着交易的不断进行，坏消息被不断积累，当坏消息被积累到一定程度时，即便市场受到一个小事件的冲击，被积累起来的隐藏信息也会被集中释放，便会导致股价崩盘。曹和赫什莱弗（Cao and Hirshleifer，2002）研究了由交易成本导致的信息隐藏所引发的股价剧烈波动。他们发现，市场上总有一些知情交易者因为交易成本而被阻挡在市场之外，形成"观望者"。这便导致一些私人信息无法被市场价格及时反映，造成信息隐藏。随着交易进行，这些"观望者"逐渐证实私人信息的准确性，便参与到市场中，如此，即便是一些较小的信息冲击，也可能导致被积累起来的隐藏信息被集中释放导致股价暴涨或暴跌。

在非知情交易者推动假说方面，根诺特和利兰（Gennotte and Leland，1990）通过构建模型试图解释为什么在没有重大利空的情况下会发生股价崩盘。他们假设市场中存在非知情交易者、掌握完备信息的知情交易者以及掌握部分供给信息的部分知情交易者。知情交易者根据所掌握的私人信息进行交易，另外两种交易者则根据市场价格来判断知情交易者所掌握的信息，从而做出交易决策。交易过程中，诸如止损或投资组合保险策略等对冲策略的执行会导致一定程度的供给冲击。然而，非知情交易者并不能分辨这些供给冲击是因为交易策略还是真有重大利空，因此股票流动性降低，导致股价崩盘。原（Yuan，2005）以及马林和奥利维尔（Marin and Olivier，2008）所构建的模型则更加具体。原（2005）分析了贷款约束情况下，非知情交易者如何推动股价崩盘。他认为，在无信贷约束的情况下，知情交易者可以随时将所知悉的信息反映在交易价格上，不会出现信息隐藏。然而，当存在贷款约束时，知情交易者可能会因为资金不足不得不抛售一部分股票，造成价格波动，而这种波动并不能反映知情交易者所知悉的全部信息。这种情况下，如果出现供给冲击，非知情交易者并不知晓供给冲击是来自真正的坏消息还是知情交易者的资金需求，不愿及时接盘，导致股价暴跌。马林和奥利维尔（2008）的模型关注内部持股人与股价崩盘风险之间的关系。他们认为，内部持股人在卖空限制、管理层限售以及控股地位的约束下，无法依据自己所掌握的信息彻底卖掉自己的股票，导致非知情交易者放大对坏消息的预期，造成大规模抛售，形成股价崩盘。

不完全信息理性预期均衡模型在解释股价崩盘的成因上，较完全信息理性预期均衡模型更有说服力。然而其先天的缺陷使其在现实应用中受到局限，例如它的理性人假设、同质性假设等都造成实证上的困难，而且无法解释许多"金融异象"（刘力，2007）。

2.3.2.2　基于行为金融学视角的股价崩盘风险理论

利用行为金融学解释股价崩盘成因的代表性理论是洪和斯坦（Hong and Stein，2003）提出的投资者异质信念模型。洪和斯坦（2003）假设，对于股票的价格，投资者们并不会产生同质性预期，而是彼此间存在异质信念，即有的乐观有的悲观。他们认为投资者异质信念与卖空限制可以解释为何没有重大利空的情况下会发生股价暴跌。

具体地，假设市场中存在乐观投资者 A、悲观投资者 B 以及套利者。在时期 1，市场受到信息冲击，A 因为乐观进入市场，由于存在卖空限制，持悲观态度的 B 无法进入市场，其所掌握的坏消息被隐藏，于是市场价格只反映了 A 以及套利者所掌握的信息。到时期 2 时，如果 A 继续接受好消息，那么其会继续持有或买入股票，B 仍在市场之外，他的信息继续被隐藏；反之，如果 A 获得坏消息，他会卖出股票，若 B 能成为支持卖家，则 B 所掌握的信息得以释放，然而，如果 B 不接盘，则套利者会认为 B 所掌握的坏消息比他们预期的要坏，于是也会抛售股票，导致股价崩盘。可见，股价崩盘并非由重大利空所致，而是由一个较小的利空冲击触发了被积累起来的众多坏消息的集中释放所致。此外，由于卖空限制的存在，好消息可以随时反映在股价中，但坏消息的释放却往往具有滞后性，因此解释了为何股价暴跌程度总大于暴涨幅度的现象。最后，如果一只股票的信息可以影响另一只股票的信息，则当投资者收到关于前者的坏消息后，同样也会抛售后者，导致两者共同崩盘，这便解释了股价崩盘的传染性。

显然，相较于理性预期模型下的诸多理论模型，基于投资者异质信念的行为金融学模型可以更好地解释股价崩盘的成因。然而，该模型的正确性却因为异质信念无法直接度量而难以被实证研究所证实。虽然一些学者用诸如交易量以及换手率等变量间接度量投资者异质信念，但是由于度量误差的存在使实证结论并不一致。例如，一些实证研究的结论支持洪和斯坦（2003）的观点（Chen et al.，2001；Griffin et al.，2004；Brooks and Katsaris，2005；Marin and Olivier，2008），但洪恩和麦克唐纳（Hueng and Mcdonald，2005）以及徐（Xu，2007）的研究则不支持其观点。实证结论的分歧使洪和斯坦（2003）的模型在实际应用中大打折扣。

2.3.2.3　基于公司治理的股价崩盘风险理论

为更好地结合实证对股价崩盘风险的成因进行检验，新兴的研究开始结合委托代理理论，从公司治理视角进行探索。其中被普遍接受的观点是基于代理成本的股价崩盘风险理论。该理论最早由吉恩和迈尔斯（2006）提出，布莱克和刘（Bleck and Liu，2007）以及赫顿等（Hutton et al.，2009）的研究则对吉恩和迈尔斯（2006）的理论进行了进一步的证明。他们认为股价崩盘风险的形成机制为，在代理问题普遍存在于上市公司的前提下，企业管理者出于自身的利益所求（如薪酬契约、职业生涯以及帝国构建等），有动机隐瞒坏消息，当坏消息积累到一定程度，便会突然释放，从而导致股价大跌。

吉恩和迈尔斯（2006）认为，由于管理人与股东之间存在委托代理冲突，管理者出于个人利益诉求通常会隐瞒坏消息，而当坏消息积累到一定程度时，经理人会放弃或没有能力继续隐瞒坏消息，导致坏消息被集中释放，造成股价大跌。布莱克和刘（2007）从会计准则入手，以单个投资项目的投资效率为视角，探讨了股价崩盘风险的成因。他们认为，基于历史成本法的会计计价标准，并不能如实地反映资产的市场价值，却成为管理者掩饰项目投资效率真相的工具。该理论认为股价崩盘风险的形成机理为，在代理问题存在的情况下，企业管理者出于帝国构建等自利动机，往往会投资一些净现值为负的项目，但在成本法计价的会计准则的掩饰下，投资者不能及时发现项目的真实运营情况，直到项目亏损信息被积累到一定程度时，便被集中释放造成股价崩盘。赫顿等（2009）则证明了信息透明度对股价崩盘风险的影响，发现信息透明度越低的企业，其股价越容易发生暴跌。

以吉恩和迈尔斯（2006）、布莱克和刘（2007）以及赫顿等（2009）的理论为代表的股价崩盘风险模型以企业代理问题为出发点，给出导致股价崩盘风险的因素，即包括低效的公司治理机制和外部监督机制以及企业内部信息不透明所导致的坏消息的窖藏，同时也为如何缓解股价崩盘风险提供了解决之道。首先，通过提高企业公司治理水平，提高对管理者的监督效率和激励效率，从而降低管理者与股东之间的代理冲突。其次，完善外部监督机制，提高管理者违规的潜在成本，从而加强了对投资者的保护。最后，提高企业信息透明度，从而增加管理者隐瞒消息的难度。基于代理成本的股价崩盘理论对股价崩盘风险成因及解决之道的研究已经受到学术界的普遍认可，但其在应用中也存在一定的局限性。该理论以理性人假设为基础，认为企业的管理者是充分理性的，这就导致它不能对管理者非理性情况下企业股价崩盘风险的成因作出解释。例如，有些企业的代理问题非常轻微，但管理者的过度自信也往往导致股价崩盘，上述理论却无法对此给出合理解释。

另外一个典型的理论是基于管理者过度自信的股价崩盘风险理论。金和张（Kim and Zhang，2016）认为，管理者过度自信会导致股价崩盘风险的因素主要有两方面。一方面，过度自信的管理者通常会过度乐观地估计自己所投资项目在未来所产生的现金流，而且对自身掌控未来的能力过度自负。因此，过度自信的管理者往往误将净现值为负的项目当作高盈利项目进行投资，从而导致过度投资。同时，他们对项目存续期内的负面反馈也缺乏理性的对待。对于理性的管理者而言，当项目在存续期内出现不良反馈时，他们通常会对项目的盈利预期进行合理下调，如果发现项目的净现值为负，便会及时停止项目。相对而言，当过度自信的管理者面对项目的不良反馈时，则往往置若罔闻，仍坚持项目具有良好盈利能力的论断。此外，过度自信的管理者通常会高估自己对项目的把控能力，而低估项目失败的风险。上述这些自负的表现，致使管理者人为地延长了净现值为负的项目的存续期，从而使项目所导致的损失得以积累，直到项目结束时才被证实，最终导致股价崩盘。另一方面，在项目存续期内，管理者的过度自信还会影响项目信息的披露（Spender，1996；Roychowdhury，2006）。由于过度自信的管理者错误地将净现值为负的项目看成是盈利项目，因此他们不愿意将关于项目的负面消息公之于众。因为过度自信的管理者通常认为，外部投资者都有投机倾向，往往会针对短期消息采取行动，而这种行为可能会迫使项目终止。为了使项目得以继续，过度自信的管理者甚至会采取粉饰财务数据的手段来传达他们乐观的信念。因此，管理者的过度自信可能使坏消息隐藏并被积累，当积累的坏消息集中被释放时便导致股价崩盘。基于管理者过度自信的股价崩盘风险理论从管理者非理性角度解释了股价崩盘风险的成因，在一定程度上弥补了基于代理成本的股价崩盘风险理论。

虽然这两种基于公司治理视角的股价崩盘风险理论分别从代理成本和管理者过度自信角度诠释了股价崩盘风险的成因，但两种理论针对降低股价崩盘风险的对策却是一致的。一方面，通过提高企业的公司治理水平并加强外部监督长效机制的建立，从而抑制管理者的代理行为和过度自信行为。另一方面，通过提高企业信息透明度，以减少信息窖藏程度。

2.3.3　股价崩盘风险成因的实证证据

基于公司治理的股价崩盘风险理论，股价崩盘风险的实质是在信息不对称的情景下，公司内部人利用信息优势隐藏坏消息，使负面消息累积达到阈值，最终隐藏的坏消息被集中释放，对股价产生冲击使其短期内迅速下跌带来的暴跌风险。其内在机理是内部人策略性信息披露公司负面消息所导致的。基于此逻辑，现有研究创新性地从公司内外部两个视角为股价崩盘风险的具体成因和潜在的约束机制提供了丰富的实证证据。

2.3.3.1　内部因素

对于引起股价崩盘的内部因素，已有研究围绕委托代理问题、信息披露和信息质量、管理层行为决策三方面展开分析。

首先，根据吉恩和迈尔斯（2006）、布莱克和刘（2007）的观点，股价崩盘风险产生的根源在于管理层出于自利动机而隐藏负面信息。因此，部分研究从管理层机会主义动机角度入手探究如何影响股价崩盘风险。例如科塔里等（Kothari et al.，2009）发现管理层出于自身薪酬、职业生涯和构建商业帝国方面考虑，会故意隐藏或推迟披露负面消息而主动披露好消息引起股票回报信息不对称进而导致股价被严重高估产生泡沫，加大未来股价崩盘风险。金等（2011b）以美国上市公司的数据为样本，研究发现公司首席执行官（CEO）的股权激励与未来股价崩盘风险正相关，首席财务官（CFO）的期权价值与未来股价崩盘风险正相关，公司高管为了实现自身利益最大化可能采取如隐藏坏消息的短期行为而加大股价崩盘风险。徐等（2014）研究发现管理层为追求更多的在职消费会故意隐瞒公司负面信息从而加重了股价崩盘风险。常等（Chang et al.，2017）研究发现管理层抛售股票会加剧股价崩盘风险，这是因为管理层在抛售前掩盖了大量的公司负面信息。而在我国 A股市场背景中，更多的研究则将视角从管理层拓展到大股东等内部人的代理问题。例如，王化成等（2015）分析了第一大股东持股与股价崩盘风险的关系，研究发现当第一大股东持股比例上升时会显著抑制未来股价崩盘风险，说明大股东具有"监督效应"和"更少掏空效应"而非"更多掏空效应"。林川等（2017）利用创业板上市公司的数据进行实证研究发现控制人权力与股价崩盘风险之间存在正相关关系，控制人权力越高公司的股价崩盘风险越大。沈华玉等（2017）认为控股股东具有"隧道效应"，控股股东控制权显著增加了股价崩盘风险，尤其是在公司治理水平比较低的情况下更为明显。姜付秀等（2018）认为多个大股东可以有效监督控股股东的机会主义行为，减少负面信息的隐藏和延迟披露，进而有效抑制了股价崩盘风险。谢德仁等（2016）、夏常源和贾凡胜（2019）认为控股股东进行股权质押会导致因市场信息不透明引发投资者猜测和恐慌，从而加剧股价崩盘风险；并且其股权质押比例越高，公司股价崩盘风险越大。程小可等（2021）基于金融学过度反应理论进行研究发现大股东能够通过与卖方分析师合谋传播鼓吹性邮件和研究报告、调整机构投资者调研问答口径和公司公告宣传口径等方式渲染公司正面信息，抬升股票价格以实现私利，而各影响因素通过强化上市公司正面信息加工、渲染、传播的能力，使得投资者对正面信息过度反应，造成股票价格大于内在价值，当内在信息集中释放时形成股价崩盘。

其次，继赫顿等（2009）实证检验了信息透明度与股价崩盘风险的关系后，许多学者便沿着信息披露和信息质量这一路径去思考与分析股价崩盘风险的影响因素，认为较完善的信息披露和较高的信息质量不仅能够降低管理层与投资者间的信息不对称程度，同时鼓励外部利益相关者对管理层的监督，因而会降低股价崩盘风险。例如，潘越等（2011）以我国上市公司为样本考察公司信息透明度与个股暴跌风险之间的内在关系，发现公司信息不透明与股价崩盘风险显著正相关。宋（Song，2015）以 13 个新兴市场为样本，发现公司更好的会计信息披露政策会降低投资者收集公司特质信息的成本，从而降低股价同步性。陈等（Chen et al.，2017）发现，会计盈余的平滑性会加剧股价崩盘风险，并且这种影响对于分析师关注较少、机构持股较少、累积自由裁量应计利润为正的公司更为明显。席尔瓦（Silva，2019）利用2008年金融危机考察财务披露质量、公司治理和暴跌风险之间的关联的时变性质，发现财务披露质量的提升增强了投资者在危机期间对企业财务信息的信心，从而降低了暴跌风险。施先旺等（2014）发现管理层隐瞒的公司负面特质信息越多，会计信息质量越差，公司信息透明度也就越低，其未来股价崩盘风险越高。权小锋和肖红军（2016）基于会计稳健性的中介效应发现我国资本市场中的非财务信息的披露会影响管理层的会计政策选择，进而加剧股价崩盘风险。孔等（Kong et al.，2020）研究了上市公司年度财务报告中因果语言特征与股价崩盘风险之间的关系，发现因果语言强度与未来股价崩盘风险正相关，这表明管理者操纵因果语言成功隐藏不利信息，从而导致更高的股价崩盘风险。孟庆斌等（2017）采用文本向量化的方法对上市公司年报中的管理层讨论与分析所披露的信息含量加以度量，发现管理层讨论与分析所披露的信息含量越高，公司未来股价崩盘风险越低。叶康涛等（2015）发现企业内控信息披露水平的提高会导致股价崩盘风险显著下降，且在信息不对称程度高、盈利能力差的公司中，两者的负相关关系更加显著。彭旋和王雄元（2018）发现客户明细信息和具体名称披露程度的提高会显著降低股价崩盘风险，且在企业信息透明度较高、公司治理较差的情况下更加显著。宋献中等（2017）揭示了我国上市公司社会责任信息披露的信息效应，发现企业披露社会责任信息降低了未来股价崩盘风险。肖土盛等（2017）利用公司信息披露考评数据发现信息披露质量的下降显著增加股价崩盘风险，而信息披露质量提高对股价崩盘风险的缓解作用不明显。谢盛纹和廖佳（2017）从财务重述背后所反映的财务信息质量低下和公司治理失效出发，探讨其对股价崩盘风险的影响，结果表明相比未发生财务重述的公司，发生了财务重述的公司的股价崩盘风险明显更高。蒋红芸和王雄元（2018）认为风险评估信息的披露显著增加了企业股价崩盘风险，内部监督信息披露与内部控制质量的提升显著降低了企业股价崩盘风险，但这种关系主要存在于业绩较差、公司治理较差以及信息透明度较低的公司。黄宏斌等（2019）发现自媒体信息披露通过加速信息的扩散和传播，降低信息不对称从而降低股价崩盘风险。江婕等（2021）发现无论是基于会计报表信息构建的应计盈余管理指标、基于市场交易信息构建的股价同步性波动指标还是基于交易所评价的信息披露考评指标，都支持公司信息透明度越低则股价崩盘风险越高的假设。

最后，管理层的行为决策不仅可能加剧或缓解公司内部的代理问题，而且能够反映管理层过度自信，从而对股价崩盘风险产生影响。例如，金等（2011a）分析了避税活动中的代理行为对股价崩盘风险的影响，他们认为管理层出于个人私利有隐藏坏消息的动机，而税收规避行为因为具有良好的隐蔽性而成为管理层进行捂盘行为的工具，他们利用美国上市公司数据证实了税收规避行为与股价崩盘风险显著正相关，同时发现存在外部监督机制和面临较大收购危险时，可以降低股价崩盘风险。江轩宇（2013）在此基础上以中国上市公司数据验证了金等（2011a）的观点，同时提出税收征管可以有效制约经理人基于税收规避的自利动机，当税收征管强度提高时，可有效降低税收规避行为引起的股价崩盘风险。田昆儒和孙瑜（2015）研究发现在其他条件一定的情况下，管理层的非效率投资状况越严重，就越有动机向外界隐瞒其代理动机和利益侵占行为等负面消息，从而造成公司未来股价崩盘风险越高。江轩宇和许年行（2015）从微观层面考察企业过度投资对股价崩盘风险的影响，并从"代理理论"和"管理者过度自信"两种视角分析其背后的作用机理，结果表明企业过度投资会加剧股价崩盘风险，且其影响具有长期性，而导致两者正相关的主要因素是股东与经理人之间的代理冲突而非管理者过度自信。刘等（Liu et al.，2021）基于 2000～2018 年 128 个东道国 1541 家 A 股上市公司完成的 6273 起对外直接投资事件发现，对外直接投资降低了投资公司的股价崩盘风险，并且这种影响在拥有更好制度环境的东道国更为显著。周冬华和赖升东（2016）以我国沪深交易所非金融类上市公司为样本，分析发现现金流操控行为与股价崩盘风险显著正相关，而机构投资者和高质量审计能够有效提高现金流信息的透明度，避免现金流操控行为导致的股价崩盘风险。沈华玉和吴晓晖（2017）探讨发现上市公司违规行为与股价崩盘风险之间成正相关关系，进一步的研究表明当公司内外部治理水平较差、公司信息不对称程度较高时，上市公司违规行为与股价崩盘风险的正相关关系更加显著。曾春华等（2017）发现企业高溢价并购与股价未来的暴跌风险存在着显著正相关性，导致两者存在正相关性的主要因素是管理者过度自信而不是股东与经理人之间的代理冲突。佟孟华等（2017）发现公司战略对股价崩盘风险有显著影响，公司战略定位越激进，越可能导致公司股价崩盘风险，而提高大股东持股比例可以增强大股东对管理者"监督效用"，从而提升企业内部监督效率，进而抑制公司战略对股价崩盘风险的影响。扎曼等（Zaman et al.，2021）利用 2003～2017 年美国上市公司的大样本考察企业绿色创新对股价崩盘风险的影响，发现绿色创新型公司会吸引更多的机构投资者和股票分析师关注并披露更多信息，从而降低股价崩盘风险。

2.3.3.2 外部因素

由于公司行为内生于所处的制度环境，许多研究也从制度和文化规范、外部监督约束等方面考察股价崩盘风险的外部影响因素。例如在制度和文化规范视角，王化成等（2014）研究了地区投资者保护与股价崩盘风险之间的内在关系，发现随着地区投资者保护水平的提高，公司的股价崩盘风险显著下降，且在业绩差、成长性低的公司中两者之间的负相关关系更加显著。林乐和郑登津（2016）以 2012 年深圳证券交易所和上海证券交易所推出的"退市新规"作为准自然实验，研究发现退市监管能够降低股价风险，且主要是通过业绩提升而非信息披露操纵和盈余管理发挥作用。陈等（2018）考察了中国反腐运动是否会影响未来的股价暴跌，发现反腐运动能够有效减少政治风险和囤积坏消息以降低暴跌风险，使得腐败地区的公司股价崩盘风险急剧降低。哈里马万等（Harymawan et al.，2019）以印度尼西亚企业为样本同样发现了政治关联与股价崩盘风险的负相关关系。李和蔡（Li and Cai，2016）发现宗教文化通过减少盈余管理和在职消费抑制股价崩盘风险，并且该影响随着公司治理质量的提高和法律环境的改善而加强。刘宝华等（2016）以非金融行业上市公司为样本，实证考察地区社会信任水平和股价崩盘风险的内在联系，发现上市公司所在地区社会信任水平越高，公司的股价崩盘风险越小，但社会信任对股价崩盘风险的抑制作用仅在市场化程度较高和法律环境较好的地区存在。

在外部监督约束方面，安等（An et al.，2020）、罗进辉和杜兴强（2014）考察了新闻媒体的监督效应，发现媒体对上市公司的频繁报道显著降低了公司的股价崩盘风险。赵（Zhao，2020）发现相较于互联网媒体，传统媒体对上市公司的报道能发挥更好的监督效应，从而降低股价崩盘风险。杨等（Yang et al.，2020）研究发现分析师或机构投资者实地调研次数越多的公司，未来股价崩盘风险越低。马可哪呐等（2016）分析了社会审计功能的发挥对微观个体股价崩盘风险和市场系统性风险的影响，发现社会审计通过对会计信息的鉴证发挥了治理和监督作用，从而在抑制微观个体股价崩盘风险中发挥作用。褚剑和方军雄（2017）利用由审计署实施的中央企业审计事件，研究发现政府审计通过促使被审计公司及时披露负面信息，缓解了公司的股价崩盘风险。万东灿（2015）基于审计师外部监督视角，发现较高的审计收费能够促使会计师事务所提高审计投入，进而提高审计质量，降低股价崩盘风险。

近年来，部分学者开始关注供应链利益相关者对股价崩盘风险的影响。例如，李等（2020）以 1977~2016 年美国上市公司为样本，发现客户集中度会给供应商公司带来巨大的现金流和业务风险，从而增加股价崩盘风险。马等（Ma et al.，2020）同样通过对美国公司的大样本调查，发现客户集中度显著加剧股价崩盘风险，且供应商公司为了维护大客户进行了更多专用投资、信息环境较差或面临更低的客户转换成本时，这种影响更为显著。褚剑和方军雄（2016）利用我国 A 股市场的上市公司为样本发现，客户集中有利于公司与客户之间供应链的整合，进而降低公司的经营风险和信息披露风险，最终缓解股价崩盘风险。张超和彭浩东（2019）、于博等（2019）发现 A 股市场上市公司的股价崩盘风险随着客户集中度的变化呈现倒"U"型曲线特征，同时这一现象在民营企业中更为显著。

2.3.4 股价崩盘风险的经济后果

随着股价崩盘风险领域研究的深入，一些学者开始关注股价崩盘风险的经济后果。从直接后果来看，股价崩盘的发生将直接导致股东财富缩水（Xu et al.，2014；Chang et al.，2017），加大收入差距（宋光辉等，2018），CEO 的职业生涯也会面临较大威胁（秦璇等，2019）。而更多文献则关注债权人和投资者对股价崩盘风险的感知是否以及如何影响企业资本结构或融资能力，即股价崩盘风险的资本配置效应。例如，安等（2015）利用 1989~2013 年 41 个国家的数据研究发现，公司的股价崩盘风险与资本结构动态调整速度成显著的负相关关系，股价崩盘风险高的公司存在更加严重的信息不对称，从而面临更高成本的外部融资约束。杨棉之等（2015）和喻灵（2017）发现，股价崩盘风险会带来权益资本成本的显著提高，从而使公司的资本成本有所增加。蔡贵龙等（2018）则针对债务融资进行了研究，发现在控制了其他影响企业债务成本的因素后，上市公司股价崩盘风险预期越高，企业的债务成本越高，这表明债权人可能利用上市公司股价崩盘蕴藏的信息进行决策，这意味着企业面临的经营及违约风险或将可以以股价崩盘风险为信号向外界传递，本质上由这种风险带来的溢价会催升企业债务成本的提高。顾小龙等（2018）以代理理论为基础，从债权人保护的视角，考察了股价崩盘风险预期对银行债务结构的影响，发现具有较大股价崩盘风险预期的公司，其银行借款中短期借款和担保借款的比例会更高，市场化水平的提高能够对这种贷款限制有所缓解。

2.4 本章小结

本章主要系统介绍本书的理论基础，并结合国内外现有研究进行文献综述。首先，本章重点总结与供应链管理理论，包括资源基础理论、资源依赖理论、交易成本理论和利益相关者理论以及与股价崩盘密切相关的委托代理理论。其次，本章在阐述供应链相关概念和经济内涵的基础上，从供应链关系的透明度、集中度和稳定度三方面对与供应链领域相关的现有研究进行综述。最后，本章聚焦股价崩盘风险的生成机理，结合理性预期均衡模型、行为金融学理论和委托代理理论对股价崩盘风险的成因进行剖析，并从公司内部因素和外部因素两方面深入总结股价崩盘风险的影响因素，同时阐明股价崩盘风险的经济后果。本章通过对理论基础的总结和对现有文献的回顾，为后续研究的理论推演和假说奠定基础。

第 3 章

供应链透明度对股价
崩盘风险的影响

供应链信息包括企业下游客户采购信息和上游供应商销售信息，能够在一定程度上反映上市公司的供应链关系管理和生产经营状况，因而也是外部市场参与者对公司进行分析评价的重要依据。尽管供应链信息并不是强制披露的公司信息，但自 2008 年以来我国 A 股市场中越来越多的上市公司开始重视此类信息的自愿性披露。那么，供应链关系的透明度，即上市公司对供应链信息的披露，是否能够促进上市公司信息增量，并进一步提升资产定价效率呢？本章基于 A 股市场上市公司对供应链信息披露的现实背景，深入研究上市公司供应链关系的透明度与股价崩盘风险的内在联系，并系统考察该联系的影响因素和路径机制，以充分揭示供应链信息披露对稳定公司股价平稳运行的重要作用。

3.1 A 股上市公司供应链信息披露的现实背景

3.1.1 A 股上市公司供应链信息披露的年度趋势

《公开发行证券的公司信息披露内容与格式准则第 9 号》《公开发行证券的公司信息披露内容与格式准则》都提到了上市公司应披露供应商与客户信息。从我国 A 股上市公司对供应链信息披露的实践来看，有的上市公司会披露金额明细及往来客户/供应商名称，有的则只披露金额明细，而往来客户/

供应商名称属于自愿信息披露的内容。相较于 2008 年前，我国 A 股市场上市公司对供应链信息的披露有了极大的提升。图 3.1 展示了 2001～2019 年 A 股市场上市公司对供应链基本信息（即前五大客户/供应商采购/销售占比）的披露情况。可以发现，在 2008 年前，A 股市场上市公司较少地披露其客户或供应商基本信息。以供应链信息披露最少的年份——2004 年为例，当年 A 股市场仅 18 家公司披露客户基本信息，20 家公司披露供应商基本信息，分别占上市公司数量的 1.75% 和 1.94%。而 2008～2013 年，越来越多的上市公司开始主动在其年报中披露其客户或供应商的相关信息。以 2013 年为例，当年 A 股市场共 1626 家公司披露了客户基本信息，1134 家公司披露了供应商基本信息，分别占上市公司总数的 88.18% 和 61.50%。从 2014 年开始，披露供应链基本信息的上市公司数量和占比开始趋于稳定。在 2019 年，有 1416 家 A 股市场上市公司披露了其客户基本信息，1374 家公司披露了供应商基本信息，分别占当年上市公司总数量的 58.06% 和 56.33%。由于不同行业或公司对客户或供应商信息的保密性存在差异，在 2019 年 A 股市场同时披露客户和供应商基本信息的上市公司数量仅为 357 家，占上市公司总数的

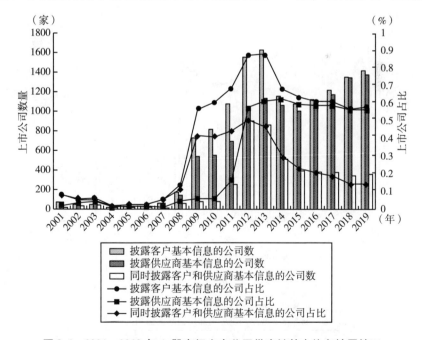

图 3.1 2001～2019 年 A 股市场上市公司供应链基本信息披露情况

资料来源：国泰安（CSMAR）数据库。

14.64%。上述发现意味着，一方面，有相当一部分公司愿意主动披露客户或供应商基本信息；另一方面，披露供应链基本信息的公司对披露客户基本信息还是供应商基本信息存在明显的选择性差异。

图 3.2 进一步统计了 2001～2019 年 A 股市场上市公司供应链深层信息（即对客户或供应商公司名称的披露）披露情况。首先，通过图 3.2 可以发现，在披露供应链相关信息的公司中约一半的公司披露了客户或供应商的深层信息。其次，与供应链基本信息披露类似，2008 年前 A 股市场上市公司对供应链深层信息的披露意愿较低，但随后此类信息的披露在 2008～2012 年急剧增长，之后又快速降低。以 2012 年为例，有 837 家公司主动披露了其客户的深层信息，530 家公司披露了其供应商的深层信息，分别占当年上市公司数量的 47.10% 和 29.83%。但披露相应信息的公司数量在 2019 年分别降低至 312 家和 316 家，仅占上市公司数量的 12.79% 和 12.96%。但是，同时披露客户和供应商深层信息的公司数量整体上与主动披露供应商深层信息的公司数量相当，说明披露供应链深层信息的不同上市公司对是披露客户还是供应商深层信息没有明显的选择性差异。

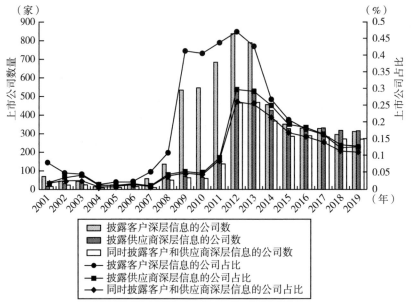

图 3.2　2001～2019 年 A 股市场上市公司供应链深层信息披露情况

　资料来源：国泰安（CSMAR）数据库。

3.1.2　A 股上市公司供应链信息披露的行业差异

不同行业由于其自身的特殊性,对供应链信息的披露存在极大差异。图 3.3 展示了 2001～2019 年 A 股市场不同行业上市公司披露不同层面供应链信息的占比。可以发现,对客户和供应商基本信息的披露有 66% 和 76% 来自制造业上市公司,且同时披露客户和供应商基本信息的公司中有 50% 来自制造业;类似地,对于客户和供应商深层信息进行披露的公司分别有 52% 和 62% 来自制造业,且同时披露客户和供应商深层信息的公司中也有 63% 属于制造业。而其他行业,如信息通信业、批发零售业、房地产业等,对供应链信息披露的比例都低于 10%。换言之,从行业视角来看,制造业公司更倾向于积极披露供应链信息,拥有更高的供应链透明度。

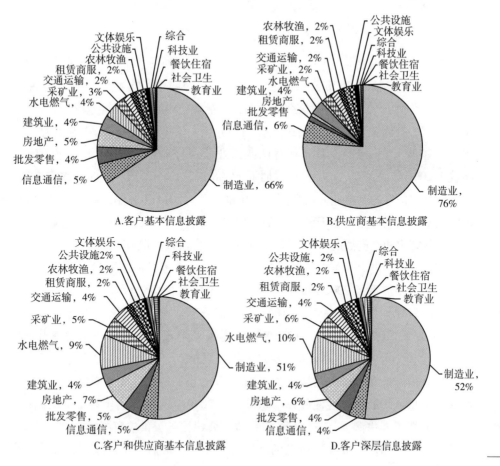

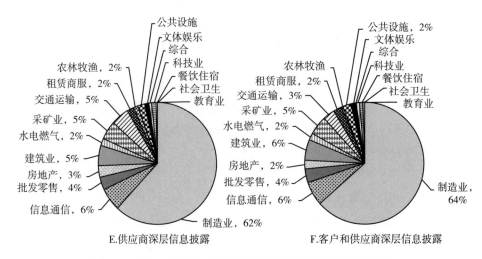

图 3.3　2001～2019 年各行业供应链信息披露平均占比统计

注：部分行业占比过少，故未全部标注。

资料来源：国泰安（CSMAR）数据库。

由于披露供应链信息的上市公司中制造业占了绝大多数，图 3.4 展示了 2001～2019 年制造业上市公司供应链基本信息披露的年度趋势。可以发现，与图 3.1 类似，在 2008 年前仅有极少部分制造业公司披露供应链基本信息。自 2008 年起，披露此类信息的制造业公司数量开始急剧增加。以 2013 年为例，当年披露客户（供应商）基本信息的制造业公司分别多达 1011 家（740 家），相较于 2001 年的 36 家（36 家）增加了 27.08 倍（19.56 倍）；同时披露客户和供应商基本信息的制造业公司则多达 450 家。而从 2014 年开始，制造业公司的供应链基本信息披露则趋于稳定，在 2019 年分别有 951 家和 930 家制造业公司披露了其客户和供应商的基本信息，占制造业公司数量的 61.28% 和 59.92%；同时披露客户和供应商基本信息的上市公司则有 182 家，占比为 11.73%。

图 3.5 则展示了 2001～2019 年制造业公司对供应链深层信息披露的趋势。可以发现，首先，2008 年前仅有极少部分制造业公司披露供应链深层信息。其次，尽管 2008～2013 年制造业公司越来越积极地披露供应链深层信息，但这些公司更愿意披露其主要客户的深层信息。再次，2013 年后，制造业公司对供应链深层信息的披露逐渐减少但也趋于稳定，并且对客户和供应商深层信息披露的选择性偏好越来越低。以 2019 年为例，当年有 157 家制造业公司披露了客户深层信息，164 家制造业公司披露了供应商深层信息，并且同时披露客户和供应商深层信息的公司有 139 家。最后，可以发现，2018 年

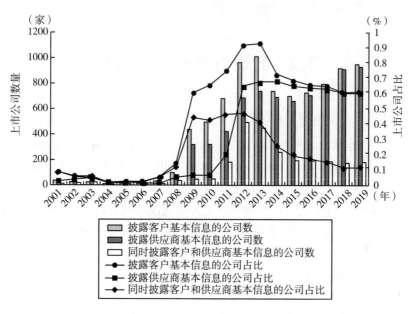

图 3.4　2001～2019 年 A 股市场制造业上市公司供应链基本信息披露情况

资料来源：国泰安（CSMAR）数据库。

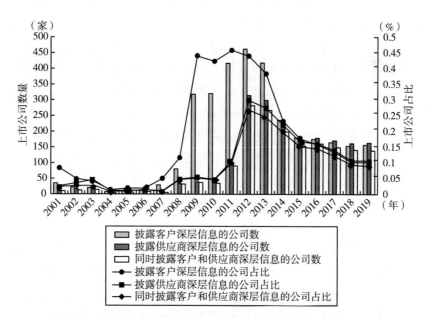

图 3.5　2001～2019 年 A 股市场制造业上市公司供应链深层信息披露情况

资料来源：国泰安（CSMAR）数据库。

前后约10%的制造业公司披露了客户或供应商深层信息。

3.2 理论分析与研究假设

上市公司供应链管理模式、组成结构和治理水平在很大程度上能够反映公司的经营战略、经营模式和经营水平（廖成林等，2008；Lanier et al.，2010；李维安等，2016；Kwak and Kim，2020）。而供应链相关信息的披露，包括客户和供应商信息，是上市公司自愿性披露的公开信息的重要组成部分，能在一定程度上揭示公司所在供应链的环境状况及其自身的供应链管理水平，从而为包括投资者和上下游合作商等在内的利益相关者提供价值评估参考（Harrison，2005；李丹和王丹，2016；彭旋和王雄元，2018）。因此，提升供应链关系的透明度，即披露供应链相关信息，是增加上市公司透明度的重要措施之一。

对资本市场参与者而言，供应链信息是对公司进行分析评价的重要依据。例如上市公司聘用的外部会计师和审计师能够根据供应链现金流和商业票据信息对公司经营性现金流进行更充分合规的审计，降低审计风险（Johnstone et al.，2014；方红星和张勇，2016；唐斯圆和李丹，2018）。对分析师而言，主要客户和供应商的构成与分布能够为评价公司行业地位、评估公司经营风险、预测公司未来绩效以及整合行业发展情况等提供极具参考价值的信息流（王雄元和彭旋，2016）。同时，供应链相关信息能够反映有关上市公司日常生产和经营的现状与持续性，进而为银行等债权人提供与公司偿债能力相关的价值信息，降低债权人和债务人间的信息不对称程度（王迪等，2016；王雄元和高开娟，2017；Campello and Gao，2017）。更重要的是，对投资者而言，供应链相关信息的披露不仅能够使投资者更充分全面地掌握公司管理和经营现状，而且加强了外部投资者对上市公司管理层的监督，在一定程度上缓解了委托代理问题，从而使得投资者给予公司财务信息更高的置信度，最终将其纳入投资决策（陈峻等，2015；褚剑和方军雄，2016；张超和彭浩东，2019）。因此，就资本市场信息环境视角而言，供应链信息披露有助于提升公司透明度，降低市场参与者与内部管理层之间的信息不对称程度。

管理层通过信息披露提升公司透明度在一定程度上不仅能缓解委托代理问题，同时有助于股价充分及时吸收公司特质信息，进而维护公司股价的平

稳运行 (Jin and Myers, 2006; Hutton et al., 2009)。从公司治理视角来看，较高的公司信息透明度有助于加强外部市场参与者对管理层的监督，从而降低委托代理问题。在所有权和经营权分离的现代公司体系中，拥有信息优势的公司管理层有很强的动机作出有损于股东和企业的机会主义行为，进而产生委托代理问题 (Jensen and Merkling, 1976; Denis et al., 1997)。而缓解这种委托代理问题的主要方式之一就是提升公司透明度，即通过特定的法律法规强制管理层及时对特定的公司信息进行披露，以确保投资者和其他市场参与者能够掌握公司运营现状。因此，通过提升公司透明度来缓解委托代理问题能在一定程度上保障公司有序经营，减少管理层对股东权益的侵占，是保障股价长久稳定运行的基础。

从资产定价视角来看，基于有效市场假说，较高的公司信息透明度有助于投资者及时将公司特质信息纳入交易决策，从而使得股价及时反映所有公开可得信息 (Fama, 1970; Roll, 1988)。管理层通过充分和及时地向外部投资者披露公司的真实状况能够极大地提升公司信息透明度，在这种情况下，额外的公司信息增量将及时在股价中反映，而不会积累到未来集中爆发导致股价发生 "跳跃" (Christie, 1982; Black, 1986; Romer, 1993)。换言之，较高的公司透明度能够降低公司信息的堆叠累积，包括坏消息的累积，从而降低未来股价崩盘发生的可能性。相反，管理层对坏消息的遮掩或延时披露会增加公司信息的不透明，导致坏消息的集中爆发，从而加剧股价崩盘风险。管理层若不能及时、准确和充分地向外部投资者披露公司信息，将加剧公司信息的不透明程度，导致当前的股票价格并不能真实反映公司经营现状。那么在这种 "管理层捂盘" 的情况下，负面信息在某一时点的集中爆发将使得未来股价出现剧烈波动，极大地增加股价崩盘风险 (Jin and Myers, 2006; Bleck and Liu, 2007)。

然而截至目前，尽管我国 A 股市场现行的上市公司信息披露规范中并没有对企业供应链相关信息的披露作出具体规定，但相当一部分上市公司在年报中对供应链信息作出非系统化的定性说明或定量数据披露。对外部市场参与者而言，供应链信息同样是上市公司公开信息的重要组成部分，其能够在一定程度上揭示公司所在供应链的环境状况和公司自身的经营发展现状，从而为外部市场参与者评价公司经营和评估公司价值提供重要参考 (李丹和王丹, 2016; 王迪等, 2016, 李欢等, 2018a)。因此，上市公司通过积极披露供应链信息能够促进公司特质信息增量，提升公司整体的信息透明度。鉴于公司信息透明度本身对股价崩盘风险的重要抑制作用，本章提出以下基本假说。

假说3.1：上市公司供应链关系的透明度越高，公司未来的股价崩盘风险越低。

3.3 研究设计

3.3.1 样本选取和数据来源

本章选取2001~2019年沪深A股市场上市公司的年度观测数据作为初始样本，并根据以下方式对初始样本进行筛选：（1）剔除金融行业公司；（2）剔除样本期间内带有"ST""*ST""PT"标识的样本；（3）剔除年交易周数少于26周的样本；（4）剔除相关财务数据缺失的样本。本章所涉及的上市公司客户/供应商相关信息、公司财务数据和股票市场交易数据等均来自国泰安（CSMAR）数据库。在剔除部分不符合条件的样本后，本章最终共获得2001~2019年27658个公司年度观测样本。此外，为降低极端值的影响，本章对所有连续变量在上下1%水平上进行缩尾处理。

3.3.2 变量定义和测度

3.3.2.1 被解释变量

本章主要的被解释变量为上市公司的股价崩盘风险。参照安等（2015）、徐等（2014）、谢德仁等（2016）的研究，本章使用股票收益的负收益偏态系数（NCSKEW）和收益上下波动比率（DUVOL）作为股价崩盘风险的代理指标。具体地，首先，本章根据回归模型即式（3.1）和式（3.2）计算经市场收益率调整后的股票特质周收益率 $W_{i,w}$：

$$R_{i,w} = \alpha_i + \beta_1 R_{m,w-2} + \beta_2 R_{m,w-1} + \beta_3 R_{m,w} + \beta_4 R_{m,w+1} + \beta_5 R_{m,w+2} + \varepsilon_{i,w} \quad (3.1)$$

$$W_{i,w} = \ln(1 + \varepsilon_{i,w}) \quad (3.2)$$

其中，$R_{i,w}$ 为股票 i 在第 w 周的周收益率，$R_{m,w}$ 为第 w 周 A 股市场所有股票流通市值加权平均后的周收益率。参照许年行等（2012）、杨等（2020）的研究，式（3.1）中加入了市场周收益率的超前项和滞后项以控制市场非同步性的影响。$\varepsilon_{i,t}$ 为回归的残差项。因此，式（3.2）中 $W_{i,w}$ 为股票 i 在第 w 周的特质周收益率。

其次，本章基于股票 i 在第 w 周的特质周收益率 $W_{i,w}$，利用负收益偏态系数（NCSKEW）和收益上下波动比率（DUVOL）测度股价崩盘风险：

$$NCSKEW_{i,t} = - \left[n(n-1)^{3/2} \sum W_{i,w}^3 \right] \Big/ \left[(n-1)(n-2) \left(\sum W_{i,w}^2 \right)^{3/2} \right]$$
$$(3.3)$$

$$DUVOL_{i,t} = \log \left[(n_u - 1) \sum_{DOWN} W_{i,w}^2 \right] \Big/ \left[(n_d - 1) \sum_{UP} W_{i,w}^2 \right] \quad (3.4)$$

式（3.3）中，$NCSKEW_{i,t}$ 为 t 年度根据个股周特质收益计算的负收益偏态系数；n 为每年股票 i 的交易周数。$NCSKEW_{i,t}$ 的数值越大，表示收益偏态系数负的程度越严重，则股价崩盘风险越高。式（3.4）中，$DUVOL_{i,t}$ 为 t 年度个股周收益上下变动比率；$n_u(n_d)$ 为股票 i 的特质周收益率 $W_{i,w}$ 大于（小于）其年平均收益率的周数。$DUVOL_{i,t}$ 的数值越大，表示股票收益率向左偏的程度越大，股价崩盘风险越高。在实证过程中，本章使用未来的股价崩盘风险代理指标 $NCSKEW_{i,t+1}$ 和 $DUVOL_{i,t+1}$ 作为最终的被解释变量。

3.3.2.2　解释变量

本章主要的解释变量为上市公司供应链信息透明度。根据上市公司在年报中对其客户和供应商信息的披露情况，本章从以下几个方面度量供应链透明度。

在整体层面，本章使用 $CSBIT_{i,t}$ 和 $CSDIT_{i,t}$ 刻画公司供应链整体的信息透明度。当公司 i 在 t 年度披露了其前五大客户和供应商基本信息时 $CSBIT_{i,t}$ 取 1，否则取 0；当公司 i 在 t 年度披露了其前五大客户和供应商深层信息时 $CSDIT_{i,t}$ 取 1，否则取 0。

在客户层面，本章使用虚拟变量 $CBIT_{i,t}$ 度量公司 i 是否在 t 年度披露了客户基本信息，当其披露了客户基本信息时取 1，否则取 0；使用虚拟变量 $CDIT_{i,t}$ 度量公司 i 是否在 t 年度披露了客户深层信息，当其披露了客户深层信息时取 1，否则取 0；同时，使用连续变量 $CIDR_{i,t}$ 度量对客户深层信息的披露程度，$CIDR_{i,t}$ 为披露的前五大客户中包含客户深层信息的比例。

在供应商层面，本章使用虚拟变量 $SBIT_{i,t}$ 度量公司 i 是否在 t 年度披露了供应商基本信息，当其披露了供应商基本信息时取 1，否则取 0；使用虚拟变量 $SDIT_{i,t}$ 度量公司 i 是否在 t 年度披露了供应商深层信息，当其披露了供应商深层信息时取 1，否则取 0；同时，使用连续变量 $SIDR_{i,t}$ 度量对供应商深层信息的披露程度，$SIDR_{i,t}$ 为披露的前五大供应商中包含供应商深层信息的比例。

3.3.2.3 控制变量

根据以往文献（许年行等，2012；Xu et al.，2014；An et al.，2015；谢德仁等，2016），本章拟选取并控制以下几方面因素的影响：（1）当期股价崩盘风险 $NCSKEW_{i,t}$ 或 $DUVOL_{i,t}$；（2）上市公司基本面因素，包括股票总市值的自然对数 $SIZE_{i,t}$、公司负债率 $LEV_{i,t}$、账面市值比 $BM_{i,t}$、净资产收益率 $ROE_{i,t}$ 和托宾 Q 值 $TOBINQ_{i,t}$；（3）股票市场交易指标，包括个股年收益波动率 $SIGMA_{i,t}$、年收益率 $RETURN_{i,t}$、换手率变化 $DTURN_{i,t}$ 和市场贝塔 $BETA_{i,t}$；（4）公司财务信息披露质量 $ABACC_{i,t}$。具体的变量定义如表 3.1 所示。

表 3.1　　　　　　　　　　主要变量名称和定义

项目	变量符号	变量定义
被解释变量	$NCSKEW_{i,t+1}$	未来股价崩盘风险，即根据个股周特质收益测度的未来股票收益的负收益偏态系数
	$DUVOL_{i,t+1}$	未来股价崩盘风险，即根据个股周特质收益测度的未来股票收益的上下波动比率
解释变量	$CSBIT_{i,t}$	客户和供应商基本信息透明度，当公司 i 在 t 年度披露了其前五大客户和供应商基本信息时 $CSBIT_{i,t}$ 取 1，否则取 0
	$CSDIT_{i,t}$	客户和供应商深层信息透明度，当公司 i 在 t 年度披露了其前五大客户和供应商深层信息时 $CSDIT_{i,t}$ 取 1，否则取 0
	$CBIT_{i,t}$	客户基本信息透明度，当公司 i 在 t 年度披露了客户基本信息时取 1，否则取 0
	$CDIT_{i,t}$	客户深层信息透明度，当公司 i 在 t 年度披露了客户深层信息时取 1，否则取 0
	$CIDR_{i,t}$	客户深层信息披露程度，公司 i 在 t 年度披露的前五大客户中包含客户深层信息的比例
	$SBIT_{i,t}$	供应商基本信息透明度，当公司 i 在 t 年度披露了供应商基本信息时取 1，否则取 0

项目	变量符号	变量定义
解释变量	$SDIT_{i,t}$	供应商深层信息透明度,当公司 i 在 t 年度披露了供应商深层信息时取 1,否则取 0
	$SIDR_{i,t}$	供应商深层信息披露程度,即公司 i 在 t 年度披露的前五大供应商中包含供应商深层信息的比例
控制变量	$NCSKEW_{i,t}$	当期股价崩盘风险,即根据个股周特质收益测度的当期股票收益的负收益偏态系数
	$DUVOL_{i,t}$	当期股价崩盘风险,即根据个股周特质收益测度的当期股票收益的上下波动比率
	$SIZE_{i,t}$	总市值,即公司 i 在 t 年度股票总市值的自然对数
	$LEV_{i,t}$	公司负债率(杠杆率),即公司 i 在 t 年度的总负债与总资产之比
	$BM_{i,t}$	账面市值比,即公司 i 在 t 年度的账面价值除以市场价值
	$ROE_{i,t}$	净资产收益率,即公司 i 在 t 年度的净利润除以净资产
	$TOBINQ_{i,t}$	托宾 Q 值,即公司 i 在 t 年度的市值对资产重置成本的比
	$SIGMA_{i,t}$	个股收益波动率,即个股 i 在 t 年度的周收益率标准差
	$RETURN_{i,t}$	个股年收益率,即个股 i 在 t 年度的股票收益率
	$DTURN_{i,t}$	个股换手率变化,即个股 i 在 t 年度的股票换手变化
	$BETA_{i,t}$	个股市场贝塔,即个股 i 在 t 年度股票周收益对市场周收益回归的系数
	$ABACC_{i,t}$	财务信息质量的反向指标,即公司 i 在 t 年度可操控性应计利润的绝对值

3.3.3　描述性统计

表 3.2 展示了主要变量的描述性统计。首先,在样本期间内,$NCSKEW_{i,t}$ 的均值和标准差分别为 −0.288 和 0.713;$DUVOL_{i,t}$ 的均值和标准差则分别为 −0.197 和 0.481。其次,供应链整体信息透明度 $CSBIT_{i,t}$ 和 $CSDIT_{i,t}$ 均值分别为 0.227 和 0.111,说明样本期间内同时披露客户和供应商基本信息的公司占比 22.7%,而仅有 11.1% 的公司同时披露客户和供应商深层信息。此外,$CBIT_{i,t}$ 和 $CDIT_{i,t}$ 的均值分别为 0.485 和 0.209,表明 48.5% 的公司披露了前五大客户的基本信息,但仅有 20.9% 的公司披露了客户的深层信息;$CIDR_{i,t}$

的均值为0.202，说明平均而言，披露的前五大客户信息中仅20.2%覆盖到客户深层信息。类似可以发现，样本期间内有35%的公司披露了供应商基本信息，12.9%的公司披露了供应商深层信息，并且平均而言披露的前五大供应商信息中仅12.5%覆盖到供应商深层信息。对比上市公司对客户信息和供应商信息的披露可以发现，上市公司更倾向于披露主要客户的信息，同时减少对供应商信息的披露，这与图3.1～图3.5的发现是一致的。

表3.2　　　　　　　　　　　主要变量的描述性统计

变量	观测数	均值	标准差	最小值	25分位数	中位数	75分位数	最大值
$NCSKEW_{i,t+1}$	27658	-0.288	0.713	-2.411	-0.680	-0.255	0.133	1.756
$DUVOL_{i,t+1}$	27658	-0.197	0.481	-1.379	-0.519	-0.195	0.118	1.067
$CSBIT_{i,t}$	27658	0.227	0.419	0.000	0.000	0.000	0.000	1.000
$CSDIT_{i,t}$	27658	0.111	0.314	0.000	0.000	0.000	0.000	1.000
$CBIT_{i,t}$	27658	0.485	0.500	0.000	0.000	0.000	1.000	1.000
$CDIT_{i,t}$	27658	0.209	0.407	0.000	0.000	0.000	0.000	1.000
$CIDR_{i,t}$	27658	0.202	0.399	0.000	0.000	0.000	0.000	1.000
$SBIT_{i,t}$	27658	0.350	0.477	0.000	0.000	0.000	1.000	1.000
$SDIT_{i,t}$	27658	0.129	0.335	0.000	0.000	0.000	0.000	1.000
$SIDR_{i,t}$	27658	0.125	0.329	0.000	0.000	0.000	0.000	1.000
$NCSKEW_{i,t}$	27658	-0.269	0.705	-2.411	-0.658	-0.242	0.146	1.756
$DUVOL_{i,t}$	27658	-0.184	0.479	-1.379	-0.505	-0.185	0.129	1.069
$SIZE_{i,t}$	27658	22.062	1.288	18.924	21.135	21.893	22.806	25.854
$LEV_{i,t}$	27658	0.465	0.195	0.053	0.318	0.471	0.612	1.236
$BM_{i,t}$	27658	0.589	0.256	0.084	0.388	0.571	0.780	1.201
$ROE_{i,t}$	27658	0.063	0.129	-1.219	0.029	0.067	0.113	0.354
$TOBINQ_{i,t}$	27658	2.218	1.511	0.833	1.282	1.750	2.579	11.862
$SIGMA_{i,t}$	27658	0.062	0.024	0.024	0.044	0.056	0.073	0.199
$RETURN_{i,t}$	27658	0.174	0.689	-0.703	-0.266	-0.030	0.384	3.035
$DTURN_{i,t}$	27658	-0.024	0.450	-2.150	-0.221	-0.012	0.173	1.694
$BETA_{i,t}$	27658	1.085	0.244	0.359	0.940	1.090	1.230	1.853
$ABACC_{i,t}$	27658	0.081	0.118	0.001	0.020	0.046	0.092	0.827

3.3.4　回归模型构建

本章重点考察供应链信息透明度对未来股价崩盘风险的影响。因此，参照安等（2015）、徐等（2014）、谢德仁等（2016）的研究，本章拟构建如下基准回归模型：

$$CRASH\_index_{i,t+1} = \alpha_0 + \beta_1 SCIT\_index_{i,t} + \sum \lambda Controls_{i,t} + \text{Year Fixed Effects}$$
$$+ \text{Industry Fixed Effects} + \varepsilon_{i,t} \tag{3.5}$$

在回归模型（3.5）中，$CRASH\_index_{i,t+1}$为未来的股价崩盘风险代理指标，包括股票收益的负收益偏态系数 $NCSKEW_{i,t+1}$ 和收益上下波动比率 $DUVOL_{i,t+1}$；$SCIT\_index_{i,t}$ 为上述一系列供应链信息透明度的代理指标，包括供应链整体的信息透明度、客户层面的信息透明度和供应商层面的信息透明度；$Controls_{i,t}$ 为控制变量。此外，该基准模型同样控制了年份固定效应（year fixed effects）和行业固定效应（industry fixed effects）的影响。

3.4 实 证 结 果

本章通过实证分析考察供应链信息透明度对未来股价崩盘风险的影响。首先，研究供应链关系的整体信息透明度，即客户和供应商信息透明度的影响；其次，基于公司对前五大客户信息的披露研究客户信息透明度对暴跌风险的影响；最后，从供应商视角剖析供应商信息透明度对未来股价崩盘风险的影响。

3.4.1 供应链整体信息透明度对股价崩盘风险的影响

3.4.1.1 组间差异检验

本部分通过比较披露与未披露客户和供应商基本（深层）信息的上市公司未来的股价同步性差异初步考察供应链信息透明度与未来股价崩盘风险的相关关系。表3.3报告了基于客户和供应商基本（深层）信息披露的上市公司未来股价崩盘风险组间差异检验结果。在表3.3－1中，对于6278个同时披露客户和供应商基本信息的公司而言，其未来股价崩盘风险代理指标 $NCSKEW_{i,t+1}$ 和 $DUVOL_{i,t+1}$ 的均值（中位数）分别为 -0.367 和 -0.251（-0.327 和 -0.252）；相应地，21380 个未同时披露客户和供应商基本信息的公司未来股价崩盘风险代理指标 $NCSKEW_{i,t+1}$ 和 $DUVOL_{i,t+1}$ 的均值（中位数）分别为 -0.265 和 -0.181（-0.235 和 -0.178）。两组样本间 $NCSKEW_{i,t+1}$ 和

$DUVOL_{i,t+1}$ 的均值差异（中位数差异）分别为 -0.102 和 -0.070（-0.092 和 -0.074），且该差异在 1% 统计水平上显著。这意味着，同时披露客户和供应商基本信息的公司的未来股价崩盘风险显著低于未同时披露客户和供应商基本信息的公司。

表 3.3-1　基于客户和供应商基本信息披露的上市公司股价崩盘风险组间差异检验

变量	$CSBIT_{i,t} = 1$			$CSBIT_{i,t} = 0$			组间差异	
	观测数	均值	中位数	观测数	均值	中位数	均值差异（t 值）	中位数差异（z 值）
$NCSKEW_{i,t+1}$	6278	-0.367	-0.327	21380	-0.265	-0.235	-0.102（-10.04 ***）	-0.092（10.22 ***）
$DUVOL_{i,t+1}$	6278	-0.251	-0.252	21380	-0.181	-0.178	-0.070（-10.19 ***）	-0.074（10.30 ***）

注：*** 代表 1% 显著性水平。

表 3.3-2 进一步报告了基于客户和供应商深层信息披露的上市公司股价崩盘风险的组间差异检验。可以发现，相较于 24588 个未同时披露客户和供应商深层信息的样本，同时披露客户和供应商深层信息的 3070 个上市公司样本的 $NCSKEW_{i,t+1}$ 和 $DUVOL_{i,t+1}$ 有更低的均值及中位数，并且这种差异都在 1% 水平上显著。因此，该发现验证了同时披露客户和供应商深层信息的公司同样拥有更低的未来股价崩盘风险。

表 3.3-2　基于客户和供应商深层信息披露的上市公司股价崩盘风险组间差异检验

变量	$CSDIT_{i,t} = 1$			$CSDIT_{i,t} = 0$			组间差异	
	观测数	均值	中位数	观测数	均值	中位数	均值差异（t 值）	中位数差异（z 值）
$NCSKEW_{i,t+1}$	3070	-0.402	-0.361	24588	-0.274	-0.243	-0.128（9.45 ***）	-0.118（9.47 ***）
$DUVOL_{i,t+1}$	3070	-0.279	-0.283	24588	-0.186	-0.185	-0.093（-10.13 ***）	-0.098（9.92 ***）

注：*** 代表 1% 显著性水平。

3.4.1.2　相关性分析

表 3.4 报告了主要变量的皮尔森相关系数矩阵。可以发现，客户和供应商基本信息披露指标 $CSBIT_{i,t}$ 与未来的股价负收益偏态系数 $NCSKEW_{i,t+1}$ 和收

益上下波动比率 $DUVOL_{i,t+1}$ 的相关系数在 1% 显著性水平下分别为 -0.060 和 -0.061；同时，客户和供应商深层信息披露指标 $CSDIT_{i,t}$ 与 $NCSKEW_{i,t+1}$ 和 $DUVOL_{i,t+1}$ 的相关系数在 1% 显著性水平下分别为 -0.056 和 -0.060，充分说明供应链整体的信息透明度与未来的股价崩盘风险负相关。

表 3.4　客户和供应商信息透明度和股价崩盘风险—皮尔森相关系数矩阵

变量	$NCSKEW_{i,t+1}$	$DUVOL_{i,t+1}$	$CSBIT_{i,t}$	$CSDIT_{i,t}$	$NCSKEW_{i,t}$	$DUVOL_{i,t}$	$SIZE_{i,t}$	$LEV_{i,t}$
$NCSKEW_{i,t+1}$	1							
$DUVOL_{i,t+1}$	0.881 ***	1						
$CSBIT_{i,t}$	-0.060 ***	-0.061 ***	1					
$CSDIT_{i,t}$	-0.056 ***	-0.060 ***	0.653 ***	1				
$NCSKEW_{i,t}$	0.068 ***	0.063 ***	-0.073 ***	-0.060 ***	1			
$DUVOL_{i,t}$	0.064 ***	0.063 ***	-0.073 ***	-0.062 ***	0.880 ***	1		
$SIZE_{i,t}$	-0.074 ***	-0.077 ***	0.034 ***	0.025 ***	-0.063 ***	-0.069 ***	1	
$LEV_{i,t}$	-0.020 ***	-0.020 ***	0.032 ***	-0.007	-0.018 ***	-0.017 ***	0.390 ***	1
$BM_{i,t}$	-0.143 ***	-0.139 ***	-0.010 *	0.007	0.003	0.020 ***	0.509 ***	0.391 ***
$ROE_{i,t}$	0.030 ***	0.027 ***	-0.001	-0.026 ***	-0.017 ***	-0.027 ***	0.130 ***	-0.141 ***
$TOBINQ_{i,t}$	0.106 ***	0.101 ***	0.017 ***	0.010 *	-0.011 *	-0.025 ***	-0.394 ***	-0.323 ***
$SIGMA_{i,t}$	-0.052 ***	-0.063 ***	-0.002	0.009	-0.133 ***	-0.132 ***	-0.138 ***	0.040 ***
$RETURN_{i,t}$	0.068 ***	0.060 ***	0.016 ***	-0.017 ***	-0.163 ***	-0.188 ***	-0.024 ***	0.041 ***
$DTURN_{i,t}$	-0.006	-0.008	-0.005	0.009	-0.081 ***	-0.095 ***	-0.014 **	0.031 ***
$BETA_{i,t}$	-0.059 ***	-0.047 ***	-0.012 *	-0.029 ***	-0.062 ***	-0.048 ***	-0.023 ***	0.020 ***
$ABACC_{i,t}$	0.017 ***	0.012 **	-0.007	-0.008	0.012 *	0.008	0.033 ***	-0.075 ***

变量	$BM_{i,t}$	$ROE_{i,t}$	$TOBINQ_{i,t}$	$SIGMA_{i,t}$	$RETURN_{i,t}$	$DTURN_{i,t}$	$BETA_{i,t}$	$ABACC_{i,t}$
$BM_{i,t}$	1							
$ROE_{i,t}$	-0.116 ***	1						
$TOBINQ_{i,t}$	-0.791 ***	0.099 ***	1					
$SIGMA_{i,t}$	-0.283 ***	-0.067 ***	0.286 ***	1				
$RETURN_{i,t}$	-0.345 ***	0.130 ***	0.342 ***	0.397 ***	1			
$DTURN_{i,t}$	-0.074 ***	-0.022 ***	0.071 ***	0.313 ***	0.443 ***	1		
$BETA_{i,t}$	0.039 ***	-0.089 ***	-0.084 ***	0.236 ***	-0.099 ***	-0.002	1	
$ABACC_{i,t}$	-0.012 *	0.205 ***	0.006	-0.019 ***	0.010	-0.001	-0.023 ***	1

注：*、** 和 *** 分别代表 10%、5% 和 1% 显著性水平。

此外，表 3.4 中上市公司总市值越大、杠杆率越高和账面市值比越高，其未来的股价崩盘风险越低；相反，公司盈利能力越强，托宾 Q 值越大，其股价崩盘风险也越高。对于市场表现而言，股票的波动率和市场风险与暴跌风险负相关，但收益率与暴跌风险正相关。最后可以发现，上市公司财务报告信息质量越差，其未来的股价崩盘风险越高。

另外，规模越大、杠杆率越高、账面市值比越低及托宾 Q 值越高的公司更倾向同时披露客户和供应商的基本信息，并且这种基本信息的披露与股票收益正相关，与市场贝塔负相关。同时，市值越高、绩效越差和托宾 Q 值越高的公司更愿意同时披露客户和供应商的深层信息，但深层信息披露与股票的收益负相关。

3.4.1.3 OLS 回归结果

本部分基于模型（3.5），通过普通最小二乘法（OLS）回归考察客户和供应商信息透明度对股价崩盘风险的影响。表 3.5 展示了回归结果，其中括号内报告了基于公司个体聚类的稳健标准误计算的 t 值。列（1）和列（2）报告了客户和供应商信息透明度对未来股价负收益偏态系数 $NCSKEW_{i,t+1}$ 的影响；列（3）和列（4）则报告了客户和供应商信息透明度对未来收益上下波动比 $DUVOL_{i,t+1}$ 的影响。可以发现，列（1）和列（2）中 $CSBIT_{i,t}$ 与 $CSDIT_{i,t}$ 的系数在 1% 水平下显著，分别为 -0.055 和 -0.072；类似地，列（3）和列（4）中 $CSBIT_{i,t}$ 与 $CSDIT_{i,t}$ 的系数在 1% 水平下显著，分别为 -0.042 和 -0.059。这些发现充分说明，上市公司同时披露客户和供应商基本信息或深层信息都会降低未来的股价崩盘风险，并且客户和供应商深层信息的披露对未来股价崩盘风险的抑制效应更强。

表 3.5　　　客户和供应商信息透明度对股价崩盘风险的影响

变量	$NCSKEW_{i,t+1}$		$DUVOL_{i,t+1}$	
	（1）	（2）	（3）	（4）
$CSBIT_{i,t}$	-0.055 *** （-4.64）		-0.042 *** （-5.29）	
$CSDIT_{i,t}$		-0.072 *** （-4.61）		-0.059 *** （-5.78）
$NCSKEW_{i,t}$	0.059 *** （8.83）	0.059 *** （8.83）		

续表

变量	NCSKEW$_{i,t+1}$		DUVOL$_{i,t+1}$	
	（1）	（2）	（3）	（4）
DUVOL$_{i,t}$			0.055 ***	0.054 ***
			（8.53）	（8.47）
SIZE$_{i,t}$	0.017 ***	0.017 ***	0.003	0.002
	（3.24）	（3.18）	（0.80）	（0.69）
LEV$_{i,t}$	0.077 ***	0.075 ***	0.071 ***	0.070 ***
	（2.73）	（2.66）	（3.76）	（3.69）
BM$_{i,t}$	− 0.368 ***	− 0.366 ***	− 0.237 ***	− 0.235 ***
	（− 10.99）	（− 10.92）	（− 10.48）	（− 10.38）
ROE$_{i,t}$	0.006	0.006	0.010	0.010
	（0.15）	（0.16）	（0.37）	（0.38）
TOBINQ$_{i,t}$	0.003	0.002	0.000	0.000
	（0.50）	（0.49）	（0.09）	（0.08）
SIGMA$_{i,t}$	0.053	0.078	− 0.475 **	− 0.451 **
	（0.16）	（0.23）	（− 2.14）	（− 2.03）
RETURN$_{i,t}$	0.056 ***	0.056 ***	0.040 ***	0.040 ***
	（5.34）	（5.33）	（5.47）	（5.44）
DTURN$_{i,t}$	− 0.027 **	− 0.027 **	− 0.013	− 0.013
	（− 2.22）	（− 2.23）	（− 1.56）	（− 1.57）
BETA$_{i,t}$	− 0.125 ***	− 0.128 ***	− 0.062 ***	− 0.064 ***
	（− 6.08）	（− 6.19）	（− 4.42）	（− 4.60）
ABACC$_{i,t}$	0.102 **	0.101 **	0.052 *	0.051 *
	（2.43）	（2.41）	（1.86）	（1.85）
Cons.	− 0.240 **	− 0.235 **	− 0.025	− 0.018
	（− 2.03）	（− 1.98）	（− 0.32）	（− 0.23）
年份固定效应	是	是	是	是
行业固定效应	是	是	是	是
观测数	27658	27658	27658	27658
调整的 R^2	0.073	0.073	0.075	0.075
F 统计值	49.632	49.349	52.852	52.870

注：*、** 和 *** 分别代表10%、5%和1%显著性水平。

　　与已有研究一致，上市公司市值越大、杠杆率越高或账面市值比越低，未来股价崩盘的概率越大（许年行等，2013；An and Zhang，2013；林乐和郑登津，2016；Silva，2019；Zaman et al.，2021）。但公司财务绩效和托宾 Q 值对股价崩盘风险的影响并不显著，这与陈等（2017）、卡伦和方（Callen and Fang，2013）的发现近乎一致。在市场表现方面，当期的股价收益越高、换手率增量越低或市场风险越低，未来的股价崩盘风险越高（江轩宇，2013；谢德仁等，2016；Ma et al.，2020）。可控应计利润的绝对值 $ABACC_{i,t}$ 的系数显著为正，说明股价崩盘风险与公司财务信息质量的恶化正相关（Kim and Zhang，2016；Chen et al.，2017）。

　　总体而言，在控制一系列潜在的影响因素（包括年份固定效应和行业固定效应）后，表 3.5 从客户和供应商整体信息透明度视角验证了供应链关系透明度对抑制未来股价崩盘风险的积极效应。

3.4.2　客户信息透明度对股价崩盘风险的影响

3.4.2.1　组间差异检验

　　本部分进一步从客户信息披露层面考察供应链透明度对股价崩盘风险的影响。表 3.6 报告了基于客户基本信息和深层信息披露的上市公司股价崩盘风险组间差异检验。在表 3.6 - 1 中，对于 13414 个披露客户基本信息的上市公司而言，其未来股价崩盘风险代理指标 $NCSKEW_{i,t+1}$ 和 $DUVOL_{i,t+1}$ 的均值（中位数）分别为 - 0.363 和 - 0.249（ - 0.321 和 - 0.248）；相应地，14244 个未披露客户基本信息的公司未来股价崩盘风险代理指标 $NCSKEW_{i,t+1}$ 和 $DUVOL_{i,t+1}$ 的均值（中位数）分别为 - 0.218 和 - 0.148（ - 0.195 和 - 0.148）。两组样本间 $NCSKEW_{i,t+1}$ 和 $DUVOL_{i,t+1}$ 的均值差异（中位数差异）分别为 - 0.145 和 - 0.101（ - 0.126 和 - 0.100），且该差异在 1% 水平下显著。该发现表明，披露客户基本信息的公司未来股价崩盘风险显著低于未披露客户基本信息的公司。

　　表 3.6 - 2 进一步报告了基于客户深层信息披露的上市公司股价崩盘风险的组间差异检验。可以发现，相较于 21877 个未披露客户深层信息的样本，披露客户深层信息的 5781 个上市公司样本的 $NCSKEW_{i,t+1}$ 和 $DUVOL_{i,t+1}$ 有更低的均值及中位数，并且这种差异都在 1% 水平下显著。因此，该发现验证了披露客户深层信息的公司同样拥有更低的未来股价崩盘风险。

表 3.6 – 1　基于客户基本信息披露的上市公司股价崩盘风险组间差异检验

变量	CBIT$_{i,t}$ = 1			–	CBIT$_{i,t}$ = 0			=	组间差异	
	观测数	均值	中位数		观测数	均值	中位数		均值差异 （t 值）	中位数差异 （z 值）
NCSKEW$_{i,t+1}$	13414	– 0.363	– 0.321		14244	– 0.218	– 0.195		– 0.145 （17.08 ***）	– 0.126 （17.47 ***）
DUVOL$_{i,t+1}$	13414	– 0.249	– 0.248		14244	– 0.148	– 0.148		– 0.101 （17.67 ***）	– 0.100 （17.42 ***）

注：*** 代表 1% 显著性水平。

表 3.6 – 2　基于客户深层信息披露的上市公司股价崩盘风险差异组间检验

变量	CDIT$_{i,t}$ = 1			–	CDIT$_{i,t}$ = 0			=	组间差异	
	观测数	均值	中位数		观测数	均值	中位数		均值差异 （t 值）	中位数差异 （z 值）
NCSKEW$_{i,t+1}$	5781	– 0.363	– 0.321		21877	– 0.268	– 0.238		– 0.095 （9.12 ***）	– 0.083 （9.21 ***）
DUVOL$_{i,t+1}$	5781	– 0.250	– 0.249		21877	– 0.183	– 0.180		– 0.067 （9.55 ***）	– 0.069 （9.46 ***）

注：*** 代表 1% 显著性水平。

3.4.2.2　相关性分析

表 3.7 报告了客户信息透明度和未来股价崩盘风险间的皮尔森相关系数矩阵。首先，客户基本信息透明度 CBIT$_{i,t}$、深层信息透明度 CDIT$_{i,t}$ 和深层信息披露程度 CIDR$_{i,t}$ 与未来股价负收益偏态系数 NCSKEW$_{i,t+1}$ 和收益上下波动比率 DUVOL$_{i,t+1}$ 的相关系数都在 1% 水平下显著为负，说明上市公司主要客户信息的透明度与未来股价崩盘风险负相关。其次，可以发现，市值较大的、账面市值比更低和托宾 Q 值更高的公司更倾向披露客户基本信息和深层信息。与此同时，客户信息披露情况与股价市场反应并没有稳定的相关性。

表 3.7　客户信息透明度和股价崩盘风险——皮尔森相关系数矩阵

变量	NCSKEW$_{i,t+1}$	DUVOL$_{i,t+1}$	CBIT$_{i,t}$	CDIT$_{i,t}$	CIDR$_{i,t}$	NCSKEW$_{i,t}$	DUVOL$_{i,t}$	SIZE$_{i,t}$
NCSKEW$_{i,t+1}$	1							
DUVOL$_{i,t+1}$	0.881 ***	1						
CBIT$_{i,t}$	– 0.101 ***	– 0.105 ***	1					

变量	$NCSKEW_{i,t+1}$	$DUVOL_{i,t+1}$	$CBIT_{i,t}$	$CDIT_{i,t}$	$CIDR_{i,t}$	$NCSKEW_{i,t}$	$DUVOL_{i,t}$	$SIZE_{i,t}$
$CDIT_{i,t}$	-0.054***	-0.057***	0.531***	1				
$CIDR_{i,t}$	-0.052***	-0.055***	0.523***	0.985***	1			
$NCSKEW_{i,t}$	0.068***	0.063***	-0.118***	-0.071***	-0.070***	1		
$DUVOL_{i,t}$	0.064***	0.063***	-0.121***	-0.073***	-0.072***	0.880***	1	
$SIZE_{i,t}$	-0.074***	-0.077***	0.108***	0.029***	0.022***	-0.063***	-0.069***	1
$LEV_{i,t}$	-0.020***	-0.020***	-0.079***	0.029***	0.027***	-0.018***	-0.017***	0.390***
$BM_{i,t}$	-0.143***	-0.139***	-0.081***	-0.011*	-0.011*	0.003	0.020***	0.509***
$ROE_{i,t}$	0.030***	0.027***	0.016***	-0.005	-0.006	-0.017***	-0.027***	0.130***
$TOBINQ_{i,t}$	0.106***	0.101***	0.073***	0.018***	0.018***	-0.011*	-0.025***	-0.394***
$SIGMA_{i,t}$	-0.052***	-0.063***	0.013**	0.000	-0.001	-0.133***	-0.132***	-0.138***
$RETURN_{i,t}$	0.068***	0.060***	-0.013**	0.020***	0.020***	-0.163***	-0.188***	-0.024***
$DTURN_{i,t}$	-0.006	-0.008	-0.022***	-0.005	-0.005	-0.081***	-0.095***	-0.014**
$BETA_{i,t}$	-0.059***	-0.047***	-0.011*	-0.008	-0.008	-0.062***	-0.048***	-0.023***
$ABACC_{i,t}$	0.017***	0.012**	-0.007	-0.008	-0.011*	0.012*	0.008	0.033***

变量	$LEV_{i,t}$	$BM_{i,t}$	$ROE_{i,t}$	$TOBINQ_{i,t}$	$SIGMA_{i,t}$	$RETURN_{i,t}$	$DTURN_{i,t}$	$BETA_{i,t}$	$ABACC_{i,t}$
$LEV_{i,t}$	1								
$BM_{i,t}$	0.391***	1							
$ROE_{i,t}$	-0.141***	-0.116***	1						
$TOBINQ_{i,t}$	-0.323***	-0.791***	0.099***	1					
$SIGMA_{i,t}$	0.040***	-0.283***	-0.067***	0.286***	1				
$RETURN_{i,t}$	0.041***	-0.345***	0.130***	0.342***	0.397***	1			
$DTURN_{i,t}$	0.031***	-0.074***	-0.022***	0.071***	0.313***	0.443***	1		
$BETA_{i,t}$	0.020***	0.039***	-0.089***	-0.084***	0.236***	-0.099***	-0.002	1	
$ABACC_{i,t}$	-0.075***	-0.012*	0.205***	0.006	-0.019***	0.010	-0.001	-0.023***	1

注：*、**和***分别代表10%、5%和1%显著性水平。

3.4.2.3　OLS 回归结果

表3.8报告了基于模型（3.5）的 OLS 回归结果，其中括号内报告了基于公司个体聚类的稳健标准误计算的 t 值。列（1）~列（3）考察了客户信息透明度对未来股价负收益偏态系数 $NCSKEW_{i,t+1}$ 的影响，$CBIT_{i,t}$、$CDIT_{i,t}$ 和 $CIDR_{i,t}$ 的系数在 1% 水平下分别为 -0.099、-0.047 和 -0.046。列（4）~列

（5）考察了客户信息透明度对未来股价收益上下波动比率 $DUVOL_{i,t+1}$ 的影响。类似地，$CBIT_{i,t}$、$CDIT_{i,t}$ 和 $CIDR_{i,t}$ 的系数在 1% 水平下分别为 -0.079、-0.038 和 -0.038。这些结果说明，上市公司对客户基本信息和深层信息的披露，以及对深层信息的披露程度，都会显著降低未来的股价崩盘风险。因此，表 3.8 从客户信息披露层面支持了供应链透明度对股价崩盘风险的抑制效应假说。

表 3.8　　　　　　客户信息透明度对股价崩盘风险的影响

变量	$NCSKEW_{i,t+1}$			$DUVOL_{i,t+1}$		
	(1)	(2)	(3)	(4)	(5)	(6)
$CBIT_{i,t}$	-0.099 *** (-9.15)			-0.079 *** (-10.89)		
$CDIT_{i,t}$		-0.047 *** (-3.96)			-0.038 *** (-4.75)	
$CIDR_{i,t}$			-0.046 *** (-3.72)			-0.038 *** (-4.61)
$NCSKEW_{i,t}$	0.056 *** (8.49)	0.059 *** (8.85)	0.059 *** (8.86)			
$DUVOL_{i,t}$				0.051 *** (7.97)	0.055 *** (8.55)	0.055 *** (8.55)
$SIZE_{i,t}$	0.017 *** (3.29)	0.018 *** (3.32)	0.018 *** (3.31)	0.003 (0.80)	0.003 (0.87)	0.003 (0.85)
$LEV_{i,t}$	0.063 ** (2.23)	0.076 *** (2.69)	0.076 *** (2.68)	0.060 *** (3.19)	0.070 *** (3.72)	0.070 *** (3.70)
$BM_{i,t}$	-0.376 *** (-11.28)	-0.369 *** (-11.00)	-0.369 *** (-10.99)	-0.243 *** (-10.83)	-0.237 *** (-10.49)	-0.237 *** (-10.47)
$ROE_{i,t}$	0.007 (0.17)	0.005 (0.13)	0.006 (0.14)	0.010 (0.39)	0.009 (0.34)	0.009 (0.35)
$TOBINQ_{i,t}$	0.001 (0.27)	0.003 (0.51)	0.003 (0.50)	-0.001 (-0.16)	0.000 (0.10)	0.000 (0.10)
$SIGMA_{i,t}$	0.258 (0.77)	0.039 (0.12)	0.038 (0.11)	-0.309 (-1.39)	-0.484 ** (-2.17)	-0.483 ** (-2.17)

续表

变量	NCSKEW$_{i,t+1}$			DUVOL$_{i,t+1}$		
	(1)	(2)	(3)	(4)	(5)	(6)
RETURN$_{i,t}$	0.054 ***	0.056 ***	0.056 ***	0.038 ***	0.040 ***	0.041 ***
	(5.15)	(5.35)	(5.36)	(5.21)	(5.48)	(5.48)
DTURN$_{i,t}$	−0.027 **	−0.027 **	−0.027 **	−0.013	−0.013	−0.013
	(−2.21)	(−2.23)	(−2.23)	(−1.56)	(−1.56)	(−1.56)
BETA$_{i,t}$	−0.143 ***	−0.124 ***	−0.123 ***	−0.076 ***	−0.061 ***	−0.061 ***
	(−6.86)	(−6.00)	(−5.99)	(−5.39)	(−4.35)	(−4.35)
ABACC$_{i,t}$	0.102 **	0.102 **	0.101 **	0.051 *	0.052 *	0.051 *
	(2.42)	(2.43)	(2.41)	(1.86)	(1.86)	(1.84)
Cons.	−0.215 *	−0.249 **	−0.248 **	−0.003	−0.031	−0.029
	(−1.82)	(−2.10)	(−2.09)	(−0.04)	(−0.38)	(−0.37)
年份固定效应	是	是	是	是	是	是
行业固定效应	是	是	是	是	是	是
观测数	27658	27658	27658	27658	27658	27658
调整的 R^2	0.075	0.073	0.073	0.078	0.075	0.075
F 统计值	51.943	49.544	49.410	55.952	52.718	52.574

注: * 、** 和 *** 分别代表 10%、5% 和 1% 显著性水平。

3.4.3 供应商信息透明度对股价崩盘风险的影响

3.4.3.1 组间差异检验

本部分从供应商视角揭示供应链信息透明度对未来股价崩盘风险的影响。表 3.9 报告了基于供应商基本信息和深层信息披露的上市公司股价崩盘风险组间差异检验。在表 3.9 – 1 中，对 9680 个披露供应商基本信息的上市公司而言，其未来股价崩盘风险代理指标 NCSKEW$_{i,t+1}$ 和 DUVOL$_{i,t+1}$ 的均值（中位数）分别为 – 0.375 和 – 0.259（– 0.337 和 – 0.262）；相应地，17978 个未披露供应商基本信息的公司未来股价崩盘风险代理指标 NCSKEW$_{i,t+1}$ 和 DUVOL$_{i,t+1}$ 的均值（中位数）分别为 – 0.241 和 – 0.163（– 0.215 和 – 0.163）。两组样本间 NCSKEW$_{i,t+1}$ 和 DUVOL$_{i,t+1}$ 的均值差异（中位数差异）分别为

-0.134 和 -0.096（-0.122 和 -0.099），且该差异在1%统计水平下显著。该发现表明，披露供应商基本信息的公司未来股价崩盘风险显著低于未披露供应商基本信息的公司。与上述发现类似，表3.9-2 中的组间差异检验结果表明，披露供应商深层信息的公司未来有更低的股价崩盘风险。因此，表3.9 初步验证了供应商信息透明度与股价崩盘风险的负相关关系。

表 3.9-1 基于供应商基本信息披露的上市公司股价崩盘风险组间差异检验

变量	$SBIT_{i,t}=1$			-	$SBIT_{i,t}=0$			=	组间差异	
	观测数	均值	中位数		观测数	均值	中位数		均值差异（t值）	中位数差异（z值）
$NCSKEW_{i,t+1}$	9680	-0.375	-0.337		17978	-0.241	-0.215		-0.134（-15.08***）	-0.122（15.53***）
$DUVOL_{i,t+1}$	9680	-0.259	-0.262		17978	-0.163	-0.163		-0.096（-16.08***）	-0.099（16.11***）

注：*** 代表1%显著性水平。

表 3.9-2 基于供应商深层信息披露的上市公司股价崩盘风险组间差异检验

变量	$SDIT_{i,t}=1$			-	$SDIT_{i,t}=0$			=	组间差异	
	观测数	均值	中位数		观测数	均值	中位数		均值差异（t值）	中位数差异（z值）
$NCSKEW_{i,t+1}$	3568	-0.402	-0.364		24090	-0.271	-0.240		-0.131（-10.31***）	-0.124（10.48***）
$DUVOL_{i,t+1}$	9680	-0.276	-0.284		17978	-0.185	-0.183		-0.091（-10.66***）	-0.101（10.71***）

注：*** 代表1%显著性水平。

3.4.3.2 相关性分析

表3.10 报告了供应商信息透明度和股价崩盘风险的皮尔森相关系数矩阵。可以发现，供应商基本信息透明度 $SBIT_{i,t}$、深层信息透明度 $SDIT_{i,t}$ 和深层信息披露程度 $SIDR_{i,t}$ 与未来股价负收益偏态系数 $NCSKEW_{i,t+1}$ 和收益上下波动比率 $DUVOL_{i,t+1}$ 的相关系数都在1%水平下显著为负，说明上市公司主要供应商信息透明度与未来股价崩盘风险负相关。市值较大的、杠杆率和账面市值比更低的、盈利能力更差的和托宾Q值更高的公司更倾向披露供应商

基本信息和深层信息。相反，财务信息质量更差的公司对供应商信息披露的程度也更低。

表 3.10　　供应商信息透明度和股价崩盘风险——皮尔森相关系数矩阵

变量	$NCSKEW_{i,t+1}$	$DUVOL_{i,t+1}$	$SBIT_{i,t}$	$SDIT_{i,t}$	$SIDR_{i,t}$	$NCSKEW_{i,t}$	$DUVOL_{i,t}$	$SIZE_{i,t}$
$NCSKEW_{i,t+1}$	1							
$DUVOL_{i,t+1}$	0.881 ***	1						
$SBIT_{i,t}$	− 0.090 ***	− 0.096 ***	1					
$SDIT_{i,t}$	− 0.061 ***	− 0.063 ***	0.524 ***	1				
$SIDR_{i,t}$	− 0.060 ***	− 0.062 ***	0.517 ***	0.988 ***	1			
$NCSKEW_{i,t}$	0.068 ***	0.063 ***	− 0.095 ***	− 0.061 ***	− 0.061 ***	1		
$DUVOL_{i,t}$	0.064 ***	0.063 ***	− 0.096 ***	− 0.061 ***	− 0.061 ***	0.880 ***	1	
$SIZE_{i,t}$	− 0.074 ***	− 0.077 ***	0.082 ***	0.030 ***	0.022 ***	− 0.063 ***	− 0.069 ***	1
$LEV_{i,t}$	− 0.020 ***	− 0.020 ***	− 0.113 ***	− 0.002	− 0.002	− 0.018 ***	− 0.017 ***	0.390 ***
$BM_{i,t}$	− 0.143 ***	− 0.139 ***	− 0.064 ***	0.008	0.007	0.003	0.020 ***	0.509 ***
$ROE_{i,t}$	0.030 ***	0.027 ***	− 0.013 **	− 0.020 ***	− 0.021 ***	− 0.017 ***	− 0.027 ***	0.130 ***
$TOBINQ_{i,t}$	0.106 ***	0.101 ***	0.061 ***	0.008	0.008	− 0.011 *	− 0.025 ***	− 0.394 ***
$SIGMA_{i,t}$	− 0.052 ***	− 0.063 ***	0.026 ***	0.006	0.006	− 0.133 ***	− 0.132 ***	− 0.138 ***
$RETURN_{i,t}$	0.068 ***	0.060 ***	− 0.050 ***	− 0.020 ***	− 0.020 ***	− 0.163 ***	− 0.188 ***	− 0.024 ***
$DTURN_{i,t}$	− 0.006	− 0.008	− 0.004	0.007	0.008	− 0.081 ***	− 0.095 ***	− 0.014 **
$BETA_{i,t}$	− 0.059 ***	− 0.047 ***	− 0.044 ***	− 0.032 ***	− 0.031 ***	− 0.062 ***	− 0.048 ***	− 0.023 ***
$ABACC_{i,t}$	0.017 ***	0.012 **	− 0.012 **	− 0.007	− 0.007	0.012 *	0.008	0.033 ***

变量	$LEV_{i,t}$	$BM_{i,t}$	$ROE_{i,t}$	$TOBINQ_{i,t}$	$SIGMA_{i,t}$	$RETURN_{i,t}$	$DTURN_{i,t}$	$BETA_{i,t}$	$ABACC_{i,t}$
$LEV_{i,t}$	1								
$BM_{i,t}$	0.391 ***	1							
$ROE_{i,t}$	− 0.141 ***	− 0.116 ***	1						
$TOBINQ_{i,t}$	− 0.323 ***	− 0.791 ***	0.099 ***	1					
$SIGMA_{i,t}$	0.040 ***	− 0.283 ***	− 0.067 ***	0.286 ***	1				
$RETURN_{i,t}$	0.041 ***	− 0.345 ***	0.130 ***	0.342 ***	0.397 ***	1			
$DTURN_{i,t}$	0.031 ***	− 0.074 ***	− 0.022 ***	0.071 ***	0.313 ***	0.443 ***	1		
$BETA_{i,t}$	0.020 ***	0.039 ***	− 0.089 ***	− 0.084 ***	0.236 ***	− 0.099 ***	− 0.002	1	
$ABACC_{i,t}$	− 0.075 ***	− 0.012 *	0.205 ***	0.006	− 0.019 ***	0.010	− 0.001	− 0.023 ***	1

注：＊、＊＊和＊＊＊分别代表 10%、5% 和 1% 显著性水平。

3.4.3.3 OLS 回归结果

为深入揭示供应商信息透明度对股价崩盘风险的影响，表3.11报告了基于模型（3.5）的 OLS 回归结果。其中括号内报告了基于公司个体聚类的稳健标准误计算的 t 值。在表3.11 中，列（1）~列（3）考察了供应商信息透明度对未来股价负收益偏态系数 $NCSKEW_{i,t+1}$ 的影响。可以发现，供应商基本信息披露 $SBIT_{i,t}$、供应商深层信息披露 $SDIT_{i,t}$ 和供应商深层信息披露程度 $SIDR_{i,t}$ 的系数在 1% 水平下分别为 -0.105、-0.078 和 -0.077。此外，列（4）~列（6）考察了客户信息透明度对未来股价收益上下波动比率 $DUVOL_{i,t+1}$ 的影响。与先前的发现一致，$SBIT_{i,t}$、$SDIT_{i,t}$ 和 $SIDR_{i,t}$ 的系数在 1% 水平下分别为 -0.088、-0.061 和 -0.060。这些结果充分说明，上市公司对供应商基本信息和深层信息的披露，以及对深层信息的披露程度，同样会显著降低未来的股价崩盘风险。因此，表3.11 从供应商信息披露层面支持了供应链透明度对股价崩盘风险的抑制效应假说。

表3.11 　　　　　　　　供应商信息透明度对股价崩盘风险的影响

变量	$NCSKEW_{i,t+1}$			$DUVOL_{i,t+1}$		
	（1）	（2）	（3）	（4）	（5）	（6）
$SBIT_{i,t}$	-0.105 *** (-9.08)			-0.088 *** (-11.53)		
$SDIT_{i,t}$		-0.078 *** (-5.24)			-0.061 *** (-6.22)	
$SIDR_{i,t}$			-0.077 *** (-5.03)			-0.060 *** (-5.96)
$NCSKEW_{i,t}$	0.056 *** (8.51)	0.058 *** (8.81)	0.058 *** (8.82)			
$DUVOL_{i,t}$				0.050 *** (7.88)	0.054 *** (8.45)	0.054 *** (8.47)
$SIZE_{i,t}$	0.015 *** (2.85)	0.016 *** (3.09)	0.016 *** (3.06)	0.001 (0.24)	0.002 (0.61)	0.002 (0.58)
$LEV_{i,t}$	0.064 ** (2.27)	0.077 *** (2.71)	0.076 *** (2.71)	0.060 *** (3.21)	0.071 *** (3.75)	0.071 *** (3.74)

变量	$NCSKEW_{i,t+1}$			$DUVOL_{i,t+1}$		
	(1)	(2)	(3)	(4)	(5)	(6)
$BM_{i,t}$	-0.377 ***	-0.366 ***	-0.366 ***	-0.244 ***	-0.235 ***	-0.235 ***
	(-11.29)	(-10.91)	(-10.90)	(-10.84)	(-10.39)	(-10.38)
$ROE_{i,t}$	0.011	0.008	0.008	0.014	0.011	0.011
	(0.27)	(0.20)	(0.20)	(0.52)	(0.42)	(0.42)
$TOBINQ_{i,t}$	0.000	0.002	0.002	-0.001	0.000	0.000
	(0.09)	(0.47)	(0.47)	(-0.39)	(0.06)	(0.06)
$SIGMA_{i,t}$	0.326	0.095	0.093	-0.241	-0.442 **	-0.444 **
	(0.97)	(0.28)	(0.28)	(-1.08)	(-1.99)	(-2.00)
$RETURN_{i,t}$	0.054 ***	0.056 ***	0.056 ***	0.038 ***	0.040 ***	0.040 ***
	(5.14)	(5.31)	(5.31)	(5.19)	(5.42)	(5.43)
$DTURN_{i,t}$	-0.028 **	-0.027 **	-0.027 **	-0.013 *	-0.013	-0.013
	(-2.29)	(-2.23)	(-2.23)	(-1.65)	(-1.57)	(-1.57)
$BETA_{i,t}$	-0.152 ***	-0.130 ***	-0.129 ***	-0.085 ***	-0.065 ***	-0.065 ***
	(-7.28)	(-6.30)	(-6.28)	(-6.02)	(-4.69)	(-4.66)
$ABACC_{i,t}$	0.097 **	0.101 **	0.102 **	0.048 *	0.051 *	0.051 *
	(2.30)	(2.41)	(2.41)	(1.71)	(1.84)	(1.85)
Cons.	-0.168	-0.225 *	-0.222 *	0.039	-0.012	-0.010
	(-1.42)	(-1.90)	(-1.87)	(0.49)	(-0.15)	(-0.13)
年份固定效应	是	是	是	是	是	是
行业固定效应	是	是	是	是	是	是
观测数	27658	27658	27658	27658	27658	27658
调整的 R^2	0.075	0.073	0.073	0.079	0.075	0.075
F 统计值	50.949	49.425	49.343	55.797	52.987	52.839

注：*、** 和 *** 分别代表 10%、5% 和 1% 显著性水平。

总体而言，本节从供应链整体信息透明度、客户信息透明度和供应商信息透明度三个不同的层面，深入剖析了供应链透明度对股价崩盘风险的影响，并充分揭示了供应链透明度对未来股价崩盘风险的重要抑制效应。这些发现支持了本章的研究假说，即供应链信息透明度的提升有助于抑制管理层信息操纵和遮掩，进而降低未来的股价崩盘风险。

3.5 横 截 面 分 析

本节拟通过一系列横截面测试进一步验证供应链信息透明度对股价崩盘风险的影响。首先，本节考察在不同的股票市场周期中供应链信息透明度对未来股价崩盘风险的影响是否存在显著差异，以识别重要的市场周期影响因素；其次，鉴于供应链特征与行业特征密切相关，从行业集中度视角剖析股价崩盘风险的影响因素；最后，基于公司内部控制视角深入分析供应链信息透明度是否有助于补充公司内部控制缺陷从而抑制股价崩盘风险。

3.5.1 股票市场周期

已有研究表明，上市公司信息透明度的提升有助于公司抵御市场周期风险带来的负面影响。从不确定性视角来看，由于投资者在熊市周期比在牛市周期面临更高的不确定性暴露，因此较高的信息透明度有助于缓解这种不确定性，从而降低市场周期波动带来的系统性风险的影响（Baker and Wurgler，2006；高大良等，2015；贺志芳等，2017）。从信息反应不对称的视角来看，陆蓉和徐龙炳（2004）研究发现，投资者在熊市期间对"坏消息"的反应比对"好消息"更为强烈，此时提升信息透明度则有助于抑制熊市行情下投资者的过度反应。由于上市公司对供应链信息的披露有助于提升公司供应链信息透明度，从而增加公司整体的信息透明度，可以推测供应链透明度在熊市周期中对股价崩盘风险将发挥更强的抑制效应。

为验证上述推论，本章利用分组回归考察不同市场周期中供应链透明度对未来股价崩盘风险影响的差异。根据帕干和索苏诺夫（Pagan and Sossounov，2003）及何兴强和周开国（2006）对牛市熊市周期划分的改进方法，本章将全样本周期划分为不同的牛市和熊市阶段。其中，熊市周期包括2001~2005年、2008~2013年和2016~2019年；相应地，牛市周期则包括2006~2007年、2014~2015年。根据该划分，本章全样本中有19770个观测值处于熊市周期，7888个观测值处于牛市周期。

表3.12报告了不同市场周期中客户和供应商信息透明度对股价崩盘风险的分组回归结果。其中括号内报告了基于公司个体聚类的稳健标准误计算的t

值，最后一行报告了客户和供应商信息透明度代理指标的组间系数差异 P 值检验结果。列（1）和列（2）考察了客户和供应商基本信息披露 $CSBIT_{i,t}$ 对负收益偏态系数 $NCSKEW_{i,t+1}$ 的影响，前者为熊市周期的子样本，后者则为牛市周期的子样本。可以发现，列（1）和列（2）中 $CSBIT_{i,t}$ 的系数分别为 -0.057 和 -0.041，并且在 1% 水平下显著；同时，$CSBIT_{i,t}$ 系数差异的 P 值检验在 10% 水平下显著。类似地，列（3）和列（4）考察了客户和供应商深层信息披露 $CSDIT_{i,t}$ 对负收益偏态系数 $NCSKEW_{i,t+1}$ 的影响。在列（3）中 $CSDIT_{i,t}$ 的系数在 1% 水平下为 -0.075，列（4）中其系数则在 5% 水平下为 -0.062，且两者之间的系数差异的 P 值检验在 5% 水平下显著。列（5）~列（8）考察了供应链整体信息透明度对未来股价收益上下波动比率 $DUVOL_{i,t+1}$ 的影响。可以发现，列（5）和列（6）中 $CSBIT_{i,t}$ 的系数存在显著差异，列（7）和列（8）中 $CSDIT_{i,t}$ 的系数在 1% 水平下分别为 -0.063 和 -0.048，并且系数差异的 P 值检验结果为 0.031。

表 3.12　不同市场周期中客户和供应商信息透明度对股价崩盘风险影响

变量	$NCSKEW_{i,t+1}$				$DUVOL_{i,t+1}$			
	熊市 (1)	牛市 (2)	熊市 (3)	牛市 (4)	熊市 (5)	牛市 (6)	熊市 (7)	牛市 (8)
$CSBIT_{i,t}$	-0.057^{***} (-3.99)	-0.041^{***} (-2.79)			-0.042^{***} (-4.77)	-0.041^{***} (-2.71)		
$CSDIT_{i,t}$			-0.075^{***} (-4.03)	-0.062^{**} (-2.44)			-0.063^{***} (-5.26)	-0.048^{***} (-2.82)
$NCSKEW_{i,t}$	0.057^{***} (7.32)	0.067^{***} (5.60)	0.057^{***} (7.32)	0.067^{***} (5.61)				
$DUVOL_{i,t}$					0.051^{***} (6.88)	0.070^{***} (5.82)	0.050^{***} (6.82)	0.069^{***} (5.80)
$SIZE_{i,t}$	0.040^{***} (6.35)	-0.034^{***} (-3.99)	0.039^{***} (6.26)	-0.034^{***} (-3.98)	0.017^{***} (4.20)	-0.029^{***} (-4.79)	0.017^{***} (4.06)	-0.029^{***} (-4.81)
$LEV_{i,t}$	0.029 (0.88)	0.181^{***} (3.66)	0.027 (0.82)	0.180^{***} (3.63)	0.044^{**} (2.02)	0.126^{***} (3.71)	0.042^{*} (1.95)	0.125^{***} (3.69)
$BM_{i,t}$	-0.479^{***} (-11.39)	-0.099^{*} (-1.70)	-0.477^{***} (-11.31)	-0.099^{*} (-1.70)	-0.312^{***} (-11.23)	-0.049 (-1.22)	-0.310^{***} (-11.12)	-0.048 (-1.20)

续表

变量	NCSKEW$_{i,t+1}$				DUVOL$_{i,t+1}$			
	熊市 (1)	牛市 (2)	熊市 (3)	牛市 (4)	熊市 (5)	牛市 (6)	熊市 (7)	牛市 (8)
ROE$_{i,t}$	-0.008 (-0.16)	0.002 (0.04)	-0.008 (-0.16)	0.002 (0.04)	0.000 (0.00)	0.007 (0.16)	0.000 (0.00)	0.007 (0.16)
TOBINQ$_{i,t}$	0.001 (0.09)	0.006 (0.92)	0.001 (0.07)	0.006 (0.93)	-0.000 (-0.05)	0.003 (0.54)	-0.000 (-0.07)	0.003 (0.55)
SIGMA$_{i,t}$	-0.421 (-0.96)	0.967 ** (1.96)	-0.383 (-0.87)	0.978 ** (1.99)	-0.805 *** (-2.78)	0.207 (0.61)	-0.769 *** (-2.65)	0.217 (0.64)
RETURN$_{i,t}$	0.114 *** (7.07)	0.023 (1.50)	0.114 *** (7.06)	0.022 (1.48)	0.084 *** (7.68)	0.014 (1.26)	0.084 *** (7.66)	0.014 (1.24)
DTURN$_{i,t}$	-0.027 * (-1.76)	-0.057 *** (-2.63)	-0.027 * (-1.78)	-0.057 *** (-2.62)	-0.016 * (-1.65)	-0.022 (-1.53)	-0.017 * (-1.66)	-0.022 (-1.52)
BETA$_{i,t}$	-0.062 ** (-2.55)	-0.252 *** (-6.54)	-0.066 *** (-2.71)	-0.251 *** (-6.51)	-0.017 (-1.03)	-0.156 *** (-5.93)	-0.021 (-1.27)	-0.155 *** (-5.91)
ABACC$_{i,t}$	0.110 ** (2.37)	0.092 (1.03)	0.108 ** (2.33)	0.094 (1.06)	0.060 * (1.93)	0.035 (0.62)	0.059 * (1.89)	0.037 (0.66)
Cons.	-0.666 *** (-4.73)	0.393 * (1.91)	-0.655 *** (-4.64)	0.690 *** (3.61)	-0.289 *** (-3.14)	0.381 *** (2.65)	-0.277 *** (-3.02)	0.596 *** (4.46)
年份固定效应	是	是	是	是	是	是	是	是
行业固定效应	是	是	是	是	是	是	是	是
观测数	19770	7888	19770	7888	19770	7888	19770	7888
调整的 R^2	0.081	0.062	0.081	0.061	0.084	0.060	0.085	0.060
F 统计值	45.744	17.458	45.310	17.432	49.165	17.723	49.007	17.757
P 值检验	0.052 *		0.038 **		0.263		0.031 **	

注：*、** 和 *** 分别代表 10%、5% 和 1% 显著性水平。

上述发现说明，一方面，供应链整体信息透明度在不同市场周期中对股价崩盘风险都会产生显著的抑制效应；另一方面，相较于牛市周期，供应链整体信息透明度对未来股价崩盘风险的负向影响在熊市周期更强。

表 3.13 展示了不同市场周期中客户信息透明度对未来股价崩盘风险的影响，其中表 3.13-1 报告了对负收益偏态系数的影响，表 3.13-2 报告了对

收益上下波动比率的影响。括号内报告了基于公司个体聚类的稳健标准误计算的 t 值，最后一行报告了客户信息透明度代理指标的组间系数差异 P 值检验结果。在表 3.13 – 1 的列（1）熊市周期和列（2）牛市周期中，$CBIT_{i,t}$ 的系数在 1% 水平下显著，分别为 – 0.118 和 – 0.078，且该差异的 P 值检验在 5% 水平下显著。列（3）~ 列（6）中，熊市周期内客户信息透明度的系数依然显著为负，但牛市周期中该影响不显著；同时，客户信息透明度的组间系数差异都通过了显著性检验。类似的发现在表 3.13 – 2 中同样存在，即熊市周期中客户信息透明度对未来收益上下波动比率的负向影响比牛市周期中更强。因此，表 3.13 的发现同样验证了，在客户信息披露视角，供应链透明度对未来股价崩盘风险的抑制效应在熊市周期比在牛市周期中表现得更为强烈。

表 3.13 – 1　不同市场周期中客户信息透明度对负收益偏态系数的影响

变量	$NCSKEW_{i,t+1}$					
	熊市 （1）	牛市 （2）	熊市 （3）	牛市 （4）	熊市 （5）	牛市 （6）
$CBIT_{i,t}$	– 0.118 *** （– 6.81）	– 0.078 *** （– 6.36）				
$CDIT_{i,t}$			– 0.052 *** （– 3.88）	– 0.034 （– 1.51）		
$CIDR_{i,t}$					– 0.049 *** （– 3.58）	– 0.037 （– 1.56）
$NCSKEW_{i,t}$	0.055 *** （7.08）	0.063 *** （5.26）	0.057 *** （7.31）	0.068 *** （5.66）	0.057 *** （7.32）	0.068 *** （5.66）
$SIZE_{i,t}$	0.016 （0.47）	0.166 *** （3.36）	0.028 （0.85）	0.179 *** （3.62）	0.028 （0.84）	0.179 *** （3.62）
$LEV_{i,t}$	– 0.489 *** （– 11.67）	– 0.106 * （– 1.83）	– 0.479 *** （– 11.39）	– 0.102 * （– 1.76）	– 0.480 *** （– 11.38）	– 0.101 * （– 1.74）
$BM_{i,t}$	– 0.006 （– 0.13）	0.002 （0.03）	– 0.009 （– 0.18）	0.001 （0.02）	– 0.009 （– 0.17）	0.001 （0.01）
$ROE_{i,t}$	– 0.001 （– 0.09）	0.005 （0.79）	0.001 （0.10）	0.006 （0.91）	0.001 （0.09）	0.006 （0.92）

续表

变量	NCSKEW$_{i,t+1}$					
	熊市 (1)	牛市 (2)	熊市 (3)	牛市 (4)	熊市 (5)	牛市 (6)
TOBINQ$_{i,t}$	-0.182 (-0.41)	1.070 ** (2.16)	-0.433 (-0.99)	0.959 * (1.95)	-0.438 (-1.00)	0.961 * (1.95)
SIGMA$_{i,t}$	0.109 *** (6.79)	0.024 (1.59)	0.114 *** (7.08)	0.022 (1.49)	0.114 *** (7.07)	0.023 (1.50)
RETURN$_{i,t}$	-0.027 * (-1.78)	-0.057 *** (-2.63)	-0.027 * (-1.76)	-0.057 *** (-2.62)	-0.027 * (-1.76)	-0.057 *** (-2.62)
DTURN$_{i,t}$	-0.082 *** (-3.30)	-0.258 *** (-6.71)	-0.061 ** (-2.50)	-0.251 *** (-6.49)	-0.060 ** (-2.48)	-0.250 *** (-6.49)
BETA$_{i,t}$	0.112 ** (2.43)	0.079 (0.88)	0.110 ** (2.37)	0.092 (1.03)	0.109 ** (2.35)	0.092 (1.04)
ABACC$_{i,t}$	-0.653 *** (-4.65)	0.497 ** (2.43)	-0.672 *** (-4.77)	0.371 * (1.81)	-0.671 *** (-4.77)	0.373 * (1.82)
年份固定效应	是	是	是	是	是	是
行业固定效应	是	是	是	是	是	是
观测数	19770	7888	19770	7888	19770	7888
调整的 R^2	0.083	0.066	0.081	0.061	0.081	0.061
F 统计值	47.341	18.778	45.767	17.329	45.615	17.323
P 值检验	0.014 **		0.007 ***		0.036 **	

注：*、** 和 *** 分别代表 10%、5% 和 1% 显著性水平。

表 3.13 - 2　不同市场周期中客户信息透明度对收益上下波动比率的影响

变量	DUVOL$_{i,t+1}$					
	熊市 (1)	牛市 (2)	熊市 (3)	牛市 (4)	熊市 (5)	牛市 (6)
CBIT$_{i,t}$	-0.094 *** (-8.19)	-0.070 *** (-7.37)				
CDIT$_{i,t}$			-0.042 *** (-4.73)	-0.025 (-1.63)		
CIDR$_{i,t}$					-0.041 *** (-4.50)	-0.029 * (-1.80)

续表

变量	DUVOL$_{i,t+1}$					
	熊市 （1）	牛市 （2）	熊市 （3）	牛市 （4）	熊市 （5）	牛市 （6）
DUVOL$_{i,t}$	0.048 *** （6.48）	0.063 *** （5.27）	0.051 *** （6.86）	0.070 *** （5.88）	0.051 *** （6.87）	0.070 *** （5.87）
SIZE$_{i,t}$	0.018 *** （4.37）	- 0.030 *** （- 5.08）	0.017 *** （4.25）	- 0.028 *** （- 4.72）	0.017 *** （4.24）	- 0.028 *** （- 4.74）
LEV$_{i,t}$	0.033 （1.54）	0.114 *** （3.38）	0.043 ** （1.99）	0.125 *** （3.68）	0.043 ** （1.98）	0.125 *** （3.68）
BM$_{i,t}$	- 0.319 *** （- 11.56）	- 0.053 （- 1.33）	- 0.312 *** （- 11.23）	- 0.051 （- 1.27）	- 0.312 *** （- 11.22）	- 0.050 （- 1.25）
ROE$_{i,t}$	0.001 （0.04）	0.007 （0.15）	- 0.001 （- 0.03）	0.006 （0.14）	- 0.000 （- 0.01）	0.006 （0.14）
TOBINQ$_{i,t}$	- 0.001 （- 0.26）	0.002 （0.41）	- 0.000 （- 0.04）	0.003 （0.53）	- 0.000 （- 0.05）	0.003 （0.54）
SIGMA$_{i,t}$	- 0.614 ** （- 2.11）	0.293 （0.86）	- 0.813 *** （- 2.81）	0.201 （0.59）	- 0.815 *** （- 2.82）	0.204 （0.60）
RETURN$_{i,t}$	0.080 *** （7.33）	0.015 （1.34）	0.084 *** （7.70）	0.014 （1.25）	0.084 *** （7.69）	0.014 （1.26）
DTURN$_{i,t}$	- 0.017 * （- 1.67）	- 0.023 （- 1.54）	- 0.016 * （- 1.65）	- 0.022 （- 1.51）	- 0.016 * （- 1.65）	- 0.022 （- 1.52）
BETA$_{i,t}$	- 0.033 ** （- 1.97）	- 0.161 *** （- 6.16）	- 0.016 （- 0.98）	- 0.155 *** （- 5.89）	- 0.016 （- 0.97）	- 0.155 *** （- 5.89）
ABACC$_{i,t}$	0.062 ** （2.00）	0.026 （0.45）	0.060 * （1.93）	0.035 （0.62）	0.060 * （1.91）	0.035 （0.62）
Cons.	- 0.278 *** （- 3.03）	0.471 *** （3.26）	- 0.293 *** （- 3.19）	0.368 ** （2.56）	- 0.292 *** （- 3.18）	0.371 ** （2.58）
年份固定效应	是	是	是	是	是	是
行业固定效应	是	是	是	是	是	是
观测数	19770	7888	19770	7888	19770	7888
调整的 R^2	0.086	0.066	0.084	0.059	0.084	0.059
F 统计值	51.255	19.781	49.183	17.587	49.027	17.587
P 值检验	0.007 ***		0.010 ***		0.024 **	

注：* 、** 和 *** 分别代表10% 、5% 和1% 显著性水平。

表 3.14 从供应商信息披露视角考察了不同市场周期中供应链信息透明度对未来股价崩盘风险的影响。其中表 3.14 - 1 报告了对负收益偏态系数的影响，表 3.14 - 2 报告了对收益上下波动比率的影响。括号内报告了基于公司个体聚类的稳健标准误计算的 t 值，最后一行报告了客户和供应商信息透明度代理指标的组间系数差异 P 值检验结果。首先，与先前的发现一致，在表 3.14 中，供应商信息披露对股价崩盘风险的影响在熊市和牛市周期中都显著为负。其次，从系数大小来看，熊市周期中供应商信息披露指标系数绝对值普遍大于牛市周期中相应系数的绝对值，并且这种组间系数差异大多通过了 P 值检验。因此，基于供应商信息披露视角的供应链透明度对未来股价崩盘风险的影响同样在熊市周期比在牛市周期中表现得更为强烈。

表 3.14 - 1　不同市场周期中供应商信息透明度对负收益偏态系数的影响

变量	$NCSKEW_{i,t+1}$					
	熊市 （1）	牛市 （2）	熊市 （3）	牛市 （4）	熊市 （5）	牛市 （6）
$SBIT_{i,t}$	-0.132 *** （-5.90）	-0.083 *** （-6.94）				
$SDIT_{i,t}$			-0.089 *** （-4.04）	-0.071 *** （-3.72）		
$SIDR_{i,t}$					-0.086 *** （-3.99）	-0.072 *** （-3.47）
$NCSKEW_{i,t}$	0.056 *** （7.15）	0.062 *** （5.16）	0.057 *** （7.33）	0.066 *** （5.54）	0.057 *** （7.33）	0.067 *** （5.56）
$SIZE_{i,t}$	0.039 *** （6.12）	-0.037 *** （-4.39）	0.039 *** （6.21）	-0.035 *** （-4.07）	0.039 *** （6.19）	-0.035 *** （-4.08）
$LEV_{i,t}$	0.018 （0.54）	0.166 *** （3.36）	0.028 （0.85）	0.182 *** （3.67）	0.028 （0.85）	0.182 *** （3.66）
$BM_{i,t}$	-0.487 *** （-11.59）	-0.112 * （-1.93）	-0.478 *** （-11.32）	-0.096 * （-1.65）	-0.478 *** （-11.31）	-0.095 （-1.64）
$ROE_{i,t}$	-0.002 （-0.04）	0.004 （0.06）	-0.006 （-0.12）	0.004 （0.07）	-0.006 （-0.12）	0.004 （0.06）
$TOBINQ_{i,t}$	-0.001 （-0.19）	0.004 （0.68）	0.000 （0.06）	0.006 （0.93）	0.000 （0.06）	0.006 （0.93）

续表

变量	NCSKEW$_{i,t+1}$					
	熊市(1)	牛市(2)	熊市(3)	牛市(4)	熊市(5)	牛市(6)
SIGMA$_{i,t}$	−0.132 (−0.30)	1.095 ** (2.21)	−0.373 (−0.85)	0.991 ** (2.01)	−0.377 (−0.86)	0.993 ** (2.02)
RETURN$_{i,t}$	0.109 *** (6.79)	0.024 (1.59)	0.113 *** (7.05)	0.022 (1.47)	0.113 *** (7.05)	0.022 (1.48)
DTURN$_{i,t}$	−0.028 * (−1.84)	−0.058 *** (−2.68)	−0.027 * (−1.77)	−0.057 *** (−2.65)	−0.027 * (−1.77)	−0.057 *** (−2.65)
BETA$_{i,t}$	−0.089 *** (−3.55)	−0.259 *** (−6.75)	−0.067 *** (−2.76)	−0.252 *** (−6.54)	−0.067 *** (−2.75)	−0.252 *** (−6.54)
ABACC$_{i,t}$	0.107 ** (2.30)	0.080 (0.89)	0.109 ** (2.33)	0.095 (1.07)	0.109 ** (2.34)	0.095 (1.07)
Cons.	−0.609 *** (−4.31)	0.533 *** (2.63)	−0.648 *** (−4.59)	0.404 ** (1.97)	−0.645 *** (−4.57)	0.708 *** (3.71)
年份固定效应	是	是	是	是	是	是
行业固定效应	是	是	是	是	是	是
观测数	19770	7888	19770	7888	19770	7888
调整的 R^2	0.082	0.067	0.081	0.062	0.081	0.062
F 统计值	45.873	19.292	45.289	17.651	45.244	17.558
P 值检验	0.002 ***		0.089 *		0.107	

注：*、**和***分别代表10%、5%和1%显著性水平。

表 3.14−2　不同市场周期中供应商信息透明度对收益上下波动比率的影响

变量	DUVOL$_{i,t+1}$					
	熊市(1)	牛市(2)	熊市(3)	牛市(4)	熊市(5)	牛市(6)
SBIT$_{i,t}$	−0.104 *** (−8.11)	−0.075 *** (−8.08)				
SDIT$_{i,t}$			−0.069 *** (−5.13)	−0.053 *** (−3.89)		

续表

变量	DUVOL$_{i,t+1}$					
	熊市 （1）	牛市 （2）	熊市 （3）	牛市 （4）	熊市 （5）	牛市 （6）
SIDR$_{i,t}$					−0.059 *** （−5.05）	−0.060 *** （−3.54）
DUVOL$_{i,t}$	0.048 *** （6.47）	0.061 *** （5.14）	0.050 *** （6.84）	0.068 *** （5.73）	0.050 *** （6.84）	0.069 *** （5.76）
SIZE$_{i,t}$	0.016 *** （3.84）	−0.031 *** （−5.27）	0.016 *** （4.02）	−0.029 *** （−4.89）	0.016 *** （3.99）	−0.029 *** （−4.90）
LEV$_{i,t}$	0.034 （1.58）	0.114 *** （3.38）	0.043 ** （1.99）	0.127 *** （3.73）	0.043 ** （1.99）	0.126 *** （3.72）
BM$_{i,t}$	−0.318 *** （−11.48）	−0.057 （−1.45）	−0.310 *** （−11.14）	−0.046 （−1.16）	−0.310 *** （−11.14）	−0.046 （−1.16）
ROE$_{i,t}$	0.005 （0.17）	0.008 （0.18）	0.002 （0.05）	0.008 （0.19）	0.002 （0.05）	0.008 （0.18）
TOBINQ$_{i,t}$	−0.002 （−0.42）	0.001 （0.28）	−0.000 （−0.08）	0.003 （0.55）	−0.000 （−0.09）	0.003 （0.55）
SIGMA$_{i,t}$	−0.537 * （−1.83）	0.312 （0.92）	−0.764 *** （−2.63）	0.225 （0.66）	−0.768 *** （−2.65）	0.226 （0.67）
RETURN$_{i,t}$	0.080 *** （7.28）	0.015 （1.33）	0.084 *** （7.65）	0.014 （1.23）	0.084 *** （7.65）	0.014 （1.23）
DTURN$_{i,t}$	−0.017 * （−1.75）	−0.023 （−1.61）	−0.017 * （−1.66）	−0.023 （−1.55）	−0.016 * （−1.66）	−0.023 （−1.55）
BETA$_{i,t}$	−0.042 ** （−2.50）	−0.162 *** （−6.20）	−0.021 （−1.31）	−0.156 *** （−5.94）	−0.021 （−1.29）	−0.155 *** （−5.93）
ABACC$_{i,t}$	0.058 * （1.85）	0.026 （0.45）	0.059 * （1.89）	0.037 （0.66）	0.059 * （1.90）	0.037 （0.66）
Cons.	−0.234 ** （−2.54）	0.498 *** （3.47）	−0.273 *** （−2.97）	0.391 *** （2.72）	−0.271 *** （−2.95）	0.392 *** （2.73）
年份固定效应	是	是	是	是	是	是
行业固定效应	是	是	是	是	是	是

变量	DUVOL$_{i,t+1}$					
	熊市 (1)	牛市 (2)	熊市 (3)	牛市 (4)	熊市 (5)	牛市 (6)
观测数	19770	7888	19770	7888	19770	7888
调整的 R^2	0.086	0.067	0.085	0.061	0.085	0.060
F 统计值	50.379	20.272	48.931	17.980	48.858	17.865
P 值检验	0.039 **		0.074 *		0.367	

注： *、** 和 *** 分别代表 10%、5% 和 1% 显著性水平。

总之，本部分从供应链整体信息透明度、客户信息透明度和供应商信息透明度的不同视角，深入考察了供应链关系的透明度在不同市场周期中对股价崩盘风险的影响差异。本部分的发现表明，透明的供应链关系对未来股价崩盘风险的抑制效应在熊市中表现得更显著，说明更透明的供应链信息披露有助于上市公司更好地缓解熊市周期的股价崩盘风险。

3.5.2　行业集中度

本部分从行业集中度角度分析供应链透明度影响股价崩盘风险的行业因素。对于集中度较高的行业，由于头部公司占据较大的市场份额和话语权，行业整体的信息透明度通常较低，并且行业整体风险很难被分散（Verrecchia，1983；Diamond and Verrecchia，1991）。因此，公司对供应链信息的积极披露有助于促进行业整体透明度的提升，对集中度较高的行业产生更显著的影响。换言之，供应链透明度对股价崩盘风险的抑制效应在集中度较高的行业中会更强。

参考赫凤杰（2008）、谢珺和陈航行（2016）的研究，本部分使用行业赫芬达尔指数 HHI 度量行业集中度，并根据行业集中度的年度中位数将 A 股市场的行业划分为高集中度行业（HIGH _ HHI$_{i,t}$ = 1）和低集中度行业（HIGH_HHI$_{i,t}$ = 0）。为考察供应链透明度在行业集中度不同的公司中对股价崩盘风险影响的差异，本部分在基准回归模型（3.5）的基础上，加入高行业集中度虚拟变量 HIGH_HHI$_{i,t}$ 及其与供应链透明度指标的交乘项进行 OLS 回归。

表 3.15 报告了行业集中度对供应链整体信息透明度影响的调节效应，其

中括号内报告了基于公司个体聚类的稳健标准误计算的 t 值。列（1）和列（2）考察了对未来负收益偏态系数 $NCSKEW_{i,t+1}$ 的影响；列（3）和列（4）则检验了对未来收益上下波动比率 $DUVOL_{i,t+1}$ 的影响。在列（1）中，供应链基本信息披露指标 $CSBIT_{i,t}$ 和高行业集中度虚拟变量 $HIGH\_HHI_{i,t}$ 的交乘项系数在 10% 水平下显著，为 −0.040，列（2）中供应链深层信息披露指标 $CSDIT_{i,t}$ 和高行业集中度虚拟变量 $HIGH\_HHI_{i,t}$ 的交乘项系数为 −0.046 但是不显著。列（3）和列（4）中，上述交乘项系数在 10% 水平下显著，分别为 −0.028 和 −0.038。这些发现说明，供应链整体信息透明度对股价崩盘风险的抑制效应在集中度更高的行业中表现得更显著。

表 3.15　　客户和供应商信息透明度、行业集中度和股价崩盘风险

变量	$NCSKEW_{i,t+1}$		$DUVOL_{i,t+1}$	
	（1）	（2）	（3）	（4）
$CSBIT_{i,t} \times HIGH\_HHI_{i,t}$	−0.040* (−1.74)		−0.028* (−1.84)	
$CSDIT_{i,t} \times HIGH\_HHI_{i,t}$		−0.046 (−1.44)		−0.038* (−1.81)
$CSBIT_{i,t}$	−0.042*** (−2.99)		−0.032*** (−3.48)	
$CSDIT_{i,t}$		−0.057*** (−3.01)		−0.047*** (−3.80)
$HIGH\_HHI_{i,t}$	0.006 (0.48)	0.003 (0.21)	0.003 (0.40)	0.002 (0.18)
$NCSKEW_{i,t}$	0.058*** (8.81)	0.058*** (8.81)		
$DUVOL_{i,t}$			0.054*** (8.50)	0.054*** (8.44)
$SIZE_{i,t}$	0.017*** (3.25)	0.017*** (3.18)	0.003 (0.80)	0.002 (0.69)
$LEV_{i,t}$	0.077*** (2.73)	0.075*** (2.66)	0.071*** (3.76)	0.069*** (3.69)
$BM_{i,t}$	−0.369*** (−11.02)	−0.367*** (−10.93)	−0.237*** (−10.51)	−0.235*** (−10.39)

变量	NCSKEW$_{i,t+1}$		DUVOL$_{i,t+1}$	
	(1)	(2)	(3)	(4)
ROE$_{i,t}$	0.006	0.007	0.010	0.010
	(0.16)	(0.18)	(0.38)	(0.39)
TOBINQ$_{i,t}$	0.002	0.002	0.000	0.000
	(0.48)	(0.49)	(0.07)	(0.08)
SIGMA$_{i,t}$	0.044	0.071	− 0.481 **	− 0.456 **
	(0.13)	(0.21)	(− 2.16)	(− 2.05)
RETURN$_{i,t}$	0.056 ***	0.056 ***	0.040 ***	0.040 ***
	(5.35)	(5.32)	(5.48)	(5.44)
DTURN$_{i,t}$	− 0.027 **	− 0.027 **	− 0.013	− 0.013
	(− 2.23)	(− 2.23)	(− 1.57)	(− 1.57)
BETA$_{i,t}$	− 0.125 ***	− 0.128 ***	− 0.061 ***	− 0.064 ***
	(− 6.05)	(− 6.20)	(− 4.40)	(− 4.61)
ABACC$_{i,t}$	0.102 **	0.101 **	0.052 *	0.051 *
	(2.43)	(2.41)	(1.85)	(1.84)
Cons.	− 0.242 **	− 0.235 *	− 0.025	− 0.018
	(− 2.02)	(− 1.96)	(− 0.31)	(− 0.22)
年份固定效应	是	是	是	是
行业固定效应	是	是	是	是
观测数	27658	27658	27658	27658
调整的 R^2	0.073	0.073	0.075	0.075
F 统计值	47.724	47.467	50.909	50.840

注：＊、＊＊和＊＊＊分别代表10%、5%和1%显著性水平。

表3.16从客户信息透明度视角检验了行业集中度的调节效应，其中括号内报告了基于公司个体聚类的稳健标准误计算的t值。可以发现，尽管在列（1）和列（4）中客户基本信息披露 CBIT$_{i,t}$ 与高行业集中度虚拟变量 HIGH_HHI$_{i,t}$ 的交乘项系数不显著，但在列（2）和列（3）中，交乘项系数分别在5%和10%水平下显著，为 − 0.038 和 − 0.041，列（5）和列（6）中则在10%水平下显著，分别为 − 0.027 和 − 0.028。这些发现充分说明，一方面，客户信息透明度在集中度高的行业中对未来股价崩盘风险的降低更明显；另一方面，集中度较高的行业更依赖通过客户深层信息的披露来降低股价崩盘风险。

表 3.16　　　　客户信息透明度、行业集中度和股价崩盘风险

变量	$NCSKEW_{i,t+1}$			$DUVOL_{i,t+1}$		
	（1）	（2）	（3）	（4）	（5）	（6）
$CBIT_{i,t} \times HIGH\_HHI_{i,t}$	−0.008 （−0.40）			−0.011 （−0.81）		
$CDIT_{i,t} \times HIGH\_HHI_{i,t}$		−0.038 ** （−2.26）			−0.027 * （−1.70）	
$CIDR_{i,t} \times HIGH\_HHI_{i,t}$			−0.041 * （−1.71）			−0.028 * （−1.74）
$CBIT_{i,t}$	−0.097 *** （−7.92）			−0.076 *** （−9.38）		
$CDIT_{i,t}$		−0.035 ** （−2.47）			−0.029 *** （−3.08）	
$CIDR_{i,t}$			−0.032 ** （−2.21）			−0.029 *** （−2.94）
$HIGH\_HHI_{i,t}$	0.000 （0.01）	0.005 （0.41）	0.005 （0.43）	0.002 （0.18）	0.003 （0.32）	0.003 （0.31）
$NCSKEW_{i,t}$	0.056 *** （8.48）	0.059 *** （8.83）	0.059 *** （8.84）			
$DUVOL_{i,t}$				0.051 *** （7.96）	0.055 *** （8.51）	0.055 *** （8.52）
$SIZE_{i,t}$	0.017 *** （3.29）	0.018 *** （3.32）	0.018 *** （3.32）	0.003 （0.80）	0.003 （0.87）	0.003 （0.86）
$LEV_{i,t}$	0.063 ** （2.24）	0.076 *** （2.68）	0.075 *** （2.67）	0.060 *** （3.20）	0.070 *** （3.71）	0.070 *** （3.69）
$BM_{i,t}$	−0.376 *** （−11.27）	−0.369 *** （−11.03）	−0.370 *** （−11.03）	−0.243 *** （−10.81）	−0.237 *** （−10.51）	−0.237 *** （−10.51）
$ROE_{i,t}$	0.007 （0.17）	0.006 （0.14）	0.006 （0.14）	0.010 （0.39）	0.009 （0.35）	0.009 （0.35）
$TOBINQ_{i,t}$	0.001 （0.27）	0.003 （0.49）	0.002 （0.49）	−0.001 （−0.17）	0.000 （0.09）	0.000 （0.08）

续表

变量	NCSKEW$_{i,t+1}$			DUVOL$_{i,t+1}$		
	(1)	(2)	(3)	(4)	(5)	(6)
SIGMA$_{i,t}$	0.259 (0.77)	0.030 (0.09)	0.028 (0.08)	−0.308 (−1.38)	−0.490 ** (−2.20)	−0.490 ** (−2.20)
RETURN$_{i,t}$	0.054 *** (5.15)	0.056 *** (5.36)	0.056 *** (5.36)	0.039 *** (5.22)	0.041 *** (5.49)	0.041 *** (5.49)
DTURN$_{i,t}$	−0.027 ** (−2.22)	−0.027 ** (−2.23)	−0.027 ** (−2.23)	−0.013 (−1.57)	−0.013 (−1.57)	−0.013 (−1.57)
BETA$_{i,t}$	−0.143 *** (−6.86)	−0.123 *** (−5.98)	−0.123 *** (−5.96)	−0.076 *** (−5.40)	−0.061 *** (−4.34)	−0.060 *** (−4.32)
ABACC$_{i,t}$	0.102 ** (2.43)	0.102 ** (2.42)	0.101 ** (2.41)	0.051 * (1.86)	0.051 * (1.85)	0.051 * (1.84)
Cons.	−0.212 * (−1.77)	−0.250 ** (−2.08)	−0.250 ** (−2.08)	−0.001 (−0.02)	−0.030 (−0.37)	−0.029 (−0.35)
年份固定效应	是	是	是	是	是	是
行业固定效应	是	是	是	是	是	是
观测数	27658	27658	27658	27658	27658	27658
调整的 R^2	0.075	0.073	0.073	0.078	0.075	0.075
F 统计值	49.818	47.619	47.479	53.674	50.731	50.570

注：*、**和***分别代表10%、5%和1%显著性水平。

本部分进一步从供应商信息透明度视角对上述结论进行了验证。表3.17报告了回归结果，其中括号内报告了基于公司个体聚类的稳健标准误计算的 t 值。在列（1）和列（3）中，供应商基本信息披露指标 SBIT$_{i,t}$ 和深层信息披露程度 SIDR$_{i,t}$ 与高行业集中度虚拟变量 HIGH_HHI$_{i,t}$ 的交乘项系数在10% 水平下显著，分别为 −0.014 和 −0.053，但在列（2）中交乘项系数为 −0.047 却不显著。列（4）~列（6）研究了对未来收益上下波动比率的影响，其中交乘项系数都显著为负。总体而言，这些发现基于供应商信息透明度角度再次验证了在集中度高的行业中，供应链透明度对未来股价崩盘风险的负向影响更强。

表 3.17　　　　　供应商信息透明度、行业集中度和股价崩盘风险

变量	NCSKEW$_{i,t+1}$			DUVOL$_{i,t+1}$		
	（1）	（2）	（3）	（4）	（5）	（6）
SBIT$_{i,t}$ × HIGH_HHI$_{i,t}$	− 0.014 * （ − 1.89）			− 0.018 ** （ − 1.99）		
SDIT$_{i,t}$ × HIGH_HHI$_{i,t}$		− 0.047 （ − 1.58）			− 0.038 * （ − 1.95）	
SIDR$_{i,t}$ × HIGH_HHI$_{i,t}$			− 0.053 * （ − 1.71）			− 0.043 ** （ − 2.13）
SBIT$_{i,t}$	− 0.106 *** （ − 8.13）			− 0.086 *** （ − 10.05）		
SDIT$_{i,t}$		− 0.063 *** （ − 3.48）			− 0.049 *** （ − 4.13）	
SIDR$_{i,t}$			− 0.061 *** （ − 3.27）			− 0.047 *** （ − 3.84）
HIGH_HHI$_{i,t}$	− 0.006 （ − 0.45）	0.003 （0.27）	0.004 （0.29）	− 0.001 （ − 0.13）	0.002 （0.24）	0.002 （0.28）
NCSKEW$_{i,t}$	0.056 *** （8.51）	0.058 *** （8.80）	0.058 *** （8.80）			
DUVOL$_{i,t}$				0.050 *** （7.88）	0.054 *** （8.43）	0.054 *** （8.43）
SIZE$_{i,t}$	0.015 *** （2.85）	0.016 *** （3.09）	0.016 *** （3.06）	0.001 （0.23）	0.002 （0.61）	0.002 （0.58）
LEV$_{i,t}$	0.064 ** （2.27）	0.077 *** （2.71）	0.076 *** （2.71）	0.060 *** （3.23）	0.071 *** （3.75）	0.071 *** （3.74）
BM$_{i,t}$	− 0.377 *** （ − 11.28）	− 0.366 *** （ − 10.93）	− 0.366 *** （ − 10.92）	− 0.243 *** （ − 10.82）	− 0.235 *** （ − 10.41）	− 0.235 *** （ − 10.40）
ROE$_{i,t}$	0.011 （0.27）	0.009 （0.21）	0.008 （0.21）	0.014 （0.52）	0.011 （0.44）	0.011 （0.43）
TOBINQ$_{i,t}$	0.000 （0.09）	0.002 （0.47）	0.002 （0.46）	− 0.001 （ − 0.40）	0.000 （0.06）	0.000 （0.05）

变量	NCSKEW$_{i,t+1}$			DUVOL$_{i,t+1}$		
	(1)	(2)	(3)	(4)	(5)	(6)
SIGMA$_{i,t}$	0.327 (0.97)	0.090 (0.27)	0.087 (0.26)	−0.239 (−1.07)	−0.446 ** (−2.00)	−0.449 ** (−2.02)
RETURN$_{i,t}$	0.054 *** (5.14)	0.056 *** (5.31)	0.056 *** (5.32)	0.038 *** (5.19)	0.040 *** (5.42)	0.040 *** (5.43)
DTURN$_{i,t}$	−0.028 ** (−2.30)	−0.027 ** (−2.23)	−0.027 ** (−2.23)	−0.013 * (−1.66)	−0.013 (−1.58)	−0.013 (−1.57)
BETA$_{i,t}$	−0.152 *** (−7.28)	−0.130 *** (−6.30)	−0.129 *** (−6.28)	−0.085 *** (−6.03)	−0.065 *** (−4.70)	−0.065 *** (−4.67)
ABACC$_{i,t}$	0.097 ** (2.30)	0.102 ** (2.41)	0.102 ** (2.42)	0.048 * (1.72)	0.051 * (1.85)	0.051 * (1.85)
Cons.	−0.159 (−1.32)	−0.226 * (−1.88)	−0.222 * (−1.85)	0.045 (0.55)	−0.012 (−0.15)	−0.010 (−0.12)
年份固定效应	是	是	是	是	是	是
行业固定效应	是	是	是	是	是	是
观测数	27658	27658	27658	27658	27658	27658
调整的 R^2	0.075	0.073	0.073	0.079	0.076	0.075
F 统计值	48.847	47.569	47.508	53.538	51.023	50.885

注： * 、** 和 *** 分别代表 10% 、5% 和 1% 显著性水平。

综上所述，本部分从供应链整体透明度、客户信息透明度和供应商信息透明度视角详细考察了供应链透明度在集中度不同的行业中的异质性影响，并揭示了供应链信息透明度对高集中度行业中的上市公司未来股价崩盘风险有更强的抑制作用。换言之，对于行业集中度高的上市公司而言，积极披露供应链信息有助于更好地维护股票价格的稳定。

3.5.3 内 部 控 制

本部分从公司内部控制视角考察供应链信息透明度对股价崩盘风险影响的公司层面因素。前面的研究揭示了上市公司对供应链信息的披露有助于促进供应链透明度的提升，抑制未来的股价崩盘风险。股价崩盘风险的"管理层捂盘假说"认为，管理层对"坏消息"的掩盖会使得这些"坏消息"在未来集中爆发，进而造成股价的急剧下跌；相反，若管理层积极披露公司信息、提升公司整体信息透明度，将有助于股价对公司特质信息的充分及时吸收，从而降低未来的股价崩盘风险。已有研究发现，有效的公司内部控制会抑制管理层的信息遮掩、提升公司整体信息披露的程度（姜付秀等，2018；Li et al. , 2020）。鉴于供应链信息披露有助于促进公司整体的信息透明度提升，那么对于内部控制薄弱的公司，这种透明度的提升将补充内部治理不足对管理层信息披露的监督缺失，从而降低未来的股价崩盘风险。因此可预期，供应链信息透明度对股价崩盘风险的抑制效应在内部控制薄弱的公司中会更显著。

与肖华和张国清（2013）、章琳一和张洪辉（2020）的研究一致，本部分从迪博内部控制与风险管理数据库中获取 2001~2019 年中国 A 股上市公司的内部控制指数（以下简称迪博内部控制指数）$DBIX_{i,t}$。为考察供应链透明度与公司内部控制对股价崩盘风险影响的交互影响，本部分在基准回归模型（3.5）的基础上，加入迪博内部控制指数 $DBIX_{i,t}$ 及其与供应链透明度指标的交乘项进行 OLS 回归。

表 3.18 考察了供应链整体信息透明度与内部控制对股价崩盘风险的影响，其中括号内报告了基于公司个体聚类的稳健标准误计算的 t 值。在列（1）和列（2）中，供应链透明度的代理指标与内部控制指标的交乘项系数分别在 5% 和 10% 水平下为 0.173 和 0.155。在列（3）中，$CSBIT_{i,t}$ 和 $DBIX_{i,t}$ 的交乘项系数在 5% 水平下为 0.078，但在列（4）中交乘项系数为 0.063 却不显著。总的来说，上述发现表明，供应链整体的透明度对股价崩盘风险的负面影响在内部控制更强的公司中较弱。换言之，内部控制越薄弱的公司中，供应链透明度对股价崩盘风险的抑制效应越强。

表 3.18　客户和供应商信息透明度、公司内部治理和股价崩盘风险

变量	$NCSKEW_{i,t+1}$		$DUVOL_{i,t+1}$	
	（1）	（2）	（3）	（4）
$CSBIT_{i,t} \times DBIX_{i,t}$	0.173 ** (1.96)		0.078 ** (2.40)	
$CSDIT_{i,t} \times DBIX_{i,t}$		0.155 * (1.73)		0.063 (1.53)

变量	NCSKEW$_{i,t+1}$		DUVOL$_{i,t+1}$	
	(1)	(2)	(3)	(4)
CSBIT$_{i,t}$	-0.135** (-2.26)		-0.093** (-2.46)	
CSDIT$_{i,t}$		-0.171** (-2.34)		-0.100** (-2.25)
DBIX$_{i,t}$	-0.059 (-1.18)	-0.068 (-1.42)	-0.047 (-1.45)	-0.037 (-1.22)
NCSKEW$_{i,t}$	0.048*** (7.41)	0.058*** (8.77)		
DUVOL$_{i,t}$			0.054*** (8.47)	0.054*** (8.41)
SIZE$_{i,t}$	0.004 (0.76)	0.018*** (3.21)	0.003 (0.94)	0.003 (0.85)
LEV$_{i,t}$	0.029 (1.05)	0.073*** (2.59)	0.070*** (3.71)	0.068*** (3.62)
BM$_{i,t}$	-0.349*** (-10.34)	-0.367*** (-10.82)	-0.237*** (-10.41)	-0.235*** (-10.30)
ROE$_{i,t}$	0.032 (0.77)	0.020 (0.49)	0.018 (0.66)	0.018 (0.66)
TOBINQ$_{i,t}$	0.003 (0.58)	0.003 (0.51)	0.000 (0.10)	0.000 (0.10)
SIGMA$_{i,t}$	0.457 (1.39)	0.059 (0.18)	-0.488** (-2.20)	-0.464** (-2.09)
RETURN$_{i,t}$	0.048*** (4.59)	0.057*** (5.39)	0.041*** (5.53)	0.041*** (5.50)
DTURN$_{i,t}$	-0.018 (-1.49)	-0.027** (-2.23)	-0.013 (-1.57)	-0.013 (-1.57)
BETA$_{i,t}$	-0.181*** (-8.91)	-0.127*** (-6.18)	-0.062*** (-4.42)	-0.064*** (-4.58)

变量	$NCSKEW_{i,t+1}$		$DUVOL_{i,t+1}$	
	（1）	（2）	（3）	（4）
$ABACC_{i,t}$	0.100 **	0.101 **	0.051 *	0.051 *
	（2.38）	（2.39）	（1.83）	（1.83）
Cons.	0.119	-0.217 *	-0.006	-0.008
	（1.01）	（-1.82）	（-0.08）	（-0.10）
年份固定效应	是	是	是	是
行业固定效应	是	是	是	是
观测数	27652	27652	27652	27652
调整的 R^2	0.079	0.073	0.075	0.075
F 统计值	48.991	47.350	50.712	50.729

注：*、** 和 *** 分别代表10%、5%和1%显著性水平。

表 3.19 从客户信息透明度视角考察了公司内部控制的调节效应，其中括号内报告了基于公司个体聚类的稳健标准误计算的 t 值。可以发现，在列（1）~列（5）中，客户信息透明度代理指标与迪博内部控制指数 $DBIX_{i,t}$ 的交乘项系数都显著为正，列（6）中交乘项系数为正但不显著。总体上，这些发现同样验证了客户信息透明度能够补充公司内部控制的不足，从而降低未来股价崩盘风险。

表 3.19　　　　客户信息透明度、公司内部治理和股价崩盘风险

变量	$NCSKEW_{i,t+1}$			$DUVOL_{i,t+1}$		
	（1）	（2）	（3）	（4）	（5）	（6）
$CBIT_{i,t} \times DBIX_{i,t}$	0.184 **			0.121 **		
	（2.35）			（2.41）		
$CDIT_{i,t} \times DBIX_{i,t}$		0.189 **			0.076 *	
		（2.10）			（1.74）	
$CIDR_{i,t} \times DBIX_{i,t}$			0.171 *			0.060
			（1.86）			（1.63）
$CBIT_{i,t}$	-0.221 ***			-0.159 ***		
	（-4.21）			（-4.75）		

续表

变量	NCSKEW$_{i,t+1}$			DUVOL$_{i,t+1}$		
	(1)	(2)	(3)	(4)	(5)	(6)
CDIT$_{i,t}$		−0.172 *** (−2.79)			−0.088 ** (−2.30)	
CIDR$_{i,t}$			−0.158 ** (−2.52)			−0.078 ** (−1.97)
DBIX$_{i,t}$	−0.133 ** (−2.34)	−0.087 * (−1.76)	−0.080 (−1.63)	−0.085 ** (−2.30)	−0.044 (−1.37)	−0.039 (−1.23)
NCSKEW$_{i,t}$	0.056 *** (8.42)	0.058 *** (8.77)	0.058 *** (8.79)			
DUVOL$_{i,t}$				0.050 *** (7.89)	0.054 *** (8.48)	0.054 *** (8.49)
SIZE$_{i,t}$	0.019 *** (3.34)	0.019 *** (3.30)	0.019 *** (3.28)	0.004 (1.01)	0.004 (0.99)	0.004 (0.96)
LEV$_{i,t}$	0.061 ** (2.16)	0.075 *** (2.65)	0.075 *** (2.64)	0.058 *** (3.12)	0.069 *** (3.67)	0.069 *** (3.65)
BM$_{i,t}$	−0.378 *** (−11.20)	−0.369 *** (−10.90)	−0.369 *** (−10.89)	−0.244 *** (−10.78)	−0.237 *** (−10.41)	−0.237 *** (−10.39)
ROE$_{i,t}$	0.020 (0.47)	0.019 (0.46)	0.019 (0.46)	0.018 (0.66)	0.017 (0.62)	0.017 (0.61)
TOBINQ$_{i,t}$	0.001 (0.26)	0.003 (0.53)	0.003 (0.52)	−0.001 (−0.18)	0.000 (0.11)	0.000 (0.11)
SIGMA$_{i,t}$	0.252 (0.75)	0.019 (0.06)	0.018 (0.05)	−0.313 (−1.40)	−0.497 ** (−2.23)	−0.497 ** (−2.23)
RETURN$_{i,t}$	0.054 *** (5.21)	0.057 *** (5.43)	0.057 *** (5.43)	0.039 *** (5.26)	0.041 *** (5.55)	0.041 *** (5.55)
DTURN$_{i,t}$	−0.028 ** (−2.25)	−0.027 ** (−2.23)	−0.027 ** (−2.23)	−0.013 (−1.59)	−0.013 (−1.57)	−0.013 (−1.57)
BETA$_{i,t}$	−0.145 *** (−6.95)	−0.124 *** (−6.01)	−0.123 *** (−5.99)	−0.078 *** (−5.49)	−0.061 *** (−4.34)	−0.060 *** (−4.33)

变量	NCSKEW$_{i,t+1}$			DUVOL$_{i,t+1}$		
	（1）	（2）	（3）	（4）	（5）	（6）
ABACC$_{i,t}$	0.099 **	0.100 **	0.100 **	0.050 *	0.051 *	0.051 *
	（2.36）	（2.38）	（2.38）	（1.80）	（1.83）	（1.82）
Cons.	−0.152	−0.211 *	−0.214 *	0.038	−0.013	−0.014
	（−1.27）	（−1.76）	（−1.78）	（0.48）	（−0.16）	（−0.17）
年份固定效应	是	是	是	是	是	是
行业固定效应	是	是	是	是	是	是
观测数	27652	27652	27652	27652	27652	27652
调整的 R^2	0.075	0.073	0.073	0.078	0.075	0.075
F 统计值	49.935	47.576	47.414	53.920	50.591	50.451

注：*、** 和 *** 分别代表 10%、5% 和 1% 显著性水平。

此外，表 3.20 从供应商信息透明度视角对公司内部控制的调节效应进行了考察，其中括号内报告了基于公司个体聚类的稳健标准误计算的 t 值。与先前发现一致，尽管表 3.20 中部分交乘项的系数不显著 ［见列（2）和列（4）］，但绝大多数显著为正的交乘项表明，内部控制更强的公司中，供应商信息透明度对未来股价崩盘风险的负向影响被显著削弱。也就是说，供应商信息透明度在内部控制更弱的公司中对股价崩盘风险能够发挥更强的抑制效应。

表 3.20　　　　供应商信息透明度、公司内部治理和股价崩盘风险

变量	NCSKEW$_{i,t+1}$			DUVOL$_{i,t+1}$		
	（1）	（2）	（3）	（4）	（5）	（6）
SBIT$_{i,t}$ × DBIX$_{i,t}$	0.115 *			0.061		
	（1.84）			（1.18）		
SDIT$_{i,t}$ × DBIX$_{i,t}$		0.153			0.065 **	
		（1.46）			（1.99）	
SIDR$_{i,t}$ × DBIX$_{i,t}$			0.164 **			0.067 *
			（1.98）			（1.69）
SBIT$_{i,t}$	−0.179 ***			−0.128 ***		
	（−3.33）			（−3.75）		

续表

变量	NCSKEW$_{i,t+1}$			DUVOL$_{i,t+1}$		
	(1)	(2)	(3)	(4)	(5)	(6)
SDIT$_{i,t}$		−0.177** (−2.53)			−0.103** (−2.38)	
SIDR$_{i,t}$			−0.183** (−2.53)			−0.103** (−2.31)
DBIX$_{i,t}$	−0.083 (−1.58)	−0.072 (−1.50)	−0.072 (−1.51)	−0.046 (−1.35)	−0.039 (−1.28)	−0.039 (−1.26)
NCSKEW$_{i,t}$	0.056*** (8.46)	0.058*** (8.76)	0.058*** (8.76)			
DUVOL$_{i,t}$				0.050*** (7.83)	0.054*** (8.40)	0.054*** (8.41)
SIZE$_{i,t}$	0.017*** (2.93)	0.018*** (3.14)	0.018*** (3.12)	0.002 (0.45)	0.003 (0.79)	0.003 (0.76)
LEV$_{i,t}$	0.061** (2.17)	0.075*** (2.63)	0.075*** (2.64)	0.059*** (3.13)	0.069*** (3.67)	0.069*** (3.67)
BM$_{i,t}$	−0.377*** (−11.18)	−0.366*** (−10.82)	−0.366*** (−10.81)	−0.243*** (−10.76)	−0.235*** (−10.32)	−0.235*** (−10.31)
ROE$_{i,t}$	0.022 (0.53)	0.022 (0.54)	0.022 (0.55)	0.020 (0.73)	0.020 (0.72)	0.019 (0.71)
TOBINQ$_{i,t}$	0.001 (0.12)	0.003 (0.49)	0.003 (0.49)	−0.001 (−0.37)	0.000 (0.07)	0.000 (0.07)
SIGMA$_{i,t}$	0.318 (0.95)	0.076 (0.23)	0.073 (0.22)	−0.248 (−1.11)	−0.455** (−2.04)	−0.457** (−2.06)
RETURN$_{i,t}$	0.054*** (5.18)	0.056*** (5.37)	0.056*** (5.38)	0.039*** (5.23)	0.041*** (5.48)	0.041*** (5.49)
DTURN$_{i,t}$	−0.028** (−2.31)	−0.027** (−2.24)	−0.027** (−2.24)	−0.013* (−1.66)	−0.013 (−1.58)	−0.013 (−1.58)
BETA$_{i,t}$	−0.153*** (−7.31)	−0.129*** (−6.29)	−0.129*** (−6.27)	−0.085*** (−6.04)	−0.065*** (−4.67)	−0.065*** (−4.64)

变量	NCSKEW$_{i,t+1}$			DUVOL$_{i,t+1}$		
	(1)	(2)	(3)	(4)	(5)	(6)
ABACC$_{i,t}$	0.095**	0.101**	0.101**	0.047*	0.051*	0.051*
	(2.27)	(2.39)	(2.40)	(1.69)	(1.83)	(1.83)
Cons.	−0.144	−0.205*	−0.203*	0.054	−0.001	0.000
	(−1.21)	(−1.72)	(−1.70)	(0.67)	(−0.02)	(0.00)
年份固定效应	是	是	是	是	是	是
行业固定效应	是	是	是	是	是	是
观测数	27652	27652	27652	27652	27652	27652
调整的 R^2	0.075	0.073	0.073	0.079	0.075	0.075
F 统计值	48.924	47.409	47.330	53.583	50.858	50.722

注：*、**和***分别代表 10%、5% 和 1% 显著性水平。

因此，基于供应链整体信息透明度、客户信息透明度和供应商信息透明度视角，表 3.18 ~ 表 3.20 的实证发现，上市公司对供应链相关信息的披露对未来股价崩盘风险的抑制效应在内部控制薄弱的公司中更有效，这意味着提升供应链透明度有助于缓解公司内部控制不足导致的管理层信息遮掩，从而降低未来坏消息集中爆发的概率。

3.6　路径机制检验

基于"管理层捂盘"假说，股价崩盘风险归根结底是由上市公司信息不透明造成负面信息逐步累积并在未来集中爆发导致的。因此，本节聚焦信息透明度视角，从上市公司信息的生产、加工和吸收三阶段，分别结合审计风险、分析师预测以及投资者的市场反应，深入剖析供应链透明度影响未来股价崩盘风险的路径机制。

3.6.1　审计风险

在上市公司的治理机制中，外部审计是一个关键的组成部分。会计师和审计师对上市公司财务报表进行合规审计，对管理层信息披露进行外部监督，辅助上市公司对外公开披露财务报告（Defond and Subramanyam，1998；Myers et al.，2003；唐清泉等，2018）。但当公司信息透明度较低时，公司内部管理层和外部审计师之间将存在较大的信息不对称，管理层潜在的信息遮掩行为会增加审计工作量和审计难度，提升审计师面临的审计风险或错报风险（薛敏正等，2009；Bhuiyan et al.，2020）。而外部审计风险的加剧和积累会增加坏消息集中爆发的可能性，从而增加未来的股价崩盘风险（刘斌等，2003；陈小林，2009）。相反，上市公司信息透明度的提升则会降低审计难度和审计风险，推动公司生产更具真实性和可信度的财务信息，从而降低未来的股价崩盘风险（田昆儒和孙瑜，2015；万东灿，2015）。由于供应链信息披露能够从供应链层面降低上市公司与外部审计师之间的信息不对称，增加公司透明度，因此可以预期，供应链透明度通过降低审计风险的路径抑制公司未来的股价崩盘风险。

由于审计风险与审计收费间存在较强的相关性，参照布伊扬等（Bhuiyan et al.，2020）研究，本部分利用上市公司总资产调整的审计费用间接测度审计风险 $ADURISK_{i,t}$。$ADURISK_{i,t}$ 值越大，说明审计单位资产所需的审计费用就越高，因为审计师及其事务所面临更大的审计风险或预期损失时需要一定程度的风险补偿进行冲销（Sinunio，1980；刘斌等，2003）。

表 3.21 报告了股价崩盘风险、审计风险与供应链透明度的相关性分析。可以发现，首先，审计风险 $ADURISK_{i,t}$ 与负收益偏态系数 $NCSKEW_{i,t+1}$ 和收益上下波动比率 $DUVOL_{i,t+1}$ 之间的相关系数在 1% 水平下分别为 0.041 和 0.053，初步验证审计风险与未来股价崩盘风险存在显著的正相关关系。其次，从供应链整体透明度视角来看，审计风险 $ADURISK_{i,t}$ 与供应链基本信息透明度 $CSBIT_{i,t}$ 之间的相关系数在 5% 水平下为 -0.014，和供应链深层信息透明度 $CSDIT_{i,t}$ 的相关系数为 -0.002 但不显著。再次，从客户信息透明度视角来看，$CBIT_{i,t}$、$CDIT_{i,t}$ 和 $CIDR_{i,t}$ 三者与审计风险 $ADURISK_{i,t}$ 的相关系数分别为 -0.024、-0.013 和 -0.010，且至少在 10% 水平下显著。最后，供应商信息透明度层面仅供应商深层信息披露 $SDIT_{i,t}$ 与审计风险 $ADURISK_{i,t}$ 的相关系数显著为负。这些统计发现说明较高的供应链信息透明度与较低的审计风险相关。

表 3.21　　　　　　　股价崩盘风险、审计风险与供应链透明度相关性分析

变量	NCSKEW$_{i,t+1}$	DUVOL$_{i,t+1}$	ADURISK$_{i,t}$	CSBIT$_{i,t}$	CSDIT$_{i,t}$
NCSKEW$_{i,t+1}$	1				
DUVOL$_{i,t+1}$	0.881 ***	1			
ADURISK$_{i,t}$	0.041 ***	0.053 ***	1		
CSBIT$_{i,t}$	− 0.034 ***	− 0.027 ***	− 0.014 **	1	
CSDIT$_{i,t}$	− 0.028 ***	− 0.021 ***	− 0.002	0.661 ***	1
CBIT$_{i,t}$	− 0.049 ***	− 0.041 ***	− 0.024 ***	0.526 ***	0.364 ***
CDIT$_{i,t}$	− 0.031 ***	− 0.025 ***	− 0.013 **	0.949 ***	0.696 ***
CIDR$_{i,t}$	− 0.029 ***	− 0.023 ***	− 0.010 *	0.934 ***	0.692 ***
SBIT$_{i,t}$	− 0.032 ***	− 0.023 ***	− 0.002	0.291 ***	0.477 ***
SDIT$_{i,t}$	− 0.032 ***	− 0.023 ***	− 0.009 *	0.718 ***	0.921 ***
SIDR$_{i,t}$	− 0.030 ***	− 0.021 ***	− 0.004	0.709 ***	0.923 ***

变量	CBIT$_{i,t}$	CDIT$_{i,t}$	CIDR$_{i,t}$	SBIT$_{i,t}$	SDIT$_{i,t}$	SIDR$_{i,t}$
CBIT$_{i,t}$	1					
CDIT$_{i,t}$	0.522 ***	1				
CIDR$_{i,t}$	0.514 ***	0.984 ***	1			
SBIT$_{i,t}$	0.734 ***	0.242 ***	0.233 ***	1		
SDIT$_{i,t}$	0.365 ***	0.627 ***	0.623 ***	0.518 ***	1	
SIDR$_{i,t}$	0.360 ***	0.630 ***	0.635 ***	0.512 ***	0.987 ***	1

注：*、** 和 *** 分别代表 10%、5% 和 1% 显著性水平。

本部分使用两阶段回归分析法研究供应链透明度是否通过降低审计风险机制抑制未来股价崩盘风险。具体而言，第一阶段回归聚焦于供应链透明度对审计风险的影响；第二阶段回归则结合基准模型分析审计风险对未来股价崩盘风险的传导效应。若供应链透明度通过降低审计风险来抑制未来的股价崩盘风险，那么可以预期，在第一阶段的回归结果中供应链透明度指标的系数显著为负，在第二阶段的回归结果中审计风险的系数显著为正。

参照布伊扬等（2020）和陈小林（2009）的回归模型，表 3.22 报告了第一阶段的回归结果，即供应链信息透明度对审计风险的影响，其中括号内报告了基于公司个体聚类的稳健标准误计算的 t 值。列（1）和列（2）分别考察了供应链基本信息透明度和深层信息透明度对审计风险的影响。可以发现，CSBIT$_{i,t}$ 和 CSDIT$_{i,t}$ 的系数在 1% 水平下分别为 − 0.036 和 − 0.042，表明供应链整体信息透明度提升有助于降低审计风险。列（3）~ 列（5）揭示了

客户信息透明度的影响，其中 $CBIT_{i,t}$、$CDIT_{i,t}$ 和 $CIDR_{i,t}$ 三者的系数分别为 -0.065、-0.030 和 -0.028，且至少在5%水平下显著，说明客户信息透明度同样有助于降低审计风险。列（6）~列（8）中，供应商信息透明度指标 $SBIT_{i,t}$、$SDIT_{i,t}$ 和 $SIDR_{i,t}$ 的系数在1%水平下分别为 -0.093、-0.048 和 -0.052，意味着供应商信息透明度同样对降低审计风险发挥着重要作用。因此，上述结果充分证明了供应链透明度对审计风险的抑制效应。最后，与布伊扬等（2020）和陈小林（2009）研究的审计风险定价模型的发现一致，规模和托宾Q值较大的公司需要更多的审计花费，雇佣"四大"审计师事务所需要承担更多的审计费用，同时非国有企业以及账面市值比低、盈利能力差、固定资产比例低和现金流少的企业通常面临更高的审计风险。

表 3.22 供应链信息透明度对审计风险的影响

变量	ADURISK$_{i,t}$							
	(1)	(2)	(3)	(4)	(5)	(6)	(7)	(8)
CSBIT$_{i,t}$	-0.036 *** (-2.68)							
CSDIT$_{i,t}$		-0.042 *** (-2.63)						
CBIT$_{i,t}$			-0.065 *** (-5.07)					
CDIT$_{i,t}$				-0.030 ** (-2.20)				
CIDR$_{i,t}$					-0.028 ** (-2.07)			
SBIT$_{i,t}$						-0.093 *** (-6.82)		
SDIT$_{i,t}$							-0.048 *** (-3.14)	
SIDR$_{i,t}$								-0.052 *** (-3.32)
SIZE$_{i,t}$	0.432 *** (38.62)	0.432 *** (38.47)	0.433 *** (38.71)	0.432 *** (38.62)	0.432 *** (38.61)	0.431 *** (38.50)	0.431 *** (38.44)	0.431 *** (38.42)

变量	ADURISK$_{i,t}$							
	(1)	(2)	(3)	(4)	(5)	(6)	(7)	(8)
LEV$_{i,t}$	-0.074	-0.076	-0.081	-0.075	-0.076	-0.082	-0.075	-0.075
	(-1.26)	(-1.28)	(-1.38)	(-1.28)	(-1.28)	(-1.38)	(-1.26)	(-1.27)
BM$_{i,t}$	-0.238***	-0.237***	-0.243***	-0.238***	-0.238***	-0.245***	-0.237***	-0.236***
	(-5.63)	(-5.62)	(-5.76)	(-5.64)	(-5.64)	(-5.80)	(-5.61)	(-5.60)
ROE$_{i,t}$	-0.276***	-0.276***	-0.277***	-0.276***	-0.276***	-0.275***	-0.275***	-0.275***
	(-8.15)	(-8.15)	(-8.20)	(-8.15)	(-8.15)	(-8.16)	(-8.13)	(-8.13)
TOBINQ$_{i,t}$	0.019***	0.019***	0.019***	0.019***	0.019***	0.018***	0.019***	0.019***
	(3.74)	(3.75)	(3.66)	(3.74)	(3.74)	(3.55)	(3.75)	(3.75)
SOE$_{i,t}$	-0.058***	-0.059***	-0.066***	-0.058***	-0.058***	-0.070***	-0.059***	-0.059***
	(-3.74)	(-3.77)	(-4.22)	(-3.74)	(-3.75)	(-4.55)	(-3.78)	(-3.78)
PPE$_{i,t}$	-0.243***	-0.244***	-0.242***	-0.243***	-0.243***	-0.242***	-0.243***	-0.243***
	(-4.14)	(-4.16)	(-4.13)	(-4.15)	(-4.15)	(-4.12)	(-4.14)	(-4.14)
CFO$_{i,t}$	-0.194***	-0.194***	-0.193***	-0.194***	-0.195***	-0.193***	-0.194***	-0.195***
	(-3.92)	(-3.91)	(-3.89)	(-3.91)	(-3.92)	(-3.87)	(-3.91)	(-3.92)
BIG4$_{i,t}$	0.736***	0.736***	0.734***	0.736***	0.736***	0.731***	0.735***	0.735***
	(16.12)	(16.09)	(16.09)	(16.12)	(16.11)	(16.01)	(16.09)	(16.08)
Cons.	4.158***	4.157***	4.152***	4.153***	4.153***	4.182***	4.163***	4.167***
	(17.83)	(17.76)	(17.84)	(17.80)	(17.80)	(17.91)	(17.79)	(17.81)
年份固定效应	是	是	是	是	是	是	是	是
行业固定效应	是	是	是	是	是	是	是	是
观测数	26447	26447	26447	26447	26447	26447	26447	26447
调整的 R^2	0.706	0.706	0.706	0.705	0.705	0.707	0.706	0.706
F 统计值	258.854	257.688	258.728	259.239	259.461	259.472	257.823	257.902

注：** 和 *** 分别代表 5% 和 1% 显著性水平。

表 3.23 报告了第二阶段回归结果，即审计成本对股价崩盘风险的影响，其中括号内报告了基于公司个体聚类的稳健标准误计算的 t 值。在列（1）中，可以发现审计风险的 ADURISK$_{i,t}$ 系数在 5% 水平下为 0.012，列（2）中则在 10% 水平下为 0.009。这些结果与万东灿（2015）的研究是一致的，说明审计风险的增加会传导至股价中，从而加剧未来的股价崩盘风险。

表 3.23 审计成本对股价崩盘风险的影响

变量	$NCSKEW_{i,t+1}$	$DUVOL_{i,t+1}$
	(1)	(2)
$ADURISK_{i,t}$	0.012 **	0.009 *
	(2.15)	(1.95)
$NCSKEW_{i,t}$	0.060 ***	
	(8.84)	
$DUVOL_{i,t}$		0.057 ***
		(8.72)
$SIZE_{i,t}$	0.016 ***	0.003
	(2.66)	(0.76)
$LEV_{i,t}$	0.081 ***	0.072 ***
	(2.81)	(3.76)
$BM_{i,t}$	− 0.386 ***	− 0.248 ***
	(− 11.24)	(− 10.63)
$ROE_{i,t}$	0.001	0.011
	(0.02)	(0.43)
$TOBINQ_{i,t}$	0.004	0.001
	(0.73)	(0.35)
$SIGMA_{i,t}$	0.001	− 0.491 **
	(0.00)	(− 2.17)
$RETURN_{i,t}$	0.062 ***	0.044 ***
	(5.66)	(5.76)
$DTURN_{i,t}$	− 0.029 **	− 0.015 *
	(− 2.30)	(− 1.82)
$BETA_{i,t}$	− 0.118 ***	− 0.056 ***
	(− 5.64)	(− 3.93)
$ABACC_{i,t}$	0.081 *	0.037
	(1.87)	(1.28)
Cons.	− 0.205	− 0.027
	(− 1.50)	(− 0.30)
年份固定效应	是	是

变量	NCSKEW$_{i,t+1}$	DUVOL$_{i,t+1}$
	(1)	(2)
行业固定效应	是	是
观测数	26447	26447
调整的 R^2	0.073	0.075
F 统计值	47.705	50.074

注：*、**和***分别代表10%、5%和1%显著性水平。

　　总体而言，表3.21～表3.23的结果支持了审计风险传导路径，即供应链透明度的提升有助于外部审计师充分发挥监督作用，降低审计师面临的审计风险，提升财务信息生产过程中的透明度，抑制管理层信息遮掩，并进一步降低未来的股价崩盘风险。

3.6.2　分析师预测精度

　　在资本市场中，分析师通常在上市公司和投资者之间发挥着重要的信息中介作用。分析师会结合宏观周期和行业动态对市场上公开可得的上市公司信息进行加工和处理，并整合成能够直接为投资者所用的信息，从而影响投资者决策（Hong and Wong, 2002；Cheng, 2005）。在此过程中，上市公司是否具备一定程度的信息透明度则直接决定了分析师对公司信息获取和加工的效率（Ang and Ma, 1999；李丹蒙，2007；李晓玲和户方舟，2018）。对于信息透明度较高的公司，分析师更容易获取到上市公司经营、发展和治理等方面的信息，从而降低对公司未来现金流预期的不确定性程度；相反，较低的信息透明度则会阻碍分析师对公司信息的挖掘和处理，导致分析师依赖有限的公司信息预期公司未来绩效，从而降低分析师预测精度。由于分析师预测是投资者投资决策的重要参考，预测精度的降低将使得股价不能真实反映公司未来的盈利预期，从而为股价崩盘埋下隐患（潘越等，2011；许年行等，2012）。在这种情况下，供应链透明度的提升将有助于分析师整合供应链信息和行业信息，提升公司整体的信息透明度，为分析师精准预测公司未来盈利提供途径，进而降低未来的股价崩盘风险。因此，可预期供应链透明度会通过增加分析师预测精度来降低未来的股价崩盘风险。

　　参考陈（Cheng, 2005）和潘越等（2011）的研究，本节根据式（3.6）

测度分析师预测精度 $FACC_{i,t}$：

$$FACC_{i,t} = -abs[Foreacst\_Mean\_EPS_{i,t} - Real\_EPS_{i,t}] / Price_{i,t} \quad (3.6)$$

其中，$Foreacst\_Mean\_EPS_{i,t}$ 为在 t 年分析师对公司 i 的每股收益 EPS 进行预测的均值，$Real\_EPS_{i,t}$ 为公司 i 在 t 年的实际每股收益，$Price_{i,t}$ 为公司 i 在 t 年末的收盘价。因此，$FACC_{i,t}$ 即为根据股价调整后的分析师盈余预测精度，其值越高，表明分析师对公司盈余预测的准确度越高。

表 3.24 报告了股价崩盘风险、分析师预测精度和供应链透明度之间的相关性关系。可以发现，分析师预测精度 $FACC_{i,t}$ 与股价负收益偏态系数 $NCSKEW_{i,t+1}$ 和收益上下波动比率 $DUVOL_{i,t+1}$ 的相关系数分别在 10% 和 5% 水平下显著，为 −0.013 和 −0.018，说明分析师预测精度的提升与未来股价崩盘风险是负相关的。此外，分析师预测精度 $FACC_{i,t}$ 与供应链整体信息透明度指标 $CSBIT_{i,t}$ 和 $CSDIT_{i,t}$ 的相关系数在 1% 水平下分别为 0.041 和 0.064，与客户信息透明度指标 $CBIT_{i,t}$、$CDIT_{i,t}$ 和 $CDIT_{i,t}$ 的相关系数显著，分别为 0.115、0.101 和 0.009，与供应商透明度同样存在显著的正相关关系。这些发现初步验证了供应链透明度的提升有助于降低分析师预测偏差，提升分析师预测精度。

表 3.24　股价崩盘风险、分析师预测精度与供应链透明度相关性分析

变量	$NCSKEW_{i,t+1}$	$DUVOL_{i,t+1}$	$FACC_{i,t}$	$CSBIT_{i,t}$	$CSDIT_{i,t}$
$NCSKEW_{i,t+1}$	1				
$DUVOL_{i,t+1}$	0.877 ***	1			
$FACC_{i,t}$	−0.013 *	−0.018 **	1		
$CSBIT_{i,t}$	−0.010	−0.003	0.041 ***	1	
$CSDIT_{i,t}$	−0.016 **	−0.007	0.064 ***	0.635 ***	1
$CBIT_{i,t}$	0.000	0.009	0.115 **	0.461 ***	0.308 ***
$CDIT_{i,t}$	−0.008	−0.002	0.101 **	0.947 ***	0.670 ***
$CIDR_{i,t}$	−0.007	−0.000	0.009 **	0.932 ***	0.664 ***
$SBIT_{i,t}$	0.004	0.012 *	0.017 **	0.195 ***	0.438 ***
$SDIT_{i,t}$	−0.017 **	−0.009	0.014 *	0.692 ***	0.918 ***
$SIDR_{i,t}$	−0.016 **	−0.006	0.016 ***	0.682 ***	0.921 ***

续表

变量	$CBIT_{i,t}$	$CDIT_{i,t}$	$CIDR_{i,t}$	$SBIT_{i,t}$	$SDIT_{i,t}$	$SIDR_{i,t}$
$CBIT_{i,t}$	1					
$CDIT_{i,t}$	0.460 ***	1				
$CIDR_{i,t}$	0.453 ***	0.984 ***	1			
$SBIT_{i,t}$	0.674 ***	0.146 ***	0.137 ***	1		
$SDIT_{i,t}$	0.306 ***	0.596 ***	0.591 ***	0.477 ***	1	
$SIDR_{i,t}$	0.301 ***	0.600 ***	0.605 ***	0.470 ***	0.986 ***	1

注：*、** 和 *** 分别代表10%、5% 和1% 显著性水平。

　　同样，本部分使用两阶段回归分析法研究供应链透明度是否通过提升分析师预测精度抑制未来股价崩盘风险。具体而言，第一阶段回归关注供应链透明度对分析师预测精度的影响；第二阶段回归则结合基准模型考察分析师预测精度对未来股价崩盘风险的传导效应。若供应链透明度通过提升分析师预测精度来抑制未来的股价崩盘风险，那么可以预期，在第一阶段的回归结果中供应链透明度指标的系数显著为正，而在第二阶段的回归结果中分析师预测精度的系数显著为负。

　　表3.25 报告了供应链信息透明度对分析师预测精度的影响，其中括号内报告了基于公司个体聚类的稳健标准误计算的 t 值。在列（1）和列（2）中，供应链基本信息透明度 $CSBIT_{i,t}$ 和深层信息透明度 $CSDIT_{i,t}$ 的系数分别为0.451 和0.689，且在10% 水平下显著，表明供应链整体信息透明度提升了分析师预测的准确性。列（3）～列（5）揭示了客户信息透明度的影响，其中 $CBIT_{i,t}$ 和 $CDIT_{i,t}$ 的系数分别为 0.669 和 0.421 且显著，而 $CIDR_{i,t}$ 的系数为正却不显著，在一定程度上验证了客户透明度对分析师预测精度的促进效应。在列（6）～列（8）中，供应商信息透明度指标 $SBIT_{i,t}$、$SDIT_{i,t}$ 和 $SIDR_{i,t}$ 的系数分别为0.777、0.687 和 0.698 且显著，意味着供应商信息透明度同样对增加分析师预测精度有重要影响。总体而言，上述第一阶段回归结果的发现验证了供应链透明度增加了公司整体信息透明度，从而在提升分析师预测准确度方面发挥了重要作用。

表 3.25 供应链信息透明度对分析师预测精度的影响

变量	FACC$_{i,t}$							
	(1)	(2)	(3)	(4)	(5)	(6)	(7)	(8)
CSBIT$_{i,t}$	0.451*							
	(1.76)							
CSDIT$_{i,t}$		0.689*						
		(1.95)						
CBIT$_{i,t}$			0.669***					
			(3.62)					
CDIT$_{i,t}$				0.421*				
				(1.69)				
CIDR$_{i,t}$					0.430			
					(1.59)			
SBIT$_{i,t}$						0.777***		
						(3.56)		
SDIT$_{i,t}$							0.687**	
							(2.07)	
SIDR$_{i,t}$								0.698**
								(2.02)
SIZE$_{i,t}$	0.429	0.437	0.458	0.425	0.425	0.501*	0.443	0.444
	(1.56)	(1.58)	(1.64)	(1.54)	(1.54)	(1.77)	(1.60)	(1.60)
LEV$_{i,t}$	0.338	0.360	0.419	0.350	0.353	0.400	0.341	0.343
	(0.38)	(0.40)	(0.47)	(0.39)	(0.39)	(0.45)	(0.38)	(0.38)
BM$_{i,t}$	0.510	0.496	0.550	0.514	0.510	0.550	0.494	0.491
	(0.61)	(0.60)	(0.66)	(0.62)	(0.61)	(0.66)	(0.59)	(0.59)
ROE$_{i,t}$	−2.552***	−2.571***	−2.464***	−2.553***	−2.555***	−2.465***	−2.571***	−2.572***
	(−2.70)	(−2.72)	(−2.62)	(−2.70)	(−2.70)	(−2.63)	(−2.72)	(−2.72)
TOBINQ$_{i,t}$	0.106	0.107	0.111	0.105	0.105	0.120	0.108	0.108
	(1.13)	(1.14)	(1.19)	(1.12)	(1.12)	(1.28)	(1.15)	(1.15)
INSHOLD$_{i,t}$	−0.205	−0.223	−0.308	−0.201	−0.197	−0.365	−0.227	−0.226
	(−0.75)	(−0.81)	(−1.16)	(−0.73)	(−0.72)	(−1.40)	(−0.83)	(−0.83)

变量	FACC$_{i,t}$							
	(1)	(2)	(3)	(4)	(5)	(6)	(7)	(8)
ANACOVER$_{i,t}$	−0.959 ***	−0.960 ***	−0.978 ***	−0.957 ***	−0.957 ***	−0.994 ***	−0.962 ***	−0.962 ***
	(−7.04)	(−7.04)	(−7.11)	(−7.03)	(−7.03)	(−7.21)	(−7.06)	(−7.06)
BIG4$_{i,t}$	−0.324	−0.316	−0.322	−0.324	−0.322	−0.312	−0.320	−0.317
	(−0.64)	(−0.62)	(−0.63)	(−0.64)	(−0.63)	(−0.61)	(−0.63)	(−0.62)
Cons.	−5.114	−5.265	−5.768	−5.031	−5.041	−6.598	−5.374	−5.403
	(−0.93)	(−0.95)	(−1.04)	(−0.91)	(−0.92)	(−1.17)	(−0.97)	(−0.98)
年份固定效应	是	是	是	是	是	是	是	是
行业固定效应	是	是	是	是	是	是	是	是
观测数	14496	14496	14496	14496	14496	14496	14496	14496
调整的 R^2	0.014	0.014	0.015	0.014	0.014	0.015	0.014	0.014
F 统计值	8.333	8.431	8.392	8.382	8.380	8.528	8.319	8.317

注：*、** 和 *** 分别代表 10%、5% 和 1% 显著性水平。

表 3.26 报告了第二阶段回归结果，即分析师预测精度对未来股价崩盘风险的影响，其中括号内报告了基于公司个体聚类的稳健标准误计算的 t 值。列（1）考察了分析师预测精度对未来股价负收益偏态系数 NCSKEW$_{i,t+1}$ 的影响。可以发现，FACC$_{i,t}$ 的系数在 10% 水平下显著，为 −0.001，支持了较高的分析师预测精度会降低未来股价崩盘风险。列（2）则展示了分析师预测精度对未来股价收益上下波动比率 DUVOL$_{i,t+1}$ 的影响，其中 FACC$_{i,t}$ 的系数在 1% 水平下显著，为 −0.001。总体而言，上述发现证实了分析师预测精度的提升有助于抑制公司未来的股价崩盘风险。

表 3.26 　　　　　　　**分析师预测精度对股价崩盘风险的影响**

变量	NCSKEW$_{i,t+1}$	DUVOL$_{i,t+1}$
	(1)	(2)
FACC$_{i,t}$	−0.001 *	−0.001 ***
	(−1.71)	(−3.10)
NCSKEW$_{i,t}$	0.053 ***	
	(7.03)	
DUVOL$_{i,t}$		0.043 ***
		(5.73)

续表

变量	NCSKEW$_{i,t+1}$	DUVOL$_{i,t+1}$
	(1)	(2)
SIZE$_{i,t}$	0.009	−0.006
	(1.45)	(−1.40)
LEV$_{i,t}$	0.002	−0.003
	(0.05)	(−0.15)
BM$_{i,t}$	−0.407 ***	−0.229 ***
	(−10.00)	(−8.50)
ROE$_{i,t}$	0.053	0.038
	(1.06)	(1.19)
TOBINQ$_{i,t}$	−0.005	−0.001
	(−0.95)	(−0.21)
SIGMA$_{i,t}$	0.394	−0.162
	(1.01)	(−0.62)
RETURN$_{i,t}$	0.072 ***	0.051 ***
	(5.85)	(5.94)
DTURN$_{i,t}$	−0.023 *	−0.004
	(−1.74)	(−0.43)
BETA$_{i,t}$	−0.189 ***	−0.115 ***
	(−8.01)	(−7.20)
ABACC$_{i,t}$	0.131 ***	0.064 **
	(2.67)	(2.15)
Cons.	−0.177	0.076
	(−1.23)	(0.77)
年份固定效应	是	是
行业固定效应	是	是
观测数	14496	14496
调整的 R^2	0.073	0.077
F 统计值	38.227	39.948

注：* 、** 和 *** 分别代表10%、5%和1%显著性水平。

综上所述，表 3.24 ~ 表 3.25 的研究结果验证了分析师预测传导路径，即上市公司通过提升供应链关系的透明度能够为分析师提供供应链相关信息并整合行业信息，从而促进分析师预测精度的增加，降低预测的不确定性，为投资者提供更准确的公司盈余预期，从而将公司特有信息准确地反映在股价中，降低未来的股价崩盘风险。

3.6.3　股价信息不透明度

本部分从投资者层面探讨供应链关系的透明度影响未来股价崩盘风险的路径。以往研究表明，公司透明度会直接影响投资者交易决策，并最终在股价信息透明度中反映（王亚平等，2009；沈华玉等，2017）。由于上市公司积极披露供应链相关信息有助于提升公司整体信息透明度，投资者在投资决策和交易过程中将增加对这些公司特质信息的依赖，那么在市场有效前提下，股票价格将更能充分及时地反映公司特质信息，即使是坏消息。因此，供应链透明度的提升将降低股价的信息不透明度，降低因负面消息积累而在未来引发股价崩盘的概率。

参考曾颖和陆正飞（2006）、林长泉等（2016）的研究，本部分采用 KV 度量法（Kim and Verrecchia，2001）直接衡量股价信息不透明度 $KV_{i,t}$。根据交易波动依存理论，当上市公司信息披露越充分，信息透明度越高时，投资者对交易量信息的依赖程度就越小，而对公司信息披露的依赖程度就越大，因此收益率对交易量的斜率系数就会越大。结合本部分的研究，上市公司对供应链信息的披露将降低投资者对交易量信息的依赖，从而降低收益率对交易量的斜率系数，即降低股价的信息不透明度。KV 度量法模型如下：

$$\text{Ln} \mid \Delta P_{i,d}/P_{i,d-1} \mid = \alpha_0 + \beta(\text{Vol}_{i,d} - \text{Vol}_{i,0}) + \varepsilon_{i,d} \tag{3.7}$$

$$KV_{i,t} = \beta \times 1000000 \tag{3.8}$$

其中，$\Delta P_{i,d}$ 是股票 i 在第 d 日相较于前一日的价格变动，$P_{i,d-1}$ 是股票 i 在第 d-1 日的收盘价，$\text{Vol}_{i,d}$ 是 d 日的交易股数，$\text{Vol}_{i,0}$ 是年度平均日交易量。β 是收益率对交易量的斜率系数，由最小 OLS 回归得到。$KV_{i,t}$ 则刻画了股价信息不透明度，其值越高，表明投资者以交易量进行投资决策的程度越大，股价所反映的信息不透明程度越高。

表 3.27 对股价崩盘风险、股价信息不透明度和供应链透明度进行了相关性分析。其中，$KV_{i,t}$ 与股价负收益偏态系数 $NCSKEW_{i,t+1}$ 和收益上下波动比

率 $DUVOL_{i,t+1}$ 的相关系数在1%水平下分别为0.096和0.103，说明股价信息不透明度与未来的股价崩盘风险存在显著的正相关关系。此外，$KV_{i,t}$ 与供应链整体信息透明度指标 $CSBIT_{i,t}$ 和 $CSDIT_{i,t}$ 的相关系数在1%水平下分别为 -0.103 和 -0.068，与客户信息透明度指标 $CBIT_{i,t}$、$CDIT_{i,t}$ 和 $CDIT_{i,t}$ 的相关系数在1%水平下分别为 -0.189、-0.100 和 -0.097，与供应商信息透明度指标 $SBIT_{i,t}$、$SDIT_{i,t}$ 和 $SDIT_{i,t}$ 的相关系数在1%水平下分别为 -0.131、-0.071 和 -0.068。这些发现初步验证了供应链信息披露会增加投资者对公司特质信息的吸收，降低股价信息不透明度。

表3.27 股价崩盘风险、股价信息不透明度与供应链透明度相关性分析

变量	$NCSKEW_{i,t+1}$	$DUVOL_{i,t+1}$	$KV_{i,t}$	$CSBIT_{i,t}$	$CSDIT_{i,t}$
$NCSKEW_{i,t+1}$	1				
$DUVOL_{i,t+1}$	0.880 ***	1			
$KV_{i,t}$	0.096 ***	0.103 ***	1		
$CSBIT_{i,t}$	-0.033 ***	-0.027 ***	-0.103 ***	1	
$CSDIT_{i,t}$	-0.027 ***	-0.020 ***	-0.068 ***	0.653 ***	1
$CBIT_{i,t}$	-0.050 ***	-0.041 ***	-0.189 ***	0.534 ***	0.364 ***
$CDIT_{i,t}$	-0.029 ***	-0.025 ***	-0.100 ***	0.950 ***	0.687 ***
$CIDR_{i,t}$	-0.027 ***	-0.023 ***	-0.097 ***	0.936 ***	0.681 ***
$SBIT_{i,t}$	-0.033 ***	-0.024 ***	-0.131 ***	0.291 ***	0.482 ***
$SDIT_{i,t}$	-0.031 ***	-0.023 ***	-0.071 ***	0.709 ***	0.920 ***
$SIDR_{i,t}$	-0.029 ***	-0.020 ***	-0.068 ***	0.700 ***	0.923 ***

变量	$CBIT_{i,t}$	$CDIT_{i,t}$	$CIDR_{i,t}$	$SBIT_{i,t}$	$SDIT_{i,t}$	$SIDR_{i,t}$
$CBIT_{i,t}$	1					
$CDIT_{i,t}$	0.530 ***	1				
$CIDR_{i,t}$	0.522 ***	0.985 ***	1			
$SBIT_{i,t}$	0.728 ***	0.241 ***	0.232 ***	1		
$SDIT_{i,t}$	0.366 ***	0.618 ***	0.613 ***	0.524 ***	1	
$SIDR_{i,t}$	0.360 ***	0.621 ***	0.625 ***	0.517 ***	0.988 ***	1

注：*** 代表1%显著性水平。

与前述一致，本部分同样采用两阶段回归分析法研究供应链关系透明度是否通过降低股价信息不透明度抑制未来的股价崩盘风险。具体而言，第一阶段回归考察供应链透明度对股价信息不透明度的影响；第二阶段回归则结

合基准模型考察股价信息不透明度对未来股价崩盘风险的影响。若供应链透明度通过降低股价信息不透明度来抑制未来的股价崩盘风险，那么可以预期，在第一阶段的回归结果中供应链透明度指标的系数显著为负，而在第二阶段的回归结果中股价信息不透明度的系数显著为正。

表 3.28 报告了供应链透明度对股价信息不透明度的影响。列（1）和列（2）考察了供应链整体透明度对股价信息不透明度的影响。尽管 $CSBIT_{i,t}$ 和 $CSDIT_{i,t}$ 的系数分别为 -0.007 和 -0.002，但在统计上并不显著。列（3）~列（5）揭示了客户信息透明度的影响，其中列（3）中 $CBIT_{i,t}$ 的系数在 1% 水平下显著，为 -0.012，但其他两列客户透明度的影响虽然为负却并不显著。列（6）~列（8）中，供应商信息透明度指标 $SBIT_{i,t}$ 和 $SDIT_{i,t}$ 系数显著，分别为 -0.018 和 -0.0.017，但 $SIDR_{i,t}$ 的系数并不显著。总体而言，上述结果在一定程度上表明，供应链信息的披露会增加股价对公司特质信息的吸收，降低股价信息的不透明度。

表 3.28　　　　供应链透明度对股价信息不透明度的影响

变量	$KV_{i,t}$							
	(1)	(2)	(3)	(4)	(5)	(6)	(7)	(8)
$CSBIT_{i,t}$	-0.007 (-1.26)							
$CSDIT_{i,t}$		-0.002 (-1.04)						
$CBIT_{i,t}$			-0.012 *** (-3.69)					
$CDIT_{i,t}$				-0.001 (-0.31)				
$CIDR_{i,t}$					-0.001 (-0.42)			
$SBIT_{i,t}$						-0.018 ** (-2.33)		
$SDIT_{i,t}$							-0.017 * (-1.70)	
$SIDR_{i,t}$								-0.008 (-1.64)

续表

变量	KV$_{i,t}$							
	(1)	(2)	(3)	(4)	(5)	(6)	(7)	(8)
SIZE$_{i,t}$	0.001	0.000	−0.000	0.001	0.001	−0.001	0.000	0.000
	(0.16)	(0.10)	(−0.07)	(0.17)	(0.17)	(−0.35)	(0.08)	(0.08)
LEV$_{i,t}$	0.044 ***	0.044 ***	0.043 ***	0.044 ***	0.044 ***	0.042 ***	0.044 ***	0.044 ***
	(3.41)	(3.39)	(3.28)	(3.41)	(3.41)	(3.23)	(3.40)	(3.40)
BM$_{i,t}$	−0.212 ***	−0.212 ***	−0.212 ***	−0.212 ***	−0.212 ***	−0.213 ***	−0.212 ***	−0.212 ***
	(−13.51)	(−13.50)	(−13.57)	(−13.50)	(−13.50)	(−13.62)	(−13.50)	(−13.50)
ROE$_{i,t}$	0.104 ***	0.104 ***	0.103 ***	0.104 ***	0.104 ***	0.103 ***	0.104 ***	0.104 ***
	(6.75)	(6.76)	(6.67)	(6.75)	(6.75)	(6.67)	(6.77)	(6.77)
TOBINQ$_{i,t}$	0.004 **	0.004 **	0.004 **	0.004 **	0.004 **	0.004 **	0.004 **	0.004 **
	(2.15)	(2.15)	(2.09)	(2.15)	(2.15)	(2.03)	(2.15)	(2.15)
VOLUME$_{i,t}$	−0.131 ***	−0.131 ***	−0.131 ***	−0.131 ***	−0.131 ***	−0.130 ***	−0.131 ***	−0.131 ***
	(−24.51)	(−24.50)	(−24.31)	(−24.52)	(−24.52)	(−24.30)	(−24.49)	(−24.49)
RETURN$_{i,t}$	−0.014 ***	−0.014 ***	−0.014 ***	−0.014 ***	−0.014 ***	−0.013 ***	−0.014 ***	−0.014 ***
	(−5.29)	(−5.26)	(−5.22)	(−5.30)	(−5.30)	(−5.10)	(−5.25)	(−5.25)
SOE$_{i,t}$	0.011 **	0.010 **	0.009 **	0.011 **	0.011 **	0.007 *	0.010 **	0.010 **
	(2.49)	(2.46)	(1.98)	(2.49)	(2.49)	(1.65)	(2.45)	(2.46)
INSHOLD$_{i,t}$	0.000	0.001	0.003	0.000	0.000	0.005	0.001	0.001
	(0.02)	(0.10)	(0.54)	(0.01)	(0.01)	(0.93)	(0.11)	(0.11)
ANACOVER$_{i,t}$	0.036 ***	0.036 ***	0.036 ***	0.036 ***	0.036 ***	0.036 ***	0.036 ***	0.036 ***
	(17.86)	(17.85)	(17.96)	(17.85)	(17.85)	(18.08)	(17.86)	(17.87)
BIG4$_{i,t}$	0.023 ***	0.023 **	0.023 **	0.023 ***	0.023 ***	0.022 **	0.023 **	0.023 **
	(2.59)	(2.56)	(2.54)	(2.59)	(2.59)	(2.48)	(2.56)	(2.56)
Cons.	3.263 ***	3.264 ***	3.264 ***	3.263 ***	3.263 ***	3.273 ***	3.265 ***	3.265 ***
	(31.53)	(31.55)	(31.53)	(31.52)	(31.52)	(31.63)	(31.55)	(31.55)
年份固定效应	是	是	是	是	是	是	是	是
行业固定效应	是	是	是	是	是	是	是	是
观测数	19424	19424	19424	19424	19424	19424	19424	19424
调整的 R^2	0.446	0.446	0.446	0.446	0.446	0.446	0.446	0.446
F 统计值	55.299	55.069	55.336	55.315	55.336	55.191	55.113	55.132

注：*、** 和 *** 分别代表10%、5%和1%显著性水平。

表3.29 报告了第二阶段回归结果，即股价信息不透明度对未来股价崩盘风险的影响，其中括号内报告了基于公司个体聚类的稳健标准误计算的 t 值。列（1）考察了股价信息不透明度对未来股价负收益偏态系数 $NCSKEW_{i,t+1}$ 的影响。可以发现，$KV_{i,t}$ 的系数在 5% 水平下显著，为 0.010，支持了较高的股价信息不透明度会加剧未来股价崩盘风险的预期。列（2）则展示了股价信息不透明度对未来股价收益上下波动比率 $DUVOL_{i,t+1}$ 的影响，其中 $KV_{i,t}$ 的系数在 1% 水平下显著，为 0.011。总体而言，上述发现说明股价信息不透明度将加剧公司未来的股价崩盘风险。

表 3.29　　　　　　　　　　股价信息不透明度对股价崩盘风险的影响

变量	$NCSKEW_{i,t+1}$	$DUVOL_{i,t+1}$
	（1）	（2）
$KV_{i,t}$	0.010 **	0.011 ***
	(2.47)	(4.71)
$NCSKEW_{i,t}$	0.045 ***	
	(7.14)	
$DUVOL_{i,t}$		0.037 ***
		(6.02)
$SIZE_{i,t}$	0.005	− 0.008 **
	(0.89)	(− 2.10)
$LEV_{i,t}$	0.030	0.022
	(1.11)	(1.20)
$BM_{i,t}$	− 0.348 ***	− 0.209 ***
	(− 10.31)	(− 9.25)
$ROE_{i,t}$	0.024	0.022
	(0.60)	(0.80)
$TOBINQ_{i,t}$	0.003	0.003
	(0.63)	(0.74)
$SIGMA_{i,t}$	0.380	− 0.176
	(1.16)	(− 0.79)
$RETURN_{i,t}$	0.049 ***	0.036 ***
	(4.63)	(4.79)

续表

变量	NCSKEW$_{i,t+1}$	DUVOL$_{i,t+1}$
	(1)	(2)
DTURN$_{i,t}$	−0.018	−0.002
	(−1.52)	(−0.22)
BETA$_{i,t}$	−0.171 ***	−0.101 ***
	(−8.45)	(−7.42)
ABACC$_{i,t}$	0.102 **	0.043
	(2.43)	(1.61)
Cons.	0.054	0.225 ***
	(0.44)	(2.66)
年份固定效应	是	是
行业固定效应	是	是
观测数	19424	19424
调整的 R^2	0.079	0.083
F 统计值	50.960	56.542

注：** 和 *** 分别代表 5% 和 1% 显著性水平。

3.7 稳健性检验

本节对供应链关系透明度和未来股价崩盘风险之间的因果关系进行一系列稳健性检验，以进一步支持和论证前面的基本结论。具体而言，本节首先变更股价崩盘风险的测度方法，以降低变量度量偏差的影响。其次在控制年份和行业固定效应的基础上，控制地区固定效应，以排除地区不可观测因素的影响。再次鉴于供应链信息的披露可能由公司特征差异导致，本节使用各行业供应链透明度水平作为工具变量并进行 Heckman 两阶段回归分析。最后本节采用倾向得分匹配方法（PSM）进一步降低样本选择性偏差的影响。

3.7.1 变更股价崩盘风险的测度

为降低股价崩盘风险的度量偏差对回归结果的影响，本节参照常等

（2017）以及许年行等（2012）的研究，使用虚拟变量 $CRASH_{i,t}$ 对股价崩盘风险进行重新测度。具体地，将式（3.2）度量的周特定收益率 $W_{i,w}$ 根据如下条件进行判断：

$$W_{i,w} \leqslant \text{Average}(W_{i,w}) - 3.09\sigma_{i,w} \qquad (3.9)$$

其中，$\text{Average}(W_{i,w})$ 为第 i 家公司股票的特定周收益率年均值，$\sigma_{i,w}$ 为第 i 家公司股票当年特定周收益率的标准差，3.09 个标准差对应标准正态分布下 0.1% 的概率区间。如果在 t 年度公司 i 的股票特定周收益率 $W_{i,w}$ 至少有一次满足式（3.9）的条件，那么意味着该公司当年股票发生了崩盘事件，对应的 $CRASH_{i,t}$ 取值 1，否则取值 0。

　　参照基准回归模型（3.5），本节使用 Logistic 多元回归估计方法考察供应链信息透明度对虚拟变量 $CRASH_{i,t}$ 测度的股价崩盘风险的影响。表 3.30 报告了回归结果，其中括号内报告了基于公司个体聚类的稳健标准误计算的 z 值。可以发现，除列（2）和列（8）外，供应链透明度指标的回归系数都至少在 10% 水平下显著为负，说明上市公司披露供应链相关信息会降低未来发生股价崩盘的概率，这与先前的研究结果是一致的。

表 3.30　　　　　　　　　　　更换股价崩盘风险的测度

变量	$CRASH_{i,t+1}$							
	(1)	(2)	(3)	(4)	(5)	(6)	(7)	(8)
$CSBIT_{i,t}$	−0.123 ** (−2.23)							
$CSDIT_{i,t}$		−0.107 (−1.52)						
$CBIT_{i,t}$			−0.203 *** (−3.83)					
$CDIT_{i,t}$				−0.122 ** (−2.14)				
$CIDR_{i,t}$					−0.121 ** (−2.06)			
$SBIT_{i,t}$						−0.132 ** (−2.39)		

续表

变量	CRASH$_{i,t+1}$							
	(1)	(2)	(3)	(4)	(5)	(6)	(7)	(8)
SDIT$_{i,t}$							-0.107^* (-1.70)	
SIDR$_{i,t}$								-0.087 (-1.29)
CRASH$_{i,t}$	0.063 (0.96)	0.064 (0.97)	0.057 (0.86)	0.063 (0.96)	0.063 (0.96)	0.060 (0.92)	0.063 (0.96)	0.064 (0.97)
SIZE$_{i,t}$	-0.107^{***} (-3.98)	-0.106^{***} (-3.95)	-0.106^{***} (-3.97)	-0.106^{***} (-3.96)	-0.106^{***} (-3.97)	-0.107^{***} (-4.02)	-0.106^{***} (-3.97)	-0.106^{***} (-3.95)
LEV$_{i,t}$	0.284^{**} (2.17)	0.280^{**} (2.13)	0.252^* (1.92)	0.283^{**} (2.15)	0.282^{**} (2.15)	0.264^{**} (2.02)	0.282^{**} (2.15)	0.281^{**} (2.14)
BM$_{i,t}$	-0.179 (-1.08)	-0.183 (-1.11)	-0.198 (-1.20)	-0.179 (-1.08)	-0.179 (-1.08)	-0.198 (-1.20)	-0.183 (-1.11)	-0.186 (-1.12)
ROE$_{i,t}$	-0.572^{***} (-3.70)	-0.569^{***} (-3.68)	-0.571^{***} (-3.69)	-0.574^{***} (-3.71)	-0.573^{***} (-3.71)	-0.563^{***} (-3.63)	-0.567^{***} (-3.66)	-0.567^{***} (-3.66)
TOBINQ$_{i,t}$	0.034 (1.64)	0.034 (1.63)	0.031 (1.48)	0.035^* (1.65)	0.034^* (1.65)	0.031 (1.48)	0.034 (1.62)	0.034 (1.62)
SIGMA$_{i,t}$	-0.539 (-0.32)	-0.547 (-0.32)	-0.002 (-0.00)	-0.558 (-0.33)	-0.558 (-0.33)	-0.184 (-0.11)	-0.531 (-0.31)	-0.562 (-0.33)
RETURN$_{i,t}$	-0.016 (-0.27)	-0.016 (-0.27)	-0.022 (-0.36)	-0.016 (-0.27)	-0.016 (-0.27)	-0.019 (-0.33)	-0.017 (-0.28)	-0.016 (-0.27)
DTURN$_{i,t}$	-0.082 (-1.37)	-0.083 (-1.38)	-0.082 (-1.37)	-0.082 (-1.37)	-0.082 (-1.37)	-0.084 (-1.40)	-0.083 (-1.38)	-0.083 (-1.39)
BETA$_{i,t}$	-0.705^{***} (-7.10)	-0.703^{***} (-7.06)	-0.745^{***} (-7.47)	-0.703^{***} (-7.07)	-0.703^{***} (-7.07)	-0.732^{***} (-7.29)	-0.705^{***} (-7.09)	-0.702^{***} (-7.06)
ABACC$_{i,t}$	0.279 (1.36)	0.278 (1.35)	0.278 (1.35)	0.279 (1.35)	0.278 (1.35)	0.271 (1.32)	0.278 (1.35)	0.278 (1.35)
Cons.	1.505^{**} (2.51)	1.484^{**} (2.48)	1.549^{***} (2.59)	1.492^{**} (2.49)	1.497^{**} (2.50)	1.550^{***} (2.59)	1.494^{**} (2.49)	1.487^{**} (2.48)

续表

变量	CRASH$_{i,t+1}$							
	(1)	(2)	(3)	(4)	(5)	(6)	(7)	(8)
年份固定效应	是	是	是	是	是	是	是	是
行业固定效应	是	是	是	是	是	是	是	是
观测数	27658	27658	27658	27658	27658	27658	27658	27658
调整的 R^2	0.044	0.044	0.045	0.044	0.044	0.045	0.044	0.044
Chi2 统计值	667.87	667.02	678.53	667.00	668.05	669.06	667.76	667.75

注：* 、** 和 *** 分别代表 10% 、5% 和 1% 显著性水平。

3.7.2　控制地区固定效应

本部分进一步控制地区固定效应，以缓解一些不可观测的地区因素可能从以下几方面导致基准回归结果的偏差。首先，已有研究发现，供应链本身存在地理集聚现象（范剑勇，2006；陈建军和胡晨光，2008），这可能使得聚集在同一地区的上市公司更倾向于披露或不披露供应链相关信息（温春龙和胡平，2011）。其次，不同区域间上市公司的自愿性信息披露可能因为监管要求或投资者压力的不同而存在地理差异（齐萱等，2013），因此，供应链信息作为自愿性披露信息的一部分也可能存在地区差异。最后，特萨尔和沃纳（Tesar and Werner，1995）、向诚和陆静（2019）的研究表明，由于投资者本地效应偏差，来自同一地区的上市公司存在一定程度的同涨共跌的现象，这意味着同地区上市公司的股价崩盘风险存在部分共同趋势。

根据上市公司总部注册地所在省份，本部分在基准回归模型（3.5）的基础上，进一步从省级层面控制地区固定效应进行 OLS 回归。表 3.31 报告了回归结果，其中表 3.31 − 1 考察了供应链透明度对负收益偏态系数的影响，表 3.31 − 2 展示了对收益上下波动比率的影响，括号内报告了基于公司个体聚类的稳健标准误计算的 t 值。与先前的研究结果一致，在表 3.31 − 1 和表 3.31 − 2 中，供应链透明度指标的系数在 1% 水平下都显著为负。这些发现表明，在控制地区不可观测因素的影响后，供应链透明度对未来股价崩盘风险的抑制效应是显著且稳健的。

表 3. 31 - 1　供应链透明度对负收益偏态系数的影响 - 控制地区固定效应

变量	NCSKEW$_{i,t+1}$							
	(1)	(2)	(3)	(4)	(5)	(6)	(7)	(8)
CSBIT$_{i,t}$	-0.054 *** (-4.57)							
CSDIT$_{i,t}$		-0.072 *** (-4.59)						
CBIT$_{i,t}$			-0.099 *** (-8.95)					
CDIT$_{i,t}$				-0.047 *** (-3.89)				
CIDR$_{i,t}$					-0.045 *** (-3.66)			
SBIT$_{i,t}$						-0.105 *** (-8.88)		
SDIT$_{i,t}$							-0.078 *** (-5.22)	
SIDR$_{i,t}$								-0.078 *** (-5.03)
NCSKEW$_{i,t}$	0.057 *** (8.62)	0.057 *** (8.62)	0.055 *** (8.29)	0.057 *** (8.64)	0.057 *** (8.65)	0.055 *** (8.30)	0.057 *** (8.60)	0.057 *** (8.61)
SIZE$_{i,t}$	0.022 *** (4.10)	0.022 *** (4.04)	0.023 *** (4.22)	0.022 *** (4.17)	0.022 *** (4.16)	0.020 *** (3.81)	0.021 *** (3.95)	0.021 *** (3.92)
LEV$_{i,t}$	0.067 ** (2.37)	0.065 ** (2.30)	0.053 * (1.89)	0.066 ** (2.33)	0.066 ** (2.32)	0.054 * (1.92)	0.066 ** (2.35)	0.066 ** (2.34)
BM$_{i,t}$	-0.387 *** (-11.56)	-0.386 *** (-11.49)	-0.394 *** (-11.79)	-0.388 *** (-11.56)	-0.388 *** (-11.55)	-0.395 *** (-11.83)	-0.386 *** (-11.50)	-0.385 *** (-11.49)
ROE$_{i,t}$	-0.003 (-0.07)	-0.002 (-0.06)	-0.004 (-0.09)	-0.004 (-0.09)	-0.003 (-0.09)	0.001 (0.02)	-0.001 (-0.02)	-0.001 (-0.02)
TOBINQ$_{i,t}$	0.003 (0.67)	0.003 (0.66)	0.003 (0.50)	0.003 (0.69)	0.003 (0.68)	0.002 (0.32)	0.003 (0.64)	0.003 (0.64)

续表

变量	NCSKEW$_{i,t+1}$							
	(1)	(2)	(3)	(4)	(5)	(6)	(7)	(8)
SIGMA$_{i,t}$	0.069	0.095	0.267	0.055	0.055	0.338	0.112	0.110
	(0.21)	(0.28)	(0.79)	(0.17)	(0.16)	(1.00)	(0.33)	(0.33)
RETURN$_{i,t}$	0.053 ***	0.052 ***	0.050 ***	0.053 ***	0.053 ***	0.050 ***	0.052 ***	0.052 ***
	(5.02)	(5.00)	(4.80)	(5.03)	(5.04)	(4.77)	(4.98)	(4.98)
DTURN$_{i,t}$	−0.027 **	−0.027 **	−0.027 **	−0.027 **	−0.027 **	−0.028 **	−0.027 **	−0.027 **
	(−2.23)	(−2.24)	(−2.21)	(−2.23)	(−2.23)	(−2.30)	(−2.24)	(−2.24)
BETA$_{i,t}$	−0.122 ***	−0.125 ***	−0.139 ***	−0.121 ***	−0.121 ***	−0.148 ***	−0.127 ***	−0.126 ***
	(−5.92)	(−6.03)	(−6.65)	(−5.84)	(−5.83)	(−7.07)	(−6.14)	(−6.12)
ABACC$_{i,t}$	0.095 **	0.095 **	0.095 **	0.095 **	0.094 **	0.090 **	0.095 **	0.095 **
	(2.27)	(2.25)	(2.26)	(2.26)	(2.25)	(2.14)	(2.25)	(2.25)
Cons.	−0.366 ***	−0.362 ***	−0.353 ***	−0.374 ***	−0.373 ***	−0.313 ***	−0.353 ***	−0.350 ***
	(−3.01)	(−2.98)	(−2.92)	(−3.07)	(−3.06)	(−2.58)	(−2.90)	(−2.87)
年份固定效应	是	是	是	是	是	是	是	是
行业固定效应	是	是	是	是	是	是	是	是
地区固定效应	是	是	是	是	是	是	是	是
观测数	27658	27658	27658	27658	27658	27658	27658	27658
调整的 R^2	0.074	0.074	0.076	0.073	0.073	0.076	0.074	0.074
F 统计值	31.383	31.217	32.886	31.334	31.238	32.216	31.259	31.203

注：*、** 和 *** 分别代表10%、5%和1%显著性水平。

表3.31 − 2　供应链透明度对收益上下波动比率的影响——控制地区固定效应

变量	DUVOL$_{i,t+1}$							
	(1)	(2)	(3)	(4)	(5)	(6)	(7)	(8)
CSBIT$_{i,t}$	−0.041 ***							
	(−5.26)							
CSDIT$_{i,t}$		−0.060 ***						
		(−5.80)						
CBIT$_{i,t}$			−0.078 ***					
			(−10.51)					

变量	DUVOL$_{i,t+1}$							
	(1)	(2)	(3)	(4)	(5)	(6)	(7)	(8)
CDIT$_{i,t}$				-0.038^{***}				
				(-4.72)				
CIDR$_{i,t}$					-0.038^{***}			
					(-4.60)			
SBIT$_{i,t}$						-0.087^{***}		
						(-11.12)		
SDIT$_{i,t}$							-0.061^{***}	
							(-6.23)	
SIDR$_{i,t}$								-0.060^{***}
								(-5.98)
DUVOL$_{i,t}$	0.053^{***}	0.052^{***}	0.049^{***}	0.053^{***}	0.053^{***}	0.049^{***}	0.052^{***}	0.053^{***}
	(8.29)	(8.22)	(7.77)	(8.30)	(8.31)	(7.68)	(8.21)	(8.22)
SIZE$_{i,t}$	0.005	0.005	0.005	0.005	0.005	0.004	0.004	0.004
	(1.43)	(1.32)	(1.52)	(1.49)	(1.48)	(1.01)	(1.24)	(1.22)
LEV$_{i,t}$	0.064^{***}	0.063^{***}	0.053^{***}	0.064^{***}	0.063^{***}	0.054^{***}	0.064^{***}	0.064^{***}
	(3.41)	(3.33)	(2.86)	(3.36)	(3.35)	(2.87)	(3.38)	(3.38)
BM$_{i,t}$	-0.249^{***}	-0.247^{***}	-0.254^{***}	-0.249^{***}	-0.249^{***}	-0.255^{***}	-0.247^{***}	-0.247^{***}
	(-11.01)	(-10.92)	(-11.29)	(-11.00)	(-10.99)	(-11.34)	(-10.94)	(-10.93)
ROE$_{i,t}$	0.006	0.006	0.005	0.005	0.005	0.008	0.007	0.007
	(0.21)	(0.22)	(0.18)	(0.18)	(0.18)	(0.31)	(0.27)	(0.27)
TOBINQ$_{i,t}$	0.001	0.001	-0.000	0.001	0.001	-0.001	0.000	0.000
	(0.17)	(0.16)	(-0.02)	(0.19)	(0.18)	(-0.25)	(0.13)	(0.13)
SIGMA$_{i,t}$	-0.458^{**}	-0.434^{*}	-0.302	-0.467^{**}	-0.466^{**}	-0.234	-0.424^{*}	-0.426^{*}
	(-2.05)	(-1.94)	(-1.35)	(-2.09)	(-2.09)	(-1.04)	(-1.90)	(-1.91)
RETURN$_{i,t}$	0.039^{***}	0.039^{***}	0.037^{***}	0.039^{***}	0.039^{***}	0.036^{***}	0.038^{***}	0.039^{***}
	(5.25)	(5.22)	(4.97)	(5.26)	(5.27)	(4.92)	(5.19)	(5.20)
DTURN$_{i,t}$	-0.013	-0.013	-0.013	-0.013	-0.013	-0.013^{*}	-0.013	-0.013
	(-1.58)	(-1.58)	(-1.57)	(-1.58)	(-1.58)	(-1.67)	(-1.59)	(-1.59)

续表

变量	DUVOL$_{i,t+1}$							
	(1)	(2)	(3)	(4)	(5)	(6)	(7)	(8)
BETA$_{i,t}$	−0.060*** (−4.32)	−0.063*** (−4.49)	−0.073*** (−5.21)	−0.059*** (−4.25)	−0.059*** (−4.24)	−0.082*** (−5.80)	−0.064*** (−4.59)	−0.064*** (−4.55)
ABACC$_{i,t}$	0.047* (1.70)	0.047* (1.68)	0.047* (1.69)	0.047* (1.69)	0.047* (1.68)	0.043 (1.55)	0.047* (1.68)	0.047* (1.68)
Cons.	−0.080 (−0.97)	−0.075 (−0.91)	−0.069 (−0.84)	−0.085 (−1.03)	−0.083 (−1.01)	−0.034 (−0.41)	−0.069 (−0.84)	−0.067 (−0.81)
年份固定效应	是	是	是	是	是	是	是	是
行业固定效应	是	是	是	是	是	是	是	是
地区固定效应	是	是	是	是	是	是	是	是
观测数	27658	27658	27658	27658	27658	27658	27658	27658
调整的 R^2	0.076	0.076	0.079	0.076	0.076	0.079	0.076	0.076
F 统计值	32.958	32.988	34.890	32.885	32.786	34.781	33.045	32.950

注：*、** 和 *** 分别代表 10%、5% 和 1% 显著性水平。

3.7.3 Heckman 两阶段回归

根据本章前面的分析，仅部分上市公司自愿披露供应链相关信息。因此，上市公司对供应链信息的选择性自愿披露行为可能是受到诸如公司特征因素的影响，这意味着本章的样本可能存在选择性偏差。为降低这种样本选择性偏差对回归结果的影响，本部分拟采用 Heckman 两阶段回归方法进行稳健性分析，以进一步验证供应链透明度对股价崩盘风险的负向影响。

具体而言，在第一阶段回归中，本节采用每年各行业中同时披露客户和供应商基本信息的上市公司数量的行业占比 IND_CSBIT$_{i,t}$ 作为公司层面供应链透明度指标的工具变量。相对于公司根据自身特征选择性披露供应链信息的行为而言，该工具变量的选取在一定程度上是外生性的。因为上市公司可能根据所处行业特征或跟随行业内其他公司对供应链信息进行披露；但相反的是，单个公司特征并不能主导整个行业对供应链信息的自愿性披露。进一步地，本部分构建多元 Logistics 回归模型，将上市公司同时披露客户和供应商基本信息的行为对工具变量和上市公司自身特征进行回归，并控制年份固定效应和行业固定效应的影响。

表3.32报告了Heckman第一阶段回归的结果，括号内报告了基于公司个体聚类的稳健标准误计算的z值。其中，$\text{IND\_CSBIT}_{i,t}$的系数在1%水平下为4.755，说明行业中供应链基本信息的整体披露行为会驱动上市公司跟风披露供应链信息。此外，$\text{SIZE}_{i,t}$的系数在1%水平下为 -0.178，$\text{BM}_{i,t}$的系数在1%水平下为0.853，表明规模更小的公司以及账面市值比更高的公司更倾向于自愿披露供应链基本信息。

表3.32　　　　　　　　　　　Heckman 第一阶段回归

变量	$\text{CSBIT}_{i,t}$
$\text{IND\_CSBIT}_{i,t}$	4.755 *** (10.80)
$\text{SIZE}_{i,t}$	-0.178 *** (-4.96)
$\text{LEV}_{i,t}$	0.264 (1.49)
$\text{BM}_{i,t}$	0.853 *** (4.22)
$\text{ROE}_{i,t}$	-0.124 (-0.76)
$\text{TOBINQ}_{i,t}$	0.011 (0.46)
$\text{SIGMA}_{i,t}$	8.270 *** (5.94)
$\text{RETURN}_{i,t}$	-0.051 (-1.16)
$\text{DTURN}_{i,t}$	0.077 ** (2.24)
$\text{BETA}_{i,t}$	-0.643 *** (-6.51)
$\text{ABACC}_{i,t}$	0.153 (0.93)

续表

变量	$CSBIT_{i,t}$
Cons.	0.735 (0.91)
年份固定效应	是
行业固定效应	是
观测数	27658
调整的 R^2	0.169
Chi2 统计值	1868.6

注：** 和 *** 分别代表5%和1%显著性水平。

根据第一阶段的回归，计算公司选择性披露供应链信息的逆米尔斯比率 $IMR_{i,t}$，并将其加入回归模型（3.5）中进行控制。表 3.33 报告了控制 $IMR_{i,t}$ 后 Heckman 第二阶段的回归结果，其中表 3.33 - 1 研究了对负收益偏态系数的影响，表 3.33 - 2 考察了对收益上下波动比率的影响，括号内报告了基于公司个体聚类的稳健标准误计算的 t 值。在表 3.33 - 1 中，列（1）~列（8）供应链透明度各个维度指标的系数在 1% 水平下都显著为负，同时逆米尔斯比率 $IMR_{i,t}$ 的系数也显著为负。类似的结果在表 3.33 - 2 中同样存在。这些发现说明，一方面，上市公司决定是否披露供应链信息导致研究存在显著的样本选择性偏差；另一方面，在控制这种样本选择性偏差的影响后，供应链透明度对未来股价崩盘风险的抑制效应仍然是显著且稳健的。

表 3.33 - 1　　Heckman 第二阶段回归——对负收益偏态系数的影响

变量	$NCSKEW_{i,t+1}$							
	(1)	(2)	(3)	(4)	(5)	(6)	(7)	(8)
$CSBIT_{i,t}$	-0.058*** (-4.89)							
$CSDIT_{i,t}$		-0.074*** (-4.73)						
$CBIT_{i,t}$			-0.100*** (-9.21)					
$CDIT_{i,t}$				-0.051*** (-4.20)				

变量	NCSKEW$_{i,t+1}$							
	(1)	(2)	(3)	(4)	(5)	(6)	(7)	(8)
CIDR$_{i,t}$					−0.049 ***			
					(−3.96)			
SBIT$_{i,t}$						−0.104 ***		
						(−9.00)		
SDIT$_{i,t}$							−0.080 ***	
							(−5.37)	
SIDR$_{i,t}$								−0.080 ***
								(−5.17)
NCSKEW$_{i,t}$	0.058 ***	0.058 ***	0.056 ***	0.059 ***	0.059 ***	0.056 ***	0.058 ***	0.058 ***
	(8.80)	(8.81)	(8.47)	(8.82)	(8.83)	(8.49)	(8.79)	(8.79)
SIZE$_{i,t}$	0.027 ***	0.026 ***	0.026 ***	0.027 ***	0.027 ***	0.021 ***	0.025 ***	0.025 ***
	(4.06)	(3.89)	(3.93)	(4.08)	(4.06)	(3.25)	(3.85)	(3.83)
LEV$_{i,t}$	0.061 **	0.061 **	0.048 *	0.061 **	0.060 **	0.053 *	0.062 **	0.061 **
	(2.11)	(2.08)	(1.68)	(2.09)	(2.08)	(1.84)	(2.12)	(2.11)
BM$_{i,t}$	−0.420 ***	−0.414 ***	−0.423 ***	−0.419 ***	−0.419 ***	−0.411 ***	−0.415 ***	−0.415 ***
	(−10.64)	(−10.49)	(−10.73)	(−10.62)	(−10.60)	(−10.43)	(−10.51)	(−10.50)
ROE$_{i,t}$	0.011	0.011	0.011	0.010	0.010	0.014	0.013	0.013
	(0.28)	(0.28)	(0.28)	(0.25)	(0.26)	(0.36)	(0.32)	(0.32)
TOBINQ$_{i,t}$	0.002	0.002	0.000	0.002	0.002	−0.000	0.001	0.001
	(0.30)	(0.30)	(0.10)	(0.32)	(0.31)	(−0.04)	(0.28)	(0.28)
SIGMA$_{i,t}$	−0.412	−0.348	−0.152	−0.411	−0.408	0.018	−0.340	−0.344
	(−1.09)	(−0.92)	(−0.40)	(−1.09)	(−1.08)	(0.05)	(−0.90)	(−0.91)
RETURN$_{i,t}$	0.059 ***	0.058 ***	0.056 ***	0.059 ***	0.059 ***	0.056 ***	0.058 ***	0.058 ***
	(5.61)	(5.57)	(5.38)	(5.61)	(5.61)	(5.32)	(5.55)	(5.56)
DTURN$_{i,t}$	−0.031 **	−0.031 **	−0.031 **	−0.031 **	−0.031 **	−0.031 **	−0.031 **	−0.031 **
	(−2.54)	(−2.51)	(−2.49)	(−2.53)	(−2.53)	(−2.50)	(−2.52)	(−2.52)
BETA$_{i,t}$	−0.089 ***	−0.095 ***	−0.111 ***	−0.089 ***	−0.089 ***	−0.128 ***	−0.096 ***	−0.095 ***
	(−3.55)	(−3.77)	(−4.38)	(−3.53)	(−3.53)	(−5.02)	(−3.82)	(−3.80)

续表

变量	NCSKEW$_{i,t+1}$							
	(1)	(2)	(3)	(4)	(5)	(6)	(7)	(8)
ABACC$_{i,t}$	0.094 **	0.094 **	0.094 **	0.094 **	0.093 **	0.091 **	0.094 **	0.094 **
	(2.23)	(2.23)	(2.25)	(2.23)	(2.22)	(2.17)	(2.22)	(2.23)
IMR$_{i,t}$	−0.068 ***	−0.062 **	−0.060 **	−0.065 **	−0.065 **	−0.044 *	−0.063 **	−0.064 **
	(−2.58)	(−2.36)	(−2.28)	(−2.49)	(−2.48)	(−1.69)	(−2.41)	(−2.42)
Cons.	−0.239 **	−0.234 **	−0.215 *	−0.248 **	−0.247 **	−0.169	−0.224 *	−0.221 *
	(−2.02)	(−1.98)	(−1.83)	(−2.10)	(−2.09)	(−1.43)	(−1.89)	(−1.86)
年份固定效应	是	是	是	是	是	是	是	是
行业固定效应	是	是	是	是	是	是	是	是
观测数	27658	27658	27658	27658	27658	27658	27658	27658
调整的 R^2	0.073	0.073	0.075	0.073	0.073	0.075	0.073	0.073
F 统计值	48.717	48.396	50.986	48.629	48.493	49.914	48.468	48.387

注：* 、** 和 *** 分别代表 10%、5% 和 1% 显著性水平。

表 3.33 - 2　Heckman 第二阶段回归——对收益上下波动比率的影响

变量	DUVOL$_{i,t+1}$							
	(1)	(2)	(3)	(4)	(5)	(6)	(7)	(8)
CSBIT$_{i,t}$	−0.044 ***							
	(−5.57)							
CSDIT$_{i,t}$		−0.061 ***						
		(−5.93)						
CBIT$_{i,t}$			−0.080 ***					
			(−10.97)					
CDIT$_{i,t}$				−0.040 ***				
				(−5.02)				
CIDR$_{i,t}$					−0.040 ***			
					(−4.90)			
SBIT$_{i,t}$						−0.088 ***		
						(−11.45)		
SDIT$_{i,t}$							−0.063 ***	
							(−6.37)	
SIDR$_{i,t}$								−0.062 ***
								(−6.11)

续表

变量	DUVOL$_{i,t+1}$							
	(1)	(2)	(3)	(4)	(5)	(6)	(7)	(8)
DUVOL$_{i,t}$	0.054 ***	0.054 ***	0.051 ***	0.054 ***	0.054 ***	0.050 ***	0.054 ***	0.054 ***
	(8.48)	(8.42)	(7.93)	(8.50)	(8.51)	(7.86)	(8.41)	(8.42)
SIZE$_{i,t}$	0.010 **	0.009 **	0.010 **	0.010 **	0.010 **	0.006	0.009 **	0.009 **
	(2.34)	(2.14)	(2.17)	(2.36)	(2.34)	(1.32)	(2.09)	(2.07)
LEV$_{i,t}$	0.059 ***	0.058 ***	0.048 **	0.058 ***	0.058 ***	0.052 ***	0.059 ***	0.059 ***
	(3.03)	(3.00)	(2.53)	(3.00)	(2.99)	(2.71)	(3.05)	(3.04)
BM$_{i,t}$	− 0.277 ***	− 0.272 ***	− 0.279 ***	− 0.276 ***	− 0.276 ***	− 0.270 ***	− 0.273 ***	− 0.273 ***
	(− 10.45)	(− 10.29)	(− 10.58)	(− 10.43)	(− 10.41)	(− 10.24)	(− 10.30)	(− 10.30)
ROE$_{i,t}$	0.014	0.014	0.014	0.013	0.013	0.016	0.015	0.015
	(0.52)	(0.52)	(0.52)	(0.49)	(0.49)	(0.62)	(0.57)	(0.57)
TOBINQ$_{i,t}$	− 0.000	− 0.000	− 0.001	− 0.000	− 0.000	− 0.002	− 0.001	− 0.001
	(− 0.13)	(− 0.12)	(− 0.36)	(− 0.11)	(− 0.12)	(− 0.54)	(− 0.15)	(− 0.15)
SIGMA$_{i,t}$	− 0.837 ***	− 0.788 ***	− 0.632 **	− 0.838 ***	− 0.837 ***	− 0.480 *	− 0.782 ***	− 0.786 ***
	(− 3.31)	(− 3.11)	(− 2.48)	(− 3.31)	(− 3.31)	(− 1.88)	(− 3.09)	(− 3.10)
RETURN$_{i,t}$	0.043 ***	0.042 ***	0.040 ***	0.043 ***	0.043 ***	0.040 ***	0.042 ***	0.042 ***
	(5.76)	(5.71)	(5.47)	(5.77)	(5.77)	(5.37)	(5.69)	(5.70)
DTURN$_{i,t}$	− 0.016 *	− 0.016 *	− 0.015 *	− 0.016 *	− 0.016 *	− 0.015 *	− 0.016 *	− 0.016 *
	(− 1.94)	(− 1.91)	(− 1.89)	(− 1.93)	(− 1.93)	(− 1.90)	(− 1.92)	(− 1.92)
BETA$_{i,t}$	− 0.034 **	− 0.038 **	− 0.051 ***	− 0.033 *	− 0.033 *	− 0.066 ***	− 0.039 **	− 0.039 **
	(− 1.96)	(− 2.23)	(− 2.94)	(− 1.94)	(− 1.94)	(− 3.82)	(− 2.27)	(− 2.24)
ABACC$_{i,t}$	0.045	0.045	0.046	0.045	0.045	0.043	0.045	0.045
	(1.62)	(1.62)	(1.64)	(1.63)	(1.61)	(1.56)	(1.62)	(1.62)
IMR$_{i,t}$	− 0.053 ***	− 0.049 ***	− 0.047 ***	− 0.051 ***	− 0.051 ***	− 0.034 *	− 0.050 ***	− 0.050 ***
	(− 2.97)	(− 2.76)	(− 2.65)	(− 2.90)	(− 2.90)	(− 1.94)	(− 2.80)	(− 2.81)
Cons.	− 0.024	− 0.018	− 0.003	− 0.030	− 0.028	0.039	− 0.012	− 0.010
	(− 0.30)	(− 0.22)	(− 0.04)	(− 0.37)	(− 0.36)	(0.49)	(− 0.14)	(− 0.12)
年份固定效应	是	是	是	是	是	是	是	是
行业固定效应	是	是	是	是	是	是	是	是
观测数	27658	27658	27658	27658	27658	27658	27658	27658
调整的 R^2	0.075	0.075	0.078	0.075	0.075	0.079	0.076	0.076
F 统计值	51.944	51.930	54.991	51.816	51.671	54.682	52.032	51.887

注: * 、 ** 和 *** 分别代表 10% 、5% 和 1% 显著性水平。

3.7.4　PSM 分析

本节采用 PSM 方法进一步降低对供应链信息选择性披露的影响。具体而言，本节分别将供应链基础信息和深层信息披露的公司作为处理组，将未进行相应供应链信息披露的公司作为对照组，采用 1∶1 最近邻匹配法对处理组和对照组进行卡尺为 0.05 的匹配样本匹配，并分析匹配后对未来股价崩盘风险的平均处理效应。其中，协变量与回归模型（3.5）中的控制变量一致，包括公司层面因素，以及行业和年份固定效应。

表 3.34 报告了 PSM 分析的结果。可以发现，对于匹配后的样本，披露供应链相关信息的上市公司的未来股价崩盘风险依然在 1% 水平下低于同类别的未披露供应链相关信息的上市公司。因此，表 3.34 在缓解样本选择性偏差的基础上进一步支持了前面的发现，即供应链透明度显著抑制了未来的股价崩盘风险。

表 3.34　　　　　　　　　　倾向得分匹配（PSM）分析

处理变量 （Treatment）	（1） $CSBIT_{i,t}$	（2） $CSDIT_{i,t}$	（3） $CBIT_{i,t}$	（4） $CDIT_{i,t}$	（5） $SBIT_{i,t}$	（6） $SDIT_{i,t}$
$NCSKEW_{i,t+1}$的平均 处理效应（ATT）	-0.056 *** （-4.30）	-0.091 *** （-4.85）	-0.107 *** （-8.42）	-0.052 *** （-3.83）	-0.118 *** （-8.62）	-0.082 *** （-4.73）
$DUVOL_{i,t+1}$的平均 处理效应（ATT）	-0.038 *** （-4.40）	-0.066 *** （-5.31）	-0.079 *** （-9.30）	-0.038 *** （-4.25）	-0.088 *** （-9.62）	-0.070 *** （-6.07）
控制变量	是	是	是	是	是	是
行业固定效应	是	是	是	是	是	是
年份固定效应	是	是	是	是	是	是
匹配后观测数	12090	6210	12778	11356	11400	7184

注：*** 代表 1% 显著性水平。

3.8　本章小结

本章基于我国沪深 A 股市场上市公司 2001～2019 年对供应链信息的披露实践，考察了供应链关系的透明度对公司未来股价崩盘风险的影响。本章的基本研究发现，首先，透明的供应链关系有助于降低上市公司未来的股价崩盘风险，并且该影响在供应链整体信息透明度层面、客户信息披露层面以及供应商信息披露层面都是显著的。其次，本章结合宏观股票市场周期、行业集中度和公司内部控制深入考察了供应链透明度影响股价崩盘风险的异质性，发现在熊市周期、集中度更高的行业以及内部控制更弱的公司，供应链关系透明度对未来股价崩盘风险的抑制效应更强。再次，本章结合信息透明度，从审计风险、分析师预测精度和股价信息不透明三个路径检验了供应链关系透明度降低股价崩盘风险的机制，研究发现供应链关系透明度的提升通过降低审计风险、提高分析师预测精度和降低股价信息不透明三种途径，降低未来的股价崩盘风险。最后，本章采用股价崩盘风险的替代变量、控制地区固定效应、使用 Heckman 两阶段工具变量回归和 PSM 分析方法，进一步验证了供应链透明度对未来股价崩盘风险影响的稳健性。

综上所述，本章的发现揭示了供应链关系透明度的提升能够促进公司整体信息透明度，以及供应链透明度在特定市场环境、行业特征和公司治理特征中对稳定股价发挥的重要治理作用。更重要的是，本章从审计师、分析师和投资者三个外部市场参与者视角识别了供应链关系透明度影响股价崩盘风险的路径机制，能够为上市公司以及利益相关者积极推动供应链信息的披露、促进信息透明度提升，以稳定公司股价提供重要的实践启示。同时，为各行业组织、市场监管部门完善供应链信息披露相关的法律法规，以稳定行业股价波动、促进资本市场平稳健康发展提供积极的政策参考借鉴。

第 4 章

供应链集中度对股价
崩盘风险的影响

自 20 世纪 90 年代以来，面对日益激烈的竞争格局和复杂多变的市场环境，许多企业逐渐加强与上下游企业的合作，并逐渐形成战略性、长期性的供应链集成关系。这种供应链集成关系在一定程度上巩固了供应链上下游的整体利益，同时加强了客户和供应商等外部利益相关者对公司管理层的监督约束。本章基于 A 股市场上市公司供应链关系的集中度现状，研究其对公司未来股价崩盘风险的影响，并系统分析供应链集中度影响股价崩盘风险的内外部因素和路径机制，为深入考察供应链利益相关者的监督是否以及如何对上市公司股票定价效率产生溢出效应提供充分的理论依据和实证证据，从而为上市公司加强供应链体系管理、稳定股价平稳运行提供重要实践启示。

4.1 理论分析与研究假说

根据现有文献，股价崩盘风险源自公司自身的经营风险以及信息披露风险（Jin and Myers，2006）。公司自身的经营风险越高，股价波动幅度越大，公司经营业绩恶化所引发的不利经营风险会加剧股价左偏的风险（Konchitchkil et al.，2016）。信息披露风险则源自释放信息的公司管理层与接收信息的投资者之间的信息不对称。为了谋取私利，管理层有动机和能力实施种种盈余管理手段以掩盖其不佳的经营业绩，当隐藏的坏消息累积到一个临界点集中释放时，股价崩盘随之发生（Jin and Myers，2006；Hutton et al.，2009）。同时，经营风险和信息披露风险会相互影响。经营业绩的恶化诱发管理层隐藏坏消息行为的发生，进而加剧信息披露风险。信息不透明容易引发代理冲突而提升公司的经营风险，最终都恶化了股价崩盘风险。

本章重点关注与公司存在紧密商业关系的利益相关者，即供应商和客户在公司股价崩盘风险中的作用。在企业供应链体系中，供应商/客户的经营状况会对企业产生重大的影响，股价崩盘会导致企业经营的恶化甚至陷入破产，而这会影响到与之建立紧密商业关系的供应商/客户的利益。因此，供应商/客户有强烈的动机降低企业的股价崩盘风险。同时，长期的重要的商业关系使得重要供应商/客户有能力对企业施加影响。例如，现有文献发现，供应链集中度会影响公司的财务政策、经营政策（Banerjee et al.，2008；张敏等，2012；Itzkowitz，2013；王雄元和刘芳，2014；Huang et al.，2016），进而影响公司的经营业绩（唐跃军，2009；Patatoukas，2011；Ak and Patatoukas，2016）。同时，供应链集中度还会影响公司的财务报告质量（Raman and Shahrur，2008；Hui et al.，2018）。

具体到股价崩盘风险，供应链合作关系形成的供应链集中度会影响公司的经营风险和信息披露风险，进而影响股价崩盘风险。一方面，良好的供应商—客户之间的商业关系有助于供应链的整合，而供应链的整合能够改善公司基本面、降低公司经营风险（Patatoukas，2011）。同时，大供应商或大客户所拥有的议价能力能够帮助其促使公司及时披露各种负面信息（Hui et al.，2018），从而降低负面信息累积集中释放的可能性，最终导致股价崩盘风险的下降。另一方面，过于集中的供应商/客户组合也可能增加公司的经营风险（Dan et al.，2016）。而经营恶化又会诱发企业的盈余管理行为，最终加剧股价崩盘风险。鉴于此，本章分别从供应商/客户议价能力、供应链整合和供应商/客户流失风险三个视角具体分析供应链集中度对股价崩盘风险的影响。

首先，重要的大供应商/大客户明显提升了供应商或客户在与企业交易当中的议价能力，而这种议价能力会通过挤压公司的利润空间加剧公司面临的经营风险从而提升股价崩盘风险。但是，重要的大供应商/大客户为了保护其利益也会迫使公司更及时地披露负面信息，降低信息披露风险从而缓解股价崩盘风险。经济学中的传统观点认为，公司的供应商/客户越是集中，供应商/客户的议价能力越高，其会迫使公司降低销售价格、增加信用期限、留存多余存货等，导致公司经营业绩恶化（Porter，1974；唐跃军，2009）。公司基本面的下滑反映到股价中，就会出现左偏形态，导致股价崩盘风险上升。不过，根据交易成本理论，随着公司与大供应商/大客户长期交易关系的建立以及其专有化资产的不断投入，公司有动机表现出机会主义。例如隐藏自身的不良经营情况以维持交易关系，此时依赖事前签订的契约来防范机会主义风险变得十分困难（Klein et al.，1978）。而会计信息恰好能够缓解双方的信息不对称问题，从而减少机会主义对长期交易关系和投资产生的负面影响。与债权人类似，相较于公司价值的提升，作为利益相关者的大供应商/大客户更为关心公司价值的贬损。为了避免公司表现出机会主义而损害自身利益，大供应商/大客户凭借其议价能力促使公司更及时地确认损失、提供更加稳健的会计信息（Hui et al.，2018）。公司提高会计稳健性的行为能够使得投资者及时获知公司的负面信息，从而降低股价崩盘风险（Kim and Zhang，2016）。

其次，供应链关系的集中有助于供应商与客户之间的供应链整合。而整合之后的供应链能够改善公司的经营业绩从而降低经营风险，也能够降低公司的经营复杂度从而减少信息风险，最终导致股价崩盘风险的降低。与经济学理论的观点不同，市场营销和运营管理理论认为公司的供应链集中能够产生协同效应和促进信息共享，减少公司的广告和销售成本，提高存货管理效率，改善营运资本管理能力，实现供应链的上下游整合（Ak and Patatoukas，2016）。帕塔图卡斯（2011）研究发现，集中的客户策略有利于公司盈利能力和经营效率的提高，从而改善其经营业绩。供应链整合有助于企业经营业绩的改善和经营风险的下降，自然也降低了企业管理层进行信息披露管理的动机，最终导致股价崩盘风险的下降。同时，供应链的整合加速了现金周转，降低了营运资本应计，减少了应计项目的估计误差，这使得公司的经营复杂性大幅降低。由此，投资者对财务报表信息的解读难度也大幅下降。此时，投资者能够较早地发现公司内部的负面信息并及时做出反应，最终股价崩盘风险也会降低。

但是，重要大供应商/大客户的存在也增加了企业的经营风险。而企业为了掩盖加剧的经营风险会采取盈余管理等手段，从而增加了信息风险，最终导致暴跌风险的上升（Ma et al.，2020）。首先，如果大供应商/大客户陷入财务困境或宣告破产、变更供应商或者进行内部化生产，公司就面临销售收入的大幅损失。大供应商/大客户较差的财务状况或其行为也向公司的其他供应商/客户传递出公司经营不确定性的信号，使得公司的销售状况雪上加霜。其次，如果供应商/客户破产，公司可能面临由于无法收回早前交易形成的应收款项而产生现金流风险和损失。现有证据表明，当公司的大客户宣告破产时，公司股票的异常回报显著为负，供应链集中导致了公司面临更高的权益融资成本、更高的债权融资成本和更严苛的融资条件，更可能被出具持续关注的审计意见等（Dan et al.，2016；Campello and Gao，2017）。这些发现都表明大客户流失或流失风险会恶化公司的经营环境，加剧公司的经营风险，使得股价崩盘风险上升。为了应对供应链风险，公司会进行向上盈余管理以影响客户对自身经营前景的认知（Raman and Shahrur，2008），也会进行税收规避以留存更多的现金流（Huang et al.，2016）。所以，大供应商/大客户流失风险的存在对公司的经营情况产生不利影响。公司为此可能采取诸如盈余管理、税收规避等恶化内部信息环境的措施。这些措施为管理层掩盖经营方面的坏消息提供了便利，投资者对此反应不足容易引发股价崩盘风险（Hutton et al.，2009；Kim et al.，2011a）。

综上分析，一方面，集中的供应链关系策略有助于供应链的整合，而供应链的整合能够改善公司基本面、降低公司经营风险。同时，大供应商/大客户所拥有的议价能力能够帮助其促使公司及时披露各种负面信息，从而降低负面信息累积集中释放的可能性，最终导致股价崩盘风险的下降。另一方面，过于集中的客户组合也可能增加公司的经营风险，而经营的恶化又会诱发企业的盈余管理行为，最终加剧股价崩盘风险。因此，本章提出以下竞争性假说。

假说4.1a：上市公司供应链集中度越高，公司未来的股价崩盘风险越低。

假说4.1b：上市公司供应链集中度越高，公司未来的股价崩盘风险越高。

4.2 研究设计

4.2.1 样本选取和数据来源

本章同样选取2001~2019年沪深A股市场上市公司的年度观测数据作为初始样本，并根据以下方式对初始样本进行筛选：（1）剔除金融行业公司；（2）剔除样本期间内带有"ST""＊ST""PT"标识的样本；（3）剔除年交易周数少于26周的样本；（4）剔除相关财务数据缺失的样本；（5）剔除未披露供应链集中度信息的样本。本章所涉及的上市公司客户/供应商相关信息、公司财务数据和股票市场交易数据等均来自国泰安（CSMAR）数据库。此外，为降低极端值的影响，本章对所有连续变量在上下 1% 水平上进行缩尾处理。

4.2.2 变量定义和测度

4.2.2.1 被解释变量

与第 3 章一致，本章主要的被解释变量为上市公司的股价崩盘风险。参照安等（An et al. , 2015）、徐等（2014）、谢德仁等（2016）的研究，使用股票收益的负收益偏态系数（NCSKEW）和收益上下波动比率（DUVOL）作为股价崩盘风险的代理指标。具体地，首先，根据回归模型即式（4.1）和式（4.2）计算经市场收益率调整后的股票特质周收益率 $W_{i,w}$：

$$R_{i,w} = \alpha_i + \beta_1 R_{m,w-2} + \beta_2 R_{m,w-1} + \beta_3 R_{m,w} + \beta_4 R_{m,w+1} + \beta_5 R_{m,w+2} + \varepsilon_{i,w}$$

$$(4.1)$$

$$W_{i,w} = \ln(1 + \varepsilon_{i,w}) \tag{4.2}$$

其中，$R_{i,w}$ 为股票 i 在第 w 周的周收益率，$R_{m,w}$ 为第 w 周 A 股市场所有股票流通市值加权平均后的周收益率。参照许年行等（2012）、杨等（2020）的研究，式（4.1）中加入市场周收益率的超前项和滞后项以控制市场非同步性的影响。$\varepsilon_{i,w}$ 为回归的残差项。因此，式（4.2）中 $W_{i,w}$ 即为股票 i 在第 w 周的特质周收益率。

其次，本章基于股票 i 在第 w 周的特质周收益率 $W_{i,w}$，利用负收益偏态系数（NCSKEW）和收益上下波动比率（DUVOL）测度股价崩盘风险：

$$NCSKEW_{i,t} = - \left[n(n-1)^{3/2} \sum W_{i,w}^3 \right] / \left[(n-1)(n-2) \left(\sum W_{i,w}^2 \right)^{3/2} \right]$$

$$(4.3)$$

$$DUVOL_{i,t} = \log \left[(n_u - 1) \sum_{DOWN} W_{i,w}^2 \right] / \left[(n_d - 1) \sum_{UP} W_{i,w}^2 \right]$$

$$(4.4)$$

式（4.3）中，$NCSKEW_{i,t}$ 为 t 年度根据个股周特质收益计算的负收益偏态系数；n 为每年股票 i 的交易周数。$NCSKEW_{i,t}$ 的数值越大，表示收益偏态系数负的程度越严重，则股价崩盘风险越高。式（4.4）中，$DUVOL_{i,t}$ 为 t 年度个股周收益上下变动比率；$n_u(n_d)$ 为股票 i 的特有周收益率 $W_{i,w}$ 大于（小于）其年平均收益率的周数。$DUVOL_{i,t}$ 的数值越大，表示股票收益率向左偏的程度越大，股价崩盘风险越高。在实证过程中，本章使用未来的股价崩盘风险 $NCSKEW_{i,t+1}$ 和 $DUVOL_{i,t+1}$ 作为最终的被解释变量。

4.2.2.2　解释变量

本章主要的解释变量为上市公司供应链集中度。根据上市公司在年报中披露的前五大客户采购占比和前五大供应商销售占比，本章参考坎佩洛和高（2017）、张等（2020）、王雄元和高开娟（2017）的研究从以下几方面度量供应链集中度。

在整体层面，本章将客户和供应商整体集中度 $CSC_{i,t}$ 定义为公司向前五大客户以及供应商采购销售比例之和的均值，即 $CSC_{i,t}$ =（向前五大供应商采购占比 + 向前五大客户销售占比）/2。

在客户层面，本章使用以下三个指标度量客户集中度：（1）第一大客户销售额占年度总销售额比重 $CCTOP1_{i,t}$；（2）前五大客户销售额之和占年度总销售额比重 $CCTOP5_{i,t}$；（3）客户集中度赫芬达尔指数 $CCHHI_{i,t}$，即前五大客户销售额占总销售额比重平方之和。

在供应商层面，本章使用以下三个指标度量供应商集中度：（1）第一大供应商采购额占年度总采购额比重 $SCTOP1_{i,t}$；（2）前五大供应商采购额之和占年度总采购额比重 $SCTOP5_{i,t}$；（3）供应商集中度赫芬达尔指数 $SCHHI_{i,t}$，即前五大供应商采购额占总采购额比重平方之和。

4.2.2.3　控制变量

参考以往文献（许年行等，2012；Xu et al.，2014；An et al.，2015；谢德仁等，2016），本章拟选取并控制几方面因素的影响：（1）当期股价崩盘风险 $NCSKEW_{i,t}$ 或 $DUVOL_{i,t}$；（2）上市公司基本面因素，包括股票总市值的自然对数 $SIZE_{i,t}$、公司负债率 $LEV_{i,t}$、账面市值比 $BM_{i,t}$、净资产收益率 $ROE_{i,t}$ 和托宾 Q 值 $TOBINQ_{i,t}$；（3）股票市场交易指标，包括个股年收益波动率 $SIGMA_{i,t}$、年收益率 $RETURN_{i,t}$、换手率变化 $DTURN_{i,t}$ 和市场贝塔 $BETA_{i,t}$；（4）公司财务信息披露质量 $ABACC_{i,t}$。具体的变量定义如表 4.1 所示。

表 4.1　　　　　　　　　　　　　　　　主要变量名称和定义

项目	变量符号	变量定义
被解释变量	$NCSKEW_{i,t+1}$	未来股价崩盘风险，即根据个股周特质收益测度的未来股票收益的负收益偏态系数
	$DUVOL_{i,t+1}$	未来股价崩盘风险，即根据个股周特质收益测度的未来股票收益的上下波动比率
解释变量	$CSC_{i,t}$	客户和供应商集中度，即 t 年度公司 i 向前五大客户以及供应商采购销售比重之和的均值
	$CCTOP1_{i,t}$	t 年度公司 i 向第一大客户销售额占年度总销售额比重
	$CCTOP5_{i,t}$	t 年度公司 i 向前五大客户销售额之和占年度总销售额比重
	$CCHHI_{i,t}$	客户集中度赫芬达尔指数，即 t 年度公司 i 向前五大客户销售额占总销售额比重平方之和
	$SCTOP1_{i,t}$	t 年度公司 i 向第一大供应商采购额占年度总采购额比重
	$SCTOP5_{i,t}$	t 年度公司 i 向前五大供应商采购额之和占年度总销售额比重
	$SCHHI_{i,t}$	供应商集中度赫芬达尔指数，即 t 年度公司 i 向前五大供应商采购额占总采购额比重平方之和
控制变量	$NCSKEW_{i,t}$	当期股价崩盘风险，即根据个股周特质收益测度的当期股票收益的负收益偏态系数
	$DUVOL_{i,t}$	当期股价崩盘风险，即根据个股周特质收益测度的当期股票收益的上下波动比率
	$SIZE_{i,t}$	总市值，即公司 i 在 t 年度股票总市值的自然对数
	$LEV_{i,t}$	杠杆率，即公司 i 在 t 年度的总负债与总资产之比
	$BM_{i,t}$	账面市值比，即公司 i 在 t 年度的账面价值除以市场价值
	$ROE_{i,t}$	净资产收益率，即公司 i 在 t 年度的净利润除以净资产
	$TOBINQ_{i,t}$	托宾 Q 值，即公司 i 在 t 年度的市值对资产重置成本的比
	$SIGMA_{i,t}$	个股收益波动率，即个股 i 在 t 年度的周收益率标准差
	$RETURN_{i,t}$	个股年收益率，即个股 i 在 t 年度的股票收益率
	$DTURN_{i,t}$	个股换手率变化，即个股 i 在 t 年度的股票换手收益变化
	$BETA_{i,t}$	个股市场贝塔，即个股 i 在 t 年度股票周收益对市场周收益回归的系数
	$ABACC_{i,t}$	财务信息质量的反向指标，即公司 i 在 t 年度可操控性应计利润的绝对值

4.2.3 描述性统计

4.2.3.1 供应链集中度的年度/行业统计

表 4.2 展示了 2001~2019 年 A 股市场上市公司供应链平均集中度在每年度和各行业的统计。其中，表 4.2 - 1 报告了供应链平均集中度的年度趋势。可以发现，2007 年前 A 股市场上市公司对第一大客户的平均销售额占比在 20% 左右，但 2007 年后该占比在 13%~14%，说明 2007 年后 A 股市场上市公司逐渐降低对第一大客户的依赖。同时，样本研究期间内前五大客户平均销售额占比基本在 30% 左右波动。此外，2005 年前上市公司对第一大供应商的采购额占比多在 20% 以上，对前五大供应商采购额平均占比也接近 40%；上述比重在随后的年份中逐渐降低并在 2008~2019 年分别稳定在 15%~16% 和 34%~36% 的水平。而从横向比较来看，A 股市场上市公司对主要供应商的依赖程度明显高于对主要客户的依赖。

表 4.2 – 1　2001~2019 年 A 股市场上市公司的客户和供应商平均集中度统计　单位:%

年份	第一大客户 销售额平均占比	前五大客户 销售额平均占比	第一大供应商 采购额平均占比	前五大供应商 采购额平均占比
2001	0.16	0.34	0.27	0.44
2002	0.21	0.32	0.22	0.39
2003	0.24	0.31	0.27	0.38
2004	0.22	0.30	0.18	0.38
2005	0.21	0.30	0.19	0.38
2006	0.24	0.30	0.13	0.37
2007	0.15	0.30	0.16	0.35
2008	0.14	0.30	0.15	0.36
2009	0.13	0.29	0.15	0.34
2010	0.13	0.28	0.16	0.35
2011	0.13	0.29	0.15	0.34
2012	0.13	0.29	0.16	0.36
2013	0.14	0.29	0.16	0.36
2014	0.14	0.30	0.16	0.35

年份	第一大客户 销售额平均占比	前五大客户 销售额平均占比	第一大供应商 采购额平均占比	前五大供应商 采购额平均占比
2015	0.13	0.29	0.15	0.34
2016	0.13	0.29	0.15	0.34
2017	0.13	0.30	0.15	0.34
2018	0.14	0.31	0.15	0.34
2019	0.14	0.31	0.15	0.34

　　表4.2-2则进一步报告了分行业统计的A股市场上市公司供应链平均集中度分布。从客户集中度来看，水电燃气业和采矿业的大客户集中度较高，其第一大客户销售额平均占比分别为38%和22%，前五大客户销售额占比分别高达55%和46%；相反，餐饮住宿业和批发零售业对主要客户的依赖程度则比较低，其第一大客户销售额平均占比分别为3%和8%，前五大客户销售额平均占比分别低至8%和19%。对于供应商集中度，水电燃气和教育业的供应商集中程度较高，其中第一大供应商采购额平均占比分别高达28%和23%，前五大供应商采购额平均占比则分别高达52%和58%；而建筑业对主要供应商的依赖程度最低，该行业第一大供应商采购额平均占比仅为8%，前五大供应商采购额平均占比为23%，不到教育业的一半。由此可见，不论是客户集中度还是供应商集中度，各行业之间都存在较大的差异。

表4.2-2　2001~2019年A股市场上市各行业客户和供应商平均集中度统计　单位:%

行业	第一大客户 销售额平均占比	前五大客户 销售额平均占比	第一大供应商 采购额平均占比	前五大供应商 采购额平均占比
农林牧渔业	0.10	0.27	0.12	0.30
采矿业	0.22	0.46	0.19	0.40
制造业	0.13	0.29	0.15	0.34
水电燃气业	0.38	0.55	0.28	0.52
建筑业	0.15	0.34	0.08	0.23
批发零售业	0.08	0.19	0.17	0.32
交通运输业	0.13	0.30	0.17	0.42
餐饮住宿业	0.03	0.08	0.13	0.28
信息通信业	0.12	0.27	0.16	0.36

行业	第一大客户 销售额平均占比	前五大客户 销售额平均占比	第一大供应商 采购额平均占比	前五大供应商 采购额平均占比
房地产业	0.09	0.21	0.20	0.42
租赁商服业	0.10	0.25	0.16	0.36
科技业	0.16	0.38	0.15	0.41
公共设施业	0.15	0.33	0.12	0.31
教育业	0.17	0.39	0.23	0.58
社会卫生业	0.18	0.38	0.20	0.42
文体娱乐业	0.16	0.33	0.14	0.34
综合	0.16	0.31	0.18	0.34

4.2.3.2　主要变量的描述性统计

表 4.3 展示了主要变量的描述性统计。与第 3 章结果一致，$NCSKEW_{i,t}$ 的均值和标准差分别为 −0.288 和 0.713；$DUVOL_{i,t}$ 的均值和标准差则分别为 −0.197 和 0.481。供应链整体集中度 $CSC_{i,t}$ 介于 0.020 ~ 0.848，其均值和标准差分别为 0.281 和 0.177，表明样本期间内 A 股市场上市公司供应链整体集中度存在较大差异。此外，第一大客户销售额占比 $CCTOP1_{i,t}$ 的均值和中位数分别为 0.136 和 0.083，最大则高达 0.814；而前五大客户销售额占比 $CCTOP5_{i,t}$ 均值和标准差分别为 0.299 和 0.224，最大值则为 0.991；对应的客户集中度赫芬达尔指数 $CCHHI_{i,t}$ 均值和标准差分别为 0.053 和 0.108，最大值达 0.673。这些结果同样说明，A 股市场上市公司对大客户的依赖存在差异。类似可以发现，第一大供应商采购额占比 $SCTOP1_{i,t}$ 均值和中位数分别为 0.154 和 0.109，最大值达 0.729；而前五大供应商采购额占比 $SCTOP5_{i,t}$ 分布介于 0.049 ~ 0.963，均值高达 0.352；相应的供应链赫芬达尔指数 $SCHHI_{i,t}$ 的均值和标准差分别为 0.057 和 0.090，最大值为 0.543。可见，A 股市场上市公司的供应商集中度同样存在较大差异，并且平均而言，对前五大供应商的依赖程度接近 35%。需要注意的是，由于部分上市公司对供应商信息披露的缺失，或者未详细披露第一大客户/供应商的销售/采购额，因此样本周期内仅观测到 13578 个的第一大客户销售额占比，9560 个第一大供应商采购额占比，以及 18469 个前五大供应商销售额占比。

表 4.3 主要变量的描述性统计

变量	观测数	均值	标准差	最小值	25 分位数	中位数	75 分位数	最大值
$NCSKEW_{i,t+1}$	24581	-0.288	0.713	-2.411	-0.680	-0.255	0.133	1.756
$DUVOL_{i,t+1}$	24581	-0.197	0.481	-1.379	-0.519	-0.195	0.118	1.067
$CSC_{i,t}$	18469	0.281	0.177	0.020	0.143	0.251	0.386	0.848
$CCTOP1_{i,t}$	13578	0.136	0.152	0.004	0.043	0.083	0.166	0.814
$CCTOP5_{i,t}$	24581	0.299	0.224	0.013	0.132	0.236	0.411	0.991
$CCHHI_{i,t}$	24581	0.053	0.108	0.000	0.004	0.014	0.047	0.673
$SCTOP1_{i,t}$	9560	0.154	0.137	0.016	0.062	0.109	0.197	0.729
$SCTOP5_{i,t}$	18469	0.352	0.209	0.049	0.192	0.304	0.473	0.963
$SCHHI_{i,t}$	18469	0.057	0.090	0.001	0.009	0.024	0.064	0.543
$NCSKEW_{i,t}$	24581	-0.269	0.705	-2.411	-0.658	-0.242	0.146	1.756
$DUVOL_{i,t}$	24581	-0.184	0.479	-1.379	-0.505	-0.185	0.129	1.069
$SIZE_{i,t}$	24581	22.062	1.288	18.924	21.135	21.893	22.806	25.854
$LEV_{i,t}$	24581	0.465	0.195	0.053	0.318	0.471	0.612	1.236
$BM_{i,t}$	24581	0.589	0.256	0.084	0.388	0.571	0.780	1.201
$ROE_{i,t}$	24581	0.063	0.129	-1.219	0.029	0.067	0.113	0.354
$TOBINQ_{i,t}$	24581	2.218	1.511	0.833	1.282	1.750	2.579	11.862
$SIGMA_{i,t}$	24581	0.062	0.024	0.024	0.044	0.056	0.073	0.199
$RETURN_{i,t}$	24581	0.174	0.689	-0.703	-0.266	-0.030	0.384	3.035
$DTURN_{i,t}$	24581	-0.024	0.450	-2.150	-0.221	-0.012	0.173	1.694
$BETA_{i,t}$	24581	1.085	0.244	0.359	0.940	1.090	1.230	1.853
$ABACC_{i,t}$	24581	0.081	0.118	0.001	0.020	0.046	0.092	0.827

4.2.4 回归模型构建

本章重点考察供应链集中度对未来股价崩盘风险的影响。因此,参照安等(2015)、徐等(2014)、褚剑和方军雄(2016)的研究,本章拟构建如下基准回归模型:

$$CRASH\_index_{i,t+1} = \alpha_0 + \beta_1 SCCD\_index_{i,t} + \sum \lambda Controls_{i,t} + Year\ Fixed\ Effects$$
$$+\ Industry\ Fixed\ Effects + \varepsilon_{i,t} \tag{4.5}$$

在回归模型（4.5）中，$CRASH\_index_{i,t+1}$是未来的股价崩盘风险代理指标，包括股票收益的负收益偏态系数$NCSKEW_{i,t+1}$和收益上下波动比率$DUVOL_{i,t+1}$；$SCCD\_index_{i,t}$为上述一系列供应链集中度的代理指标，包括供应链整体的集中度、客户层面的集中度和供应商层面的集中度；$Controls_{i,t}$为控制变量。此外，该基准模型同样控制了年份固定效应（year fixed effects）和行业固定效应（industry fixed effects）的影响。

4.3　实证结果

本节通过实证分析考察供应链集中度对未来股价崩盘风险的影响。首先，研究供应链整体集中度，即客户和供应商集中度的影响；其次，基于公司对第一大/前五大客户信息的披露研究客户集中度对暴跌风险的影响；最后，从供应商视角剖析供应商集中度对未来股价崩盘风险的影响。

4.3.1　供应链整体集中度对股价崩盘风险的影响

本节先考察供应链整体集中度对股价崩盘风险的影响。表4.4报告了主要变量的皮尔森相关系数矩阵。首先，客户和供应商集中度$CSC_{i,t}$与未来的股价负收益偏态系数$NCSKEW_{i,t+1}$和收益上下波动比率$DUVOL_{i,t+1}$的相关系数分别在10%和5%的水平下为−0.011和−0.015，说明整体上供应链集中度越高，未来的股价崩盘风险越低，即供应链集中度与未来股价崩盘风险成负相关关系。其次，供应链集中度与当期股价负收益偏态系数$NCSKEW_{i,t}$和收益上下波动比率$DUVOL_{i,t}$同样负相关但是并不显著，说明供应链集中度与当期股价崩盘风险相关性可以被忽略。此外，$CSC_{i,t}$与$SIZE_{i,t}$、$LEV_{i,t}$、$BM_{i,t}$和$ROE_{i,t}$的相关系数在1%水平上都显著为负，与$TOBINQ_{i,t}$的则在1%水平下显著为正。这说明，规模越大、杠杆率越高、账面市值比越大、盈利能力越强以及托宾Q越大的上市公司对主要客户和供应商的依赖越低。

表 4.4　　客户和供应商集中度和股价崩盘风险——皮尔森相关系数矩阵

变量	$NCSKEW_{i,t+1}$	$DUVOL_{i,t+1}$	$CSC_{i,t}$
$NCSKEW_{i,t+1}$	1		
$DUVOL_{i,t+1}$	0. 881 ***	1	
$CSC_{i,t}$	− 0. 011 *	− 0. 015 **	1
$NCSKEW_{i,t}$	0. 069 ***	0. 065 ***	− 0. 009
$DUVOL_{i,t}$	0. 065 ***	0. 064 ***	− 0. 007
$SIZE_{i,t}$	− 0. 066 ***	− 0. 067 ***	− 0. 136 ***
$LEV_{i,t}$	− 0. 022 ***	− 0. 021 ***	− 0. 127 ***
$BM_{i,t}$	− 0. 138 ***	− 0. 132 ***	− 0. 077 ***
$ROE_{i,t}$	0. 032 ***	0. 029 ***	− 0. 074 ***
$TOBINQ_{i,t}$	0. 101 ***	0. 094 ***	0. 094 ***
$SIGMA_{i,t}$	− 0. 053 ***	− 0. 067 ***	0. 030 ***
$RETURN_{i,t}$	0. 061 ***	0. 052 ***	− 0. 042 ***
$DTURN_{i,t}$	− 0. 008	− 0. 012 *	0. 008
$BETA_{i,t}$	− 0. 056 ***	− 0. 043 ***	− 0. 014 **
$ABACC_{i,t}$	0. 018 ***	0. 015 **	− 0. 010 **

注：*、** 和 *** 分别代表 10%、5% 和 1% 显著性水平。

基于模型（4.5），本节通过普通最小二乘法（OLS）回归分析考察了客户和供应商集中度对股价崩盘风险的影响。表 4.5 报告了回归结果，其中括号内报告了基于公司个体聚类的稳健标准误计算的 t 值。列（1）报告了客户和供应商集中度对未来的股价负收益偏态系数 $NCSKEW_{i,t+1}$ 的影响；列（2）则报告了客户和供应商集中度对未来收益上下波动比率 $DUVOL_{i,t+1}$ 的影响。可以发现，在列（1）中，客户和供应商集中度 $CSC_{i,t}$ 的系数为 − 0. 097，且在 1% 水平下显著，说明供应链整体集中度显著降低了未来的股价负收益偏态系数。类似地，在列（2）中，$CSC_{i,t}$ 的系数为 − 0. 080，且在 1% 水平下显著，意味着供应链整体集中度对未来收益上下波动比率同样存在抑制效应。总体而言，上述结果充分支持了假说 4.1a，即供应链关系的透明度对未来股价崩盘风险存在显著的抑制效应。

表4.5　　　　　　　　　　客户和供应商集中度对股价崩盘风险的影响

变量	$NCSKEW_{i,t+1}$	$DUVOL_{i,t+1}$
	（1）	（2）
$CSC_{i,t}$	−0.097 ***	−0.080 ***
	（−3.50）	（−4.17）
$NCSKEW_{i,t}$	0.059 ***	
	（8.34）	
$DUVOL_{i,t}$		0.055 ***
		（8.03）
$SIZE_{i,t}$	0.023 ***	0.007 *
	（4.05）	（1.88）
$LEV_{i,t}$	0.045	0.046 **
	（1.50）	（2.32）
$BM_{i,t}$	−0.384 ***	−0.249 ***
	（−10.79）	（−10.52）
$ROE_{i,t}$	0.002	0.001
	（0.06）	（0.05）
$TOBINQ_{i,t}$	0.001	−0.001
	（0.21）	（−0.30）
$SIGMA_{i,t}$	0.339	−0.341
	（0.94）	（−1.44）
$RETURN_{i,t}$	0.053 ***	0.041 ***
	（4.79）	（5.30）
$DTURN_{i,t}$	−0.027 **	−0.013
	（−2.07）	（−1.52）
$BETA_{i,t}$	−0.125 ***	−0.058 ***
	（−5.83）	（−4.00）
$ABACC_{i,t}$	0.106 **	0.065 **
	（2.43）	（2.18）
Cons.	−0.321 **	−0.079
	（−2.55）	（−0.94）
年份固定效应	是	是

续表

变量	NCSKEW$_{i,t+1}$	DUVOL$_{i,t+1}$
	(1)	(2)
行业固定效应	是	是
观测数	24581	24581
调整的 R^2	0.072	0.074
F 统计值	44.237	45.858

注：*、** 和 *** 分别代表 10%、5% 和 1% 显著性水平。

4.3.2 客户集中度对股价崩盘风险的影响

本节进一步从客户集中度考察供应链集中度对股价崩盘风险的影响。表4.6报告了客户集中度和股价崩盘风险的皮尔森相关系数矩阵。其中，第一大客户销售额占比 CCTOP1$_{i,t}$ 与未来的股价负收益偏态系数 NCSKEW$_{i,t+1}$ 和未来收益上下波动比率 DUVOL$_{i,t+1}$ 的相关系数在 1% 水平下分别为 −0.029 和 −0.030，说明第一大客户销售额占比越高，未来的股价崩盘风险越低。前五大客户销售额占比 CCTOP5$_{i,t}$ 与 NCSKEW$_{i,t+1}$ 和 DUVOL$_{i,t+1}$ 的相关系数在 1% 水平下分别为 −0.028 和 −0.027，进一步说明前五大客户集中度与未来股价崩盘风险同样存在显著的负相关关系。此外，客户赫芬达尔指数 CCHHI$_{i,t}$ 与 NCSKEW$_{i,t+1}$ 和 DUVOL$_{i,t+1}$ 同样在 1% 显著性水平下表现出较强的负相关关系。这些结果充分说明，上市公司客户集中度越高，其未来的股价崩盘风险越低。最后可以发现，规模越大、杠杆率越高、账面市值比越高和托宾 Q 值越低的上市公司通常有越低的客户集中度。

表 4.6 客户集中度和股价崩盘风险——皮尔森相关系数矩阵

变量	NCSKEW$_{i,t+1}$	DUVOL$_{i,t+1}$	CCTOP1$_{i,t}$	CCTOP5$_{i,t}$	CCHHI$_{i,t}$
NCSKEW$_{i,t+1}$	1				
DUVOL$_{i,t+1}$	0.881***	1			
CCTOP1$_{i,t}$	−0.029***	−0.030***	1		
CCTOP5$_{i,t}$	−0.028***	−0.027***	0.895***	1	
CCHHI$_{i,t}$	−0.026***	−0.029***	0.953***	0.814***	1
NCSKEW$_{i,t}$	0.069***	0.065***	−0.027***	−0.025***	−0.026***

变量	$NCSKEW_{i,t+1}$	$DUVOL_{i,t+1}$	$CCTOP1_{i,t}$	$CCTOP5_{i,t}$	$CCHHI_{i,t}$
$DUVOL_{i,t}$	0.065 ***	0.064 ***	− 0.030 ***	− 0.026 ***	− 0.032 ***
$SIZE_{i,t}$	− 0.066 ***	− 0.067 ***	− 0.005	− 0.097 ***	− 0.032 ***
$LEV_{i,t}$	− 0.022 ***	− 0.021 ***	0.010	− 0.042 ***	− 0.030 ***
$BM_{i,t}$	− 0.138 ***	− 0.132 ***	− 0.017 **	− 0.048 ***	− 0.041 ***
$ROE_{i,t}$	0.032 ***	0.029 ***	− 0.041 ***	− 0.069 ***	− 0.022 **
$TOBINQ_{i,t}$	0.101 ***	0.094 ***	0.014 *	0.061 ***	0.003
$SIGMA_{i,t}$	− 0.053 ***	− 0.067 ***	0.001	0.037 ***	0.016 *
$RETURN_{i,t}$	0.061 ***	0.052 ***	− 0.008	− 0.005	− 0.009
$DTURN_{i,t}$	− 0.008	− 0.012 *	0.014 *	0.010	0.016 *
$BETA_{i,t}$	− 0.056 ***	− 0.043 ***	− 0.023 ***	− 0.020 **	− 0.051 ***
$ABACC_{i,t}$	0.018 ***	0.015 **	− 0.008 *	− 0.001	− 0.005 **

注：*、** 和 *** 分别代表10%、5%和1%显著性水平。

表4.7 报告了基于模型（4.5）的 OLS 回归结果，其中括号内报告了基于公司个体聚类的稳健标准误计算的 t 值。列（1）~列（3）考察了客户集中度对未来股价负收益偏态系数 $NCSKEW_{i,t+1}$ 的影响，$CCTOP1_{i,t}$、$CCTOP5_{i,t}$ 和 $CCHHI_{i,t}$ 的系数在1%水平下分别为 − 0.143、− 0.071 和 − 0.191。列（4）~列（6）考察了客户集中度对未来股价收益上下波动比率 $DUVOL_{i,t+1}$ 的影响。类似地，$CCTOP1_{i,t}$、$CCTOP5_{i,t}$ 和 $CCHHI_{i,t}$ 的系数在1%水平下分别为 − 0.096、− 0.051 和 − 0.136。这些结果说明，上市公司客户集中度的增加会显著降低未来的股价崩盘风险。因此，表4.7 从客户集中度层面支持了假说 4.1a，即供应链集中度对股价崩盘风险存在显著的抑制效应。

表4.7　　　　客户集中度对股价崩盘风险的影响

变量	$NCSKEW_{i,t+1}$			$DUVOL_{i,t+1}$		
	(1)	(2)	(3)	(4)	(5)	(6)
$CCTOP1_{i,t}$	− 0.143 *** (− 3.24)			− 0.096 *** (− 3.18)		
$CCTOP5_{i,t}$		− 0.071 *** (− 3.30)			− 0.051 *** (− 3.41)	
$CCHHI_{i,t}$			− 0.191 *** (− 3.10)			− 0.136 *** (− 3.15)

续表

变量	NCSKEW$_{i,t+1}$			DUVOL$_{i,t+1}$		
	（1）	（2）	（3）	（4）	（5）	（6）
NCSKEW$_{i,t}$	0.064 ***	0.059 ***	0.064 ***			
	（6.75）	（8.34）	（6.75）			
DUVOL$_{i,t}$				0.058 ***	0.055 ***	0.057 ***
				（6.16）	（8.06）	（6.16）
SIZE$_{i,t}$	0.042 ***	0.024 ***	0.043 ***	0.019 ***	0.008 **	0.019 ***
	（5.56）	（4.27）	（5.63）	（3.70）	（2.17）	（3.77）
LEV$_{i,t}$	0.044	0.046	0.044	0.042	0.047 **	0.042
	（1.06）	（1.54）	（1.05）	（1.58）	（2.39）	（1.58）
BM$_{i,t}$	− 0.455 ***	− 0.387 ***	− 0.455 ***	− 0.292 ***	− 0.251 ***	− 0.292 ***
	（− 9.20）	（− 10.88）	（− 9.18）	（− 8.95）	（− 10.63）	（− 8.93）
ROE$_{i,t}$	0.010	0.001	0.012	0.004	0.001	0.005
	（0.17）	（0.03）	（0.21）	（0.10）	（0.03）	（0.13）
TOBINQ$_{i,t}$	− 0.007	0.001	− 0.007	− 0.009 *	− 0.001	− 0.009 *
	（− 0.95）	（0.19）	（− 0.93）	（− 1.81）	（− 0.35）	（− 1.77）
SIGMA$_{i,t}$	0.740	0.323	0.723	0.049	− 0.360	0.035
	（1.50）	（0.90）	（1.46）	（0.15）	（− 1.52）	（0.11）
RETURN$_{i,t}$	0.077 ***	0.053 ***	0.077 ***	0.064 ***	0.042 ***	0.064 ***
	（4.68）	（4.80）	（4.67）	（5.74）	（5.32）	（5.73）
DTURN$_{i,t}$	− 0.030 *	− 0.027 **	− 0.029 *	− 0.013	− 0.013	− 0.013
	（− 1.79）	（− 2.07）	（− 1.78）	（− 1.21）	（− 1.51）	（− 1.19）
BETA$_{i,t}$	− 0.163 ***	− 0.123 ***	− 0.165 ***	− 0.083 ***	− 0.057 ***	− 0.084 ***
	（− 5.30）	（− 5.75）	（− 5.34）	（− 4.03）	（− 3.91）	（− 4.08）
ABACC$_{i,t}$	0.151 ***	0.106 **	0.150 ***	0.105 ***	0.064 **	0.104 ***
	（2.82）	（2.42）	（2.81）	（2.97）	（2.14）	（2.97）
Cons.	− 0.701 ***	− 0.343 ***	− 0.721 ***	− 0.335 **	− 0.102	− 0.347 **
	（− 3.47）	（− 2.75）	（− 3.56）	（− 2.48）	（− 1.22）	（− 2.57）
年份固定效应	是	是	是	是	是	是
行业固定效应	是	是	是	是	是	是
观测数	13578	24581	24581	13578	24581	24581
调整的 R^2	0.053	0.072	0.053	0.050	0.074	0.050
F 统计值	18.225	44.215	18.251	16.628	45.727	16.650

注：* 、** 和 *** 分别代表10%、5%和1%显著性水平。

4.3.3 供应商集中度对股价崩盘风险的影响

本节从供应商集中度视角进一步验证供应链集中度对未来股价崩盘风险的影响。表4.8报告了供应商集中度和股价崩盘风险的皮尔森相关系数矩阵。可以发现，第一大供应商采购额占比$SCTOP1_{i,t}$与未来的股价负收益偏态系数$NCSKEW_{i,t+1}$和未来收益上下波动比率$DUVOL_{i,t+1}$的相关系数在5%水平下分别为-0.024和-0.022，说明第一大供应商采购额占比越高，未来的股价崩盘风险越低。同时，前五大供应商采购额占比$CCTOP5_{i,t}$与$NCSKEW_{i,t+1}$的相关系数在10%水平下为-0.019，与$DUVOL_{i,t+1}$的相关系数为-0.015但不显著，说明前五大供应商集中度与未来股价崩盘风险存在较弱的负相关关系。此外，供应商赫芬达尔指数$SCHHI_{i,t}$与$NCSKEW_{i,t+1}$和$DUVOL_{i,t+1}$分别在5%和10%水平下表现了负相关关系。这些结果在一定程度上验证了上市公司供应商集中度越高，其未来的股价崩盘风险越低，再次验证了假说4.1a。

表4.8　供应商集中度和股价崩盘风险——皮尔森相关系数矩阵

变量	$NCSKEW_{i,t+1}$	$DUVOL_{i,t+1}$	$SCTOP1_{i,t}$	$SCTOP5_{i,t}$	$SCHHI_{i,t}$
$NCSKEW_{i,t+1}$	1				
$DUVOL_{i,t+1}$	0.881 ***	1			
$SCTOP1_{i,t}$	-0.024 **	-0.022 **	1		
$SCTOP5_{i,t}$	-0.019 *	-0.015	0.880 ***	1	
$SCHHI_{i,t}$	-0.022 **	-0.019 *	0.956 ***	0.836 ***	1
$NCSKEW_{i,t}$	0.069 ***	0.065 ***	-0.027 ***	-0.025 ***	-0.026 ***
$DUVOL_{i,t}$	0.065 ***	0.064 ***	-0.030 ***	-0.026 ***	-0.032 ***
$SIZE_{i,t}$	-0.066 ***	-0.067 ***	-0.005	-0.097 ***	0.032 ***
$LEV_{i,t}$	-0.022 ***	-0.021 ***	-0.010	-0.042 ***	-0.030 ***
$BM_{i,t}$	-0.138 ***	-0.132 ***	-0.017 **	-0.048 ***	-0.041 ***
$ROE_{i,t}$	0.032 ***	0.029 ***	-0.041 ***	-0.069 ***	-0.022 **
$TOBINQ_{i,t}$	0.101 ***	0.094 ***	0.014 *	0.061 ***	0.003
$SIGMA_{i,t}$	-0.053 ***	-0.067 ***	0.001	-0.037 ***	-0.016 *

变量	$NCSKEW_{i,t+1}$	$DUVOL_{i,t+1}$	$SCTOP1_{i,t}$	$SCTOP5_{i,t}$	$SCHHI_{i,t}$
$RETURN_{i,t}$	0.061 ***	0.052 ***	− 0.008	− 0.005	− 0.009
$DTURN_{i,t}$	− 0.008	− 0.012 *	0.014 *	0.010	0.016 *
$BETA_{i,t}$	− 0.056 ***	− 0.043 ***	− 0.023 ***	0.020 **	− 0.051 ***
$ABACC_{i,t}$	0.018 ***	0.015 **	− 0.008 **	− 0.002	− 0.005 *

注：＊、＊＊和＊＊＊分别代表10%、5%和1%显著性水平。

　　为深入揭示供应商集中度对股价崩盘风险的影响，表4.9报告了基于模型（4.5）的 OLS 回归结果。其中括号内报告了基于公司个体聚类的稳健标准误计算的 t 值。在表4.9中，列（1）~列（3）考察了供应商集中度对未来股价负收益偏态系数 $NCSKEW_{i,t+1}$ 的影响。可以发现，第一大供应商采购额占比 $SCTOP1_{i,t}$、前五大供应商采购额占比 $SCTOP5_{i,t}$ 和供应商赫芬达尔指数 $SCHHI_{i,t}$ 的系数分别为 − 0.119、− 0.060 和 − 0.173，并至少在5%水平下显著。列（4）~列（6）考察了供应商集中度对未来股价收益上下波动比率 $DUVOL_{i,t+1}$ 的影响。与先前的发现一致，$SCTOP1_{i,t}$、$SCTOP5_{i,tt}$ 和 $SCHHI_{i,t}$ 的系数分别为 − 0.073、− 0.045 和 − 0.102，且至少在10%水平下显著。这些结果充分说明，上市公司对供应商集中度的增加将显著降低未来的股价崩盘风险。因此，表4.9从供应商集中度层面支持了供应链集中度对股价崩盘风险的抑制效应假说。

表4.9　　　　　　　　供应商集中度对股价崩盘风险的影响

变量	$NCSKEW_{i,t+1}$			$DUVOL_{i,t+1}$		
	（1）	（2）	（3）	（4）	（5）	（6）
$SCTOP1_{i,t}$	− 0.119 ** (− 2.10)			− 0.073 ** (− 1.98)		
$SCTOP5_{i,t}$		− 0.060 ** (− 2.35)			− 0.045 *** (− 2.64)	
$SCHHI_{i,t}$			− 0.173 ** (− 2.01)			− 0.102 * (− 1.80)
$NCSKEW_{i,t}$	0.058 *** (5.58)	0.049 *** (6.52)	0.059 *** (5.59)			

续表

变量	NCSKEW$_{i,t+1}$			DUVOL$_{i,t+1}$		
	(1)	(2)	(3)	(4)	(5)	(6)
DUVOL$_{i,t}$				0.049 ***	0.040 ***	0.049 ***
				(4.47)	(5.30)	(4.48)
SIZE$_{i,t}$	0.012	0.004	0.013	−0.010	−0.009 **	−0.009
	(1.28)	(0.69)	(1.32)	(−1.45)	(−2.11)	(−1.41)
LEV$_{i,t}$	0.001	0.001	0.001	0.001	0.010	0.002
	(0.02)	(0.03)	(0.03)	(0.04)	(0.48)	(0.05)
BM$_{i,t}$	−0.335 ***	−0.314 ***	−0.336 ***	−0.204 ***	−0.191 ***	−0.205 ***
	(−5.65)	(−7.66)	(−5.68)	(−5.30)	(−7.05)	(−5.32)
ROE$_{i,t}$	−0.041	0.005	−0.041	−0.004	0.008	−0.003
	(−0.59)	(0.11)	(−0.59)	(−0.08)	(0.26)	(−0.08)
TOBINQ$_{i,t}$	−0.006	0.001	−0.006	−0.010 *	0.000	−0.010 *
	(−0.70)	(0.19)	(−0.70)	(−1.68)	(0.09)	(−1.68)
SIGMA$_{i,t}$	1.138 **	0.888 **	1.133 **	0.216	0.041	0.213
	(2.06)	(2.27)	(2.05)	(0.59)	(0.16)	(0.58)
RETURN$_{i,t}$	0.106 ***	0.062 ***	0.105 ***	0.086 ***	0.046 ***	0.086 ***
	(5.06)	(4.76)	(5.06)	(6.00)	(4.83)	(6.00)
DTURN$_{i,t}$	−0.033 *	−0.023 *	−0.032 *	−0.011	−0.006	−0.011
	(−1.72)	(−1.66)	(−1.71)	(−0.90)	(−0.67)	(−0.90)
BETA$_{i,t}$	−0.210 ***	−0.182 ***	−0.211 ***	−0.096 ***	−0.096 ***	−0.096 ***
	(−5.54)	(−7.51)	(−5.55)	(−3.84)	(−5.94)	(−3.85)
ABACC$_{i,t}$	0.165 **	0.110 *	0.165 **	0.088 *	0.067 *	0.087 *
	(2.17)	(1.88)	(2.17)	(1.73)	(1.71)	(1.72)
Cons.	0.004	0.083	−0.010	0.260	0.278 ***	0.250
	(0.01)	(0.55)	(−0.03)	(1.18)	(2.67)	(1.14)
年份固定效应	是	是	是	是	是	是
行业固定效应	是	是	是	是	是	是
观测数	9560	18469	18469	9560	18469	18469
调整的 R^2	0.057	0.070	0.057	0.061	0.076	0.060
F 统计值	14.404	31.314	14.396	15.263	34.947	15.232

注：*、** 和 *** 分别代表 10%、5% 和 1% 显著性水平。

综上所述，本节从供应链整体集中度、客户集中度和供应商集中度三个不同的层面，深入剖析了供应链集中度对股价崩盘风险的影响，并充分揭示了供应链集中度对未来股价崩盘风险的重要抑制效应。这些发现支持了研究假说4.1a，即供应链集中度的提升将抑制管理层信息操纵和遮掩，进而降低未来的股价崩盘风险。

4.4　横截面分析

本节拟通过一系列横截面测试进一步验证供应链集中度对股价崩盘风险的抑制效应。首先，本节考察在不同的股票市场周期中供应链集中度对未来股价崩盘风险的影响是否存在显著差异，以识别重要的市场周期影响因素；其次，鉴于供应链特征与行业特征密切相关，从行业垄断视角剖析股价崩盘风险的影响因素；最后，基于公司内部治理视角深入分析供应链集中度是否有助于补充公司内部治理缺陷从而抑制股价崩盘风险。

4.4.1　股票市场周期

鉴于供应链集中度提高有助于供应链利益相关者更好地发挥对上市公司管理层的监督效应，进而降低未来的股价崩盘风险，本节认为，供应链集中度对股价崩盘风险的这种负向影响在熊市周期中会更强。首先，由于熊市周期比牛市周期存在更高的不确定性（Baker and Wurgler，2006；高大良等，2015；贺志芳等，2017），供应链利益相关者对管理层的监督在外部市场环境存在高度不确定性的情况下将降低上市公司自身的不确定性（Paulraj and Chen，2007；Kim，2017）。换言之，相较于牛市周期，熊市周期中供应链集中度对公司不确定性的降低作用会更明显。其次，从信息反应不对称视角来看，由于投资者在熊市周期中对"坏消息"的反应更加敏感（陆蓉和徐龙炳，2004），那么在该时期内更高的供应链集中度会向市场传递上市公司经营发展的稳定性，从而减缓投资者对负面信息的过度反应。最后，从信息透明度视角来看，熊市周期通常伴随着上市公司负面信息的集中爆发，而供应链利益相关者对管理层的监督约束将降低此类"坏消息"爆发的概率（Arya and Mittendorf，2007；江婕等，2021），从而降低未来的股价崩盘风险。

本章利用分组回归考察不同市场周期中供应链集中度对未来股价崩盘风险影响的差异，以验证上述推论。根据帕干和索苏诺夫（2003）、何兴强和周开国（2006）对牛市熊市周期划分的改进方法，与前面一致，本章将全样本周期划分为不同的牛市和熊市阶段。其中，熊市周期包括 2001～2005 年、2008～2013 年和 2016～2019 年；相应地，牛市周期则包括 2006～2007 年、2014～2015 年。

表 4.10 报告了不同市场周期中客户和供应商集中度对未来股价崩盘风险的分组回归结果。其中括号内报告了基于公司个体聚类的稳健标准误计算的 t 值，最后一行报告了客户和供应商信息透明度代理指标的组间系数差异 P 值检验结果。列（1）和列（2）考察了客户和供应商集中度 $CSC_{i,t}$ 对负收益偏态系数 $NCSKEW_{i,t+1}$ 的影响，前者为熊市周期的子样本，后者则为牛市周期的子样本。可以发现，在列（1）中 $CSC_{i,t}$ 的系数在 1% 水平下为 -0.132，但在列（2）中 $CSC_{i,t}$ 的系数并不显著；同时，列（1）和列（2）间 $CSC_{i,t}$ 系数差异的 P 值检验在 1% 水平下显著。这些结果说明，相较于牛市周期，供应链整体集中度对未来股价负收益偏态系数的负向影响在熊市周期中更加强烈。类似地，列（3）和列（4）则考察了供应链整体集中度对未来股价收益上下波动比率 $DUVOL_{i,t+1}$ 的影响。其中列（3）中 $CSC_{i,t}$ 的系数为 -0.115，且在 1% 水平下显著，而列（4）中 $CSC_{i,t}$ 的系数为 0.015，对应的 t 值仅为 0.44；并且列（3）和列（4）间 $CSC_{i,t}$ 系数差异的 P 值检验在 1% 水平下显著。因此，相较于牛市周期，供应链整体集中度对未来股价收益上下波动比率的负向影响在熊市周期中同样更明显。由此可见，表 4.10 的发现意味着，供应链整体集中度发挥的对管理层的监督约束效应主要作用于熊市周期中，因而相较于牛市周期，供应链整体集中度对未来股价崩盘风险的抑制效应在熊市周期中更显著。

表 4.10　　不同市场周期中客户和供应商集中度对股价崩盘风险影响

变量	$NCSKEW_{i,t+1}$		$DUVOL_{i,t+1}$	
	熊市 （1）	牛市 （2）	熊市 （3）	牛市 （4）
$CSC_{i,t}$	-0.132*** （-3.99）	-0.001 （-0.24）	-0.115*** （-5.15）	0.015 （0.44）
$NCSKEW_{i,t}$	0.058*** （7.00）	0.066*** （5.18）		

续表

变量	NCSKEW$_{i,t+1}$		DUVOL$_{i,t+1}$	
	熊市 （1）	牛市 （2）	熊市 （3）	牛市 （4）
DUVOL$_{i,t}$			0.053 *** （6.70）	0.066 *** （5.24）
SIZE$_{i,t}$	0.044 *** （6.59）	− 0.025 *** （− 2.73）	0.019 *** （4.48）	− 0.020 *** （− 3.08）
LEV$_{i,t}$	− 0.015 （− 0.41）	0.183 *** （3.46）	0.015 （0.64）	0.114 *** （3.18）
BM$_{i,t}$	− 0.474 *** （− 10.54）	− 0.167 *** （− 2.74）	− 0.304 *** （− 10.32）	− 0.101 ** （− 2.45）
ROE$_{i,t}$	− 0.026 （− 0.51）	0.035 （0.55）	− 0.018 （− 0.54）	0.021 （0.45）
TOBINQ$_{i,t}$	0.001 （0.15）	0.002 （0.33）	0.001 （0.13）	− 0.002 （− 0.43）
SIGMA$_{i,t}$	− 0.220 （− 0.47）	1.378 *** （2.62）	− 0.674 ** （− 2.18）	0.346 （0.96）
RETURN$_{i,t}$	0.117 *** （6.80）	0.013 （0.80）	0.091 *** （7.71）	0.011 （0.93）
DTURN$_{i,t}$	− 0.020 （− 1.29）	− 0.069 *** （− 3.05）	− 0.011 （− 1.09）	− 0.036 ** （− 2.39）
BETA$_{i,t}$	− 0.056 ** （− 2.20）	− 0.270 *** （− 6.64）	− 0.010 （− 0.61）	− 0.162 *** （− 5.80）
ABACC$_{i,t}$	0.136 *** （2.77）	0.010 （0.10）	0.085 *** （2.58）	− 0.002 （− 0.03）
Cons.	− 0.714 *** （− 4.80）	0.560 *** （2.71）	− 0.303 *** （− 3.13）	0.464 *** （3.21）
年份固定效应	是	是	是	是
行业固定效应	是	是	是	是
观测数	17543	7038	17543	7038
调整的 R^2	0.079	0.065	0.083	0.062
F 统计值	39.514	17.255	41.563	16.982
P 值检验	0.000 ***		0.002 ***	

注：** 和 *** 分别代表 5% 和 1% 显著性水平。

　　表4.11从客户集中度视角考察了不同市场周期中供应链集中度对未来股价崩盘风险的影响差异，其中表4.11－1报告了对负收益偏态系数的影响，表4.11－2报告了对收益上下波动比率的影响。括号内报告了基于公司个体聚类的稳健标准误计算的t值，最后一行报告了客户集中度代理指标的组间系数差异P值检验结果。在表4.11－1的列（1）熊市周期中，第一大客户采购额占比$CCTOP1_{i,t}$的系数在1%水平下为－0.161，但在列（2）牛市周期中$CCTOP1_{i,t}$的系数并不显著，且两组回归系数差异的P值检验在1%水平下显著，说明第一大客户采购额占比对未来股价负收益偏态系数的影响主要作用于熊市周期中。在列（3）中，前五大客户采购额占比$CCTOP5_{i,t}$的系数为－0.087，并且在1%水平下显著；而列（4）牛市周期子样本回归中$CCTOP5_{i,t}$的系数并不显著，且两组回归中$CCTOP5_{i,t}$系数差异的P值检验在5%水平下显著。同样，在列（5）熊市周期中，客户赫芬达尔指数$CCHHI_{i,t}$对$NCSKEW_{i,t+1}$的影响在1%水平下显著为负，但在列（6）中不显著，且两组回归中$CCHHI_{i,t}$系数差异的P值检验在5%水平下显著。这些结果充分说明，客户集中度对未来股价负收益偏态系数的负向影响主要作用于熊市周期中。类似的发现在表4.11－2中同样存在，即相较于牛市周期，客户集中度对未来收益上下波动比率的负面影响在熊市周期中更显著。因此，表4.11的发现从客户集中度视角揭示了供应链透明度对未来股价崩盘风险的抑制效应主要表现在熊市周期，而在牛市周期中该影响并不明显。

表4.11－1　　　　不同市场周期中客户集中度对股价崩盘风险的影响

变量	$NCSKEW_{i,t+1}$					
	熊市 (1)	牛市 (2)	熊市 (3)	牛市 (4)	熊市 (5)	牛市 (6)
$CCTOP1_{i,t}$	－0.161*** （－3.02）	－0.081 （－0.97）				
$CCTOP5_{i,t}$			－0.087*** （－3.34）	－0.026 （－0.68）		
$CCHHI_{i,t}$					－0.214*** （－2.83）	－0.103 （－0.89）
$NCSKEW_{i,t}$	0.064*** (5.74)	0.062*** (3.53)	0.058*** (7.00)	0.066*** (5.17)	0.064*** (5.74)	0.062*** (3.53)

变量	NCSKEW$_{i,t+1}$					
	熊市 （1）	牛市 （2）	熊市 （3）	牛市 （4）	熊市 （5）	牛市 （6）
SIZE$_{i,t}$	0.063 *** （7.08）	−0.018 （−1.30）	0.045 *** （6.88）	−0.026 *** （−2.81）	0.063 *** （7.14）	−0.018 （−1.28）
LEV$_{i,t}$	−0.054 （−1.10）	0.321 *** （4.24）	−0.013 （−0.36）	0.183 *** （3.47）	−0.054 （−1.10）	0.320 *** （4.23）
BM$_{i,t}$	−0.564 *** （−9.00）	−0.207 ** （−2.39）	−0.477 *** （−10.62）	−0.169 *** （−2.76）	−0.563 *** （−8.99）	−0.207 ** （−2.38）
ROE$_{i,t}$	0.034 （0.47）	−0.026 （−0.28）	−0.028 （−0.53）	0.033 （0.52）	0.037 （0.51）	−0.025 （−0.27）
TOBINQ$_{i,t}$	−0.014 （−1.45）	0.005 （0.49）	0.001 （0.12）	0.002 （0.34）	−0.014 （−1.43）	0.005 （0.49）
SIGMA$_{i,t}$	0.063 （0.10）	1.703 ** （2.37）	−0.248 （−0.52）	1.391 *** （2.64）	0.041 （0.06）	1.698 ** （2.36）
RETURN$_{i,t}$	0.109 *** （5.11）	0.038 （1.41）	0.117 *** （6.83）	0.012 （0.79）	0.108 *** （5.09）	0.038 （1.41）
DTURN$_{i,t}$	−0.015 （−0.72）	−0.080 *** （−2.66）	−0.021 （−1.30）	−0.068 *** （−3.04）	−0.014 （−0.71）	−0.079 *** （−2.64）
BETA$_{i,t}$	−0.103 *** （−2.83）	−0.292 *** （−4.90）	−0.053 ** （−2.10）	−0.269 *** （−6.61）	−0.104 *** （−2.86）	−0.294 *** （−4.92）
ABACC$_{i,t}$	0.171 *** （2.93）	0.037 （0.27）	0.135 *** （2.75）	0.012 （0.13）	0.170 *** （2.92）	0.036 （0.27）
Cons.	−1.034 *** （−4.60）	0.379 （1.21）	−0.752 *** （−5.10）	0.577 *** （2.81）	−1.056 *** （−4.69）	0.370 （1.18）
年份固定效应	是	是	是	是	是	是
行业固定效应	是	是	是	是	是	是
观测数	9778	3708	17543	7038	17543	7038
调整的 R^2	0.058	0.045	0.079	0.065	0.058	0.045
F 统计值	16.599	7.189	39.520	17.227	16.577	7.192
P 值检验	0.007 ***		0.022 **		0.016 **	

注：** 和 *** 分别代表5%和1%显著性水平。

表 4. 11 – 2   不同市场周期中客户集中度对股价崩盘风险的影响

变量	DUVOL$_{i,t}$					
	（1）	（2）	（3）	（4）	（5）	（6）
CCTOP1$_{i,t}$	− 0. 123 *** （− 3. 49）	− 0. 017 （− 0. 31）				
CCTOP5$_{i,t}$			− 0. 074 *** （− 4. 27）	0. 013 （0. 49）		
CCHHI$_{i,t}$					− 0. 171 *** （− 3. 39）	− 0. 027 （− 0. 34）
DUVOL$_{i,t}$	0. 049 *** （4. 53）	0. 078 *** （4. 43）	0. 053 *** （6. 73）	0. 066 *** （5. 23）	0. 049 *** （4. 53）	0. 078 *** （4. 43）
SIZE$_{i,t}$	0. 030 *** （5. 25）	− 0. 015 （− 1. 54）	0. 021 *** （4. 85）	− 0. 020 *** （− 3. 12）	0. 031 *** （5. 32）	− 0. 015 （− 1. 53）
LEV$_{i,t}$	− 0. 018 （− 0. 57）	0. 204 *** （3. 99）	0. 016 （0. 70）	0. 114 *** （3. 17）	− 0. 018 （− 0. 56）	0. 204 *** （3. 98）
BM$_{i,t}$	− 0. 348 *** （− 8. 52）	− 0. 164 *** （− 2. 77）	− 0. 307 *** （− 10. 43）	− 0. 101 ** （− 2. 43）	− 0. 347 *** （− 8. 49）	− 0. 164 *** （− 2. 77）
ROE$_{i,t}$	0. 013 （0. 28）	− 0. 007 （− 0. 10）	− 0. 019 （− 0. 58）	0. 021 （0. 46）	0. 015 （0. 33）	− 0. 007 （− 0. 10）
TOBINQ$_{i,t}$	− 0. 013 * （− 1. 96）	− 0. 002 （− 0. 35）	0. 000 （0. 09）	− 0. 002 （− 0. 42）	− 0. 013 * （− 1. 93）	− 0. 002 （− 0. 34）
SIGMA$_{i,t}$	− 0. 294 （− 0. 68）	0. 660 （1. 37）	− 0. 698 ** （− 2. 26）	0. 348 （0. 96）	− 0. 312 （− 0. 72）	0. 659 （1. 36）
RETURN$_{i,t}$	0. 090 *** （6. 42）	0. 030 （1. 52）	0. 091 *** （7. 74）	0. 011 （0. 93）	0. 090 *** （6. 40）	0. 030 （1. 52）
DTURN$_{i,t}$	− 0. 003 （− 0. 20）	− 0. 047 ** （− 2. 43）	− 0. 011 （− 1. 11）	− 0. 036 ** （− 2. 40）	− 0. 002 （− 0. 19）	− 0. 047 ** （− 2. 42）
BETA$_{i,t}$	− 0. 053 ** （− 2. 21）	− 0. 146 *** （− 3. 71）	− 0. 008 （− 0. 47）	− 0. 162 *** （− 5. 81）	− 0. 054 ** （− 2. 25）	− 0. 146 *** （− 3. 72）
ABACC$_{i,t}$	0. 115 *** （3. 01）	0. 041 （0. 43）	0. 085 ** （2. 56）	− 0. 002 （− 0. 03）	0. 115 *** （3. 00）	0. 041 （0. 43）

续表

变量	DUVOL$_{i,t}$					
	（1）	（2）	（3）	（4）	（5）	（6）
Cons.	−0.511 ***	0.271	−0.338 ***	0.466 ***	−0.528 ***	0.269
	（−3.46）	（1.24）	（−3.51）	（3.25）	（−3.57）	（1.23）
年份固定效应	是	是	是	是	是	是
行业固定效应	是	是	是	是	是	是
观测数	9778	3708	17543	7038	17543	7038
调整的 R^2	0.051	0.044	0.082	0.062	0.051	0.044
F 统计值	14.186	6.541	41.505	16.987	14.185	6.541
P 值检验	0.017 **		0.004 ***		0.000 ***	

注：*、** 和 *** 分别代表 10%、5% 和 1% 显著性水平。

最后，表4.12从供应商集中度视角考察了不同市场周期中供应链集中度对未来股价崩盘风险的影响差异，其中表4.12-1报告了对负收益偏态系数的影响，表4.12-2报告了对收益上下波动比率的影响。括号内报告了基于公司个体聚类的稳健标准误计算的 t 值，最后一行报告了供应商集中度代理指标的组间系数差异 P 值检验结果。

在表4.12-1的列（1）熊市周期中，第一大供应商销售额占比SCTOP1$_{i,t}$的系数在10%水平下为−0.143，但在列（2）牛市周期中SCTOP1$_{i,t}$的系数并不显著，且两组回归系数差异的 P 值检验在10%水平下为0.079，说明第一大供应商销售额占比对未来股价负收益偏态系数的影响主要作用于熊市周期中。在列（3）中，前五大客户采购额占比 SCTOP5$_{i,t}$的系数为−0.078，并且在10%水平下显著；而列（4）牛市周期子样本回归中 SCTOP5$_{i,t}$的系数并不显著，然而两组回归中 SCTOP5$_{i,t}$系数差异的 P 值检验为0.113。在列（5）熊市周期中，供应商赫芬达尔指数 SCHHI$_{i,t}$对 NCSKEW$_{i,t+1}$的影响在10%水平下为−0.187，但在列（6）中不显著，且两组回归中 SCHHI$_{i,t}$系数差异的 P 值检验在5%水平下显著。这些结果在一定程度上说明，供应商集中度对未来股价负收益偏态系数的负向影响主要作用于熊市周期中。类似的发现在表4.12-2中同样存在，例如列（3）中 SCTOP5$_{i,t}$系数在1%水平下为−0.063，但在列（4）牛市周期样本中不显著，且两组回归中 SCTOP5$_{i,t}$系数差异的 P 值检验为0.054。故而相较于牛市周期，供应商集中度对未来收益上下波动比率的负面影响在熊市周期中更显著。因此，表4.12的发现从供应商集中度视角揭示了供应链透明度对未来股价崩盘风险的抑制效应主要表现在熊市周期，而在牛市周期中该影响并不明显。

表 4.12 - 1   不同市场周期中供应商集中度对股价崩盘风险的影响

变量	NCSKEW$_{i,t+1}$					
	(1)	(2)	(3)	(4)	(5)	(6)
SCTOP1$_{i,t}$	-0.143* (-1.90)	0.046 (0.54)				
SCTOP5$_{i,t}$			-0.078** (-2.45)	0.031 (0.71)		
SCHHI$_{i,t}$					-0.187* (-1.66)	0.050 (0.39)
NCSKEW$_{i,t}$	0.077*** (5.45)	0.064*** (3.51)	0.068*** (6.86)	0.065*** (4.80)	0.077*** (5.46)	0.064*** (3.51)
SIZE$_{i,t}$	0.063*** (4.95)	-0.023 (-1.59)	0.045*** (5.27)	-0.028*** (-2.75)	0.064*** (5.02)	-0.024 (-1.60)
LEV$_{i,t}$	-0.100 (-1.52)	0.316*** (3.93)	-0.052 (-1.19)	0.202*** (3.54)	-0.099 (-1.51)	0.316*** (3.93)
BM$_{i,t}$	-0.467*** (-5.55)	-0.157* (-1.72)	-0.412*** (-7.48)	-0.173*** (-2.63)	-0.469*** (-5.58)	-0.157* (-1.71)
ROE$_{i,t}$	-0.034 (-0.34)	-0.000 (-0.00)	-0.049 (-0.73)	0.050 (0.75)	-0.033 (-0.33)	-0.000 (-0.00)
TOBINQ$_{i,t}$	-0.007 (-0.51)	0.004 (0.36)	0.002 (0.18)	0.001 (0.07)	-0.007 (-0.52)	0.004 (0.37)
SIGMA$_{i,t}$	0.337 (0.39)	1.630** (2.16)	-0.039 (-0.07)	1.511*** (2.71)	0.330 (0.39)	1.635** (2.17)
RETURN$_{i,t}$	0.184*** (5.75)	0.056* (1.95)	0.168*** (7.26)	0.022 (1.25)	0.183*** (5.75)	0.056* (1.95)
DTURN$_{i,t}$	-0.024 (-0.94)	-0.094*** (-3.07)	-0.025 (-1.36)	-0.071*** (-3.04)	-0.024 (-0.93)	-0.094*** (-3.06)
BETA$_{i,t}$	-0.119** (-2.47)	-0.299*** (-4.66)	-0.053* (-1.75)	-0.301*** (-6.90)	-0.119** (-2.48)	-0.299*** (-4.66)

续表

变量	NCSKEW$_{i,t+1}$					
	（1）	（2）	（3）	（4）	（5）	（6）
ABACC$_{i,t}$	0.193 **	0.073	0.155 **	0.023	0.192 **	0.074
	(2.19)	(0.51)	(2.25)	(0.21)	(2.18)	(0.51)
Cons.	-1.011 ***	0.770 *	-0.742 ***	0.651 ***	-1.035 ***	0.778 *
	(-2.79)	(1.85)	(-3.88)	(2.79)	(-2.86)	(1.87)
年份固定效应	是	是	是	是	是	是
行业固定效应	是	是	是	是	是	是
观测数	6157	3388	12299	6170	12299	6170
调整的 R^2	0.065	0.041	0.081	0.063	0.065	0.041
F 统计值	12.018	5.985	28.279	16.024	12.009	5.981
P 值检验	0.079 *		0.113		0.044 **	

注：*、** 和 *** 分别代表10%、5%和1%显著性水平。

表 4.12 - 2   不同市场周期中供应商集中度对股价崩盘风险的影响

变量	DUVOL$_{i,t+1}$					
	（1）	（2）	（3）	（4）	（5）	（6）
SCTOP1$_{i,t}$	-0.114 **	0.059				
	(-2.36)	(1.05)				
SCTOP5$_{i,t}$			-0.063 ***	0.011		
			(-2.96)	(0.36)		
SCHHI$_{i,t}$					-0.157 **	0.065
					(-2.13)	(0.79)
DUVOL$_{i,t}$	0.060 ***	0.075 ***	0.063 ***	0.064 ***	0.060 ***	0.075 ***
	(4.32)	(4.10)	(6.71)	(4.81)	(4.33)	(4.10)
SIZE$_{i,t}$	0.027 ***	-0.020 **	0.020 ***	-0.024 ***	0.027 ***	-0.020 **
	(3.22)	(-2.00)	(3.65)	(-3.39)	(3.29)	(-2.03)
LEV$_{i,t}$	-0.032	0.199 ***	0.006	0.132 ***	-0.032	0.199 ***
	(-0.77)	(3.69)	(0.20)	(3.42)	(-0.77)	(3.69)

变量	$DUVOL_{i,t+1}$					
	(1)	(2)	(3)	(4)	(5)	(6)
$BM_{i,t}$	-0.282^{***}	-0.125^{**}	-0.267^{***}	-0.106^{**}	-0.283^{***}	-0.125^{**}
	(-5.15)	(-2.03)	(-7.45)	(-2.40)	(-5.18)	(-2.02)
$ROE_{i,t}$	0.016	0.007	-0.026	0.034	0.017	0.007
	(0.26)	(0.11)	(-0.64)	(0.69)	(0.27)	(0.10)
$TOBINQ_{i,t}$	-0.010	-0.003	0.000	-0.002	-0.010	-0.003
	(-1.11)	(-0.43)	(0.04)	(-0.44)	(-1.11)	(-0.42)
$SIGMA_{i,t}$	-0.119	0.598	-0.622^{*}	0.435	-0.124	0.605
	(-0.22)	(1.19)	(-1.69)	(1.15)	(-0.23)	(1.21)
$RETURN_{i,t}$	0.146^{***}	0.044^{**}	0.126^{***}	0.014	0.145^{***}	0.044^{**}
	(7.03)	(2.14)	(7.97)	(1.09)	(7.02)	(2.13)
$DTURN_{i,t}$	-0.011	-0.063^{***}	-0.018	-0.038^{**}	-0.011	-0.062^{***}
	(-0.71)	(-3.17)	(-1.47)	(-2.45)	(-0.70)	(-3.16)
$BETA_{i,t}$	-0.048	-0.144^{***}	0.004	-0.179^{***}	-0.048	-0.144^{***}
	(-1.53)	(-3.39)	(0.18)	(-5.99)	(-1.53)	(-3.38)
$ABACC_{i,t}$	0.122^{**}	0.069	0.095^{**}	0.015	0.122^{**}	0.070
	(2.11)	(0.70)	(2.04)	(0.19)	(2.09)	(0.70)
Cons.	-0.495^{**}	0.628^{**}	-0.348^{***}	0.593^{***}	-0.513^{**}	0.638^{**}
	(-2.12)	(2.19)	(-2.81)	(3.71)	(-2.20)	(2.22)
年份固定效应	是	是	是	是	是	是
行业固定效应	是	是	是	是	是	是
观测数	6157	3388	12299	6170	12299	6170
调整的 R^2	0.061	0.041	0.086	0.062	0.060	0.040
F 统计值	10.485	5.677	30.208	15.432	10.479	5.665
P 值检验	0.101		0.054 *		0.041 **	

注: *、** 和 *** 分别代表10%、5% 和1% 显著性水平。

综合表4.10~表4.12的研究结果,本部分从供应链整体集中度、客户集中度和供应商集中度的不同视角,深入考察了供应链集中度在不同市场周期中对未来股价崩盘风险的影响差异。本部分的发现表明,总体而言,供应链集中度对未来股价崩盘风险的抑制效应主要表现在熊市周期中,而在牛市

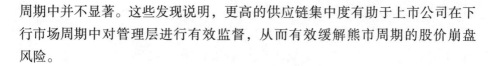

周期中并不显著。这些发现说明，更高的供应链集中度有助于上市公司在下行市场周期中对管理层进行有效监督，从而有效缓解熊市周期的股价崩盘风险。

4.4.2 行业垄断

本部分从行业垄断角度分析供应链集中度影响未来股价崩盘风险的行业因素。在我国特殊的市场经济体制和现阶段转制经济背景下，行业垄断是经济运行中客观存在的现象。已有研究认为，垄断程度较高的行业在市场中拥有很大竞争优势和话语权，在行业供应链体系中具有较高的市场地位（Baker，1991）。这种情况不仅会削弱供应链上下游的利益相关者对垄断行业上市公司的外部监督职能（刘俏和陆洲，2004；周泽将等，2021），同时赋予管理层更大权力并加剧管理层过度自信，降低公司内部控制的有效性（Ivanovich et al.，2007；孙世敏等，2017）。对于垄断程度较高的行业，若上市公司供应链集中度提高，那么公司对客户或供应商的依赖将增加，使得供应链利益相关者能够对公司管理层形成有效监督和制约，进而缓解由行业垄断造成的外部监督和内部控制失效，减少管理层信息遮掩，从而降低股价崩盘风险。因此，可预期供应链集中度的提高在垄断程度更高的行业中对公司未来股价崩盘风险的抑制效应会更显著。

根据汪贵浦和陈明亮（2007）、周泽将等（2021）的思路，本部分使用行业勒纳指数 LN，即产品价格对其边际成本偏离程度，来测度行业垄断程度。本部分根据行业垄断度的年度中位数将 A 股市场的行业划分为高垄断行业（$HIGH\_LN_{i,t}=1$）和低垄断行业（$HIGH\_LN_{i,t}=0$）。为考察供应链集中度在行业垄断不同的公司中对股价崩盘风险影响的差异，本部分在基准回归模型（4.5）的基础上，加入高行业垄断度虚拟变量 $HIGH\_LN_{i,t}$ 及其与供应链集中度指标的交乘项进行 OLS 回归。

表4.13 报告了基于行业垄断程度考察的供应链整体集中度对股价崩盘风险的影响，其中括号内报告了基于公司个体聚类的稳健标准误计算的 t 值。列（1）考察了对未来负收益偏态系数 $NCSKEW_{i,t+1}$ 的影响；列（2）则检验了对未来收益上下波动比率 $DUVOL_{i,t+1}$ 的影响。在列（1）和列（2）中，可以发现高垄断行业指标 $HIGH\_LN_{i,t}$ 的系数分别在 10% 和 5% 水平下为 0.032 和 0.027，说明高垄断行业由于缺乏对管理层的监督和制约，其未来的股价

崩盘风险明显高于低垄断行业。重要的是，供应链整体集中度 $CSC_{i,t}$ 和高垄断行业指标 $HIGH\_LN_{i,t}$ 的交乘项系数分别在 10% 和 5% 水平下为 -0.084 和 -0.077，这意味着供应链集中度的增加会补充垄断行业的外部监督缺失，从而降低其未来股价崩盘风险。换言之，在垄断程度较高的行业中，供应链集中度对未来股价崩盘风险的抑制效果显著强于垄断程度较低的行业。

表 4.13　　　　客户和供应商集中度、行业垄断和股价崩盘风险

变量	$NCSKEW_{i,t+1}$	$DUVOL_{i,t+1}$
	(1)	(2)
$CSC_{i,t} \times HIGH\_LN_{i,t}$	-0.084 *	-0.077 **
	(-1.65)	(-2.25)
$CSC_{i,t}$	-0.036	-0.017
	(-1.10)	(-0.76)
$HIGH\_LN_{i,t}$	0.032 *	0.027 **
	(1.83)	(2.23)
$NCSKEW_{i,t}$	0.046 ***	
	(6.91)	
$DUVOL_{i,t}$		0.037 ***
		(5.64)
$SIZE_{i,t}$	0.007	-0.006 *
	(1.21)	(-1.71)
$LEV_{i,t}$	0.005	0.002
	(0.17)	(0.10)
$BM_{i,t}$	-0.352 ***	-0.212 ***
	(-9.84)	(-8.88)
$ROE_{i,t}$	0.018	0.014
	(0.45)	(0.51)
$TOBINQ_{i,t}$	0.002	0.001
	(0.37)	(0.29)
$SIGMA_{i,t}$	0.713 **	-0.008
	(2.01)	(-0.04)

续表

变量	NCSKEW$_{i,t+1}$	DUVOL$_{i,t+1}$
	(1)	(2)
RETURN$_{i,t}$	0.046***	0.037***
	(4.19)	(4.71)
DTURN$_{i,t}$	-0.015	-0.000
	(-1.17)	(-0.01)
BETA$_{i,t}$	-0.176***	-0.102***
	(-8.31)	(-7.16)
ABACC$_{i,t}$	0.108**	0.057*
	(2.46)	(1.95)
Cons.	0.031	0.217**
	(0.25)	(2.54)
年份固定效应	是	是
行业固定效应	是	是
观测数	24581	24581
调整的 R^2	0.076	0.079
F 统计值	41.750	46.004

注：*、** 和 *** 分别代表10%、5%和1%显著性水平。

表4.14 则从客户集中度层面考察了行业垄断的调节效应，其中括号内报告了基于公司个体聚类的稳健标准误计算的 t 值。列（1）~列（3）考察了对未来负收益偏态系数 NCSKEW$_{i,t+1}$的影响；列（4）~列（6）则检验了对未来收益上下波动比率 DUVOL$_{i,t+1}$的影响。列（1）中第一大客户采购额占比 CCTOP1$_{i,t}$和高垄断行业指标 HIGH_LN$_{i,t}$的交乘项系数为 -0.114，但并不显著。在列（2）和列（3）中，前五大客户采购额占比 CCTOP5$_{i,t}$和客户赫芬达尔指数 CCHHI$_{i,t}$与 HIGH_LN$_{i,t}$的交乘项系数在10%水平下分别为 -0.069和 -0.099，说明上市公司主要客户的集中度对未来股价负收益偏态系数的降低作用在垄断程度较高的行业中更强。在列（4）~列（6）中，客户集中度与高垄断行业指标 HIGH_LN$_{i,t}$交乘项的系数分别为 -0.103、-0.051和 -0.100，且至少在10%的水平上显著，验证了垄断程度高的行业中客户集中度对未来股价收益上下波动比率的负向影响更显著。总之，表4.14 基于客户集中度视

角支持了本节的预期，即在高垄断行业中，供应链集中度对未来股价崩盘风险的抑制效应比在低垄断行业中更强。

表 4.14　　　　　　　　　　客户集中度、行业垄断和股价崩盘风险

变量	NCSKEW$_{i,t+1}$			DUVOL$_{i,t+1}$		
	(1)	(2)	(3)	(4)	(5)	(6)
CCTOP1$_{i,t}$ × HIGH_LN$_{i,t}$	−0.114 (−1.32)			−0.103* (−1.80)		
CCTOP5$_{i,t}$ × HIGH_LN$_{i,t}$		−0.069* (−1.73)			−0.051* (−1.85)	
CCHHI$_{i,t}$ × HIGH_LN$_{i,t}$			−0.099* (−1.81)			−0.100** (−2.24)
CCTOP1$_{i,t}$	−0.104* (−1.77)			−0.045 (−1.18)		
CCTOP5$_{i,t}$		−0.050* (−1.88)			−0.033* (−1.79)	
CCHHI$_{i,t}$			−0.154* (−1.74)			−0.070 (−1.24)
HIGH_LN$_{i,t}$	0.022 (1.18)	0.030* (1.84)	0.012 (0.78)	0.018 (1.50)	0.020* (1.86)	0.010 (0.97)
NCSKEW$_{i,t}$	0.053*** (5.86)	0.046*** (6.88)	0.053*** (5.87)			
DUVOL$_{i,t}$				0.041*** (4.52)	0.037*** (5.60)	0.041*** (4.53)
SIZE$_{i,t}$	0.016** (2.17)	0.007 (1.30)	0.017** (2.24)	−0.004 (−0.72)	−0.006 (−1.62)	−0.003 (−0.67)
LEV$_{i,t}$	−0.007 (−0.17)	0.004 (0.13)	−0.006 (−0.16)	−0.010 (−0.37)	0.001 (0.05)	−0.009 (−0.36)
BM$_{i,t}$	−0.412*** (−8.31)	−0.355*** (−9.95)	−0.411*** (−8.30)	−0.248*** (−7.62)	−0.214*** (−9.01)	−0.248*** (−7.61)
ROE$_{i,t}$	0.025 (0.45)	0.014 (0.35)	0.028 (0.50)	0.023 (0.65)	0.011 (0.41)	0.025 (0.69)

续表

变量	NCSKEW$_{i,t+1}$			DUVOL$_{i,t+1}$		
	(1)	(2)	(3)	(4)	(5)	(6)
TOBINQ$_{i,t}$	− 0.008 (− 1.06)	0.002 (0.40)	− 0.007 (− 1.04)	− 0.008 * (− 1.76)	0.001 (0.32)	− 0.008 * (− 1.75)
SIGMA$_{i,t}$	1.091 ** (2.29)	0.722 ** (2.04)	1.079 ** (2.26)	0.258 (0.81)	− 0.003 (− 0.01)	0.247 (0.78)
RETURN$_{i,t}$	0.068 *** (4.11)	0.046 *** (4.14)	0.068 *** (4.10)	0.059 *** (5.17)	0.036 *** (4.66)	0.058 *** (5.16)
DTURN$_{i,t}$	− 0.014 (− 0.88)	− 0.015 (− 1.18)	− 0.014 (− 0.86)	0.001 (0.11)	− 0.000 (− 0.01)	0.001 (0.13)
BETA$_{i,t}$	− 0.216 *** (− 7.22)	− 0.175 *** (− 8.25)	− 0.218 *** (− 7.27)	− 0.123 *** (− 6.20)	− 0.102 *** (− 7.10)	− 0.124 *** (− 6.25)
ABACC$_{i,t}$	0.159 *** (2.94)	0.109 ** (2.49)	0.158 *** (2.93)	0.085 ** (2.41)	0.058 ** (1.98)	0.085 ** (2.41)
Cons.	− 0.078 (− 0.39)	0.030 (0.24)	− 0.094 (− 0.46)	0.218 (1.56)	0.218 ** (2.56)	0.211 (1.51)
年份固定效应	是	是	是	是	是	是
行业固定效应	是	是	是	是	是	是
观测数	13578	24581	24581	13578	24581	24581
调整的 R^2	0.062	0.076	0.062	0.062	0.080	0.062
F 统计值	19.813	41.887	19.818	20.552	46.096	20.544

注：*、** 和 *** 分别代表 10%、5% 和 1% 显著性水平。

　　最后，本部分从供应商集中度角度再次验证垄断程度不同的行业中供应链集中度对股价崩盘风险的影响差异。表 4.15 报告了以回归模型（4.5）为基础的交乘项回归结果，其中括号内报告了基于公司个体聚类的稳健标准误计算的 t 值。列（1）~ 列（3）考察了对未来负收益偏态系数 NCSKEW$_{i,t+1}$ 的影响；列（4）~ 列（6）则检验了对未来收益上下波动比率 DUVOL$_{i,t+1}$ 的影响。可以发现，在列（1）和列（2）中，第一大供应商销售额占比 SCTOP1$_{i,t}$ 和前五大供应商销售额占比 SCTOP5$_{i,t}$ 与高垄断行业指标 HIGH_LN$_{i,t}$ 的交乘项系数分别在 10% 和 5% 水平下为 − 0.146 和 − 0.027，在列（3）中供应链赫芬达尔指数 SCHHI$_{i,t}$ 与 HIGH_LN$_{i,t}$ 的交乘项系数为 − 0.255，但不显著。该结果在一定程度上表明，上市公司供应商的集中度在垄断程度高的行业中对未来负收益偏态系数的负向影响更明显。同时，在列（4）和列（6）中 SC-TOP1$_{i,t}$和 SCHHI$_{i,t}$与 HIGH_LN$_{i,t}$的交乘项系数在 10% 水平下分别为 -0.130 和 -0.196，但列（5）中 SCTOP5$_{i,t}$与 HIGH_LN$_{i,t}$的交乘项对 DUVOL$_{i,t+1}$并没有显著的影响。这意味着相较于低垄断行业，高垄断行业中供应商集中度对未来股价收益上下波动比率的抑制效应更强。总体而言，表 4.15 的发现从供应商集中度角度支持了行业垄断的调节效应，即供应链集中度对未来股价崩盘风险的抑制效应在垄断程度更高的行业中更强。

表 4.15 供应商集中度、行业垄断和股价崩盘风险

变量	NCSKEW$_{i,t+1}$			DUVOL$_{i,t+1}$		
	（1）	（2）	（3）	（4）	（5）	（6）
SCTOP1$_{i,t}$ × HIGH_LN$_{i,t}$	-0.146* (-1.70)			-0.130* (-1.78)		
SCTOP5$_{i,t}$ × HIGH_LN$_{i,t}$		-0.027** (-2.53)			-0.055 (-1.62)	
SCHHI$_{i,t}$ × HIGH_LN$_{i,t}$			-0.255 (-1.46)			-0.196* (-1.70)
SCTOP1$_{i,t}$	-0.063 (-0.91)			-0.023 (-0.50)		
SCTOP5$_{i,t}$		-0.051* (-1.66)			-0.025 (-1.23)	
SCHHI$_{i,t}$			-0.077 (-0.75)			-0.027 (-0.39)
HIGH_LN$_{i,t}$	0.017 (0.73)	0.015 (0.69)	0.009 (0.45)	0.020 (1.28)	0.023 (1.60)	0.012 (0.87)
NCSKEW$_{i,t}$	0.058*** (5.56)	0.049*** (6.52)	0.058*** (5.57)			
DUVOL$_{i,t}$				0.049*** (4.45)	0.040*** (5.29)	0.049*** (4.47)
SIZE$_{i,t}$	0.012 (1.26)	0.004 (0.65)	0.013 (1.30)	-0.010 (-1.50)	-0.010** (-2.18)	-0.009 (-1.44)

续表

变量	NCSKEW$_{i,t+1}$			DUVOL$_{i,t+1}$		
	(1)	(2)	(3)	(4)	(5)	(6)
LEV$_{i,t}$	0.002	0.002	0.002	0.003	0.012	0.003
	(0.04)	(0.06)	(0.05)	(0.09)	(0.53)	(0.10)
BM$_{i,t}$	−0.336***	−0.313***	−0.337***	−0.204***	−0.189***	−0.205***
	(−5.65)	(−7.61)	(−5.67)	(−5.28)	(−6.99)	(−5.30)
ROE$_{i,t}$	−0.040	0.005	−0.040	−0.003	0.009	−0.003
	(−0.57)	(0.10)	(−0.57)	(−0.06)	(0.27)	(−0.06)
TOBINQ$_{i,t}$	−0.006	0.001	−0.006	−0.010*	0.000	−0.010*
	(−0.69)	(0.18)	(−0.68)	(−1.67)	(0.07)	(−1.67)
SIGMA$_{i,t}$	1.128**	0.898**	1.121**	0.214	0.052	0.210
	(2.04)	(2.29)	(2.03)	(0.59)	(0.20)	(0.58)
RETURN$_{i,t}$	0.105***	0.062***	0.105***	0.086***	0.046***	0.086***
	(5.04)	(4.75)	(5.04)	(5.98)	(4.82)	(5.98)
DTURN$_{i,t}$	−0.032*	−0.024*	−0.032*	−0.011	−0.006	−0.011
	(−1.71)	(−1.66)	(−1.70)	(−0.90)	(−0.68)	(−0.89)
BETA$_{i,t}$	−0.209***	−0.182***	−0.209***	−0.095***	−0.096***	−0.095***
	(−5.50)	(−7.51)	(−5.50)	(−3.80)	(−5.94)	(−3.80)
ABACC$_{i,t}$	0.164**	0.110*	0.164**	0.087*	0.066*	0.087*
	(2.16)	(1.88)	(2.16)	(1.71)	(1.71)	(1.71)
Cons.	−0.008	0.083	−0.022	0.252	0.276***	0.243
	(−0.02)	(0.55)	(−0.07)	(1.14)	(2.65)	(1.10)
年份固定效应	是	是	是	是	是	是
行业固定效应	是	是	是	是	是	是
观测数	9560	18469	18469	9560	18469	18469
调整的 R²	0.057	0.070	0.057	0.061	0.076	0.061
F 统计值	13.827	30.023	13.835	14.674	33.531	14.661

注：*、** 和 *** 分别代表10%、5%和1%显著性水平。

综上所述，本部分从供应链整体集中度、客户集中度和供应商集中度三个层面详细考察了供应链集中度在不同垄断行业中的异质性影响，并揭示了供应链集中度对高垄断行业的上市公司未来股价崩盘风险有更强的抑制作用。

这些发现意味着，对于高垄断行业的上市公司而言，更高的供应链集中度允许供应链上下游利益相关者积极发挥对上市公司管理层的监督效应，抑制垄断行业的管理层信息遮掩行为，进而对稳定上市公司股价的平稳运行发挥积极的作用。

4.4.3 内部监督

本部分进一步考察上市公司内部监督如何调节供应链集中度对未来股价崩盘风险的影响。由于所有权和经营权的分离，委托代理问题是现代公司体制普遍面临的难题。这种情况下，公司治理结构中的内部监督无疑对约束管理层的自利行为起到重要作用。已有研究发现，有效的内部监督制度，包括独立董事制度、监事制度等，能够从公司内部对管理层信息操纵、掏空等侵占股东利益的行为进行有效制约（Xu et al.，2014；Li et al.，2020）。蒋红芸和王雄元（2018）、叶康涛等（2015）的研究进一步表明，基于独立董事的内部监督能够约束管理层对负面信息的遮掩，提升上市公司信息透明度，从而降低股价崩盘风险。这意味着，在内部监督更强的公司中，供应链集中度加强使外部利益相关者对管理层的监督效应将被削弱；相反，在公司内部监督不足的情况下，供应链上下游利益相关者会补充对管理层的监督缺失。因此可以预期，供应链集中度对未来股价崩盘风险的抑制效应在内部监督更强的公司中会较弱；相反，在内部监督更弱的公司中将表现得更显著。

在上市公司内部治理体系中，独立董事制度在很大程度上降低了控股股东和管理层对中小股东利益的侵占。因此，参考蒋红芸和王雄元（2018）的研究，本部分以上市公司董事会成员中独立董事的占比 $PID_{i,t}$ 间接度量公司内部监督力度。$PID_{i,t}$ 越大，说明上市公司董事会结构中独立董事的占比越高，公司内部监督效力越强。进一步地，本部分在基准回归模型（4.5）的基础上，加入独立董事占比 $PID_{i,t}$ 与供应链集中度代理指标的交乘项进行 OLS 回归，以实证检验内部监督如何调节供应链集中度对未来股价崩盘风险的影响。

表 4.16 报告了基于供应链整体集中度的回归结果，其中括号内报告了基于公司个体聚类的稳健标准误计算的 t 值。列（1）考察了对未来负收益偏态系数 $NCSKEW_{i,t+1}$ 的影响；列（2）则检验了对未来收益上下波动比率 $DUVOL_{i,t+1}$ 的影响。列（1）和列（2）中独立董事占比 $PID_{i,t}$ 的系数分别在 10% 和 5% 水平下为 −0.218 和 −0.188，说明上市公司内部监督能够有效降低未来的股价

崩盘风险，这与蒋红芸和王雄元（2018）的发现是一致的。更重要的是，可以发现在列（1）中供应链整体集中度 $CSC_{i,t}$ 与独立董事占比 $PID_{i,t}$ 的交乘项系数为 0.782 且在 5% 水平上显著，列（2）中 $CSC_{i,t}$ 与 $PID_{i,t}$ 的交乘项系数为 0.696，且在 1% 水平下显著。该结果表明，一方面，对于内部监督越强的公司，供应链集中度对未来股价崩盘风险的抑制效应越弱；另一方面，供应链集中度的增加会加强供应链体现中外部利益相关者对上市公司的监督，弥补上市公司内部监督的不足，从而在内部监督较弱的公司中对未来股价崩盘风险的负面影响更强。

表 4.16   客户和供应商集中度、公司内部监督和股价崩盘风险

变量	$NCSKEW_{i,t+1}$	$DUVOL_{i,t+1}$
	（1）	（2）
$CSC_{i,t} \times PID_{i,t}$	0.782 **	0.696 ***
	（2.52）	（3.40）
$CSC_{i,t}$	-0.342 ***	-0.291 ***
	（-3.01）	（-3.88）
$PID_{i,t}$	-0.218 *	-0.188 **
	（-1.86）	（-2.44）
$NCSKEW_{i,t}$	0.046 ***	
	（6.90）	
$DUVOL_{i,t}$		0.037 ***
		（5.65）
$SIZE_{i,t}$	0.008	-0.006
	（1.37）	（-1.50）
$LEV_{i,t}$	0.006	0.001
	（0.21）	（0.08）
$BM_{i,t}$	-0.357 ***	-0.214 ***
	（-10.02）	（-9.04）
$ROE_{i,t}$	0.027	0.019
	（0.67）	（0.71）
$TOBINQ_{i,t}$	0.002	0.001
	（0.35）	（0.24）

变量	$NCSKEW_{i,t+1}$	$DUVOL_{i,t+1}$
	(1)	(2)
$SIGMA_{i,t}$	0.667 * (1.88)	−0.035 (−0.15)
$RETURN_{i,t}$	0.045 *** (4.12)	0.037 *** (4.72)
$DTURN_{i,t}$	−0.014 (−1.09)	0.000 (0.03)
$BETA_{i,t}$	−0.176 *** (−8.26)	−0.102 *** (−7.14)
$ABACC_{i,t}$	0.102 ** (2.33)	0.052 * (1.78)
Cons.	0.098 (0.77)	0.277 *** (3.19)
年份固定效应	是	是
行业固定效应	是	是
观测数	24484	24484
调整的 R^2	0.075	0.079
F 统计值	41.399	45.809

注：*、** 和 *** 分别代表10%、5%和1%显著性水平。

表4.17 从客户集中度视角分析了公司内部监督的调节效应，其中括号内报告了基于公司个体聚类的稳健标准误计算的 t 值。列（1）~列（3）考察了对未来负收益偏态系数 $NCSKEW_{i,t+1}$ 的影响；列（4）~列（6）则检验了对未来收益上下波动比率 $DUVOL_{i,t+1}$ 的影响。在列（1）和列（2）中，第一大客户采购额占比 $CCTOP1_{i,t}$ 和前五大客户采购额占比 $CCTOP5_{i,t}$ 与独立董事占比 $PID_{i,t}$ 的交乘项系数分别在5%和10%水平下为0.202 和0.434，列（3）客户赫芬达尔指数 $CCHHI_{i,t}$ 与 $PID_{i,t}$ 的交乘项系数为正但不显著，在一定程度上说明上市公司主要客户的集中度对未来股价负收益偏态系数的降低作用在内部监督弱的公司中更强。换言之，强有效的内部监督将削弱客户集中度对未来股价崩盘风险的抑制效应。在列（4）~列（6）中，客户集中度与独立董

事占比 $PID_{i,t}$ 交乘项的系数分别为 0.378、0.382 和 0.289，且至少在 10% 水平上显著，再次验证了内部监督的加强将削弱客户集中度对未来股价收益上下波动比率的负向影响。总之，表 4.17 基于客户集中度视角支持了本节的预期，即较强的上市公司内部监督将降低供应链集中度对未来股价崩盘风险的负向影响，也就是说，客户集中度对未来股价崩盘风险的抑制效应在内部监督弱的公司中更显著。

表 4.17　　　　客户集中度、公司内部监督和股价崩盘风险

变量	$NCSKEW_{i,t+1}$			$DUVOL_{i,t+1}$		
	（1）	（2）	（3）	（4）	（5）	（6）
$CCTOP1_{i,t} \times PID_{i,t}$	0.202 ** (2.30)			0.378 * (1.85)		
$CCTOP5_{i,t} \times PID_{i,t}$		0.434 * (1.72)			0.382 ** (2.29)	
$CCHHI_{i,t} \times PID_{i,t}$			0.210 (1.22)			0.289 ** (2.46)
$CCTOP1_{i,t}$	−0.232 (−0.89)			−0.234 (−1.38)		
$CCTOP5_{i,t}$		−0.231 ** (−2.50)			−0.189 *** (−3.06)	
$CCHHI_{i,t}$			−0.125 (−0.34)			−0.229 (−0.95)
$PID_{i,t}$	−0.033 (−0.23)	−0.136 (−1.22)	−0.008 (−0.06)	−0.023 (−0.25)	−0.113 (−1.56)	−0.014 (−0.18)
$NCSKEW_{i,t}$	0.053 *** (5.86)	0.046 *** (6.90)	0.053 *** (5.86)			
$DUVOL_{i,t}$				0.041 *** (4.51)	0.037 *** (5.63)	0.041 *** (4.51)
$SIZE_{i,t}$	0.017 ** (2.22)	0.007 (1.34)	0.017 ** (2.29)	−0.004 (−0.73)	−0.006 (−1.56)	−0.003 (−0.67)
$LEV_{i,t}$	−0.003 (−0.07)	0.006 (0.20)	−0.003 (−0.07)	−0.006 (−0.24)	0.001 (0.07)	−0.006 (−0.25)

变量	NCSKEW$_{i,t+1}$			DUVOL$_{i,t+1}$		
	（1）	（2）	（3）	（4）	（5）	（6）
BM$_{i,t}$	−0.417***	−0.359***	−0.417***	−0.251***	−0.215***	−0.250***
	（−8.44）	（−10.08）	（−8.43）	（−7.74）	（−9.10）	（−7.73）
ROE$_{i,t}$	0.028	0.023	0.031	0.028	0.016	0.029
	（0.50）	（0.57）	（0.54）	（0.77）	（0.60）	（0.79）
TOBINQ$_{i,t}$	−0.007	0.002	−0.007	−0.008*	0.001	−0.008*
	（−1.04）	（0.41）	（−1.02）	（−1.76）	（0.31）	（−1.74）
SIGMA$_{i,t}$	1.046**	0.688*	1.035**	0.234	−0.018	0.222
	（2.18）	（1.95）	（2.16）	（0.74）	（−0.08）	（0.70）
RETURN$_{i,t}$	0.066***	0.045***	0.066***	0.058***	0.037***	0.058***
	（4.01）	（4.07）	（3.99）	（5.10）	（4.67）	（5.09）
DTURN$_{i,t}$	−0.013	−0.014	−0.013	0.002	0.000	0.002
	（−0.81）	（−1.10）	（−0.81）	（0.16）	（0.02）	（0.17）
BETA$_{i,t}$	−0.215***	−0.174***	−0.217***	−0.123***	−0.101***	−0.123***
	（−7.17）	（−8.19）	（−7.22）	（−6.17）	（−7.07）	（−6.21）
ABACC$_{i,t}$	0.157***	0.104**	0.157***	0.083**	0.054*	0.083**
	（2.91）	（2.38）	（2.91）	（2.34）	（1.83）	（2.34）
Cons.	−0.066	0.086	−0.104	0.247*	0.266***	0.219
	（−0.32）	（0.68）	（−0.51）	（1.75）	（3.07）	（1.57）
年份固定效应	是	是	是	是	是	是
行业固定效应	是	是	是	是	是	是
观测数	13463	24484	24484	13463	24484	24484
调整的 R^2	0.062	0.076	0.061	0.062	0.079	0.062
F 统计值	19.801	41.505	19.779	20.653	45.887	20.606

注：*、** 和 *** 分别代表 10%、5% 和 1% 显著性水平。

本部分进一步从供应商集中度角度再次验证公司内部监督如何导致供应链集中度对股价崩盘风险的影响差异。表 4.18 报告了以回归模型（4.5）为基础的交乘项回归结果，其中括号内报告了基于公司个体聚类的稳健标准误计算的 t 值。列（1）～列（3）考察了对未来负收益偏态系数 NCSKEW$_{i,t+1}$ 的影响；列（4）~列（6）则检验了对未来收益上下波动比率 $DUVOL_{i,t+1}$ 的影响。可以发现，在列（1）~列（3）中，第一大供应商销售额占比 $SCTOP1_{i,t}$、前五大供应商销售额占比 $SCTOP5_{i,t}$ 和供应链赫芬达尔指数 $SCHHI_{i,t}$ 与独立董事占比 $PID_{i,t}$ 的交乘项系数分别为 1.491、0.795 和 2.911，且至少在 10% 的统计水平上显著，说明上市公司内部监督同样会削弱供应商集中度对未来负收益偏态系数的负向影响。同时，在列（4）~列（6）中 $SCTOP1_{i,t}$、$SCHHI_{i,t}$ 和 $SCHHI_{i,t}$ 与 $PID_{i,t}$ 的交乘项系数分别为 1.390、0.667 和 2.162，且至少在 5% 水平上显著。这意味着，上市公司内部监督越强，供应商集中度对未来股价收益上下波动比率的抑制效应越弱。总体而言，表 4.18 的发现从供应商集中度角度支持了公司内部监督的调节效应，发现上市公司内部监督会削弱供应商集中度对未来股价崩盘风险的抑制效应；换言之，供应商集中度对未来股价崩盘风险的负向影响在内部监督缺失或薄弱的公司中更显著。

表 4.18　　　供应商集中度、公司内部监督和股价崩盘风险

变量	$NCSKEW_{i,t+1}$			$DUVOL_{i,t+1}$		
	(1)	(2)	(3)	(4)	(5)	(6)
$SCTOP1_{i,t} \times PID_{i,t}$	1.491 * (1.73)			1.390 ** (2.38)		
$SCTOP5_{i,t} \times PID_{i,t}$		0.795 ** (2.33)			0.667 *** (3.00)	
$SCHHI_{i,t} \times PID_{i,t}$			2.911 ** (2.30)			2.162 ** (2.40)
$SCTOP1_{i,t}$	-0.674 ** (-2.05)			-0.590 *** (-2.64)		
$SCTOP5_{i,t}$		-0.343 *** (-2.73)			-0.283 *** (-3.45)	
$SCHHI_{i,t}$			-1.255 ** (-2.55)			-0.906 *** (-2.60)
$PID_{i,t}$	-0.271 (-1.49)	-0.285 * (-1.87)	-0.211 (-1.41)	-0.213 * (-1.73)	-0.225 ** (-2.26)	-0.125 (-1.26)
$NCSKEW_{i,t}$	0.059 *** (5.59)	0.049 *** (6.50)	0.058 *** (5.58)			

续表

变量	NCSKEW$_{i,t+1}$			DUVOL$_{i,t+1}$		
	(1)	(2)	(3)	(4)	(5)	(6)
DUVOL$_{i,t}$				0.049 *** (4.46)	0.040 *** (5.28)	0.049 *** (4.47)
SIZE$_{i,t}$	0.013 (1.32)	0.005 (0.76)	0.013 (1.36)	-0.009 (-1.42)	-0.009 ** (-2.00)	-0.009 (-1.38)
LEV$_{i,t}$	0.002 (0.05)	0.002 (0.05)	0.003 (0.05)	0.003 (0.08)	0.010 (0.46)	0.003 (0.08)
BM$_{i,t}$	-0.336 *** (-5.68)	-0.318 *** (-7.75)	-0.336 *** (-5.70)	-0.204 *** (-5.31)	-0.192 *** (-7.12)	-0.205 *** (-5.31)
ROE$_{i,t}$	-0.042 (-0.61)	0.005 (0.10)	-0.042 (-0.60)	-0.002 (-0.05)	0.008 (0.24)	-0.002 (-0.05)
TOBINQ$_{i,t}$	-0.006 (-0.67)	0.001 (0.13)	-0.006 (-0.65)	-0.009 * (-1.65)	-0.000 (-0.01)	-0.009 (-1.64)
SIGMA$_{i,t}$	1.113 ** (2.01)	0.853 ** (2.18)	1.107 ** (2.01)	0.210 (0.57)	0.023 (0.09)	0.207 (0.57)
RETURN$_{i,t}$	0.106 *** (5.06)	0.064 *** (4.83)	0.106 *** (5.06)	0.086 *** (5.99)	0.047 *** (4.95)	0.086 *** (5.99)
DTURN$_{i,t}$	-0.032 * (-1.70)	-0.023 (-1.61)	-0.032 * (-1.69)	-0.011 (-0.89)	-0.006 (-0.64)	-0.011 (-0.88)
BETA$_{i,t}$	-0.210 *** (-5.53)	-0.182 *** (-7.47)	-0.211 *** (-5.55)	-0.096 *** (-3.85)	-0.096 *** (-5.93)	-0.097 *** (-3.87)
ABACC$_{i,t}$	0.161 ** (2.12)	0.106 * (1.81)	0.161 ** (2.12)	0.086 * (1.69)	0.063 (1.62)	0.086 * (1.69)
Cons.	0.147 (0.43)	0.199 (1.27)	0.144 (0.43)	0.395 * (1.76)	0.375 *** (3.48)	0.365 (1.64)
年份固定效应	是	是	是	是	是	是
行业固定效应	是	是	是	是	是	是
观测数	9540	18414	18414	9540	18414	18414
调整的 R^2	0.057	0.070	0.057	0.061	0.076	0.061
F 统计值	13.884	29.954	13.919	14.693	33.571	14.676

注：* 、** 和 *** 分别代表10% 、5% 和1% 显著性水平。

因此，基于供应链整体集中度、客户集中度和供应商集中度视角，表
4.16~表 4.18 的实证发现充分说明，上市公司内部监督将削弱供应链集中度
对未来股价崩盘风险的抑制效应。这意味着供应链集中度反映的供应链上下
游利益相关者对管理层的外部监督能够补充上市公司内部监督的不足，表现
为供应链集中度对未来股价崩盘风险的抑制效应在内部监督强度高的公司中
更弱；相反，在内部监督弱的公司中更显著。

4.5　路径机制检验

截至目前，本章的研究结果支持了供应链集中度对未来股价崩盘风险的
抑制效应假说，这意味着供应链集中度的增加会加强主要客户和供应商等利
益相关者对公司管理层的外部监督约束。然而，这些外部利益相关者是如何
对管理层发挥监督效应，从而减少未来股价崩盘风险，仍是一个未解之谜。
鉴于此，本节从上市公司盈余管理和企业避税两个视角，通过研究供应链集
中度是否制约了管理层对财务信息的操纵以及对税收的规避，深入剖析其对
未来股价崩盘风险产生负面影响的路径机制。

4.5.1　盈余管理

当公司管理层与投资者处于信息不对称的状态时，管理层非对称的披露
偏好带来的"坏消息"的累积及瞬间释放是导致股价崩盘风险的一个重要因
素（Jin and Myers，2006）。因此，股价崩盘风险的产生机理凸显了财务信息
稳健性的重要作用（Song，2015；Kim and Zhang，2016）。而在实际财务信
息披露过程中，管理层会通过使用会计准则的自由裁量权有目的地对公司盈
余进行操纵，隐藏公司的真实经营状况，增加盈余信息的不透明程度（Roy-
chowdhury，2006；Hall et al.，2013）。由于公司盈余信息是外部投资者对公
司进行价值评估的重要指标，管理层通过盈余管理对财务报表进行粉饰将使
得股价不能反映公司实际的盈余水平。当负面的财务信息累积到一定程度时，
通过盈余管理隐藏的"坏消息"将在未来集中释放，从而导致股票价格的崩
盘（Hutton et al.，2009；施先旺等，2014；袁振超和代冰彬，2017；Kong
et al.，2020）。

从供应链视角来看，较高的供应链集中度不仅会增加上市公司对主要客户或供应商的依赖程度，削弱公司在供应链体系的地位，而且会将主要客户或供应商等外部利益者的利益与公司进行绑定（Stevens，1989；Banerjee et al.，2008）。在这种情况下，供应链集中度越高，意味着客户或供应商等外部利益相关者对上市公司的外部监督动机和效应越强。这种外部监督效应的增加则能够在一定程度上降低管理层对财务信息的操纵，削弱管理层的盈余管理程度，从而提升财务信息的透明度，降低未来的股价崩盘风险。更直接地，供应链集中度会通过抑制公司盈余管理，降低未来的股价崩盘风险。

为验证上述盈余管理路径，本节从绝对真实盈余管理 $ABREM_{i,t}$ 和绝对应计盈余管理 $ABACC_{i,t}$ 两个方面对公司盈余管理水平进行衡量。其中，绝对真实盈余管理 $ABREM_{i,t}$ 使用罗伊乔杜尔（Roychowdhury，2006）的模型计算出异常生产成本、异常现金流和异常费用，在该方法计算出的真实盈余管理基础上取绝对值表示。绝对应计盈余管理水平则使用根据修正的 Jones 模型（Dechow et al.，1995）计算的应计盈余管理的绝对值测度。因此，$ABREM_{i,t}$ 和 $ABACC_{i,t}$ 的值越高，管理层的盈余管理程度越大，即对公司财务信息的操纵越强。

表 4.19 报告了股价崩盘风险、盈余管理和供应链集中度的相关性分析。其中，绝对真实盈余管理 $ABREM_{i,t}$ 与负收益偏态系数 $NCSKEW_{i,t+1}$ 和收益上下波动比率 $DUVOL_{i,t+1}$ 之间的相关系数在 1% 水平下分别为 0.050 和 0.039，而绝对应计盈余管理 $ABACC_{i,t}$ 与 $NCSKEW_{i,t+1}$ 和 $DUVOL_{i,t+1}$ 的相关系数分别为 0.011 和 0.029 且在 5% 水平下显著。这说明上市公司管理层盈余管理的程度越高，公司未来的股价崩盘风险越高。同时，供应链整体集中度 $CSC_{i,t}$ 与 $ABREM_{i,t}$ 和 $ABACC_{i,t}$ 的相关系数在 1% 水平下分别为 -0.060 和 -0.033；客户信息集中度指标 $CCTOP1_{i,t}$、$CCTOP5_{i,t}$ 和 $CCHHI_{i,t}$ 同样与盈余管理 $ABREM_{i,t}$ 和 $ABACC_{i,t}$ 负相关，且至少在 10% 水平上显著；在供应商集中度层面，$SCTOP1_{i,t}$、$SCTOP5_{i,t}$ 和 $SCHHI_{i,t}$ 同样与公司盈余管理表现了显著的负相关关系。由此可见，更高的供应链集中度通常伴随着更低的盈余管理程度。

表 4.19　　股价崩盘风险、盈余管理和供应链集中度——相关性分析

变量	$NCSKEW_{i,t+1}$	$DUVOL_{i,t+1}$	$ABREM_{i,t}$	$ABACC_{i,t}$	$CSC_{i,t}$
$NCSKEW_{i,t+1}$	1				
$DUVOL_{i,t+1}$	0.885 ***	1			
$ABREM_{i,t}$	0.050 ***	0.039 ***	1		

续表

变量	NCSKEW$_{i,t+1}$	DUVOL$_{i,t+1}$	ABREM$_{i,t}$	ABACC$_{i,t}$	CSC$_{i,t}$
ABACC$_{i,t}$	0.011 **	0.029 **	0.241 ***	1	
CSC$_{i,t}$	– 0.021 *	– 0.015	– 0.060 ***	– 0.033 ***	1
CCTOP1$_{i,t}$	– 0.030 **	– 0.028 **	– 0.099 ***	– 0.015 ***	0.717 ***
CCTOP5$_{i,t}$	– 0.015	– 0.012	– 0.114 ***	– 0.020 *	0.802 ***
CCHHI$_{i,t}$	– 0.033 ***	– 0.033 ***	– 0.076 ***	– 0.009 *	0.659 ***
SCTOP1$_{i,t}$	– 0.027 **	– 0.024 **	– 0.020 *	– 0.052 ***	0.679 ***
SCTOP5$_{i,t}$	– 0.019	– 0.013	– 0.022 *	– 0.075 ***	0.776 ***
SCHHI$_{i,t}$	– 0.026 **	– 0.022 *	– 0.021 *	– 0.050 ***	0.634 ***

变量	CCTOP1$_{i,t}$	CCTOP5$_{i,t}$	CCHHI$_{i,t}$	SCTOP1$_{i,t}$	SCTOP5$_{i,t}$	SCHHI$_{i,t}$
CCTOP1$_{i,t}$	1					
CCTOP5$_{i,t}$	0.894 ***	1				
CCHHI$_{i,t}$	0.952 ***	0.812 ***	1			
SCTOP1$_{i,t}$	0.219 ***	0.213 ***	0.224 ***	1		
SCTOP5$_{i,t}$	0.225 ***	0.248 ***	0.222 ***	0.882 ***	1	
SCHHI$_{i,t}$	0.200 ***	0.189 ***	0.212 ***	0.957 ***	0.837 ***	1

注：*、** 和 *** 分别代表10%、5%和1%显著性水平。

本节使用两阶段回归分析法研究供应链集中度是否通过降低盈余管理的机制抑制未来股价崩盘风险。具体而言，第一阶段回归聚焦于供应链集中度对公司盈余管理水平的影响；第二阶段回归则结合基准模型分析盈余管理水平对未来股价崩盘风险的传导效应。若供应链集中度通过降低盈余管理水平来抑制未来的股价崩盘风险，那么可以预期，在第一阶段的回归结果中供应链集中度指标的系数显著为负，在第二阶段的回归结果中盈余管理水平的系数则显著为正。

表4.20报告了第一阶段的回归结果，即供应链集中度对盈余管理的影响，其中表4.20-1考察了供应链集中度对绝对真实盈余管理的影响，表4.20-2则揭示了供应链集中度对绝对应计盈余管理的影响，括号内报告了基于公司个体聚类的稳健标准误计算的t值。很显然，表4.20表明供应链集中度的增加会显著降低上市公司盈余管理的水平。以表4.20-1为例，从供应链整体集中度视角来看，列（1）中CSC$_{i,t}$的系数在10%水平下显著，为 – 0.022，说明供应链整体集中度降低了绝对真实盈余管理水平；在客户集中度方面，

列（2）~列（4）第一大客户采购额占比 $CCTOP1_{i,t}$、前五大客户采购额占比 $CCTOP5_{i,t}$ 和客户赫芬达尔指数 $CCHHI_{i,t}$ 的系数在 1% 水平下显著，分别为 -0.059、-0.037 和 -0.067，表明客户集中度的增加与上市公司绝对真实盈余管理水平的降低相关；从供应商集中度来看，在列（5）~列（7）中第一大供应商销售额占比 $SCTOP1_{i,t}$、前五大供应商销售额占比 $SCTOP5_{i,t}$ 和供应商赫芬达尔指数 $SCHHI_{i,t}$ 的系数分别为 -0.041、-0.029 和 -0.053，且至少在 10% 水平下显著，意味着供应商集中度同样对公司盈余管理发挥了显著的抑制效应。

表 4.20-1　供应链集中度对上市公司绝对真实盈余管理的影响

变量	ABREM_{i,t}						
	（1）	（2）	（3）	（4）	（5）	（6）	（7）
$CSC_{i,t}$	-0.022^{*} (-1.86)						
$CCTOP1_{i,t}$		-0.059^{***} (-3.80)					
$CCTOP5_{i,t}$			-0.037^{***} (-3.99)				
$CCHHI_{i,t}$				-0.067^{***} (-3.17)			
$SCTOP1_{i,t}$					-0.041^{**} (-2.00)		
$SCTOP5_{i,t}$						-0.029^{***} (-2.97)	
$SCHHI_{i,t}$							-0.053^{*} (-1.67)
$SIZE_{i,t}$	0.007^{*} (1.95)	0.011^{***} (2.69)	0.007^{**} (1.99)	0.011^{***} (2.70)	0.009^{*} (1.66)	0.008^{**} (2.36)	0.009 (1.63)
$LEV_{i,t}$	0.036^{***} (2.94)	0.040^{**} (2.56)	0.035^{***} (2.86)	0.039^{**} (2.54)	0.034^{*} (1.76)	0.032^{***} (2.59)	0.034^{*} (1.75)
$BM_{i,t}$	-0.068^{***} (-5.21)	-0.096^{***} (-5.80)	-0.071^{***} (-5.39)	-0.095^{***} (-5.76)	-0.081^{***} (-3.98)	-0.072^{***} (-5.21)	-0.080^{***} (-3.96)

续表

变量	ABREM$_{i,t}$						
	(1)	(2)	(3)	(4)	(5)	(6)	(7)
ROE$_{i,t}$	0.097***	0.109***	0.095***	0.108***	0.128***	0.095***	0.127***
	(7.89)	(5.67)	(7.75)	(5.65)	(4.89)	(6.87)	(4.87)
TOBINQ$_{i,t}$	0.012***	0.011***	0.012***	0.011***	0.011***	0.012***	0.011***
	(3.69)	(3.51)	(3.77)	(3.51)	(3.42)	(3.89)	(3.43)
SOE$_{i,t}$	−0.020***	−0.014**	−0.019***	−0.014**	−0.022***	−0.023***	−0.022***
	(−4.22)	(−2.40)	(−4.09)	(−2.48)	(−3.06)	(−4.91)	(−3.06)
INSHOLD$_{i,t}$	0.013**	0.010	0.013**	0.009	0.011	0.013*	0.011
	(2.10)	(1.40)	(2.11)	(1.37)	(1.52)	(1.92)	(1.51)
ANACOVER$_{i,t}$	0.005**	0.006**	0.005**	0.006**	0.011***	0.008***	0.010***
	(2.33)	(2.01)	(2.14)	(2.07)	(3.06)	(3.55)	(3.05)
BIG4$_{i,t}$	−0.013	−0.021	−0.013	−0.021	−0.019	−0.008	−0.019
	(−1.12)	(−1.46)	(−1.15)	(−1.45)	(−0.94)	(−0.73)	(−0.95)
Cons.	−0.065	−0.159*	−0.058	−0.166*	−0.121	−0.104	−0.114
	(−0.88)	(−1.75)	(−0.79)	(−1.83)	(−1.02)	(−1.37)	(−0.97)
年份固定效应	是	是	是	是	是	是	是
行业固定效应	是	是	是	是	是	是	是
观测数	15682	8284	15682	15682	5598	11826	11826
调整的 R^2	0.108	0.113	0.110	0.112	0.117	0.112	0.116
F 统计值	12.867	9.407	13.049	9.376	13.919	10.265	8.693

注：*、** 和 *** 分别代表 10%、5% 和 1% 显著性水平。

表 4.20 −2　供应链集中度对上市公司绝对应计盈余管理的影响

变量	ABACC$_{i,t}$						
	(1)	(2)	(3)	(4)	(5)	(6)	(7)
CSC$_{i,t}$	−0.026***						
	(−3.90)						
CCTOP1$_{i,t}$		−0.027**					
		(−2.43)					

续表

变量	$ABACC_{i,t}$						
	(1)	(2)	(3)	(4)	(5)	(6)	(7)
$CCTOP5_{i,t}$			-0.020^{***} (-3.75)				
$CCHHI_{i,t}$				-0.040^{**} (-2.37)			
$SCTOP1_{i,t}$					-0.038^{**} (-2.47)		
$SCTOP5_{i,t}$						-0.026^{***} (-3.82)	
$SCHHI_{i,t}$							-0.062^{**} (-2.43)
$SIZE_{i,t}$	-0.002 (-1.41)	-0.004^{*} (-1.69)	-0.002 (-1.21)	-0.004^{*} (-1.65)	-0.009^{***} (-2.65)	-0.003^{*} (-1.85)	-0.009^{***} (-2.64)
$LEV_{i,t}$	-0.030^{***} (-4.10)	-0.025^{**} (-2.43)	-0.030^{***} (-4.10)	-0.025^{**} (-2.42)	-0.002 (-0.16)	-0.015^{*} (-1.79)	-0.002 (-0.16)
$BM_{i,t}$	0.026^{***} (3.03)	0.043^{***} (3.32)	0.025^{***} (2.87)	0.043^{***} (3.33)	0.054^{***} (3.16)	0.027^{***} (2.82)	0.054^{***} (3.16)
$ROE_{i,t}$	-0.013 (-1.46)	-0.033^{***} (-2.83)	-0.014 (-1.52)	-0.033^{***} (-2.80)	-0.037^{**} (-2.16)	-0.003 (-0.32)	-0.036^{**} (-2.16)
$TOBINQ_{i,t}$	-0.004^{***} (-2.93)	-0.002 (-1.40)	-0.004^{***} (-2.93)	-0.002 (-1.38)	-0.003 (-1.26)	-0.004^{***} (-2.60)	-0.003 (-1.27)
$SOE_{i,t}$	0.015^{***} (6.12)	0.016^{***} (4.87)	0.016^{***} (6.28)	0.016^{***} (4.83)	0.014^{***} (3.17)	0.015^{***} (5.57)	0.014^{***} (3.16)
$INSHOLD_{i,t}$	-0.003 (-0.83)	-0.002 (-0.68)	-0.003 (-0.93)	-0.003 (-0.71)	-0.001 (-0.16)	-0.001 (-0.29)	-0.001 (-0.15)
$ANACOVER_{i,t}$	0.004^{***} (2.82)	0.004^{***} (2.75)	0.003^{***} (2.75)	0.004^{***} (2.78)	0.005^{***} (2.68)	0.003^{*} (1.92)	0.005^{***} (2.68)

续表

变量	ABACC$_{i,t}$						
	（1）	（2）	（3）	（4）	（5）	（6）	（7）
BIG4$_{i,t}$	0.011 ***	0.018 ***	0.012 ***	0.018 ***	0.014 *	0.007 *	0.014 *
	（3.14）	（2.87）	（3.22）	（2.87）	（1.71）	（1.66）	（1.71）
Cons.	0.022	0.051	0.017	0.047	0.129 **	0.049	0.126 *
	（0.67）	（1.07）	（0.51）	（1.00）	（1.99）	（1.29）	（1.95）
年份固定效应	是	是	是	是	是	是	是
行业固定效应	是	是	是	是	是	是	是
观测数	15682	8284	15682	15682	5598	11826	11826
调整的 R^2	0.110	0.108	0.110	0.108	0.093	0.097	0.094
F 统计值	18.397	12.440	18.359	12.318	13.362	14.986	16.749

注：*、** 和 *** 分别代表10%、5% 和 1% 显著性水平。

表 4.21 报告了第二阶段的回归结果，即上市公司盈余管理水平对股价崩盘风险的影响，其中括号内报告了基于公司个体聚类的稳健标准误计算的 t 值。列（1）和列（2）考察了对未来负收益偏态系数 NCSKEW$_{i,t+1}$ 的影响；列（3）和列（4）则检验了对未来收益上下波动比率 DUVOL$_{i,t+1}$ 的影响。可以发现，在列（1）和列（2）中 ABREM$_{i,t}$ 和 ABACC$_{i,t}$ 的系数分别在 1% 和 5% 水平下为 0.033 和 0.103，说明上市公司盈余管理水平越高，公司未来股价收益的负偏态系数越高。在列（3）和列（4）中，ABREM$_{i,t}$ 和 ABACC$_{i,t}$ 的系数分别为 0.019 和 0.054，且至少在 10% 水平下显著，表明管理层对财务信息的操纵会加剧未来收益上下波动比率。总体而言，表 4.21 的结果与袁振超和代冰彬（2017）、金和张（2016）的发现一致，即管理层对盈余信息操纵的程度越大，公司未来的股价崩盘风险越高。

表 4.21　　　　　　　　　　盈余管理对股价崩盘风险的影响

变量	NCSKEW$_{i,t+1}$		DUVOL$_{i,t+1}$	
	（1）	（2）	（3）	（4）
ABREM$_{i,t}$	0.033 *		0.019 ***	
	（1.91）		（2.87）	
ABACC$_{i,t}$		0.103 **		0.054 *
		（2.36）		（1.85）

续表

变量	NCSKEW$_{i,t+1}$		DUVOL$_{i,t+1}$	
	（1）	（2）	（3）	（4）
NCSKEW$_{i,t}$	0.046 ***	0.046 ***		
	（6.67）	（6.92）		
DUVOL$_{i,t}$			0.037 ***	0.037 ***
			（5.45）	（5.67）
SIZE$_{i,t}$	0.011 **	0.009	− 0.004	− 0.005
	（2.03）	（1.58）	（− 1.18）	（− 1.36）
LEV$_{i,t}$	0.007	0.006	0.005	0.003
	（0.24）	（0.20）	（0.28）	（0.14）
BM$_{i,t}$	− 0.349 ***	− 0.355 ***	− 0.204 ***	− 0.214 ***
	（− 9.48）	（− 9.95）	（− 8.38）	（− 9.01）
ROE$_{i,t}$	0.036	0.023	0.029	0.017
	（0.88）	（0.57）	（1.06）	（0.63）
TOBINQ$_{i,t}$	0.001	0.002	0.001	0.001
	（0.19）	（0.31）	（0.21）	（0.22）
SIGMA$_{i,t}$	0.594	0.652 *	− 0.036	− 0.049
	（1.63）	（1.85）	（− 0.15）	（− 0.21）
RETURN$_{i,t}$	0.046 ***	0.047 ***	0.037 ***	0.037 ***
	（4.01）	（4.23）	（4.58）	（4.75）
DTURN$_{i,t}$	− 0.025 *	− 0.014	− 0.007	0.000
	（− 1.73）	（− 1.14）	（− 0.73）	（0.03）
BETA$_{i,t}$	− 0.181 ***	− 0.176 ***	− 0.105 ***	− 0.102 ***
	（− 8.23）	（− 8.29）	（− 7.07）	（− 7.14）
Cons.	− 0.051	− 0.013	0.182 **	0.190 **
	（− 0.40）	（− 0.10）	（2.08）	（2.24）
年份固定效应	是	是	是	是
行业固定效应	是	是	是	是
观测数	22962	22962	22962	22962
调整的 R^2	0.077	0.075	0.079	0.079
F 统计值	43.547	44.225	47.097	48.717

注： * 、** 和 *** 分别代表10% 、5% 和1% 显著性水平。

因此，综合表4.20和表4.21，本部分的研究结果支持了盈余管理传导路径，即较高的供应链集中度鼓励客户和供应商等外部利益相关者对上市公司管理层的财务信息披露行为进行监督，能够有效降低管理层的盈余管理水平，进而抑制了未来的股价崩盘风险。

4.5.2　企业避税

本节从企业避税视角考察供应链集中度抑制股价崩盘风险的机制。已有研究认为，企业避税活动会加剧代理问题和信息不对称。一方面，避税代理观认为，股东希望管理层进行盈余操纵，将财富从政府转移到企业，但由于部分避税行为的不合法性，股东很难将管理层的激励报酬与避税程度相联系。同时管理层的避税行为一旦被税务部门查处，还会面临声誉和职业生涯俱毁的风险，这导致管理层可能产生采取机会主义行为以攫取私利或更高薪酬的动机（江轩宇，2013）。另一方面，企业的避税行为可能掩盖管理者侵害股东利益的行为（Kim et al.，2011a），这是因为企业在进行税务操纵时具有隐蔽的需求，操作者往往倾向于提高信息不对称程度，来减少避税行为的监管阻碍，避税交易通常被设计得复杂且不透明，这为管理层的内幕交易、盈余管理和关联交易等机会主义行为提供了工具，企业经营效率的下降和管理层侵害股东利益的交易行为都是负面消息的来源。因此，企业避税可以为管理者提供隐蔽性手段，隐瞒负面消息，夸大财务表现，大量负面消息的堆积则加大了公司股价暴跌的风险（Kim et al.，2011a；江轩宇，2013）。

而在委托代理理论框架下，有效的外部监督能够提高信息透明度，抑制管理者的自利行为。鉴于供应链集中度使得主要客户和供应商的利益与企业利益进行了绑定，这些外部利益相关者必然会根据与企业实际的交易活动，对上市公司税务缴纳进行有效监督，从而抑制管理层避税行为，提升公司整体的透明度。因此，可预期供应链集中度越高，企业纳税越充分、避税越谨慎，从而能够在一定程度上降低未来的股价崩盘风险。

参照金等（2011a）、江轩宇（2013）的研究，本节使用企业实际所得税率 $ETR_{i,t}$ 和会计税收差异 $BTD_{i,t}$ 衡量企业避税程度。其中，实际所得税率 $ETR_{i,t}$ 是企业避税的反向指标，其值越大说明企业实际缴纳的税率越高；会计税收差异 $BTD_{i,t}$ 是企业避税的正向指标，其值越大说明公司实施激进避税的行为越严重。

表 4.22 报告了股价崩盘风险、企业避税和供应链集中度的相关性分析。其中，实际所得税率 $ETR_{i,t}$ 与负收益偏态系数 $NCSKEW_{i,t+1}$ 和收益上下波动比率 $DUVOL_{i,t+1}$ 之间的相关系数在 1% 水平上分别为 -0.037 和 -0.041，而会计税收差异 $BTD_{i,t}$ 与 $NCSKEW_{i,t+1}$ 和 $DUVOL_{i,t+1}$ 的相关系数分别为 0.012 和 0.020 且至少在 5% 水平上显著。这说明公司实际税率越高，避税程度越大，未来的股价崩盘风险越高。同时，供应链整体集中度 $CSC_{i,t}$ 和第一大客户采购额占比 $CCTOP1_{i,t}$ 与 $ETR_{i,t}$ 的相关系数为正但不显著，而其他的供应链集中度指标与 $ETR_{i,t}$ 的相关系数则至少在 5% 水平上显著为正，说明供应链集中度越高，企业实际纳税越积极；相反，供应链集中度各指标与会计税收差异 $BTD_{i,t}$ 的相关系数至少在 5% 水平上都显著为负，表明供应链集中度与企业避税程度是显著负相关的。

表 4.22　　　股价崩盘风险、企业避税和供应链集中度——相关性分析

变量	$NCSKEW_{i,t+1}$	$DUVOL_{i,t+1}$	$ETR_{i,t}$	$BTD_{i,t}$	$CSC_{i,t}$
$NCSKEW_{i,t+1}$	1				
$DUVOL_{i,t+1}$	0.883***	1			
$ETR_{i,t}$	-0.037***	-0.041***	1		
$BTD_{i,t}$	0.012***	0.020**	-0.410***	1	
$CSC_{i,t}$	-0.028***	-0.027**	0.010	-0.059***	1
$CCTOP1_{i,t}$	-0.042***	-0.042***	0.005	-0.033***	0.719***
$CCTOP5_{i,t}$	-0.028**	-0.027**	0.037***	-0.044***	0.802***
$CCHHI_{i,t}$	-0.042***	-0.045***	0.030	-0.024**	0.660***
$SCTOP1_{i,t}$	-0.026**	-0.026**	0.038***	-0.034***	0.669***
$SCTOP5_{i,t}$	-0.017	-0.016	0.026**	-0.049***	0.766***
$SCHHI_{i,t}$	-0.024**	-0.023**	0.047***	-0.029***	0.622***

变量	$CCTOP1_{i,t}$	$CCTOP5_{i,t}$	$CCHHI_{i,t}$	$SCTOP1_{i,t}$	$SCTOP5_{i,t}$	$SCHHI_{i,t}$
$CCTOP1_{i,t}$	1					
$CCTOP5_{i,t}$	0.893***	1				
$CCHHI_{i,t}$	0.951***	0.811***	1			
$SCTOP1_{i,t}$	0.203***	0.197***	0.206***	1		
$SCTOP5_{i,t}$	0.213***	0.232***	0.209***	0.881***	1	
$SCHHI_{i,t}$	0.182***	0.170***	0.189***	0.955***	0.835***	1

注：** 和 *** 分别代表 5% 和 1% 显著性水平。

　　与前面研究一致，本部分使用两阶段回归分析法研究供应链集中度是否通过抑制企业避税的机制减少未来股价崩盘风险。具体而言，第一阶段回归聚焦于供应链集中度对企业避税程度的影响；第二阶段回归则结合基准模型分析企业避税程度对未来股价崩盘风险的传导效应。若供应链集中度通过降低企业避税来抑制未来的股价崩盘风险，那么可以预期，在第一阶段的回归结果中供应链集中度指标对实际税率影响的系数显著为正，对会计税收差异影响的系数显著为负；在第二阶段的回归结果中实际税率的系数显著为负，而会计税收差异的系数则显著为正。

　　表 4.23 报告了第一阶段的回归结果，即供应链集中度对企业避税的影响，其中表 4.23 - 1 考察了供应链集中度对实际所得税率的影响，括号内报告了基于公司个体聚类的稳健标准误计算的 t 值。在表 4.23 - 1 的列（1）中，$CSC_{i,t}$ 的系数在 1% 水平下显著，为 0.006，说明供应链整体集中度增加了公司实际所得税率。在列（2）和列（3）中第一大客户采购额占比 $CCTOP1_{i,t}$ 和前五大客户采购额占比 $CCTOP5_{i,t}$ 的系数分别在 10% 和 1% 水平下显著，为 0.007 和 0.005，表明客户集中度越高，企业纳税越充分。进一步地，列（5）和列（6）中第一大供应商销售额占比 $SCTOP1_{i,t}$ 和前五大供应商销售额占比 $SCTOP5_{i,t}$ 的系数分别为 0.005 和 0.003 且显著，说明供应商集中度增加同样会促进企业实际所得税率的增长。表 4.23 - 2 则揭示了供应链集中度对企业会计税收差异的影响。可以发现，除列（4）和列（6）外，供应链集中度的代理指标系数至少在 10% 水平上显著为负，说明供应链集中度的增加显著抑制了企业的激进避税行为。因此，表 4.23 的结果充分说明，较高的供应链集中度鼓励供应链上下游客户和供应商对管理层的积极监督，抑制了企业的激进避税程度。

表 4.23 - 1　　　　　　　　　　供应链集中度对实际所得税率的影响

变量	$ETR_{i,t}$						
	（1）	（2）	（3）	（4）	（5）	（6）	（7）
$CSC_{i,t}$	0.006 *** (2.81)						
$CCTOP1_{i,t}$		0.007 * (1.92)					
$CCTOP5_{i,t}$			0.005 *** (2.75)				

续表

变量	ETR$_{i,t}$						
	（1）	（2）	（3）	（4）	（5）	（6）	（7）
CCHHI$_{i,t}$				0.006			
				（1.08）			
SCTOP1$_{i,t}$					0.005 **		
					（2.42）		
SCTOP5$_{i,t}$						0.003 *	
						（1.92）	
SCHHI$_{i,t}$							0.008
							（1.63）
SIZE$_{i,t}$	0.005 ***	0.005 ***	0.004 ***	0.005 ***	0.005 ***	0.004 ***	0.005 ***
	（5.45）	（4.49）	（5.21）	（4.54）	（3.96）	（5.20）	（3.98）
LEV$_{i,t}$	− 0.020 ***	− 0.020 ***	− 0.020 ***	− 0.020 ***	− 0.019 ***	− 0.018 ***	− 0.019 ***
	（− 8.92）	（− 7.06）	（− 8.99）	（− 7.02）	（− 5.37）	（− 7.99）	（− 5.36）
BM$_{i,t}$	0.005 **	0.005 *	0.005 **	0.005 *	− 0.002	0.002	− 0.002
	（2.02）	（1.75）	（2.13）	（1.68）	（− 0.51）	（0.76）	（− 0.51）
ROE$_{i,t}$	0.114 ***	0.106 ***	0.114 ***	0.105 ***	0.109 ***	0.113 ***	0.109 ***
	（13.92）	（9.77）	（13.95）	（9.66）	（8.40）	（13.18）	（8.41）
SALES$_{i,t}$	− 0.003 ***	− 0.003 ***	− 0.003 ***	− 0.003 ***	− 0.002 **	− 0.003 ***	− 0.002 **
	（− 4.99）	（− 4.04）	（− 4.83）	（− 4.13）	（− 2.49）	（− 4.37）	（− 2.52）
SOE$_{i,t}$	0.002 **	0.002 **	0.002 **	0.003 **	0.004 ***	0.002 ***	0.004 ***
	（2.26）	（2.23）	（2.13）	（2.31）	（2.91）	（2.70）	（2.92）
INSHOLD$_{i,t}$	− 0.001	− 0.001	− 0.001	− 0.001	− 0.000	− 0.001	− 0.000
	（− 1.57）	（− 0.69）	（− 1.51）	（− 0.64）	（− 0.27）	（− 0.69）	（− 0.28）
ANACOVER$_{i,t}$	− 0.001 ***	− 0.002 ***	− 0.001 ***	− 0.002 ***	− 0.002 ***	− 0.001 ***	− 0.002 ***
	（− 4.15）	（− 4.09）	（− 4.11）	（− 4.14）	（− 3.41）	（− 3.42）	（− 3.40）
BIG$_{i,t}$	0.002	0.003	0.002	0.003	− 0.000	0.000	− 0.000
	（0.92）	（0.98）	（0.88）	（1.00）	（− 0.11）	（0.01）	（− 0.10）
Cons.	− 0.011	0.001	− 0.010	0.002	− 0.027	− 0.009	− 0.027
	（− 0.96）	（0.09）	（− 0.86）	（0.15）	（− 1.53）	（− 0.79）	（− 1.51）
年份固定效应	是	是	是	是	是	是	是

续表

变量	$ETR_{i,t}$						
	(1)	(2)	(3)	(4)	(5)	(6)	(7)
行业固定效应	是	是	是	是	是	是	是
观测数	14756	7868	14756	14756	5328	11171	11171
调整的 R^2	0.118	0.112	0.118	0.111	0.129	0.123	0.129
F 统计值	13.801	9.245	13.833	9.102	10.276	12.449	11.458

注：*、** 和 *** 分别代表 10%、5% 和 1% 显著性水平。

表 4.23 - 2　　　　　供应链集中度对会计税收差异的影响

变量	$BTD_{i,t}$						
	(1)	(2)	(3)	(4)	(5)	(6)	(7)
$CSC_{i,t}$	-0.042 *** (-4.69)						
$CCTOP1_{i,t}$		-0.018 *** (-4.90)					
$CCTOP5_{i,t}$			-0.035 *** (-4.66)				
$CCHHI_{i,t}$				-0.005 (-0.26)			
$SCTOP1_{i,t}$					-0.005 ** (2.34)		
$SCTOP5_{i,t}$						-0.004 (-1.47)	
$SCHHI_{i,t}$							-0.017 * (-1.69)
$SIZE_{i,t}$	-0.003 (-0.89)	-0.002 (-0.39)	-0.002 (-0.55)	-0.002 (-0.46)	-0.006 (-1.24)	-0.004 (-0.99)	-0.006 (-1.22)
$LEV_{i,t}$	0.085 *** (7.90)	0.088 *** (7.11)	0.086 *** (7.99)	0.088 *** (7.10)	0.073 *** (4.86)	0.076 *** (6.64)	0.073 *** (4.87)
$BM_{i,t}$	-0.002 (-0.22)	-0.010 (-0.88)	-0.004 (-0.46)	-0.009 (-0.84)	0.009 (0.68)	0.008 (0.80)	0.009 (0.67)

变量	$BTD_{i,t}$						
	(1)	(2)	(3)	(4)	(5)	(6)	(7)
$ROE_{i,t}$	-0.477***	-0.446***	-0.479***	-0.445***	-0.439***	-0.461***	-0.439***
	(-16.59)	(-12.63)	(-16.71)	(-12.54)	(-10.67)	(-14.73)	(-10.66)
$SALES_{i,t}$	0.008***	0.010***	0.008***	0.011***	0.012***	0.009***	0.012***
	(3.01)	(2.92)	(2.74)	(3.00)	(2.98)	(3.09)	(2.95)
$SOE_{i,t}$	0.003	0.001	0.004	0.000	-0.002	0.003	-0.002
	(0.72)	(0.14)	(0.94)	(0.08)	(-0.36)	(0.70)	(-0.35)
$INSHOLD_{i,t}$	0.006	0.005	0.006	0.005	0.007	0.007*	0.007
	(1.60)	(1.33)	(1.50)	(1.28)	(1.60)	(1.65)	(1.60)
$ANACOVER_{i,t}$	-0.007***	-0.010***	-0.007***	-0.009***	-0.007***	-0.005***	-0.007***
	(-4.56)	(-5.07)	(-4.61)	(-5.01)	(-3.22)	(-3.17)	(-3.20)
$BIG_{i,t}$	-0.013**	-0.007	-0.012**	-0.007	0.002	-0.009	0.002
	(-2.11)	(-0.82)	(-2.03)	(-0.84)	(0.14)	(-1.27)	(0.14)
Cons.	0.005	-0.092	-0.003	-0.095	-0.018	-0.031	-0.019
	(0.09)	(-1.46)	(-0.07)	(-1.50)	(-0.21)	(-0.60)	(-0.23)
年份固定效应	是	是	是	是	是	是	是
行业固定效应	是	是	是	是	是	是	是
观测数	14756	7868	14756	14756	5328	11171	11171
调整的 R^2	0.183	0.189	0.184	0.189	0.190	0.182	0.190
F 统计值	27.333	17.099	26.794	17.262	18.351	23.291	20.018

注：*、** 和 *** 分别代表10%、5%和1%显著性水平。

　　表4.24 报告了第二阶段的回归结果，即企业避税对股价崩盘风险的影响，其中括号内报告了基于公司个体聚类的稳健标准误计算的t值。列（1）和列（2）考察了对未来负收益偏态系数 $NCSKEW_{i,t+1}$ 的影响；列（3）和列（4）则检验了对未来收益上下波动比率 $DUVOL_{i,t+1}$ 的影响。可以发现，在列（1）和列（2）$ETR_{i,t}$ 和 $BTD_{i,t}$ 的系数分别在10%和1%水平下为 -0.068 和 0.549，说明企业纳税越充分、避税程度越低，公司未来股价收益的负偏态系数越低。在列（3）和列（4）中，$ETR_{i,t}$ 和 $BTD_{i,t}$ 的系数分别为 -0.043 和 0.413，且至少在5%水平下显著，表明激进的避税会加剧未来收益上下波动比率。总体而言，表4.24 的结果与金等（2011a）和江轩宇（2013）的发现一致，

即上市公司避税程度越高、实际所得税率越低，公司未来的股价崩盘风险越高。

表 4. 24   企业避税对股价崩盘风险的影响

变量	NCSKEW$_{i,t+1}$		DUVOL$_{i,t+1}$	
	(1)	(2)	(3)	(4)
ETR$_{i,t}$	-0. 068 *		-0. 043 **	
	(-1. 94)		(-2. 53)	
BTD$_{i,t}$		0. 549 ***		0. 413 ***
		(2. 75)		(3. 07)
NCSKEW$_{i,t}$	0. 049 ***	0. 049 ***		
	(6. 98)	(6. 96)		
DUVOL$_{i,t}$			0. 042 ***	0. 041 ***
			(5. 87)	(5. 85)
SIZE$_{i,t}$	0. 002	0. 003	-0. 008 **	-0. 008 **
	(0. 38)	(0. 41)	(-2. 07)	(-2. 03)
LEV$_{i,t}$	-0. 010	-0. 030	-0. 006	-0. 020
	(-0. 30)	(-0. 91)	(-0. 25)	(-0. 91)
BM$_{i,t}$	-0. 316 ***	-0. 313 ***	-0. 182 ***	-0. 180 ***
	(-7. 66)	(-7. 59)	(-6. 53)	(-6. 46)
ROE$_{i,t}$	0. 269 ***	0. 361 ***	0. 154 **	0. 220 ***
	(3. 07)	(4. 07)	(2. 56)	(3. 62)
TOBINQ$_{i,t}$	0. 003	0. 002	0. 003	0. 002
	(0. 43)	(0. 34)	(0. 62)	(0. 54)
SIGMA$_{i,t}$	1. 145 ***	1. 170 ***	0. 236	0. 254
	(2. 91)	(2. 98)	(0. 90)	(0. 97)
RETURN$_{i,t}$	0. 042 ***	0. 043 ***	0. 035 ***	0. 036 ***
	(3. 55)	(3. 64)	(4. 19)	(4. 29)
DTURN$_{i,t}$	-0. 018	-0. 018	-0. 001	-0. 001
	(-1. 30)	(-1. 29)	(-0. 11)	(-0. 09)
BETA$_{i,t}$	-0. 183 ***	-0. 181 ***	-0. 106 ***	-0. 105 ***
	(-7. 93)	(-7. 83)	(-6. 80)	(-6. 71)

变量	NCSKEW$_{i,t+1}$		DUVOL$_{i,t+1}$	
	（1）	（2）	（3）	（4）
ABACC$_{i,t}$	0.132 ***	0.136 ***	0.073 **	0.076 **
	（2.79）	（2.88）	（2.30）	（2.40）
Cons.	0.022	0.023	0.198 **	0.200 **
	（0.16）	（0.16）	（2.03）	（2.05）
年份固定效应	是	是	是	是
行业固定效应	是	是	是	是
观测数	20993	20993	20993	20993
调整的 R^2	0.075	0.075	0.077	0.078
F 统计值	38.933	38.899	41.326	41.312

注：*、** 和 *** 分别代表10%、5%和1%显著性水平。

总之，结合表4.23 和表4.24 的结果，本部分的研究结果支持了供应链集中度的企业避税影响机制，即较高的供应链集中度鼓励客户和供应商等外部利益相关者对上市公司激进避税行为进行监督，能够有效增加企业实际有效税率、抑制管理层激进的避税行为，进而抑制了未来的股价崩盘风险。

4.6　稳健性检验

本节对供应链集中度和未来股价崩盘风险之间的因果关系进行一系列稳健性检验，以进一步支持和论证前面的基本结论。具体而言，本节首先变更股价崩盘风险的测度方法，以降低变量度量偏差的影响。其次在控制年份和行业固定效应的基础上，控制地区固定效应，以排除地区不可观测因素的影响。最后为缓解遗漏变量导致的内生性问题，本节以供应链集中度的年度行业中位数为工具变量，进行了一系列两阶段最小二乘法（2SLS）回归。

4.6.1　变更股价崩盘风险的测度方法

为降低股价崩盘风险的度量偏差对回归结果的影响，与前面类似，本部分参照常等（2017）、许年行等（2012）的研究使用虚拟变量 CRASH$_{i,t}$ 对股价崩盘风险进行重新测度。具体地，将式（4.2）度量的周特定收益率 $W_{i,w}$ 根据如下条件进行判断：

$$W_{i,w} \leq \text{Average}(W_{i,w}) - 3.09\sigma_{i,w} \tag{4.6}$$

其中，$\text{Average}(W_{i,w})$ 为第 i 家公司股票的特定周收益率年均值，$\sigma_{i,w}$ 为第 i 家公司股票当年特定周收益率的标准差，3.09 个标准差对应标准正态分布下 0.1% 的概率区间。如果在 t 年度公司 i 的股票特定周收益率 $W_{i,w}$ 至少有一次满足式（4.6）的条件，那么意味着该年公司股票发生了崩盘事件，对应的 $\text{CRASH}_{i,t}$ 取值为 1，否则取值为 0。

参照基准回归模型（4.5），本部分使用 Logistic 多元回归估计方法考察供应链集中度对虚拟变量 $\text{CRASH}_{i,t}$ 测度的股价崩盘风险的影响。表 4.25 报告了回归结果，其中括号内报告了基于公司个体聚类的稳健标准误计算的 z 值。可以发现，除列（3）和列（6）外，供应链集中度指标的回归系数都至少在 10% 水平下显著为负，说明供应链集中度显著抑制了未来发生股价崩盘的概率，这与先前的研究结果是一致的。

表 4.25　　　　　　　　　　　　　更换股价崩盘风险的测度

变量	$\text{CRASH}_{i,t+1}$						
	（1）	（2）	（3）	（4）	（5）	（6）	（7）
$\text{CSC}_{i,t}$	-0.096^{*} （-1.70）						
$\text{CCTOP1}_{i,t}$		-0.329^{**} （-2.39）					
$\text{CCTOP5}_{i,t}$			-0.154 （-1.45）				
$\text{CCHHI}_{i,t}$				-0.289^{*} （-1.87）			
$\text{SCTOP1}_{i,t}$					-0.043^{***} （-3.17）		
$\text{SCTOP5}_{i,t}$						-0.070 （-1.54）	
$\text{SCHHI}_{i,t}$							-0.300^{*} （-1.74）

续表

变量	CRASH$_{i,t+1}$						
	(1)	(2)	(3)	(4)	(5)	(6)	(7)
CRASH$_{i,t}$	0.072 (1.03)	0.086 (0.84)	0.072 (1.02)	0.086 (0.84)	0.070 (0.62)	0.097 (1.24)	0.069 (0.61)
SIZE$_{i,t}$	−0.094 *** (−3.26)	−0.113 *** (−2.90)	−0.094 *** (−3.29)	−0.111 *** (−2.86)	−0.163 *** (−3.31)	−0.108 *** (−3.16)	−0.165 *** (−3.36)
LEV$_{i,t}$	0.247 * (1.74)	0.332 * (1.70)	0.247 * (1.73)	0.329 * (1.69)	0.345 (1.52)	0.197 (1.20)	0.343 (1.51)
BM$_{i,t}$	−0.172 (−0.97)	−0.292 (−1.18)	−0.176 (−0.99)	−0.294 (−1.19)	−0.114 (−0.41)	−0.085 (−0.43)	−0.105 (−0.38)
ROE$_{i,t}$	−0.547 *** (−3.40)	−0.321 (−1.37)	−0.555 *** (−3.45)	−0.314 (−1.34)	−0.575 ** (−2.15)	−0.617 *** (−3.35)	−0.578 ** (−2.16)
TOBINQ$_{i,t}$	0.044 * (1.91)	−0.016 (−0.50)	0.045 * (1.94)	−0.017 (−0.53)	−0.024 (−0.67)	0.036 (1.39)	−0.023 (−0.63)
SIGMA$_{i,t}$	0.282 (0.16)	−0.639 (−0.25)	0.333 (0.18)	−0.672 (−0.27)	1.478 (0.54)	2.020 (1.04)	1.503 (0.54)
RETURN$_{i,t}$	−0.049 (−0.76)	−0.073 (−0.81)	−0.050 (−0.78)	−0.072 (−0.80)	0.021 (0.19)	0.006 (0.08)	0.018 (0.17)
DTURN$_{i,t}$	−0.085 (−1.35)	−0.060 (−0.75)	−0.086 (−1.36)	−0.060 (−0.74)	−0.070 (−0.78)	−0.089 (−1.30)	−0.069 (−0.77)
BETA$_{i,t}$	−0.712 *** (−6.87)	−0.792 *** (−5.24)	−0.709 *** (−6.84)	−0.795 *** (−5.25)	−0.865 *** (−4.96)	−0.819 *** (−7.37)	−0.867 *** (−4.96)
ABACC$_{i,t}$	0.319 (1.47)	0.662 *** (2.59)	0.326 (1.50)	0.659 *** (2.59)	1.089 *** (3.14)	0.443 (1.63)	1.097 *** (3.16)
Cons.	1.162 * (1.80)	2.103 ** (2.24)	1.190 * (1.85)	2.056 ** (2.19)	3.333 *** (2.58)	1.341 * (1.73)	3.396 *** (2.64)
年份固定效应	是	是	是	是	是	是	是
行业固定效应	是	是	是	是	是	是	是
观测数	24581	13578	24581	24581	9560	18469	18469
调整的 R^2	0.044	267.26	588.70	265.28	222.18	424.62	223.56
Chi2 统计值	587.99	0.034	0.0437	0.033	0.038	0.042	0.038

注：* 、** 和 *** 分别代表10%、5%和1%显著性水平。

4.6.2　控制地区固定效应

本节进一步控制地区固定效应，以缓解一些不可观测的地区因素导致基准回归结果的偏差。根据上市公司总部注册地所在省份，本节在基准回归模型（4.5）的基础上，进一步从省级层面控制地区固定效应进行 OLS 回归。表 4.26 报告了回归结果，其中表 4.26 - 1 考察了供应链集中度对负收益偏态系数的影响，表 4.26 - 2 展示了对收益上下波动比率的影响，括号内报告了基于公司个体聚类的稳健标准误计算的 t 值。与先前的研究结果一致，在表 4.26 - 1 和表 4.26 - 2 中，供应链集中度指标的系数大多至少在 10% 水平下显著为负。这些发现表明，在控制地区不可观测因素的影响后，供应链集中度对未来股价崩盘风险的抑制效应是显著且稳健的。

表 4.26 - 1　供应链集中度对负收益偏态系数的影响——控制地区固定效应

变量	NCSKEW$_{i,t+1}$						
	(1)	(2)	(3)	(4)	(5)	(6)	(7)
CSC$_{i,t}$	- 0.060 ** (-2.19)						
CCTOP1$_{i,t}$		- 0.139 *** (-3.05)					
CCTOP5$_{i,t}$			- 0.071 *** (-3.34)				
CCHHI$_{i,t}$				- 0.180 *** (-2.79)			
SCTOP1$_{i,t}$					- 0.085 (-1.46)		
SCTOP5$_{i,t}$						- 0.048 * (-1.84)	
SCHHI$_{i,t}$							- 0.126 (-1.43)
NCSKEW$_{i,t}$	0.043 *** (6.52)	0.048 *** (5.39)	0.043 *** (6.51)	0.048 *** (5.39)	0.053 *** (5.09)	0.046 *** (6.12)	0.053 *** (5.09)

变量	$NCSKEW_{i,t+1}$						
	(1)	(2)	(3)	(4)	(5)	(6)	(7)
$SIZE_{i,t}$	0.015 ***	0.024 ***	0.015 ***	0.025 ***	0.021 **	0.012 *	0.021 **
	(2.65)	(3.19)	(2.68)	(3.25)	(2.11)	(1.89)	(2.15)
$LEV_{i,t}$	−0.005	−0.014	−0.005	−0.014	−0.005	−0.007	−0.005
	(−0.17)	(−0.36)	(−0.17)	(−0.36)	(−0.10)	(−0.22)	(−0.10)
$BM_{i,t}$	−0.377 ***	−0.435 ***	−0.379 ***	−0.435 ***	−0.361 ***	−0.336 ***	−0.362 ***
	(−10.55)	(−8.77)	(−10.62)	(−8.75)	(−6.09)	(−8.17)	(−6.11)
$ROE_{i,t}$	0.007	0.014	0.004	0.016	−0.049	−0.006	−0.049
	(0.18)	(0.26)	(0.10)	(0.29)	(−0.71)	(−0.12)	(−0.71)
$TOBINQ_{i,t}$	0.004	−0.005	0.004	−0.004	−0.004	0.003	−0.004
	(0.71)	(−0.63)	(0.74)	(−0.61)	(−0.41)	(0.46)	(−0.40)
$SIGMA_{i,t}$	0.669 *	1.032 **	0.677 *	1.017 **	1.115 **	0.865 **	1.113 **
	(1.89)	(2.16)	(1.91)	(2.13)	(2.01)	(2.21)	(2.01)
$RETURN_{i,t}$	0.040 ***	0.059 ***	0.040 ***	0.059 ***	0.095 ***	0.056 ***	0.095 ***
	(3.62)	(3.57)	(3.60)	(3.56)	(4.56)	(4.26)	(4.56)
$DTURN_{i,t}$	−0.015	−0.013	−0.015	−0.013	−0.031 *	−0.024 *	−0.031 *
	(−1.17)	(−0.80)	(−1.18)	(−0.79)	(−1.67)	(−1.67)	(−1.66)
$BETA_{i,t}$	−0.168 ***	−0.203 ***	−0.167 ***	−0.204 ***	−0.195 ***	−0.172 ***	−0.195 ***
	(−7.90)	(−6.76)	(−7.85)	(−6.80)	(−5.14)	(−7.09)	(−5.14)
$ABACC_{i,t}$	0.099 **	0.152 ***	0.100 **	0.151 ***	0.160 **	0.108 *	0.160 **
	(2.27)	(2.84)	(2.31)	(2.83)	(2.13)	(1.86)	(2.13)
Cons.	−0.203	−0.320	−0.196	−0.339	−0.250	−0.148	−0.260
	(−1.58)	(−1.55)	(−1.55)	(−1.64)	(−0.75)	(−0.97)	(−0.78)
年份固定效应	是	是	是	是	是	是	是
行业固定效应	是	是	是	是	是	是	是
地区固定效应	是	是	是	是	是	是	是
观测数	24581	13578	24581	24581	9560	18469	18469
调整的 R^2	0.078	0.065	0.078	0.065	0.061	0.073	0.061
F 统计值	28.126	13.982	28.162	13.977	9.972	20.435	9.981

注：* 、** 和 *** 分别代表 10%、5% 和 1% 显著性水平。

表 4.26 – 2　供应链集中度对收益上下波动比率的影响——控制地区固定效应

变量	DUVOL$_{i,t+1}$						
	(1)	(2)	(3)	(4)	(5)	(6)	(7)
CSC$_{i,t}$	-0.042 ** (-2.33)						
CCTOP1$_{i,t}$		-0.083 *** (-2.79)					
CCTOP5$_{i,t}$			-0.049 *** (-3.41)				
CCHHI$_{i,t}$				-0.109 ** (-2.57)			
SCTOP1$_{i,t}$					-0.055 * (-1.77)		
SCTOP5$_{i,t}$						-0.039 ** (-2.28)	
SCHHI$_{i,t}$							-0.076 (-1.31)
DUVOL$_{i,t}$	0.035 *** (5.28)	0.037 *** (4.11)	0.035 *** (5.26)	0.037 *** (4.11)	0.044 *** (4.05)	0.038 *** (4.96)	0.044 *** (4.06)
SIZE$_{i,t}$	-0.002 (-0.42)	0.001 (0.13)	-0.001 (-0.40)	0.001 (0.19)	-0.005 (-0.81)	-0.005 (-1.08)	-0.005 (-0.76)
LEV$_{i,t}$	-0.004 (-0.23)	-0.015 (-0.59)	-0.004 (-0.23)	-0.015 (-0.59)	-0.003 (-0.10)	0.005 (0.21)	-0.003 (-0.09)
BM$_{i,t}$	-0.229 *** (-9.62)	-0.264 *** (-8.06)	-0.231 *** (-9.69)	-0.264 *** (-8.05)	-0.222 *** (-5.71)	-0.205 *** (-7.57)	-0.222 *** (-5.73)
ROE$_{i,t}$	0.008 (0.31)	0.018 (0.50)	0.006 (0.23)	0.019 (0.52)	-0.006 (-0.14)	0.003 (0.10)	-0.006 (-0.13)
TOBINQ$_{i,t}$	0.002 (0.55)	-0.007 (-1.37)	0.002 (0.58)	-0.007 (-1.35)	-0.008 (-1.42)	0.001 (0.28)	-0.008 (-1.42)
SIGMA$_{i,t}$	-0.025 (-0.11)	0.225 (0.71)	-0.020 (-0.09)	0.212 (0.67)	0.208 (0.57)	0.033 (0.13)	0.207 (0.57)

变量	DUVOL$_{i,t+1}$						
	（1）	（2）	（3）	（4）	（5）	（6）	（7）
RETURN$_{i,t}$	0.033***	0.053***	0.033***	0.053***	0.081***	0.042***	0.080***
	（4.21）	（4.66）	（4.19）	（4.65）	（5.57）	（4.44）	（5.56）
DTURN$_{i,t}$	−0.000	0.002	−0.000	0.002	−0.010	−0.006	−0.010
	（−0.03）	（0.17）	（−0.04）	（0.19）	（−0.86）	（−0.71）	（−0.85）
BETA$_{i,t}$	−0.097***	−0.115***	−0.096***	−0.115***	−0.087***	−0.090***	−0.087***
	（−6.78）	（−5.77）	（−6.73）	（−5.80）	（−3.49）	（−5.55）	（−3.49）
ABACC$_{i,t}$	0.050*	0.078**	0.051*	0.078**	0.081	0.064*	0.081
	（1.72）	（2.25）	（1.76）	（2.24）	（1.63）	（1.65）	（1.62）
Cons.	0.075	0.070	0.079	0.059	0.113	0.138	0.104
	（0.86）	（0.49）	（0.91）	（0.41）	（0.51）	（1.31）	（0.47）
年份固定效应	是	是	是	是	是	是	是
行业固定效应	是	是	是	是	是	是	是
地区固定效应	是	是	是	是	是	是	是
观测数	24581	13578	24581	24581	9560	18469	18469
调整的 R^2	0.081	0.065	0.081	0.064	0.063	0.077	0.063
F 统计值	30.496	14.267	30.508	14.265	10.351	22.451	10.338

注：*、**和***分别代表10%、5%和1%显著性水平。

4.6.3 两阶段最小二乘法（2SLS）回归

为了降低不可观测的遗漏变量导致的内生性问题，本节拟采用工具变量法通过两阶段最小二乘回归进一步识别供应链集中度与未来股价崩盘风险之间的因果关系。具体而言，在第一阶段回归中，本节拟采用每年各行业中对应的供应链集中度指标的行业均值作为公司层面供应链集中度指标的工具变量。该工具变量的选取在一定程度上是外生性的，因为处于同一行业的上市公司由于行业特征和发展因素的影响可能存在相似的集中度；然而行业集中度对于个股的股价崩盘风险影响是外生的。

表4.27报告了2SLS第一阶段回归的结果，括号内报告了基于公司个体聚类的稳健标准误计算的t值。可以发现，在所有回归中，相应上市公司供

应链集中度的行业均值的系数都在 1% 水平下显著为正，说明行业层面的集中度是上市公司供应链集中度的重要影响因素。此外，可以发现在规模小、杠杆率低、账面市值比高、盈利能力差以及托宾 Q 值高的公司中，供应链集中度水平较高。

表 4.27   2SLS 第一阶段回归结果

变量	$CSC_{i,t}$	$CCTOP1_{i,t}$	$CCTOP5_{i,t}$	$CCHHI_{i,t}$	$SCTOP1_{i,t}$	$SCTOP5_{i,t}$	$SCHHI_{i,t}$
	(1)	(2)	(3)	(4)	(5)	(6)	(7)
$IND\_CSC_{i,t}$	0.672 ***						
	(9.96)						
$IND\_CCTOP1_{i,t}$		0.606 ***					
		(6.84)					
$IND\_CCTOP5_{i,t}$			0.679 ***				
			(11.02)				
$IND\_CCHHI_{i,t}$				0.580 ***			
				(5.13)			
$IND\_SCTOP1_{i,t}$					0.815 ***		
					(10.10)		
$IND\_SCTOP5_{i,t}$						0.717 ***	
						(12.17)	
$IND\_SCHHI_{i,t}$							0.986 ***
							(6.40)
$SIZE_{i,t}$	-0.024 ***	-0.005	-0.017 ***	-0.001	-0.015 ***	-0.034 ***	-0.009 ***
	(-8.15)	(-1.44)	(-4.07)	(-0.43)	(-4.62)	(-9.05)	(-4.49)
$LEV_{i,t}$	-0.038 ***	0.012	-0.031	0.008	-0.017	-0.054 ***	-0.011
	(-2.64)	(0.68)	(-1.48)	(0.62)	(-0.99)	(-2.78)	(-0.92)
$BM_{i,t}$	0.015	0.012	-0.019	0.014	0.048 ***	0.058 ***	0.031 ***
	(0.94)	(0.63)	(-0.86)	(1.03)	(2.68)	(3.03)	(2.64)
$ROE_{i,t}$	-0.052 ***	-0.031 **	-0.091 ***	-0.009	-0.031 **	-0.061 ***	-0.018 **
	(-4.12)	(-2.03)	(-5.43)	(-0.80)	(-2.14)	(-3.87)	(-1.98)
$TOBINQ_{i,t}$	0.008 ***	0.006 ***	0.009 ***	0.005 ***	0.009 ***	0.014 ***	0.006 ***
	(3.56)	(2.76)	(3.15)	(3.30)	(3.43)	(5.17)	(3.38)

变量	$CSC_{i,t}$	$CCTOP1_{i,t}$	$CCTOP5_{i,t}$	$CCHHI_{i,t}$	$SCTOP1_{i,t}$	$SCTOP5_{i,t}$	$SCHHI_{i,t}$
	(1)	(2)	(3)	(4)	(5)	(6)	(7)
$SIGMA_{i,t}$	0.731 ***	0.280 **	0.776 ***	0.167 **	0.231 **	0.419 ***	0.107
	(7.65)	(2.57)	(6.12)	(2.14)	(2.14)	(3.33)	(1.50)
$RETURN_{i,t}$	−0.011 ***	−0.008 **	−0.014 ***	−0.007 ***	−0.013 ***	−0.014 ***	−0.008 ***
	(−3.93)	(−2.17)	(−3.49)	(−2.78)	(−3.31)	(−3.50)	(−3.11)
$DTURN_{i,t}$	−0.003	0.001	−0.004	0.002	0.006 **	0.006 *	0.004 **
	(−1.24)	(0.64)	(−1.44)	(1.58)	(2.12)	(1.89)	(2.44)
$BETA_{i,t}$	−0.008	−0.009	0.011	−0.016 **	−0.005	−0.011	−0.007
	(−1.16)	(−1.03)	(1.20)	(−2.47)	(−0.62)	(−1.26)	(−1.29)
$ABACC_{i,t}$	0.053 ***	0.001	0.063 ***	−0.002	0.033 *	0.060 ***	0.023 *
	(3.80)	(0.09)	(3.34)	(−0.20)	(1.85)	(3.09)	(1.95)
Cons.	0.556 ***	0.130 *	0.443 ***	0.027	0.313 ***	0.781 ***	0.213 ***
	(8.58)	(1.89)	(4.69)	(0.57)	(3.68)	(9.39)	(3.61)
年份固定效应	是	是	是	是	是	是	是
行业固定效应	是	是	是	是	是	是	是
观测数	24581	13578	24581	24581	9560	18469	18469
调整的 R^2	0.185	0.166	0.153	0.190	0.088	0.131	0.080
F 统计值	49.878	8.402	22.734	7.090	7.943	19.386	5.953

注：*、** 和 *** 分别代表 10%、5% 和 1% 显著性水平。

表 4.28 进一步报告了 2SLS 第二阶段的回归结果，其中表 4.28 - 1 研究了对负收益偏态系数的影响，表 4.28 - 2 考察了对收益上下波动比率的影响，括号内报告了基于公司个体聚类的稳健标准误计算的 z 值。在表 4.28 - 1 中，除列（6）外，供应链集中度代理指标的系数至少在 10% 水平上显著为负，再次证明了供应链集中度对降低负收益偏态系数的重要作用。类似的结果在表 4.28 - 2 中同样存在。这些发现说明，在控制可能的遗漏变量造成的回归结果偏差后，供应链集中度对上市公司未来股价崩盘风险的抑制效应依然是显著且稳健的。

表 4.28 - 1　　　2SLS 第二阶段回归——对负收益偏态系数的影响

变量	NCSKEW$_{i,t+1}$						
	(1)	(2)	(3)	(4)	(5)	(6)	(7)
CSC$_{i,t}$	-0.036** (2.14)						
CCTOP1$_{i,t}$		-0.871** (-2.49)					
CCTOP5$_{i,t}$			-0.260* (-1.94)				
CCHHI$_{i,t}$				-0.744*** (-3.64)			
SCTOP1$_{i,t}$					-0.944** (-1.96)		
SCTOP5$_{i,t}$						-0.215 (-1.54)	
SCHHI$_{i,t}$							-2.056** (-2.43)
NCSKEW$_{i,t}$	0.010 (1.12)	0.013 (1.58)	0.013** (2.03)	0.016** (2.15)	-0.000 (-0.04)	-0.001 (-0.08)	-0.005 (-0.37)
SIZE$_{i,t}$	0.007 (0.24)	-0.001 (-0.03)	0.014 (0.48)	-0.004 (-0.11)	-0.010 (-0.19)	-0.007 (-0.20)	-0.015 (-0.27)
LEV$_{i,t}$	-0.356*** (-9.91)	-0.405*** (-7.94)	-0.349*** (-9.46)	-0.406*** (-8.12)	-0.294*** (-4.49)	-0.305*** (-7.10)	-0.277*** (-4.04)
BM$_{i,t}$	0.025 (0.58)	0.006 (0.10)	0.048 (1.05)	0.025 (0.45)	-0.067 (-0.92)	-0.004 (-0.09)	-0.077 (-1.03)
ROE$_{i,t}$	0.001 (0.24)	-0.003 (-0.39)	-0.001 (-0.11)	-0.004 (-0.58)	0.001 (0.13)	0.003 (0.49)	0.006 (0.60)
TOBINQ$_{i,t}$	0.626 (1.57)	1.256*** (2.58)	0.467 (1.22)	1.145** (2.37)	1.307** (2.29)	0.950** (2.37)	1.299** (2.25)
SIGMA$_{i,t}$	0.047*** (4.10)	0.061*** (3.63)	0.050*** (4.42)	0.063*** (3.76)	0.095*** (4.29)	0.060*** (4.44)	0.090*** (3.99)
RETURN$_{i,t}$	-0.014 (-1.13)	-0.013 (-0.78)	-0.014 (-1.08)	-0.012 (-0.76)	-0.028 (-1.46)	-0.023 (-1.60)	-0.024 (-1.26)

变量	NCSKEW$_{i,t+1}$						
	（1）	（2）	（3）	（4）	（5）	（6）	（7）
DTURN$_{i,t}$	−0.175 ***	−0.223 ***	−0.179 ***	−0.226 ***	−0.214 ***	−0.184 ***	−0.224 ***
	（−8.18）	（−7.25）	（−8.36）	（−7.29）	（−5.55）	（−7.54）	（−5.60）
BETA$_{i,t}$	0.046 ***	0.050 ***	0.047 ***	0.051 ***	0.057 ***	0.049 ***	0.056 ***
	（6.93）	（5.49）	（6.98）	（5.65）	（5.38）	（6.51）	（5.24）
ABACC$_{i,t}$	0.101 **	0.160 ***	0.086 *	0.158 ***	0.193 **	0.119 **	0.212 ***
	（2.21）	（2.96）	（1.88）	（2.93）	（2.48）	（2.01）	（2.65）
Cons.	−0.038	0.066	−0.179	−0.071	0.416	0.243	0.529
	（−0.17）	（0.30）	（−1.02）	（−0.35）	（1.02）	（0.93）	（1.26）
年份固定效应	是	是	是	是	是	是	是
行业固定效应	是	是	是	是	是	是	是
观测数	24581	13578	24581	24581	9560	18469	18469
调整的 R^2	0.075	0.043	0.066	0.056	0.036	0.068	0.008
Wald Chi2	1994.62	932.46	1959.56	944.03	647.03	1425.32	629.61

注：*、** 和 *** 分别代表 10%、5% 和 1% 显著性水平。

表 4.28－2   2SLS 第二阶段回归——对收益上下波动比率的影响

变量	DUVOL$_{i,t+1}$						
	（1）	（2）	（3）	（4）	（5）	（6）	（7）
CSC$_{i,t}$	−0.041 **						
	（−2.23）						
CCTOP1$_{i,t}$		−0.491 **					
		（−2.03）					
CCTOP5$_{i,t}$			−0.157				
			（−1.22）				
CCHHI$_{i,t}$				−0.344 **			
				（−2.10）			
SCTOP1$_{i,t}$					−0.436 *		
					（−1.83）		
SCTOP5$_{i,t}$						−0.182	
						（−1.29）	

变量	DUVOL$_{i,t+1}$						
	（1）	（2）	（3）	（4）	（5）	（6）	（7）
SCHHI$_{i,t}$							− 0.976 * （ − 1.81）
DUVOL$_{i,t}$	− 0.006 （ − 1.04）	− 0.006 （ − 1.08）	− 0.002 （ − 0.47）	− 0.004 （ − 0.71）	− 0.015 * （ − 1.87）	− 0.014 ** （ − 2.13）	− 0.017 ** （ − 2.08）
SIZE$_{i,t}$	0.001 （0.05）	− 0.006 （ − 0.24）	0.008 （0.39）	− 0.009 （ − 0.33）	− 0.004 （ − 0.11）	0.003 （0.14）	− 0.006 （ − 0.18）
LEV$_{i,t}$	− 0.214 *** （ − 8.93）	− 0.245 *** （ − 7.36）	− 0.211 *** （ − 8.65）	− 0.247 *** （ − 7.56）	− 0.187 *** （ − 4.46）	− 0.182 *** （ − 6.40）	− 0.178 *** （ − 4.07）
BM$_{i,t}$	0.015 （0.51）	0.013 （0.35）	0.032 （1.05）	0.024 （0.67）	− 0.015 （ − 0.32）	− 0.001 （ − 0.02）	− 0.020 （ − 0.42）
ROE$_{i,t}$	0.001 （0.29）	− 0.006 （ − 1.14）	− 0.001 （ − 0.15）	− 0.007 （ − 1.39）	− 0.006 （ − 1.00）	0.002 （0.51）	− 0.004 （ − 0.57）
TOBINQ$_{i,t}$	− 0.021 （ − 0.08）	0.347 （1.08）	− 0.160 （ − 0.63）	0.269 （0.85）	0.290 （0.77）	0.096 （0.36）	0.289 （0.77）
SIGMA$_{i,t}$	0.037 *** （4.51）	0.054 *** （4.71）	0.039 *** （4.91）	0.056 *** （4.87）	0.082 *** （5.42）	0.044 *** （4.46）	0.079 *** （5.18）
RETURN$_{i,t}$	0.000 （0.01）	0.002 （0.20）	0.001 （0.08）	0.002 （0.20）	− 0.009 （ − 0.72）	− 0.005 （ − 0.59）	− 0.007 （ − 0.57）
DTURN$_{i,t}$	− 0.102 *** （ − 7.09）	− 0.127 *** （ − 6.26）	− 0.104 *** （ − 7.22）	− 0.127 *** （ − 6.23）	− 0.098 *** （ − 3.87）	− 0.098 *** （ − 5.98）	− 0.102 *** （ − 3.95）
BETA$_{i,t}$	0.037 *** （5.66）	0.038 *** （4.10）	0.038 *** （5.76）	0.040 *** （4.32）	0.048 *** （4.33）	0.040 *** （5.24）	0.047 *** （4.20）
ABACC$_{i,t}$	0.056 * （1.84）	0.086 ** （2.42）	0.043 （1.43）	0.084 ** （2.40）	0.100 * （1.93）	0.075 * （1.89）	0.109 ** （2.06）
Cons.	0.219 （1.44）	0.302 ** （2.03）	0.089 （0.75）	0.222 （1.58）	0.442 * （1.67）	0.421 ** （2.34）	0.501 * （1.86）
年份固定效应	是	是	是	是	是	是	是
行业固定效应	是	是	是	是	是	是	是
观测数	24581	13578	24581	24581	9560	18469	18469
调整的 R^2	0.079	0.049	0.071	0.060	0.051	0.072	0.036
Wald Chi2	899.04	970.79	1166.15	981.97	694.74	1587.29	682.13

注：* 、** 和 *** 分别代表 10%、5% 和 1% 显著性水平。

4.7　本章小结

　　本章以 2001～2019 年我国沪深 A 股市场上市公司为研究样本，考察了供应链关系的集中度对公司未来股价崩盘风险的影响。首先，本章的基本研究发现，供应链集中度的提升有助于降低上市公司未来的股价崩盘风险，并且该影响在供应链整体集中度层面、客户集中度层面以及供应商集中度层面都是显著的。其次，本章结合宏观股票市场周期、行业垄断和公司内部监督深入考察了供应链集中度影响股价崩盘风险的异质性，发现在熊市周期、垄断程度更高的行业以及内部监督更弱的公司中，供应链集中度对未来股价崩盘风险的抑制效应更强。再次，本章结合外部利益相关者的监督效应，从盈余管理和企业避税两个路径检验了供应链集中度降低股价崩盘风险的机制，研究发现供应链集中度的提升通过降低管理层对财务信息的操纵和约束管理层的激进避税行为两种途径，降低未来的股价崩盘风险。最后，本章采用股价崩盘风险的替代变量、控制地区固定效应以及使用工具变量 2SLS 回归方法，进一步验证了供应链集中度对未来股价崩盘风险影响的稳健性。

　　综上所述，本章的发现揭示了供应链关系集中度的提升能够加强客户和供应商等利益相关者对上市公司管理层的监督，以及供应链集中度在特定市场环境、行业特征和公司治理特征中对稳定股价发挥的重要治理作用。更重要的是，本章从管理层盈余管理程度和企业避税行为的双重视角识别了供应链集中度影响未来股价崩盘风险的路径机制，能够为提升上市公司外部监督治理效应、促进信息透明度提升，以稳定公司股价提供重要的实践启示。同时，为各行业组织推动供应链的集中和整合提供依据，为市场监管部门完善供应链信息披露的法律法规，以稳定行业股价波动、促进资本市场平稳健康发展提供积极的政策参考借鉴。

第 5 章

供应链稳定度对股价
崩盘风险的影响

在供应链管理体系中，维护供应链的稳定合作关系不仅能有效降低企业面临的经营风险，而且可以促进客户和供应商等外部利益相关者对管理层的持续监督。本章重点研究 A 股市场上市公司供应链稳定度对公司未来股价崩盘风险的影响，并系统分析供应链稳定度影响股价崩盘风险的内外部因素和路径机制，为深入考察供应链利益相关者的监督是否以及如何对上市公司股票定价效率产生溢出效应提供充分的理论依据和实证证据，同时揭示稳定的供应链合作关系是否会通过降低企业经营风险维护股价平稳运行，从而为上市公司加强供应链体系管理和有效应对股价崩盘风险提供重要实践启示。

5.1 理论分析与研究假说

相对于供应链透明度和集中度，供应链稳定度主要反映了企业与上下游主要客户和供应商长期、稳定的合作关系（Hennig-Thurau，2000）。企业与主要客户或供应商稳定的合作关系不仅能降低企业经营风险，同时会强化供应链利益相关者对公司管理层的持续监督。从经营风险角度来看，稳定的供应链合作关系能够使得企业从上下游客户和供应商处获得有价值的信息以促进与供应链利益相关者的联合投资，提高供应链管理效率和企业经营效率，降低销售费用、管理费用等，增强企业应对市场竞争和危机的能力，从而降低经营的不确定性（Arya and Mittendorf，2007；Palmatier et al.，2008；李全喜和孙磐石，2012）。从外部监督角度来看，稳定的供应链合作关系建立在主要客户或供应商与企业深度互信的基础上，能够加强供应链外部利益相关者对公司管理层持续的外部监督，抑制管理层通过信息操纵损害客户或供应商利益的行为，从而降低与管理层间的信息不对称程度（Nyaga and Whipple，2011；Chang et al.，2012）。

股价崩盘风险主观上是管理层掩盖公司负面信息导致，客观上反映公司实际经营状况的恶化和经营风险的增加（Jin and Myers，2006；Hutton et al.，2009；Konchitchkil et al.，2016）。因此，稳定的供应链合作关系不仅能够强化外部供应链利益相关者对管理层信息披露的监督，同时会降低企业的经营风险，从而抑制未来的股价崩盘风险。鉴于此，本章提出以下基本研究假说。

假说 5.1：上市公司供应链稳定度越高，公司未来的股价崩盘风险越低。

5.2 研究设计

5.2.1 样本选取和数据来源

本章选取 2003～2019 年沪深 A 股市场上市公司的年度观测数据作为初始样本，并根据以下方式对初始样本进行筛选：（1）剔除金融行业公司；（2）剔除样本期间内带有 "ST" " * ST" "PT" 标识的样本；（3）剔除年交易周数少于 26 周的样本；（4）剔除相关财务数据缺失的样本；（5）剔除未披露主要客户或供应商名称信息的样本。本章所涉及的上市公司客户/供应商相关信息、公司财务数据和股票市场交易数据等均来自国泰安（CSMAR）数据库。由于大部分公司未详细披露或未连续披露主要客户/供应商的具体名称，在剔除这些大量不符合条件的样本后，本章最终得到 2003～2019 年 5369 个包含主要客户稳定度信息的公司年度观测值，以及 3204 个包含主要供应商稳定度信息的公司年度观测值。此外，为降低极端值的影响，本章对所有连续变量在上下 1% 水平上进行缩尾处理。

5.2.2 变量定义和测度

5.2.2.1 被解释变量

与前面一致，本章主要的被解释变量为上市公司的股价崩盘风险。参照安等（2015）、徐等（2014）、谢德仁等（2016）的研究，使用股票收益的负收益偏态系数（NCSKEW）和收益上下波动比率（DUVOL）作为股价崩盘风险的代理指标。具体地，首先，根据回归模型即式（5.1）和式（5.2）计算经市场收益率调整后的股票特质周收益率 $W_{i,w}$：

$$R_{i,w} = \alpha_i + \beta_1 R_{m,w-2} + \beta_2 R_{m,w-1} + \beta_3 R_{m,w} + \beta_4 R_{m,w+1} + \beta_5 R_{m,w+2} + \varepsilon_{i,w}$$
$$(5.1)$$

$$W_{i,w} = \ln(1 + \varepsilon_{i,w}) \qquad (5.2)$$

其中，$R_{i,w}$ 为股票 i 在第 w 周的周收益率，$R_{m,w}$ 为第 w 周 A 股市场所有股票流通市值加权平均后的周收益率。参照许年行等（2012）、杨等（2020）的研究，式（5.1）中加入市场周收益率的超前项和滞后项以控制市场非同步性的影响。$\varepsilon_{i,t}$ 为回归的残差项。因此，式（5.2）中 $W_{i,w}$ 即为股票 i 在第 w 周的特质周收益率。

其次，本章基于股票 i 在第 w 周的特质周收益率 $W_{i,w}$，利用负收益偏态系数（NCSKEW）和收益上下波动比率（DUVOL）测度股价崩盘风险：

$$NCSKEW_{i,t} = - \left[n(n-1)^{3/2} \sum W_{i,w}^3 \right] \Big/ \left[(n-1)(n-2) \left(\sum W_{i,w}^2 \right)^{3/2} \right]$$
$$(5.3)$$

$$DUVOL_{i,t} = \log \left[(n_u - 1) \sum_{DOWN} W_{i,w}^2 \right] \Big/ \left[(n_d - 1) \sum_{UP} W_{i,w}^2 \right]$$
$$(5.4)$$

其中，$NCSKEW_{i,t}$ 为 t 年度根据个股周特质收益计算的负收益偏态系数；n 为每年股票 i 的交易周数。$NCSKEW_{i,t}$ 的数值越大，表示收益偏态系数负的程度越严重，则股价崩盘风险越高。式（5.4）中，$DUVOL_{i,t}$ 为 t 年度个股周收益上下变动比率；$n_u(n_d)$ 为股票 i 的特质周收益率 $W_{i,w}$ 大于（小于）其年平均收益率的周数。$DUVOL_{i,t}$ 的数值越大，表示股票收益率向左偏的程度越大，股价崩盘风险越高。在实证过程中，本章使用未来的股价崩盘风险 $NCSKEW_{i,t+1}$ 和 $DUVOL_{i,t+1}$ 作为最终的被解释变量。

5.2.2.2　解释变量

本章主要的解释变量为上市公司供应链稳定度。根据上市公司在年报中披露的前五大客户和供应商名称信息，本章参考常等（2012）、王雄元和彭旋（2016）的研究，从客户和供应商两个层面测度供应链稳定度。

在客户层面，本章使用以下三个指标度量客户稳定度：（1）相较于上年前五大客户的稳定度 $CCST1_{i,t}$，即当年前五大客户中出现在上年前五大客户的个数/5；（2）相较于前两年公司当年前五大客户的稳定度 $CCST12_{i,t}$，即当年前五大客户中出现在前两年前五大客户的个数/10；（3）相较于前三年前五大客户的稳定度 $CCST3_{i,t}$，即当年前五大客户中出现在前三年前五大客户的个数/15。

在供应商层面，本章使用以下三个指标度量供应商稳定度：（1）相较于上年前五大供应商的稳定度 $SCST1_{i,t}$，即当年前五大供应商中出现在上年前五大供应商的个数/5；（2）相较于前两年公司当年前五大供应商的稳定度 $SCST12_{i,t}$，即当年前五大供应商中出现在前两年前五大供应商的个数/10；（3）相较于前三年前五大供应商的稳定度 $SCST3_{i,t}$，即当年前五大客户供应商中出现在前三年前五大供应商的个数/15。

5.2.2.3　控制变量

参考已有研究（许年行等，2012；Xu et al.，2014；An et al.，2015；谢德仁等，2016），本章选取并控制以下几方面因素的影响：（1）当期股价崩盘风险 $NCSKEW_{i,t}$ 或 $DUVOL_{i,t}$；（2）上市公司基本面因素，包括股票总市值的自然对数 $SIZE_{i,t}$、公司负债率 $LEV_{i,t}$、账面市值比 $BM_{i,t}$、净资产收益率 $ROE_{i,t}$ 和托宾 Q 值 $TOBINQ_{i,t}$；（3）股票市场交易指标，包括个股年收益波动率 $SIGMA_{i,t}$、年收益率 $RETURN_{i,t}$、换手率变化 $DTURN_{i,t}$ 和市场贝塔 $BETA_{i,t}$；（4）公司财务信息披露质量 $ABACC_{i,t}$。具体的变量定义如表 5.1 所示。

表 5.1　　　　　　　　　　　　主要变量名称和定义

项目	变量符号	变量定义
被解释变量	$NCSKEW_{i,t+1}$	未来股价崩盘风险，即根据个股周特质收益测度的未来股票收益的负收益偏态系数
	$DUVOL_{i,t+1}$	未来股价崩盘风险，即根据个股周特质收益测度的未来股票收益的上下波动比率
解释变量	$CCST1_{i,t}$	相较于上一年前五大客户的稳定度，即当年前五大客户中出现在上年前五大客户的个数/5
	$CCST2_{i,t}$	相较于前两年前五大客户的稳定度，即当年前五大客户中出现在前两年前五大客户的个数/10

项目	变量符号	变量定义
解释变量	$CCST3_{i,t}$	相较于前三年前五大客户的稳定度，即当年前五大客户中出现在前三年前五大客户的个数/15
	$SCST1_{i,t}$	相较于上一年前五大供应商的稳定度，即当年前五大供应商中出现在上年前五大供应商的个数/5
	$SCST2_{i,t}$	相较于前两年前五大供应商的稳定度，即当年前五大供应商中出现在前两年前五大供应商的个数/10
	$SCST3_{i,t}$	相较于前三年前五大供应商的稳定度，即当年前五大供应商中出现在前三年前五大供应商的个数/15
控制变量	$NCSKEW_{i,t}$	当期股价崩盘风险，即根据个股周特质收益测度的当期股票收益的负收益偏态系数
	$DUVOL_{i,t}$	当期股价崩盘风险，即根据个股周特质收益测度的当期股票收益的上下波动比率
	$SIZE_{i,t}$	总市值，即公司 i 在 t 年度股票总市值的自然对数
	$LEV_{i,t}$	杠杆率，即公司 i 在 t 年度的总负债与总资产之比
	$BM_{i,t}$	账面市值比，即公司 i 在 t 年度的账面价值除以市场价值
	$ROE_{i,t}$	净资产收益率，即公司 i 在 t 年度的净利润除以净资产
	$TOBINQ_{i,t}$	托宾 Q 值，即公司 i 在 t 年度的市值对资产重置成本的比
	$SIGMA_{i,t}$	个股收益波动率，即个股 i 在 t 年度的周收益率标准差
	$RETURN_{i,t}$	个股年收益率，即个股 i 在 t 年度的股票收益率
	$DTURN_{i,t}$	个股换手率变化，即个股 i 在 t 年度的股票换手收益变化
	$BETA_{i,t}$	个股市场贝塔，即个股 i 在 t 年度股票周收益对市场周收益回归的系数
	$ABACC_{i,t}$	财务信息质量的反向指标，即公司 i 在 t 年度可操控性应计利润的绝对值

5.2.3 描述性统计

5.2.3.1 供应链稳定度的年度/行业统计

表 5.2 展示了 2003 ~ 2019 年 A 股市场上市公司供应链平均稳定度在每年度和各行业的统计情况。其中，表 5.2 - 1 报告了供应链平均稳定度的年度趋势。可以发现，在 2011 年前上市公司的客户稳定度以及供应商稳定度整体上呈现倒 "U" 型趋势。2003 年 A 股市场上市公司相比上年、前两年和前三年的平均客户稳定度分别为 0.16、0.04 和 0.02，在 2006 年则分别攀升至 0.38、0.013 和 0.03；类似地，相比上年、前两年和前三年的平均供应商稳定度则分别从 2003 年的 0.19、0.06 和 0.04 提升至 2006 年的 0.36、0.13 和 0.11。但 2007 ~ 2010 年，A 股市场上市公司客户稳定度和供应商稳定度都出现了一定程度的急剧下降。2010 年 A 股市场上市公司相比上年、前两年和前三年的平均客户稳定度达到最低，仅为 0.07、0.01 和 0.01；2009 年 A 股市场上市公司相比上年、前两年和前三年的平均供应商稳定度降至最低水平，分别为 0.07、0.02 和 0.01。而在 2011 ~ 2019 年，上市公司客户和供应商的稳定度水平处于相对稳定的状态，其中相比上年、前两年和前三年的平均客户稳定度分别在 0.44、0.22 和 0.11 左右波动，而相比上年、前两年和前三年的平均供应商稳定度则分别在 0.40、0.20 和 0.10 的水平上小幅变化。由此可见，2011 ~ 2019 年 A 股市场上市公司整体对供应链的管理和维护能力有了极大的提升。同时，从横向比较来看，平均而言上市公司客户的稳定度略微高于其供应商的稳定度。

表 5.2 - 1　2001 ~ 2019 年 A 股上市公司的平均客户/供应商稳定度的年度统计

年份	前五大客户相比上年的平均稳定度	前五大客户相比前两年的平均稳定度	前五大客户相比前三年的平均稳定度	前五大供应商相比上年的平均稳定度	前五大供应商相比前两年的平均稳定度	前五大供应商相比前三年的平均稳定度
2003	0.16	0.04	0.02	0.19	0.06	0.04
2004	0.22	0.03	0.02	0.18	0.09	0.06
2005	0.16	0.04	0.01	0.33	0.15	0.12
2006	0.38	0.13	0.03	0.36	0.13	0.11

年份	前五大客户相比上年的平均稳定度	前五大客户相比前两年的平均稳定度	前五大客户相比前三年的平均稳定度	前五大供应商相比上年的平均稳定度	前五大供应商相比前两年的平均稳定度	前五大供应商相比前三年的平均稳定度
2007	0.26	0.14	0.02	0.25	0.14	0.05
2008	0.10	0.05	0.02	0.20	0.04	0.03
2009	0.10	0.02	0.01	0.07	0.02	0.01
2010	0.07	0.01	0.01	0.31	0.03	0.01
2011	0.37	0.04	0.02	0.35	0.13	0.08
2012	0.39	0.18	0.08	0.24	0.07	0.03
2013	0.37	0.20	0.09	0.11	0.03	0.02
2014	0.40	0.22	0.11	0.38	0.05	0.03
2015	0.43	0.23	0.12	0.40	0.20	0.11
2016	0.43	0.22	0.12	0.40	0.20	0.11
2017	0.44	0.21	0.11	0.40	0.19	0.11
2018	0.43	0.23	0.12	0.42	0.21	0.11
2019	0.48	0.23	0.13	0.46	0.22	0.12

表5.2-2则进一步报告了分行业统计的A股市场上市公司供应链平均稳定度分布。从客户稳定度视角来看，可以发现水电燃气业和餐饮住宿业具有较高的客户稳定度。其中水电燃气业上年、前两年和前三年的平均客户稳定度分别高达0.49、0.28和0.26；餐饮住宿业上年、前两年和前三年的平均客户稳定度则分别为0.49、0.29和0.15。相反，教育业的客户稳定度则处于行业最低水平，其上年、前两年和前三年的平均客户稳定度分别低至0.17、0.03和0.03。然而，从供应商视角来看，教育业供应商稳定度则处于行业最高水平，其上年、前两年和前三年的平均供应商稳定度分别高达0.58、0.35和0.28；建筑业和文体娱乐业的供应商稳定度则相对较低，其中建筑业上年、前两年和前三年的平均供应商稳定度分别为0.20、0.08和0.02，而文体娱乐业上年、前两年和前三年的平均供应商稳定度则低至0.20、0.06和0.02。因此，从行业分类来看，无论是客户稳定度还是供应商稳定度，各行业之间都存在较大的差异。

表 5.2-2　2001～2019 年 A 股上市公司的平均客户/供应商稳定度的行业统计

行业	前五大客户相比上年的平均稳定度	前五大客户相比前两年的平均稳定度	前五大客户相比前三年的平均稳定度	前五大供应商相比上年的平均稳定度	前五大供应商相比前两年的平均稳定度	前五大供应商相比前三年的平均稳定度
农林牧渔业	0.31	0.12	0.06	0.23	0.08	0.03
采矿业	0.37	0.18	0.13	0.33	0.12	0.07
制造业	0.37	0.16	0.07	0.36	0.14	0.07
水电燃气业	0.49	0.28	0.26	0.38	0.16	0.12
建筑业	0.28	0.10	0.08	0.20	0.08	0.02
批发零售业	0.33	0.17	0.04	0.33	0.16	0.10
交通运输业	0.36	0.16	0.07	0.34	0.16	0.07
餐饮住宿业	0.49	0.29	0.15	0.45	0.20	0.04
信息通信业	0.28	0.11	0.05	0.27	0.11	0.06
房地产业	0.28	0.11	0.04	0.27	0.10	0.05
租赁商服业	0.38	0.19	0.05	0.32	0.12	0.05
科技业	0.31	0.10	0.09	0.26	0.07	0.03
公共设施业	0.32	0.13	0.06	0.26	0.09	0.05
教育业	0.17	0.03	0.03	0.58	0.35	0.28
社会卫生业	0.34	0.14	0.14	0.31	0.16	0.13
文体娱乐业	0.28	0.13	0.07	0.20	0.06	0.02
综合	0.37	0.19	0.11	0.26	0.09	0.07

5.2.3.2　主要变量的描述性统计

表 5.3 展示了主要变量的描述性统计。其中，$NCSKEW_{i,t}$ 的均值和标准差分别为 -0.364 和 0.719；$DUVOL_{i,t}$ 的均值和标准差则分别为 -0.246 和 0.474。对于 5369 个客户稳定度观测，可以发现上市公司上年、前两年和前三年的客户稳定度 $CCST1_{i,t}$、$CCST2_{i,t}$ 和 $CCST3_{i,t}$ 的均值分别为 0.361、0.165 和 0.084。这说明平均而言，上市公司当年的前五大客户中来自上年前五大客户的比重为 36.1%，来自前两年前五大客户的比重为 16.5%，而来自前三年前五大客户的比重仅为 8.4%。此外，在 3204 个供应商稳定度观测中，上市公司上年、前两年和前三年的供应商稳定度 $SCST1_{i,t}$、$SCST2_{i,t}$ 和 $SCST3_{i,t}$ 的均值分别为 0.334、0.131 和 0.070。这意味着上市公司当年的前五大供应商中，来自上年前五大供应商的比重为 33.4%，来自前两年前五大供应商的比

重为 13.1%，而来自前三年前五大供应商的比重仅为 7%。因此，A 股市场上市公司对主要客户的管理和维护效率在一定程度上优于对主要供应商的管理和维护。

表 5.3　　　　　　　　　　　　　　描述性统计

变量	观测数	均值	标准差	最小值	25 分位数	中位数	75 分位数	最大值
$NCSKEW_{i,t+1}$	6471	-0.364	0.719	-2.411	-0.756	-0.319	0.066	1.756
$DUVOL_{i,t+1}$	6471	-0.246	0.474	-1.379	-0.564	-0.248	0.069	1.067
$CCST1_{i,t}$	5369	0.361	0.306	0.000	0.000	0.400	0.600	1.000
$CCST2_{i,t}$	5369	0.165	0.224	0.000	0.000	0.000	0.200	0.800
$CCST3_{i,t}$	5369	0.084	0.171	0.000	0.000	0.000	0.083	0.848
$SCST1_{i,t}$	3204	0.334	0.302	0.000	0.000	0.400	0.600	1.000
$SCST2_{i,t}$	3204	0.131	0.206	0.000	0.000	0.000	0.200	0.800
$SCST3_{i,t}$	3204	0.070	0.142	0.000	0.000	0.000	0.071	0.688
$NCSKEW_{i,t}$	6471	-0.361	0.707	-2.411	-0.743	-0.330	0.061	1.756
$DUVOL_{i,t}$	6471	-0.248	0.475	-1.379	-0.565	-0.253	0.060	1.069
$SIZE_{i,t}$	6471	22.131	1.267	18.924	21.236	21.991	22.884	25.854
$LEV_{i,t}$	6471	0.474	0.205	0.053	0.317	0.483	0.635	1.236
$BM_{i,t}$	6471	0.575	0.255	0.084	0.370	0.559	0.766	1.201
$ROE_{i,t}$	6471	0.062	0.133	-1.219	0.026	0.066	0.113	0.354
$TOBINQ_{i,t}$	6471	2.312	1.630	0.833	1.305	1.788	2.705	11.862
$SIGMA_{i,t}$	6471	0.062	0.023	0.024	0.047	0.057	0.071	0.199
$RETURN_{i,t}$	6471	0.193	0.661	-0.703	-0.241	0.000	0.407	3.035
$DTURN_{i,t}$	6471	-0.036	0.453	-2.150	-0.257	-0.037	0.168	1.694
$BETA_{i,t}$	6471	1.085	0.237	0.359	0.940	1.088	1.220	1.853
$ABACC_{i,t}$	6471	0.084	0.131	0.001	0.019	0.045	0.090	0.827

5.2.4　回归模型构建

本章重点考察供应链稳定度对未来股价崩盘风险的影响。因此，参照安等（2015）、徐等（2014）、褚剑和方军雄（2016）的研究，本章拟构建如下基准回归模型：

$$CRASH\_index_{i,t+1} = \alpha_0 + \beta_1 STABLE\_index_{i,t} + \sum \lambda Controls_{i,t} + Year\ Fixed\ Effects$$
$$+ Industry\ Fixed\ Effects + \varepsilon_{i,t} \tag{5.5}$$

回归模型（5.5）中，$CRASH\_index_{i,t+1}$ 为未来的股价崩盘风险代理指标，包括股票收益的负收益偏态系数 $NCSKEW_{i,t+1}$ 和收益上下波动比率 $DUVOL_{i,t+1}$；$STABLE\_index_{i,t}$ 为上述一系列供应链稳定度的代理指标，包括客户层面的稳定度和供应商层面的稳定度；$Controls_{i,t}$ 为控制变量。此外，该基准模型同样控制了年份固定效应（year fixed effects）和行业固定效应（industry fixed effects）的影响。

5.3　实证结果

本节通过实证分析考察供应链稳定度对未来股价崩盘风险的影响。首先，从客户稳定度视角研究上市公司前五大客户稳定度对未来股价崩盘风险的影响；其次，从供应商稳定度视角剖析公司前五大供应商稳定度对未来股价崩盘风险的影响。

5.3.1　客户稳定度对股价崩盘风险的影响

本节先考察客户稳定度对未来股价崩盘风险的影响。表5.4报告了主要变量的皮尔森相关系数矩阵。首先，公司上一年、前两年和前三年的客户稳定度 $CCST1_{i,t}$、$CCST2_{i,t}$ 和 $CCST3_{i,t}$ 与未来股价负收益偏态系数 $NCSKEW_{i,t+1}$ 的相关系数在1%水平下分别为 -0.052、-0.056 和 -0.056，说明公司的主要客户稳定度越高，其未来的股价负收益偏态系数越低，即客户稳定度与未来股价负收益偏态系数成负相关关系。其次，$CCST1_{i,t}$、$CCST2_{i,t}$ 和 $CCST3_{i,t}$ 与未来收益上下波动比率 $DUVOL_{i,t+1}$ 的相关系数同样在1%水平下显著为负，分别为 -0.049、-0.050 和 -0.054，表明上市公司主要客户越稳定，未来收益上下波动比率越低。此外，可以发现规模越大、杠杆率越低、账面市值比越高以及托宾 Q 值越小的公司，客户稳定度越高；同时，公司盈余管理程度与客户稳定度也存在一定程度的负相关关系。

表 5.4   客户稳定度和股价崩盘风险——皮尔森相关系数矩阵

变量	$NCSKEW_{i,t+1}$	$DUVOL_{i,t+1}$	$CCST1_{i,t}$	$CCST2_{i,t}$	$CCST3_{i,t}$
$NCSKEW_{i,t+1}$	1				
$DUVOL_{i,t+1}$	0.874 ***	1			
$CCST1_{i,t}$	− 0.052 ***	− 0.049 ***	1		
$CCST2_{i,t}$	− 0.056 ***	− 0.050 ***	0.568 ***	1	
$CCST3_{i,t}$	− 0.056 ***	− 0.054 ***	0.385 ***	0.628 ***	1
$NCSKEW_{i,t}$	0.074 ***	0.071 ***	− 0.007	− 0.041 ***	− 0.037 ***
$DUVOL_{i,t}$	0.067 ***	0.060 ***	− 0.023 *	− 0.025 *	− 0.029 **
$SIZE_{i,t}$	− 0.087 ***	− 0.096 ***	0.090 ***	0.128 ***	0.131 ***
$LEV_{i,t}$	− 0.050 ***	− 0.067 ***	− 0.057 ***	− 0.023 *	− 0.005
$BM_{i,t}$	− 0.175 ***	− 0.170 ***	0.082 ***	0.134 ***	0.132 ***
$ROE_{i,t}$	0.052 ***	0.047 ***	− 0.018	− 0.004	− 0.025 *
$TOBINQ_{i,t}$	0.122 ***	0.114 ***	− 0.043 ***	− 0.105 ***	− 0.073 ***
$SIGMA_{i,t}$	− 0.006	− 0.009	− 0.116 ***	− 0.122 ***	− 0.092 ***
$RETURN_{i,t}$	0.112 ***	0.108 ***	− 0.194 ***	− 0.129 ***	− 0.093 ***
$DTURN_{i,t}$	0.020	0.023 *	− 0.100 ***	− 0.046 ***	− 0.023 *
$BETA_{i,t}$	− 0.064 ***	− 0.051 ***	− 0.045 ***	− 0.055 ***	− 0.096 ***
$ABACC_{i,t}$	0.029 **	0.015	− 0.013 *	− 0.028 **	− 0.018

注：*、** 和 *** 分别代表 10%、5% 和 1% 显著性水平。

基于模型（5.5），本节通过普通最小二乘法（OLS）回归分析考察了客户稳定度对未来股价崩盘风险的影响。表 5.5 报告了回归结果，其中括号内报告了基于公司个体聚类的稳健标准误计算的 t 值。列（1）~列（3）考察了客户稳定度对未来股价负收益偏态系数 $NCSKEW_{i,t+1}$ 的影响，$CCST1_{i,t}$、$CCST2_{i,t}$ 和 $CCST3_{i,t}$ 的系数分别为 − 0.045、− 0.069 和 − 0.122，并且至少在 10% 水平下显著。列（4）~列（6）考察了客户稳定度对未来股价收益上下波动比率 $DUVOL_{i,t+1}$ 的影响。类似地，$CCST1_{i,t}$、$CCST2_{i,t}$ 和 $CCST3_{i,t}$ 的系数至少在 10% 水平下显著，分别为 − 0.042、− 0.047 和 − 0.083。这些结果说明，上市公司客户稳定度的增加会显著降低未来的股价崩盘风险；同时，公司与主要客户合作的期限越长，客户稳定度对未来股价崩盘风险的抑制效应越强。因此，表 5.5 从客户稳定度层面支持了供应链稳定度对股价崩盘风险的抑制效应假说。

表5.5 客户稳定度对股价崩盘风险的影响

变量	NCSKEW$_{i,t+1}$			DUVOL$_{i,t+1}$		
	(1)	(2)	(3)	(4)	(5)	(6)
CCST1$_{i,t}$	−0.045 **			−0.042 *		
	(−2.30)			(−1.83)		
CCST2$_{i,t}$		−0.069 *			−0.047 *	
		(−1.77)			(−1.99)	
CCST3$_{i,t}$			−0.122 *			−0.083 **
			(−1.94)			(−2.00)
NCSKEW$_{i,t}$	0.065 ***	0.065 ***	0.065 ***			
	(4.51)	(4.49)	(4.49)			
DUVOL$_{i,t}$				0.058 ***	0.058 ***	0.058 ***
				(3.95)	(3.93)	(3.95)
SIZE$_{i,t}$	0.016	0.016	0.016	0.003	0.003	0.002
	(1.34)	(1.35)	(1.33)	(0.33)	(0.33)	(0.30)
LEV$_{i,t}$	0.015	0.015	0.014	−0.026	−0.026	−0.026
	(0.25)	(0.25)	(0.23)	(−0.68)	(−0.67)	(−0.69)
BM$_{i,t}$	−0.506 ***	−0.506 ***	−0.501 ***	−0.314 ***	−0.313 ***	−0.309 ***
	(−6.29)	(−6.30)	(−6.24)	(−6.05)	(−6.04)	(−5.96)
ROE$_{i,t}$	0.074	0.070	0.067	0.043	0.040	0.039
	(0.91)	(0.86)	(0.83)	(0.85)	(0.79)	(0.76)
TOBINQ$_{i,t}$	−0.015	−0.015	−0.014	−0.015 **	−0.015 **	−0.015 **
	(−1.36)	(−1.41)	(−1.33)	(−2.06)	(−2.09)	(−2.02)
SIGMA$_{i,t}$	−0.505	−0.511	−0.472	−0.586	−0.574	−0.547
	(−0.63)	(−0.63)	(−0.58)	(−1.09)	(−1.07)	(−1.02)
RETURN$_{i,t}$	0.081 ***	0.082 ***	0.081 ***	0.076 ***	0.076 ***	0.076 ***
	(3.06)	(3.11)	(3.08)	(4.39)	(4.41)	(4.39)
DTURN$_{i,t}$	0.011	0.010	0.011	0.021	0.020	0.020
	(0.39)	(0.36)	(0.37)	(1.13)	(1.11)	(1.12)
BETA$_{i,t}$	−0.141 ***	−0.141 ***	−0.146 ***	−0.074 **	−0.074 **	−0.077 **
	(−2.98)	(−2.98)	(−3.06)	(−2.38)	(−2.39)	(−2.48)

续表

变量	NCSKEW$_{i,t+1}$			DUVOL$_{i,t+1}$		
	（1）	（2）	（3）	（4）	（5）	（6）
ABACC$_{i,t}$	0.161 **	0.156 *	0.157 **	0.052	0.049	0.050
	(2.03)	(1.96)	(1.98)	(1.06)	(1.00)	(1.02)
Cons.	0.022	0.021	0.025	0.087	0.088	0.091
	(0.07)	(0.07)	(0.08)	(0.41)	(0.41)	(0.43)
年份固定效应	是	是	是	是	是	是
行业固定效应	是	是	是	是	是	是
观测数	5369	5369	5369	5369	5369	5369
调整的 R^2	0.062	0.062	0.062	0.058	0.057	0.058
F 统计值	9.029	8.878	8.919	8.632	8.539	8.617

注：*、**和***分别代表10%、5%和1%显著性水平。

5.3.2 供应商稳定度对股价崩盘风险的影响

紧接着，本节从供应商稳定度视角进一步验证供应链稳定度对未来股价崩盘风险的影响。表5.6报告了供应商稳定度和未来股价崩盘风险的皮尔森相关系数矩阵。可以发现，公司上一年、前两年和前三年的供应商稳定度 SCST1$_{i,t}$、SCST2$_{i,t}$ 和 SCST3$_{i,t}$ 与未来股价负收益偏态系数 NCSKEW$_{i,t+1}$ 的相关系数至少在5%水平上显著，分别为 -0.013、-0.036 和 -0.025，说明公司的主要供应商稳定度越高，其未来的股价负收益偏态系数越低，即供应商稳定度与未来股价负收益偏态系数成负相关关系。SCST1$_{i,t}$ 与未来收益上下波动比率 DUVOL$_{i,t+1}$ 的相关系数为 -0.022 但不显著，SCST2$_{i,t}$ 和 SCST3$_{i,t}$ 与 DUVOL$_{i,t+1}$ 的相关系数分别在5%和10%水平下显著，为 -0.038 和 -0.018。该发现表明上市公司主要供应商越稳定，未来收益上下波动比率越低。与此同时，可以发现规模越大、杠杆率越低、账面市值比越高以及托宾 Q 值越小的公司，供应商稳定度越高；并且公司盈余管理程度与供应商稳定度也存在显著的负相关关系。

表5.6　　　　供应商稳定度和股价崩盘风险——皮尔森相关系数矩阵

变量	$NCSKEW_{i,t+1}$	$DUVOL_{i,t+1}$	$SCST1_{i,t}$	$SCST2_{i,t}$	$SCST3_{i,t}$
$NCSKEW_{i,t+1}$	1				
$DUVOL_{i,t+1}$	0.880 ***	1			
$SCST1_{i,t}$	− 0.013 ***	− 0.022	1		
$SCST2_{i,t}$	− 0.036 **	− 0.038 **	0.562 ***	1	
$SCST3_{i,t}$	− 0.025 **	− 0.018 *	0.437 ***	0.734 ***	1
$NCSKEW_{i,t}$	0.071 ***	0.062 ***	− 0.001	− 0.021 **	− 0.008 *
$DUVOL_{i,t}$	0.074 ***	0.065 ***	− 0.005 **	− 0.031 *	− 0.014 *
$SIZE_{i,t}$	− 0.072 ***	− 0.089 ***	0.118 ***	0.132 ***	0.099 ***
$LEV_{i,t}$	− 0.045 **	− 0.057 ***	− 0.068 ***	− 0.043 **	− 0.019
$BM_{i,t}$	− 0.138 ***	− 0.139 ***	0.026	0.046 ***	0.062 ***
$ROE_{i,t}$	0.036 **	0.036 **	0.011	0.001	− 0.006
$TOBINQ_{i,t}$	0.105 ***	0.098 ***	− 0.029	− 0.037 **	− 0.041 **
$SIGMA_{i,t}$	− 0.031 *	− 0.034 *	− 0.035 *	0.011	0.005
$RETURN_{i,t}$	0.109 ***	0.112 ***	0.020	0.001	− 0.020
$DTURN_{i,t}$	− 0.013	− 0.004	0.001	− 0.025	− 0.027
$BETA_{i,t}$	− 0.054 ***	− 0.032 *	− 0.082 ***	− 0.047 ***	− 0.034 *
$ABACC_{i,t}$	0.029	0.015	− 0.035 **	− 0.060 ***	− 0.054 ***

注：* 、** 和 *** 分别代表10%、5%和1%显著性水平。

为深入揭示供应商稳定度对未来股价崩盘风险的影响，表5.7报告了基于模型（5.5）的OLS回归结果。其中括号内报告了基于公司个体聚类的稳健标准误计算的t值。在表5.7中，列（1）～列（3）考察了供应商稳定度对未来股价负收益偏态系数 $NCSKEW_{i,t+1}$ 的影响。可以发现，列（1）中 $SCST1_{i,t}$ 的系数为 − 0.026，但并不显著；在列（2）和列（3）中，$SCST2_{i,t}$ 和 $SCST3_{i,t}$ 的系数在5%水平下显著，分别为 − 0.161 和 − 0.193。该结果说明，供应商稳定度能够在一定程度上降低未来股价负收益偏态系数；同时，公司与主要供应商合作期限越长，供应商稳定度对未来股价负收益偏态系数抑制效应越强。列（4）～列（6）考察了供应商稳定度对未来股价收益上下波动比率 $DUVOL_{i,t+1}$ 的影响。与先前的发现一致，$SCST1_{i,t}$、$SCST2_{i,t}$ 和 $SCST3_{i,t}$ 的系数分别为 − 0.036、− 0.109 和 − 0.115，且至少在10%水平下显著。这些结果充分说明，上市公司与供应商间的合作越稳定，其公司未来的股价崩盘风险越低；并且，公司与主要供应商合作的期限越长，供应商稳定度对未来股价崩盘风险的抑制效应越明显。因此，表5.7从供应商稳定度层面支持了供应链稳定度对股价崩盘风险的抑制效应假说。

表5.7 供应商稳定度对股价崩盘风险的影响

变量	$NCSKEW_{i,t+1}$			$DUVOL_{i,t+1}$		
	(1)	(2)	(3)	(4)	(5)	(6)
$SCST1_{i,t}$	-0.026 (-0.55)			-0.036** (-2.15)		
$SCST2_{i,t}$		-0.161** (-2.37)			-0.109*** (-2.61)	
$SCST3_{i,t}$			-0.193** (-2.15)			-0.115* (1.72)
$NCSKEW_{i,t}$	0.071*** (3.87)	0.070*** (3.85)	0.071*** (3.87)			
$DUVOL_{i,t}$				0.073*** (3.78)	0.072*** (3.73)	0.073*** (3.76)
$SIZE_{i,t}$	-0.001 (-0.05)	-0.000 (-0.02)	0.001 (0.06)	-0.015 (-1.29)	-0.015 (-1.26)	-0.014 (-1.19)
$LEV_{i,t}$	9-0.008 (-0.10)	0.005 (0.06)	-0.003 (-0.03)	-0.010 (-0.18)	-0.003 (-0.06)	-0.010 (-0.19)
$BM_{i,t}$	-0.288** (-2.57)	-0.293*** (-2.62)	-0.297*** (-2.66)	-0.185*** (-2.59)	-0.189*** (-2.66)	-0.190*** (-2.67)
$ROE_{i,t}$	-0.013 (-0.12)	-0.015 (-0.14)	-0.016 (-0.15)	0.011 (0.16)	0.010 (0.15)	0.010 (0.14)
$TOBINQ_{i,t}$	-0.009 (-0.55)	-0.007 (-0.45)	-0.008 (-0.50)	-0.013 (-1.29)	-0.013 (-1.21)	-0.013 (-1.28)
$SIGMA_{i,t}$	-0.452 (-0.44)	-0.332 (-0.33)	-0.411 (-0.40)	-0.672 (-0.99)	-0.609 (-0.90)	-0.677 (-1.00)
$RETURN_{i,t}$	0.186*** (4.89)	0.178*** (4.73)	0.183*** (4.85)	0.150*** (6.08)	0.146*** (5.93)	0.150*** (6.09)
$DTURN_{i,t}$	-0.009 (-0.23)	-0.009 (-0.22)	-0.009 (-0.23)	0.012 (0.48)	0.012 (0.48)	0.012 (0.47)

续表

变量	NCSKEW$_{i,t+1}$			DUVOL$_{i,t+1}$		
	(1)	(2)	(3)	(4)	(5)	(6)
BETA$_{i,t}$	−0.155**	−0.151**	−0.151**	−0.053	−0.051	−0.052
	(−2.30)	(−2.24)	(−2.24)	(−1.23)	(−1.18)	(−1.18)
ABACC$_{i,t}$	0.208	0.226*	0.219*	0.076	0.086	0.078
	(1.63)	(1.76)	(1.71)	(0.96)	(1.09)	(0.99)
Cons.	0.313	0.289	0.273	0.392	0.375	0.367
	(0.67)	(0.62)	(0.58)	(1.22)	(1.16)	(1.13)
年份固定效应	是	是	是	是	是	是
行业固定效应	是	是	是	是	是	是
观测数	3204	3204	3204	3204	3204	3204
调整的 R^2	0.055	0.056	0.056	0.057	0.059	0.058
F 统计值	5.320	5.593	5.410	5.779	6.047	5.779

注：*、** 和 *** 分别代表10%、5%和1%显著性水平。

综上所述，本节从客户稳定度和供应商稳定度双重视角，深入剖析了供应链稳定度对未来股价崩盘风险的影响，并充分揭示了供应链稳定度对未来股价崩盘风险的重要抑制效应。这些发现支持了本章的研究假说，即供应链稳定度提高有助于增加上市公司信息透明度、降低公司经营的不确定性风险，进而降低未来的股价崩盘风险。

5.4 横截面分析

本节拟通过一系列横截面测试进一步验证供应链稳定度对股价崩盘风险的抑制效应。首先，本节从股票市场周期和宏观经济周期角度探讨影响供应链稳定度和未来股价崩盘风险之间关系的宏观因素；其次，鉴于供应链特征与行业特征密切相关，本节从制造业和行业集中度视角深入剖析供应链稳定度对股价崩盘风险影响的异质性；最后，在公司层面，本节聚焦于公司股权特征如何调节供应链稳定度对未来股价崩盘风险的影响。

5.4.1 宏观因素

5.4.1.1 股票市场周期

稳定的供应链关系能够反映上市公司卓越的供应链管理整合和管理能力，降低供应链不确定性风险，并加强长期合作的客户和供应商对管理层的监督，降低未来的股价崩盘风险。从市场周期角度来看，本部分认为供应链稳定度对股价崩盘风险的抑制效应在熊市周期更强。一方面，由于熊市周期市场整体层面具有极大的不确定性（Baker and Wurgler，2006；高大良等，2015；贺志芳等，2017），稳定的供应链关系本身能够降低企业日常经营的不确定性程度，进而降低投资者对公司估值的不确定性，更好地维护股票价格稳定。另一方面，从利益相关者视角来看，供应链关系的稳定有效强化了客户和供应商等外部利益相关者对上市公司管理层的外部监督职能，约束管理层对公司信息的操纵（Clarkson，1995；Banerjee et al.，2008；Wang，2012；焦小静和张鹏伟，2017），这会使得上市公司信息透明度提升、负面信息累积和集中爆发的概率降低，而这一点在熊市周期中更为明显。

与前面类似，本章利用分组回归考察不同市场周期中供应链集中度对未来股价崩盘风险影响的差异，以验证上述推论。根据帕干和索苏诺夫（2003）及何兴强和周开国（2006）对牛市熊市周期划分的改进方法，本章将样本周期划分为不同的牛市和熊市阶段。其中，熊市周期包括2003～2005年、2008～2013年和2016～2019年；相应地，牛市周期则包括2006～2007年、2014～2015年。

表5.8从客户稳定度视角考察了不同市场周期中供应链稳定度对未来股价崩盘风险的影响差异，其中括号内报告了基于公司个体聚类的稳健标准误计算的t值，最后一行报告了客户稳定度代理指标的组间系数差异P值检验结果。表5.8-1报告了对负收益偏态系数的影响，在列（1）中，公司上一年客户稳定度 $CCST1_{i,t}$ 的系数在10%水平上显著，为 -0.053，列（2）中 $CCST1_{i,t}$ 的系数为 -0.031 但不显著，且列（1）和列（2）间 $CCST1_{i,t}$ 的系数差异P检验值为0.163。该发现说明，尽管上一年客户稳定度 $CCST1_{i,t}$ 对未来负收益偏态系数的影响似乎在熊市中更明显，该差异在统计上并不显著。在列（3）和列（4）中，公司前两年客户稳定度 $CCST2_{i,t}$ 的系数分别在5%和

10% 水平上显著，为 - 0.069 和 - 0.040，但两者间系数差异的 P 检验值为
0.172，表明熊市和牛市周期中 CCST1$_{i,t}$对未来负收益偏态系数影响差异在统
计上不显著。在列（5）中，前三年客户稳定度 CCST3$_{i,t}$的系数在 5% 水平上
显著，为 - 0.147，而牛市周期的列（6）回归中 CCST3$_{i,t}$的系数并不显著，
且两组回归系数差异的 P 检验值在 5% 水平上显著，为 0.019，说明前三年客
户稳定度对未来负收益偏态系数的负面影响在熊市周期中更强。

表 5.8 - 1　　　不同市场周期中客户稳定度对负收益偏态系数的影响

变量	NCSKEW$_{i,t+1}$					
	熊市 （1）	牛市 （2）	熊市 （3）	牛市 （4）	熊市 （5）	牛市 （6）
CCST1$_{i,t}$	- 0.053 * (- 1.74)	- 0.031 (- 1.43)				
CCST2$_{i,t}$			- 0.069 ** (- 2.30)	- 0.040 * (- 1.82)		
CCST3$_{i,t}$					- 0.147 ** (- 2.07)	- 0.042 (- 0.32)
NCSKEW$_{i,t}$	0.074 *** (4.58)	0.007 (0.24)	0.073 *** (4.55)	0.007 (0.25)	0.074 *** (4.55)	0.007 (0.25)
SIZE$_{i,t}$	0.033 ** (2.51)	- 0.089 *** (- 3.09)	0.033 ** (2.51)	- 0.088 *** (- 3.07)	0.032 ** (2.49)	- 0.089 *** (- 3.07)
LEV$_{i,t}$	- 0.033 (- 0.49)	0.237 (1.61)	- 0.032 (- 0.49)	0.236 (1.61)	- 0.034 (- 0.51)	0.237 (1.61)
BM$_{i,t}$	- 0.578 *** (- 6.48)	- 0.052 (- 0.27)	- 0.578 *** (- 6.48)	- 0.054 (- 0.27)	- 0.572 *** (- 6.42)	- 0.050 (- 0.25)
ROE$_{i,t}$	0.108 (1.12)	- 0.078 (- 0.49)	0.101 (1.06)	- 0.079 (- 0.49)	0.101 (1.06)	- 0.082 (- 0.51)
TOBINQ$_{i,t}$	- 0.016 (- 1.27)	- 0.016 (- 1.01)	- 0.016 (- 1.30)	- 0.017 (- 1.02)	- 0.016 (- 1.26)	- 0.016 (- 0.98)
SIGMA$_{i,t}$	0.398 (0.41)	- 3.012 ** (- 2.00)	0.404 (0.41)	- 2.999 ** (- 1.99)	0.449 (0.46)	- 2.987 ** (- 1.99)
RETURN$_{i,t}$	0.063 ** (2.09)	0.180 *** (3.22)	0.065 ** (2.13)	0.181 *** (3.22)	0.064 ** (2.11)	0.180 *** (3.22)

变量	NCSKEW$_{i,t+1}$					
	熊市 （1）	牛市 （2）	熊市 （3）	牛市 （4）	熊市 （5）	牛市 （6）
DTURN$_{i,t}$	0.004 （0.12）	−0.034 （−0.58）	0.003 （0.08）	−0.033 （−0.56）	0.002 （0.08）	−0.033 （−0.55）
BETA$_{i,t}$	−0.146*** （−2.72）	−0.113 （−1.02）	−0.147*** （−2.74）	−0.110 （−0.99）	−0.154*** （−2.86）	−0.109 （−0.99）
ABACC$_{i,t}$	0.145* （1.70）	0.221 （0.96）	0.139 （1.64）	0.219 （0.94）	0.141* （1.66）	0.223 （0.96）
Cons.	−0.332 （−0.98）	1.929*** （3.24）	−0.329 （−0.98）	1.909*** （3.20）	−0.321 （−0.96）	1.907*** （3.19）
年份固定效应	是	是	是	是	是	是
行业固定效应	是	是	是	是	是	是
观测数	4519	850	4523	850	4523	850
调整的 R^2	0.066	0.057	0.065	0.057	0.066	0.057
P 值检验	0.163		0.172		0.019**	

注：＊、＊＊和＊＊＊分别代表10%、5%和1%显著性水平。

　　表5.8−2报告了客户稳定度对未来收益上下波动比率的影响。可以发现，CCST1$_{i,t}$的系数在列（1）中显著，为−0.051，在列（2）中并不显著，并且两组回归系数差异的P检验值在1%水平下显著；在列（3）中，CCST2$_{i,t}$的系数为−0.065且在10%水平下显著，而列（4）中CCST2$_{i,t}$的系数为0.030但不显著，两组回归系数差异的P检验值为0.007；同样地，列（5）和列（6）的结果表明CCST3$_{i,t}$的系数在熊市周期的样本回归中显著小于牛市周期的回归系数。因此，结合表5.8−1的发现，总体而言，客户稳定度对未来股价崩盘风险的抑制效应在熊市周期中更强，在牛市周期中不能发挥类似的效应。

表5.8−2　不同市场周期中客户稳定度对收益上下波动比率的影响

变量	DUVOL$_{i,t+1}$					
	熊市 （1）	牛市 （2）	熊市 （3）	牛市 （4）	熊市 （5）	牛市 （6）
CCST1$_{i,t}$	−0.051** （−2.01）	−0.008 （−0.16）				
CCST2$_{i,t}$			−0.065* （−1.82）	0.030 （0.46）		

续表

变量	DUVOL$_{i,t+1}$					
	熊市 (1)	牛市 (2)	熊市 (3)	牛市 (4)	熊市 (5)	牛市 (6)
CCST3$_{i,t}$					-0.113** (-2.36)	0.019 (0.23)
DUVOL$_{i,t}$	0.055*** (3.40)	0.076** (2.10)	0.054*** (3.35)	0.076** (2.11)	0.054*** (3.38)	0.077** (2.11)
SIZE$_{i,t}$	0.010 (1.17)	-0.037* (-1.78)	0.010 (1.15)	-0.037* (-1.81)	0.010 (1.12)	-0.037* (-1.78)
LEV$_{i,t}$	-0.052 (-1.23)	0.074 (0.69)	-0.051 (-1.22)	0.078 (0.73)	-0.052 (-1.23)	0.076 (0.71)
BM$_{i,t}$	-0.341*** (-5.88)	-0.105 (-0.76)	-0.340*** (-5.86)	-0.102 (-0.73)	-0.336*** (-5.78)	-0.105 (-0.75)
ROE$_{i,t}$	0.044 (0.78)	0.058 (0.39)	0.040 (0.71)	0.057 (0.39)	0.039 (0.70)	0.059 (0.40)
TOBINQ$_{i,t}$	-0.014* (-1.67)	-0.017 (-1.33)	-0.015* (-1.71)	-0.016 (-1.29)	-0.014* (-1.66)	-0.017 (-1.34)
SIGMA$_{i,t}$	-0.097 (-0.15)	-1.362 (-1.33)	-0.089 (-0.14)	-1.337 (-1.30)	-0.041 (-0.06)	-1.346 (-1.31)
RETURN$_{i,t}$	0.069*** (3.48)	0.122*** (3.16)	0.070*** (3.53)	0.120*** (3.12)	0.069*** (3.49)	0.121*** (3.15)
DTURN$_{i,t}$	0.019 (0.92)	-0.021 (-0.46)	0.018 (0.88)	-0.022 (-0.47)	0.018 (0.88)	-0.022 (-0.47)
BETA$_{i,t}$	-0.085** (-2.40)	-0.032 (-0.43)	-0.086** (-2.45)	-0.032 (-0.43)	-0.092** (-2.58)	-0.032 (-0.44)
ABACC$_{i,t}$	0.059 (1.12)	-0.047 (-0.27)	0.055 (1.05)	-0.039 (-0.22)	0.056 (1.08)	-0.044 (-0.25)
Cons.	-0.071 (-0.31)	0.776* (1.88)	-0.066 (-0.29)	0.782* (1.89)	-0.060 (-0.26)	0.779* (1.88)
年份固定效应	是	是	是	是	是	是
行业固定效应	是	是	是	是	是	是
观测数	4519	850	4523	850	4523	850
调整的 R^2	0.059	0.047	0.059	0.047	0.059	0.047
P 值检验	0.001***		0.007***		0.000***	

注：*、** 和 *** 分别代表 10%、5% 和 1% 显著性水平。

进一步地，表5.9从供应商稳定度视角考察了不同市场周期中供应链稳定度对未来股价崩盘风险的影响差异，其中括号内报告了基于公司个体聚类的稳健标准误计算的t值，最后一行报告了供应商稳定度代理指标的组间系数差异P值检验结果。表5.9-1报告了对未来负收益偏态系数的影响，可以发现，列（1）和列（2）中上年供应商稳定度$SCST1_{i,t}$的系数都不显著；列（3）和列（4）中前两年供应商稳定度$SCST2_{i,t}$的系数在统计上存在显著差异；列（5）中前三年供应商稳定度$SCST3_{i,t}$的系数显著为负，在列（6）中不显著，且两组系数在统计上不存在显著性差异。类似地，表5.9-2报告了对未来收益上下波动比率的影响。显然，供应商稳定指标对$DUVOL_{i,t+1}$的影响在列（1）和列（2）间以及列（5）和列（6）间存在显著的统计差异，并且在熊市周期中的影响更强；而列（3）和列（4）间$SCST2_{i,t}$的系数差异在统计上并不显著。因此，表5.9的结果在一定程度上说明，供应商稳定度对未来股价崩盘风险的抑制效应在熊市周期中更强。

表5.9-1   不同市场周期中供应商稳定度对负收益偏态系数的影响

变量	NCSKEW$_{i,t+1}$					
	熊市 （1）	牛市 （2）	熊市 （3）	牛市 （4）	熊市 （5）	牛市 （6）
SCST1$_{i,t}$	-0.046 （-0.86）	-0.050 （-0.53）				
SCST2$_{i,t}$			-0.145* （-1.69）	-0.073 （-1.46）		
SCST3$_{i,t}$					-0.148* （-1.82）	-0.261 （-1.08）
NCSKEW$_{i,t}$	0.092*** （4.22）	-0.006 （-0.17）	0.091*** （4.21）	-0.007 （-0.21）	0.091*** （4.22）	-0.006 （-0.17）
SIZE$_{i,t}$	0.020 （1.01）	-0.089*** （-2.75）	0.021 （1.07）	-0.088*** （-2.71）	0.022 （1.12）	-0.086*** （-2.65）
LEV$_{i,t}$	-0.073 （-0.76）	0.220 （1.40）	-0.066 （-0.69）	0.247 （1.57）	-0.073 （-0.76）	0.233 （1.48）
BM$_{i,t}$	-0.330** （-2.49）	0.057 （0.25）	-0.338** （-2.56）	0.039 （0.17）	-0.339** （-2.58）	0.042 （0.18）

续表

变量	NCSKEW$_{i,t+1}$					
	熊市 (1)	牛市 (2)	熊市 (3)	牛市 (4)	熊市 (5)	牛市 (6)
ROE$_{i,t}$	0.020 (0.15)	-0.127 (-0.73)	0.016 (0.12)	-0.121 (-0.70)	0.015 (0.11)	-0.118 (-0.69)
TOBINQ$_{i,t}$	-0.004 (-0.19)	-0.005 (-0.24)	-0.003 (-0.16)	-0.001 (-0.06)	-0.004 (-0.19)	-0.002 (-0.08)
SIGMA$_{i,t}$	1.222 (0.93)	-3.436** (-2.05)	1.291 (1.00)	-3.291** (-1.97)	1.231 (0.95)	-3.382** (-2.02)
RETURN$_{i,t}$	0.190*** (3.92)	0.221*** (3.50)	0.183*** (3.81)	0.213*** (3.40)	0.188*** (3.91)	0.217*** (3.46)
DTURN$_{i,t}$	-0.038 (-0.79)	-0.004 (-0.06)	-0.036 (-0.77)	-0.000 (-0.00)	-0.037 (-0.79)	0.002 (0.03)
BETA$_{i,t}$	-0.167** (-2.10)	-0.102 (-0.85)	-0.163** (-2.06)	-0.107 (-0.89)	-0.164** (-2.07)	-0.103 (-0.85)
ABACC$_{i,t}$	0.148 (1.00)	0.410* (1.78)	0.160 (1.08)	0.450* (1.96)	0.152 (1.03)	0.451** (1.97)
Cons.	-0.153 (-0.29)	1.838*** (2.80)	-0.183 (-0.35)	1.781*** (2.73)	-0.197 (-0.37)	1.771*** (2.70)
年份固定效应	是	是	是	是	是	是
行业固定效应	是	是	是	是	是	是
观测数	2474	726	2477	727	2477	727
调整的 R^2	0.057	0.053	0.058	0.056	0.057	0.057
P 值检验	0.873		0.061*		0.102	

注: *、** 和 *** 分别代表10%、5% 和1% 显著性水平。

表5.9-2　　不同市场周期中供应商稳定度对收益上下波动比率的影响

变量	DUVOL$_{i,t+1}$					
	熊市 (1)	牛市 (2)	熊市 (3)	牛市 (4)	熊市 (5)	牛市 (6)
SCST1$_{i,t}$	-0.045* (-1.69)	-0.009 (-0.14)				
SCST2$_{i,t}$			-0.105* (-1.89)	-0.041* (-1.78)		

续表

变量	DUVOL$_{i,t+1}$					
	熊市 (1)	牛市 (2)	熊市 (3)	牛市 (4)	熊市 (5)	牛市 (6)
SCST3$_{i,t}$					-0.188* (-1.71)	-0.130 (-1.32)
DUVOL$_{i,t}$	0.084*** (3.79)	0.045 (1.12)	0.083*** (3.73)	0.045 (1.10)	0.083*** (3.76)	0.045 (1.12)
SIZE$_{i,t}$	-0.006 (-0.47)	-0.047** (-2.01)	-0.006 (-0.43)	-0.045* (-1.93)	-0.005 (-0.37)	-0.046* (-1.93)
LEV$_{i,t}$	-0.041 (-0.65)	0.074 (0.64)	-0.037 (-0.59)	0.088 (0.76)	-0.043 (-0.69)	0.077 (0.66)
BM$_{i,t}$	-0.207** (-2.52)	0.011 (0.07)	-0.212*** (-2.60)	-0.006 (-0.04)	-0.212*** (-2.60)	0.002 (0.01)
ROE$_{i,t}$	0.026 (0.32)	-0.025 (-0.17)	0.025 (0.30)	-0.022 (-0.16)	0.025 (0.30)	-0.022 (-0.15)
TOBINQ$_{i,t}$	-0.010 (-0.82)	-0.010 (-0.60)	-0.010 (-0.80)	-0.008 (-0.48)	-0.010 (-0.83)	-0.009 (-0.54)
SIGMA$_{i,t}$	0.060 (0.07)	-1.517 (-1.31)	0.100 (0.12)	-1.447 (-1.25)	0.048 (0.06)	-1.518 (-1.31)
RETURN$_{i,t}$	0.160*** (5.16)	0.155*** (3.58)	0.155*** (5.02)	0.152*** (3.54)	0.159*** (5.15)	0.155*** (3.61)
DTURN$_{i,t}$	-0.002 (-0.06)	0.010 (0.19)	-0.001 (-0.03)	0.011 (0.21)	-0.002 (-0.06)	0.012 (0.23)
BETA$_{i,t}$	-0.058 (-1.11)	-0.037 (-0.46)	-0.056 (-1.08)	-0.041 (-0.50)	-0.057 (-1.09)	-0.037 (-0.46)
ABACC$_{i,t}$	0.041 (0.43)	0.153 (0.86)	0.047 (0.51)	0.180 (1.01)	0.040 (0.43)	0.170 (0.96)
Cons.	0.182 (0.51)	0.968** (2.08)	0.162 (0.46)	0.919** (1.98)	0.154 (0.43)	0.933** (2.00)
年份固定效应	是	是	是	是	是	是
行业固定效应	是	是	是	是	是	是
观测数	2474	726	2477	727	2477	727
调整的 R^2	0.056	0.052	0.056	0.056	0.055	0.054
P 值检验	0.042**		0.371		0.079*	

注: *、** 和 *** 分别代表 10%、5% 和 1% 显著性水平。

综合表5.8和表5.9的研究，本部分从客户和供应商稳定度双重视角验证了供应链稳定度在不同股票市场周期中对未来股价崩盘风险的影响。总体而言，本部分的研究发现，供应链稳定度在熊市周期比在牛市周期中对缓解未来股价崩盘风险产生了更显著的作用。这些发现表明，一方面，稳定的客户及供应商关系能够帮助企业在熊市周期中维护股价平稳运行；另一方面，股票市场周期是影响供应链稳定度和股价崩盘风险之间关系的一个重要调节因素。

5.4.1.2 经济运行周期

供应链管理领域的研究认为，在多变的经济环境中，企业通过与上下游客户及供应商建立稳定的供应链关系，能够有效抵御经济周期，尤其是下行周期中的不确定性经营风险（姚博等，2013；张淑英，2017）。由于股价崩盘风险的产生客观上是由企业经营状况的恶化直接导致的（Konchitchkil et al.，2016），因而在经济下行周期中，稳定的供应链关系对股价波动的影响作用将更突出。故本部分预期，相较于经济上行周期，供应链稳定度对未来股价崩盘风险的抑制效应在经济下行周期中更显著。

本部分利用分组回归考察不同经济周期中供应链稳定度对未来股价崩盘风险影响的差异，以验证上述推论。参考张淑英（2017）的研究，本节使用马尔可夫（Markov）区制转移模型对样本期间内我国的宏观经济周期运行状态进行划分。其中，经济下行周期包括 2003～2004 年、2008～2009 年和 2017～2019 年；经济上行周期则包括 2005～2007 年和 2010～2016 年。

表5.10 报告了不同经济周期中客户稳定度对未来股价崩盘风险的分组回归结果。其中括号内报告了基于公司个体聚类的稳健标准误计算的 t 值，最后一行报告了客户稳定度代理指标的组间系数差异 P 值检验结果。表5.10 – 1 考察了客户稳定度对下一期负收益偏态系数的影响。可以发现，相较于经济上行周期，客户稳定度对负收益偏态系数的负向影响在经济下行周期中更强。以列（1）和列（2）为例，在列（1）中公司上一年客户稳定度指标 $CCST1_{i,t}$ 的系数在5%水平下显著，为 –0.080，而列（2）中 $CCST1_{i,t}$ 的系数为 –0.021 且不显著，并且两组系数的 P 值为 0.054，在 10% 的水平下显著。这说明在经济下行周期中 $CCST1_{i,t}$ 对 $NCSKEW_{i,t+1}$ 的负面影响更强。类似的发现在列（3）和列（4）、列（5）和列（6）中同样存在。

表 5.10 - 1　不同经济周期中客户稳定度对未来负收益偏态系数的影响

变量	NCSKEW$_{i,t+1}$					
	下行 (1)	上行 (2)	下行 (3)	上行 (4)	下行 (5)	上行 (6)
CCST1$_{i,t}$	- 0. 080 ** (- 2. 43)	- 0. 021 (- 1. 51)				
CCST2$_{i,t}$			- 0. 172 *** (- 3. 05)	- 0. 003 (- 1. 29)		
CCST3$_{i,t}$					- 0. 158 * (- 1. 82)	- 0. 107 (- 1. 53)
NCSKEW$_{i,t}$	0. 076 *** (4. 15)	0. 048 ** (2. 22)	0. 077 *** (4. 16)	0. 046 ** (2. 13)	0. 076 *** (4. 11)	0. 048 ** (2. 23)
SIZE$_{i,t}$	- 0. 030 * (- 1. 86)	0. 057 *** (3. 14)	- 0. 030 * (- 1. 87)	0. 057 *** (3. 17)	- 0. 029 * (- 1. 84)	0. 056 *** (3. 12)
LEV$_{i,t}$	0. 070 (0. 86)	- 0. 014 (- 0. 15)	0. 071 (0. 87)	- 0. 008 (- 0. 08)	0. 063 (0. 78)	- 0. 008 (- 0. 08)
BM$_{i,t}$	- 0. 388 *** (- 3. 91)	- 0. 627 *** (- 4. 93)	- 0. 385 *** (- 3. 88)	- 0. 635 *** (- 5. 01)	- 0. 382 *** (- 3. 86)	- 0. 624 *** (- 4. 91)
ROE$_{i,t}$	- 0. 013 (- 0. 13)	0. 234 * (1. 68)	- 0. 015 (- 0. 14)	0. 221 (1. 61)	- 0. 015 (- 0. 14)	0. 216 (1. 57)
TOBINQ$_{i,t}$	- 0. 021 (- 1. 56)	- 0. 018 (- 1. 17)	- 0. 021 (- 1. 54)	- 0. 019 (- 1. 21)	- 0. 020 (- 1. 54)	- 0. 018 (- 1. 16)
SIGMA$_{i,t}$	- 0. 532 (- 0. 52)	- 0. 942 (- 0. 70)	- 0. 502 (- 0. 49)	- 0. 950 (- 0. 70)	- 0. 521 (- 0. 51)	- 0. 873 (- 0. 65)
RETURN$_{i,t}$	0. 144 *** (3. 33)	0. 049 (1. 47)	0. 143 *** (3. 32)	0. 051 (1. 52)	0. 145 *** (3. 35)	0. 050 (1. 48)
DTURN$_{i,t}$	0. 079 * (1. 89)	- 0. 029 (- 0. 81)	0. 078 * (1. 89)	- 0. 031 (- 0. 88)	0. 080 * (1. 92)	- 0. 031 (- 0. 87)
BETA$_{i,t}$	0. 019 (0. 30)	- 0. 287 *** (- 3. 87)	0. 019 (0. 30)	- 0. 288 *** (- 3. 89)	0. 013 (0. 21)	- 0. 291 *** (- 3. 93)
ABACC$_{i,t}$	0. 139 (1. 03)	0. 167 * (1. 69)	0. 142 (1. 04)	0. 157 (1. 59)	0. 136 (1. 00)	0. 160 (1. 63)

变量	NCSKEW$_{i,t+1}$					
	下行(1)	上行(2)	下行(3)	上行(4)	下行(5)	上行(6)
Cons.	0.662*(1.69)	0.109(0.24)	0.666*(1.69)	-0.372(-0.91)	0.657*(1.68)	-0.383(-0.93)
年份固定效应	是	是	是	是	是	是
行业固定效应	是	是	是	是	是	是
观测数	2878	2491	2879	2494	2879	2494
调整的 R^2	0.058	0.056	0.058	0.057	0.059	0.056
P 值检验	0.054*		0.000***		0.073*	

注：*、** 和 *** 分别代表10%、5%和1%显著性水平。

表5.10-2 则考察了客户稳定度对下一期收益上下波动比率的影响。在列（1）中 CCST1$_{i,t}$ 的系数在 5% 水平下显著，为 -0.077，而列（2）中 CCST1$_{i,t}$ 的系数为 -0.017 且不显著，并且两组系数的 P 值为 0.027，在 5% 的水平下显著。该结果说明相较于经济上行周期，CCST1$_{i,t}$ 对 DUVOL$_{i,t+1}$ 的抑制效应在经济下行周期中更强。类似地，列（3）中 CCST2$_{i,t}$ 的系数在 5% 水平下显著，为 -0.122，而列（4）中为 -0.003 且不显著，并且两组系数差异的 P 检验值在 1% 水平下显著，进一步表明客户稳定度在经济下行周期中对降低未来股价收益上下波动比率产生了更强的影响。然而，尽管列（5）和列（6）中 CCST3$_{i,t}$ 的系数显著性存在差异，但两组系数的大小差异并未通过 P 值检验。总体而言，表5.10 的结果从客户稳定度视角揭示了供应链稳定度在经济下行周期中对维护公司股价平稳运行、降低股价崩盘风险发挥了突出作用。

表5.10-2 不同经济周期中客户稳定度对未来收益上下波动比率的影响

变量	DUVOL$_{i,t+1}$					
	下行(1)	上行(2)	下行(3)	上行(4)	下行(5)	上行(6)
CCST1$_{i,t}$	-0.077**(-2.27)	-0.017(-0.58)				
CCST2$_{i,t}$			-0.122**(-2.44)	-0.003(-0.09)		

续表

变量	DUVOL$_{i,t+1}$					
	下行 (1)	上行 (2)	下行 (3)	上行 (4)	下行 (5)	上行 (6)
CCST3$_{i,t}$					-0.083 * (-1.65)	-0.090 (-1.35)
DUVOL$_{i,t}$	0.078 *** (4.04)	0.033 (1.55)	0.078 *** (4.03)	0.032 (1.50)	0.077 *** (4.01)	0.033 (1.57)
SIZE$_{i,t}$	-0.030 *** (-2.74)	0.033 *** (2.74)	-0.030 *** (-2.76)	0.033 *** (2.75)	-0.030 *** (-2.72)	0.032 *** (2.70)
LEV$_{i,t}$	-0.002 (-0.04)	-0.023 (-0.40)	-0.002 (-0.04)	-0.017 (-0.30)	-0.008 (-0.15)	-0.018 (-0.30)
BM$_{i,t}$	-0.267 *** (-4.22)	-0.346 *** (-4.08)	-0.264 *** (-4.17)	-0.351 *** (-4.15)	-0.261 *** (-4.13)	-0.344 *** (-4.06)
ROE$_{i,t}$	-0.008 (-0.12)	0.125 (1.31)	-0.010 (-0.14)	0.117 (1.25)	-0.010 (-0.14)	0.113 (1.22)
TOBINQ$_{i,t}$	-0.026 *** (-2.75)	-0.009 (-0.84)	-0.025 *** (-2.73)	-0.009 (-0.89)	-0.025 *** (-2.72)	-0.009 (-0.84)
SIGMA$_{i,t}$	-0.963 (-1.44)	-0.232 (-0.27)	-0.939 (-1.40)	-0.205 (-0.24)	-0.949 (-1.41)	-0.151 (-0.17)
RETURN$_{i,t}$	0.129 *** (4.76)	0.043 * (1.85)	0.129 *** (4.76)	0.044 * (1.88)	0.130 *** (4.79)	0.043 * (1.83)
DTURN$_{i,t}$	0.060 ** (2.10)	-0.005 (-0.21)	0.060 ** (2.09)	-0.006 (-0.27)	0.061 ** (2.13)	-0.005 (-0.25)
BETA$_{i,t}$	0.049 (1.25)	-0.198 *** (-4.07)	0.049 (1.24)	-0.199 *** (-4.10)	0.045 (1.13)	-0.200 *** (-4.12)
ABACC$_{i,t}$	0.050 (0.57)	0.050 (0.82)	0.052 (0.59)	0.044 (0.71)	0.047 (0.54)	0.046 (0.75)
Cons.	0.593 ** (2.21)	0.080 (0.25)	0.596 ** (2.22)	-0.182 (-0.63)	0.589 ** (2.21)	-0.191 (-0.66)
年份固定效应	是	是	是	是	是	是
行业固定效应	是	是	是	是	是	是
观测数	2878	2491	2879	2494	2879	2494
调整的 R^2	0.062	0.045	0.062	0.045	0.063	0.043
P 值检验	0.027 **		0.000 ***		0.679	

注：* 、** 和 *** 分别代表 10%、5% 和 1% 显著性水平。

最后，表5.11从供应商视角再次验证了不同经济周期中供应链稳定度对抑制股价崩盘风险发挥的作用差异。表5.11－1考察了供应商稳定度对下一期负收益偏态系数的影响，其中括号内报告了基于公司个体聚类的稳健标准误计算的t值，最后一行报告了客户稳定度代理指标的组间系数差异P值检验结果。对比列（1）和列（2）中上一年供应商稳定度$SCST1_{i,t}$的系数，前者在10%水平下显著，为 -0.063，后者并不显著，且两组系数差异的P检验值为0.081，说明$SCST1_{i,t}$对未来负收益偏态系数的负向作用在经济下行周期中更强。类似的结果在列（3）和列（4）、列（5）和列（6）中同样存在。由此可见，供应商稳定度同样在经济下行周期中对降低未来负收益偏态系数产生了更强的影响。表5.11－2则考察了供应商稳定度对下一期收益上下波动比率的影响。除列（1）和列（2）中$SCST1_{i,t}$的系数不存在显著差异外，在列（3）和列（4）、列（5）和列（6）间相应的供应商稳定度指标存在明显的差异，并且同样在经济下行周期中对下一期收益上下波动比率的负向影响更显著，进一步支持了本部分的预期。

表5.11－1　不同经济周期中供应商稳定度对未来负收益偏态系数的影响

变量	$NCSKEW_{i,t+1}$					
	下行(1)	上行(2)	下行(3)	上行(4)	下行(5)	上行(6)
$SCST1_{i,t}$	-0.063^* (-1.77)	-0.047 (-0.59)				
$SCST2_{i,t}$			-0.163^{***} (-3.08)	-0.027 (-0.24)		
$SCST3_{i,t}$					-0.331^{***} (-3.14)	-0.033 (-0.21)
$NCSKEW_{i,t}$	0.066^{***} (3.06)	0.073^{**} (2.27)	0.065^{***} (3.02)	0.073^{**} (2.26)	0.065^{***} (3.02)	0.073^{**} (2.25)
$SIZE_{i,t}$	-0.043^{**} (-2.20)	0.091^{***} (2.65)	-0.043^{**} (-2.20)	0.090^{***} (2.66)	-0.041^{**} (-2.07)	0.090^{***} (2.66)
$LEV_{i,t}$	0.066 (0.68)	-0.127 (-0.82)	0.085 (0.88)	-0.124 (-0.80)	0.071 (0.73)	-0.124 (-0.80)

续表

变量	NCSKEW$_{i,t+1}$					
	下行 (1)	上行 (2)	下行 (3)	上行 (4)	下行 (5)	上行 (6)
BM$_{i,t}$	−0.195 (−1.57)	−0.522** (−2.44)	−0.196 (−1.58)	−0.516** (−2.39)	−0.202 (−1.62)	−0.515** (−2.39)
ROE$_{i,t}$	0.056 (0.42)	−0.178 (−0.74)	0.054 (0.41)	−0.185 (−0.77)	0.053 (0.40)	−0.185 (−0.77)
TOBINQ$_{i,t}$	−0.015 (−0.85)	−0.004 (−0.14)	−0.012 (−0.71)	−0.003 (−0.13)	−0.013 (−0.76)	−0.003 (−0.12)
SIGMA$_{i,t}$	−0.949 (−0.79)	0.786 (0.41)	−0.793 (−0.66)	0.854 (0.44)	−0.961 (−0.80)	0.855 (0.45)
RETURN$_{i,t}$	0.215*** (4.44)	0.112* (1.85)	0.207*** (4.30)	0.113* (1.85)	0.213*** (4.43)	0.112* (1.85)
DTURN$_{i,t}$	0.073 (1.54)	−0.108* (−1.89)	0.069 (1.46)	−0.111* (−1.93)	0.070 (1.49)	−0.111* (−1.93)
BETA$_{i,t}$	0.015 (0.19)	−0.426*** (−3.96)	0.016 (0.20)	−0.425*** (−3.96)	0.021 (0.26)	−0.424*** (−3.95)
ABACC$_{i,t}$	0.237 (1.34)	0.130 (0.72)	0.256 (1.45)	0.131 (0.72)	0.248 (1.41)	0.132 (0.73)
Cons.	0.785 (1.54)	−0.372 (−0.50)	0.765 (1.51)	−0.376 (−0.51)	0.735 (1.43)	−0.373 (−0.50)
年份固定效应	是	是	是	是	是	是
行业固定效应	是	是	是	是	是	是
观测数	2174	1026	2177	1027	2177	1027
调整的 R^2	0.046	0.055	0.049	0.055	0.049	0.055
P 值检验	0.081*		0.000***		0.000***	

注：*、** 和 *** 分别代表10%、5%和1%显著性水平。

表 5.11 - 2　不同经济周期中供应商稳定度对未来收益上下波动比率的影响

变量	DUVOL$_{i,t+1}$					
	下行 (1)	上行 (2)	下行 (3)	上行 (4)	下行 (5)	上行 (6)
SCST1$_{i,t}$	-0.061 (-1.53)	-0.009 (-0.17)				
SCST2$_{i,t}$			-0.218*** (-3.86)	-0.056 (-0.74)		
SCST3$_{i,t}$					-0.231*** (-3.19)	-0.091 (-0.95)
DUVOL$_{i,t}$	0.064*** (2.78)	0.087*** (2.70)	0.062*** (2.70)	0.088*** (2.71)	0.062*** (2.71)	0.087*** (2.69)
SIZE$_{i,t}$	-0.041*** (-3.03)	0.043* (1.90)	-0.041*** (-3.03)	0.043* (1.92)	-0.039*** (-2.89)	0.042* (1.89)
LEV$_{i,t}$	0.028 (0.44)	-0.058 (-0.59)	0.041 (0.64)	-0.061 (-0.62)	0.028 (0.44)	-0.061 (-0.62)
BM$_{i,t}$	-0.139* (-1.72)	-0.305** (-2.21)	-0.141* (-1.75)	-0.297** (-2.15)	-0.144* (-1.79)	-0.293** (-2.12)
ROE$_{i,t}$	0.037 (0.45)	-0.066 (-0.37)	0.035 (0.42)	-0.065 (-0.37)	0.034 (0.41)	-0.063 (-0.36)
TOBINQ$_{i,t}$	-0.019 (-1.59)	-0.005 (-0.29)	-0.018 (-1.45)	-0.005 (-0.29)	-0.019 (-1.55)	-0.005 (-0.27)
SIGMA$_{i,t}$	-1.246 (-1.58)	0.651 (0.53)	-1.139 (-1.45)	0.618 (0.51)	-1.276 (-1.63)	0.602 (0.50)
RETURN$_{i,t}$	0.174*** (5.56)	0.096** (2.35)	0.169*** (5.43)	0.099** (2.40)	0.174*** (5.60)	0.098** (2.39)
DTURN$_{i,t}$	0.055* (1.65)	-0.044 (-1.22)	0.051 (1.53)	-0.045 (-1.25)	0.052 (1.56)	-0.045 (-1.24)
BETA$_{i,t}$	0.065 (1.25)	-0.237*** (-3.33)	0.066 (1.26)	-0.239*** (-3.37)	0.069 (1.33)	-0.237*** (-3.33)
ABACC$_{i,t}$	0.127 (1.17)	-0.020 (-0.17)	0.141 (1.30)	-0.028 (-0.24)	0.132 (1.22)	-0.027 (-0.23)

续表

变量	DUVOL$_{i,t+1}$					
	下行 (1)	上行 (2)	下行 (3)	上行 (4)	下行 (5)	上行 (6)
Cons.	0.717** (2.05)	−0.040 (−0.08)	0.699** (2.00)	−0.029 (−0.06)	0.679* (1.93)	−0.017 (−0.03)
年份固定效应	是	是	是	是	是	是
行业固定效应	是	是	是	是	是	是
观测数	2174	1026	2177	1027	2177	1027
调整的 R²	0.051	0.049	0.056	0.049	0.054	0.050
P 值检验	0.401		0.001***		0.000***	

注：*、** 和 *** 分别代表 10%、5% 和 1% 显著性水平。

综合表 5.10 和表 5.11 的结果，本部分从客户和供应商稳定度双重视角验证了供应链稳定度在不同经济运行周期中对未来股价崩盘风险的影响。研究发现，供应链稳定度在经济下行周期比在经济上行周期中对缓解未来股价崩盘风险产生了更显著的作用。这些发现表明，一方面，稳定的客户及供应商关系能够帮助企业在经济下行周期中降低经营的不确定性风险，维护股价平稳运行；另一方面，经济运行周期同样是影响供应链稳定度和股价崩盘风险之间关系的一个重要调节因素。

5.4.2　行业特征

5.4.2.1　制造业和非制造业

由于各行业在行业发展、竞争程度和市场风险等方面存在较大差异，供应链关系的维护在制造业中可能发挥更强的溢出效应。具体而言，制造业的上市公司占 A 股市场上市公司数量的绝大部分，并且在经济规模中的权重也较高，因此制造业通常比非制造业具有更充分的竞争环境（顾乃华等，2006；Yi，2013）。在这种情况下，制造业公司对供应链关系的维护在提升公司整体经营绩效、缓解经营不确定性和降低行业风险等方面的边际作用远高于非制造业公司。因此可以预期，相较于非制造业，供应链稳定度对公司未来股价崩盘风险的负面影响在制造业公司中会更显著。

通过对企业所在行业大类代码的识别，本部分定义制造业虚拟变量 $MANU_{i,t}$，当上市公司属于制造业时取值为 1，否则取值为 0。为考察供应链稳定度在制造业和非制造业公司中对股价崩盘风险影响的差异，本部分在基准回归模型（5.5）的基础上，加入制造业虚拟变量 $MANU_{i,t}$ 与供应链稳定度指标的交乘项进行 OLS 回归。

表 5.12 考察了制造业如何调节客户稳定度对未来股价崩盘风险的影响，其中括号内报告了基于公司个体聚类的稳健标准误计算的 t 值。列（1）~列（3）考察了对未来负收益偏态系数 $NCSKEW_{i,t+1}$ 的影响。可以发现，公司上一年、前两年和前三年的客户稳定度 $CCST1_{i,t}$、$CCST2_{i,t}$ 和 $CCST3_{i,t}$ 与制造业虚拟变量 $MANU_{i,t}$ 的交乘项系数分别为 -0.140、-0.097 和 -0.127，且至少在 5% 的统计水平下显著。类似地，列（4）~列（6）则检验了对未来收益上下波动比率 $DUVOL_{i,t+1}$ 的影响，其中 $CCST1_{i,t}$、$CCST2_{i,t}$ 和 $CCST3_{i,t}$ 与 $MANU_{i,t}$ 的交乘项系数分别为 -0.076、-0.039 和 -0.093 且显著。这些结果表明，相较于非制造业公司，客户稳定度对未来股价崩盘风险的抑制效应在制造业公司更明显，这与本部分的预期是一致的。

表 5.12 客户稳定度、制造业和未来股价崩盘风险

变量	$NCSKEW_{i,t+1}$			$DUVOL_{i,t+1}$		
	（1）	（2）	（3）	（4）	（5）	（6）
$CCST1_{i,t} \times MANU_{i,t}$	-0.140 ** (-2.12)			-0.076 * (-1.77)		
$CCST2_{i,t} \times MANU_{i,t}$		-0.097 *** (-3.12)			-0.039 ** (-2.26)	
$CCST3_{i,t} \times MANU_{i,t}$			-0.127 ** (-2.04)			-0.093 ** (-2.01)
$CCST1_{i,t}$	-0.036 (-0.70)			-0.002 (-0.07)		
$CCST2_{i,t}$		-0.013 (-0.19)			-0.025 (-0.55)	
$CCST3_{i,t}$			-0.072 (-0.90)			-0.047 (-0.88)
$MANU_{i,t}$	-0.036 (-0.38)	-0.069 (-0.74)	-0.075 (-0.82)	0.013 (0.17)	-0.007 (-0.10)	-0.008 (-0.11)

续表

变量	NCSKEW$_{i,t+1}$			DUVOL$_{i,t+1}$		
	(1)	(2)	(3)	(4)	(5)	(6)
NCSKEW$_{i,t}$	0.066 ***	0.065 ***	0.065 ***			
	(4.56)	(4.50)	(4.49)			
DUVOL$_{i,t}$				0.059 ***	0.058 ***	0.058 ***
				(3.98)	(3.94)	(3.96)
SIZE$_{i,t}$	0.016	0.016	0.016	0.003	0.003	0.002
	(1.37)	(1.35)	(1.31)	(0.36)	(0.32)	(0.28)
LEV$_{i,t}$	0.015	0.016	0.015	−0.026	−0.025	−0.025
	(0.25)	(0.27)	(0.25)	(−0.68)	(−0.66)	(−0.66)
BM$_{i,t}$	−0.508 ***	−0.507 ***	−0.503 ***	−0.315 ***	−0.313 ***	−0.311 ***
	(−6.31)	(−6.30)	(−6.26)	(−6.06)	(−6.04)	(−5.98)
ROE$_{i,t}$	0.078	0.069	0.068	0.045	0.040	0.039
	(0.96)	(0.86)	(0.84)	(0.89)	(0.79)	(0.77)
TOBINQ$_{i,t}$	−0.014	−0.015	−0.014	−0.015 **	−0.015 **	−0.015 **
	(−1.33)	(−1.40)	(−1.34)	(−2.03)	(−2.09)	(−2.03)
SIGMA$_{i,t}$	−0.466	−0.484	−0.447	−0.566	−0.562	−0.528
	(−0.58)	(−0.60)	(−0.55)	(−1.06)	(−1.05)	(−0.98)
RETURN$_{i,t}$	0.079 ***	0.081 ***	0.080 ***	0.075 ***	0.076 ***	0.075 ***
	(3.01)	(3.08)	(3.05)	(4.35)	(4.39)	(4.35)
DTURN$_{i,t}$	0.010	0.010	0.010	0.020	0.020	0.020
	(0.34)	(0.34)	(0.35)	(1.09)	(1.10)	(1.10)
BETA$_{i,t}$	−0.139 ***	−0.142 ***	−0.145 ***	−0.073 **	−0.075 **	−0.077 **
	(−2.93)	(−3.00)	(−3.03)	(−2.34)	(−2.40)	(−2.45)
ABACC$_{i,t}$	0.162 **	0.154 *	0.156 **	0.053	0.049	0.049
	(2.05)	(1.95)	(1.97)	(1.07)	(0.99)	(1.00)
Cons.	−0.018	0.012	0.024	0.065	0.084	0.090
	(−0.06)	(0.04)	(0.08)	(0.30)	(0.39)	(0.42)
年份固定效应	是	是	是	是	是	是
行业固定效应	是	是	是	是	是	是
观测数	5369	5373	5373	5369	5373	5373
调整的 R^2	0.063	0.062	0.062	0.058	0.057	0.058
F 统计值	8.876	8.685	8.775	8.498	8.355	8.487

注：*、** 和 *** 分别代表 10%、5% 和 1% 显著性水平。

表 5.13 进一步从供应商稳定度视角揭示了供应链稳定度在制造业/非制造业公司中的异质性影响，其中括号内报告了基于公司个体聚类的稳健标准误计算的 t 值。列（1）～列（3）考察了对未来负收益偏态系数 $NCSKEW_{i,t+1}$ 的影响。在列（1）和列（2）中，公司上一年和前两年的供应商稳定度 $SCST1_{i,t}$ 和 $SCST2_{i,t}$ 与制造业虚拟变量 $MANU_{i,t}$ 的交乘项系数分别在 1% 和 10% 的水平下为 −0.2567 和 −0.212，但在列（3）中前三年供应商稳定度 $SCST3_{i,t}$ 与 $MANU_{i,t}$ 的交乘项系数并不显著。列（4）～列（6）则检验了对未来收益上下波动比率 $DUVOL_{i,t+1}$ 的影响。同样地，在列（4）和列（5）中 $SCST1_{i,t}$ 和 $SCST2_{i,t}$ 与 $MANU_{i,t}$ 的交乘项系数分别为 −0.141 和 −0.104 且显著，但列（6）中交乘项系数并不显著。这些结果在一定程度上说明，供应商稳定度在制造业公司中对稳定公司股价的重要作用比在非制造业公司中更突出。

表 5.13　　　　　供应商稳定度、制造业和未来股价崩盘风险

变量	$NCSKEW_{i,t+1}$			$DUVOL_{i,t+1}$		
	(1)	(2)	(3)	(4)	(5)	(6)
$SCST1_{i,t} \times MANU_{i,t}$	−0.256 *** (−3.00)			−0.141 ** (−2.49)		
$SCST2_{i,t} \times MANU_{i,t}$		−0.212 * (−1.76)			−0.104 * (−1.92)	
$SCST3_{i,t} \times MANU_{i,t}$			−0.009 (−0.05)			−0.033 (−1.29)
$SCST1_{i,t}$	−0.078 *** (2.66)			−0.120 *** (−2.71)		
$SCST2_{i,t}$		−0.093 *** (−2.60)			−0.183 ** (−2.54)	
$SCST3_{i,t}$			−0.197 (−1.47)			−0.122 (−1.41)
$MANU_{i,t}$	−0.031 (−0.21)	−0.089 (−0.61)	−0.109 (−0.76)	−0.016 (−0.14)	−0.048 (−0.41)	−0.055 (−0.48)
$NCSKEW_{i,t}$	0.072 *** (3.92)	0.070 *** (3.83)	0.071 *** (3.87)			
$DUVOL_{i,t}$				0.074 *** (3.81)	0.072 *** (3.72)	0.073 *** (3.76)

续表

变量	NCSKEW$_{i,t+1}$			DUVOL$_{i,t+1}$		
	(1)	(2)	(3)	(4)	(5)	(6)
SIZE$_{i,t}$	-0.000	0.000	0.001	-0.015	-0.014	-0.014
	(-0.02)	(0.01)	(0.06)	(-1.27)	(-1.24)	(-1.18)
LEV$_{i,t}$	-0.002	0.011	-0.003	-0.006	-0.000	-0.010
	(-0.03)	(0.14)	(-0.03)	(-0.12)	(-0.00)	(-0.18)
BM$_{i,t}$	-0.301 ***	-0.299 ***	-0.297 ***	-0.192 ***	-0.192 ***	-0.190 ***
	(-2.68)	(-2.68)	(-2.66)	(-2.69)	(-2.70)	(-2.68)
ROE$_{i,t}$	-0.007	-0.012	-0.016	0.014	0.011	0.010
	(-0.07)	(-0.11)	(-0.15)	(0.21)	(0.16)	(0.14)
TOBINQ$_{i,t}$	-0.010	-0.007	-0.008	-0.014	-0.013	-0.013
	(-0.62)	(-0.45)	(-0.50)	(-1.35)	(-1.21)	(-1.28)
SIGMA$_{i,t}$	-0.449	-0.302	-0.409	-0.670	-0.593	-0.671
	(-0.44)	(-0.30)	(-0.40)	(-0.99)	(-0.88)	(-0.99)
RETURN$_{i,t}$	0.187 ***	0.178 ***	0.183 ***	0.151 ***	0.145 ***	0.150 ***
	(4.92)	(4.72)	(4.85)	(6.11)	(5.92)	(6.09)
DTURN$_{i,t}$	-0.009	-0.008	-0.009	0.012	0.012	0.012
	(-0.24)	(-0.21)	(-0.23)	(0.47)	(0.49)	(0.47)
BETA$_{i,t}$	-0.154 **	-0.153 **	-0.151 **	-0.053	-0.052	-0.052
	(-2.29)	(-2.26)	(-2.24)	(-1.22)	(-1.19)	(-1.19)
ABACC$_{i,t}$	0.204	0.231 *	0.219 *	0.073	0.089	0.078
	(1.58)	(1.79)	(1.71)	(0.92)	(1.11)	(0.99)
Cons.	0.257	0.264	0.272	0.362	0.362	0.364
	(0.55)	(0.57)	(0.58)	(1.12)	(1.12)	(1.13)
年份固定效应	是	是	是	是	是	是
行业固定效应	是	是	是	是	是	是
观测数	3200	3204	3204	3200	3204	3204
调整的 R^2	0.057	0.057	0.055	0.059	0.059	0.057
F 统计值	5.283	5.571	5.345	5.759	6.031	5.664

注：*、** 和 *** 分别代表 10%、5% 和 1% 显著性水平。

因此，结合表5.12和表5.13的结果可见，制造业由于其自身行业的特殊性，该行业的公司中供应链稳定度对维护股价平稳运行、降低股价崩盘风险，发挥着比在非制造业公司更显著且重要的作用。

5.4.2.2 行业集中度

此外，本部分进一步从行业集中度视角考察供应链稳定度影响未来股价崩盘风险的行业因素。对于集中度较高的行业，由于头部公司占据较大的市场份额和话语权，行业整体的信息透明度通常较低，并且行业整体风险很难被分散（Verrecchia，1983；Diamond and Verrecchia，1991）。因此，稳定的供应链关系不仅促进企业与供应链上下游的长期合作，而且促使客户和供应商等外部利益相关者对公司管理层进行持续的监督，从而提升行业整体的透明度、降低公司面临的行业风险，因而在集中度较高的行业中供应链稳定度对股价崩盘风险的抑制效应将更显著。换言之，供应链稳定度对股价崩盘风险的抑制效应在集中度较高的行业中会更强。

与前面一致，本部分参考赫凤杰（2008）、谢珺和陈航行（2016）的研究，使用行业赫芬达尔指数 HHI 度量行业集中度，并根据行业集中度的年度中位数将全样本划分为高集中度行业（$HIGH\_HHI_{i,t}=1$）和低集中度行业（$HIGH\_HHI_{i,t}=0$）。为考察供应链稳定度在行业集中度不同的公司中对股价崩盘风险影响的差异，本部分在基准回归模型（5.5）的基础上，加入高行业集中度虚拟变量 $HIGH\_HHI_{i,t}$ 及其与供应链稳定度指标的交乘项进行 OLS 回归。

表5.14报告了行业集中度对客户稳定度影响的调节效应，其中括号内报告了基于公司个体聚类的稳健标准误计算的 t 值。列（1）~列（3）考察了对未来负收益偏态系数 $NCSKEW_{i,t+1}$ 的影响；列（4）~列（6）则检验了对未来收益上下波动比率 $DUVOL_{i,t+1}$ 的影响。在列（1）和列（2）中，公司上一年和前两年的客户稳定度 $CCST1_{i,t}$ 和 $CCST2_{i,t}$ 与高行业集中度虚拟变量 $HIGH\_HHI_{i,t}$ 的交乘项系数分别在5%和10%水平下为 -0.046 和 -0.053，但列（3）中前三年的客户稳定度 $CCST3_{i,t}$ 与 $HIGH\_HHI_{i,t}$ 的交乘项系数并不显著。该发现说明，集中度高的行业中客户稳定度对未来收益负偏态系数的负向影响更强。此外，列（4）~列（6）中 $CCST1_{i,t}$、$CCST2_{i,t}$ 和 $CCST3_{i,t}$ 与 $HIGH\_HHI_{i,t}$ 的交乘项系数分别为 -0.067、-0.160 和 -0.133，且至少在10%的水平下显著，表明客户稳定度对未来收益上下波动比率的抑制效应在集中度高的行

业中更显著。总之，表 5.14 从客户稳定度视角揭示了供应链稳定度在集中度高的行业中对股价崩盘风险发挥了更强的抑制效应。

表 5.14　客户稳定度、行业集中度和未来股价崩盘风险

变量	$NCSKEW_{i,t+1}$			$DUVOL_{i,t+1}$		
	（1）	（2）	（3）	（4）	（5）	（6）
$CCST1_{i,t} \times HIGH\_HHI_{i,t}$	- 0.046 **			- 0.067 **		
	（- 2.22）			（- 2.48）		
$CCST2_{i,t} \times HIGH\_HHI_{i,t}$		- 0.053 *			- 0.160 ***	
		（- 1.76）			（- 2.79）	
$CCST3_{i,t} \times HIGH\_HHI_{i,t}$			- 0.038			- 0.133 *
			（- 0.09）			（- 1.70）
$CCST1_{i,t}$	- 0.057			- 0.034		
	（- 1.20）			（- 1.12）		
$CCST2_{i,t}$		- 0.007			- 0.025	
		（- 0.11）			（- 0.58）	
$CCST3_{i,t}$			- 0.118			- 0.063
			（- 1.31）			（- 1.07）
$HIGH\_HHI_{i,t}$	- 0.053	0.026	- 0.035	- 0.056	- 0.057	- 0.069
	（- 0.59）	（0.31）	（- 0.44）	（- 0.88）	（- 1.05）	（- 1.35）
$NCSKEW_{i,t}$	0.064 ***	0.063 ***	0.064 ***			
	（4.44）	（4.36）	（4.41）			
$DUVOL_{i,t}$				0.056 ***	0.056 ***	0.056 ***
				（3.76）	（3.73）	（3.76）
$SIZE_{i,t}$	0.017	0.018	0.017	0.004	0.004	0.004
	（1.46）	（1.49）	（1.45）	（0.47）	（0.47）	（0.44）
$LEV_{i,t}$	0.002	- 0.001	0.000	- 0.030	- 0.031	- 0.031
	（0.03）	（- 0.02）	（0.00）	（- 0.79）	（- 0.79）	（- 0.81）
$BM_{i,t}$	- 0.519 ***	- 0.517 ***	- 0.512 ***	- 0.321 ***	- 0.320 ***	- 0.316 ***
	（- 6.44）	（- 6.45）	（- 6.38）	（- 6.17）	（- 6.16）	（- 6.07）
$ROE_{i,t}$	0.077	0.070	0.069	0.041	0.037	0.036
	（0.94）	（0.86）	（0.85）	（0.79）	（0.73）	（0.71）

续表

变量	NCSKEW$_{i,t+1}$			DUVOL$_{i,t+1}$		
	（1）	（2）	（3）	（4）	（5）	（6）
TOBINQ$_{i,t}$	-0.017 (-1.63)	-0.018 * (-1.66)	-0.017 (-1.59)	-0.016 ** (-2.20)	-0.017 ** (-2.24)	-0.016 ** (-2.16)
SIGMA$_{i,t}$	-0.605 (-0.74)	-0.639 (-0.78)	-0.570 (-0.70)	-0.660 (-1.22)	-0.645 (-1.19)	-0.612 (-1.13)
RETURN$_{i,t}$	0.082 *** (3.11)	0.083 *** (3.15)	0.083 *** (3.13)	0.077 *** (4.47)	0.078 *** (4.48)	0.078 *** (4.47)
DTURN$_{i,t}$	0.010 (0.34)	0.009 (0.31)	0.009 (0.32)	0.020 (1.11)	0.020 (1.09)	0.020 (1.09)
BETA$_{i,t}$	-0.133 *** (-2.76)	-0.132 *** (-2.76)	-0.137 *** (-2.85)	-0.071 ** (-2.24)	-0.070 ** (-2.24)	-0.074 ** (-2.33)
ABACC$_{i,t}$	0.166 ** (2.09)	0.161 ** (2.03)	0.162 ** (2.04)	0.054 (1.09)	0.052 (1.04)	0.052 (1.06)
Cons.	0.557 (1.62)	0.531 (1.54)	0.549 (1.59)	0.508 ** (1.99)	0.502 ** (1.97)	0.507 ** (1.98)
年份固定效应	是	是	是	是	是	是
行业固定效应	是	是	是	是	是	是
观测数	5293	5297	5297	5293	5297	5297
调整的 R^2	0.060	0.060	0.060	0.058	0.057	0.058
F 统计值	8.328	8.158	8.235	8.440	8.346	8.417

注：*、** 和 *** 分别代表10%、5% 和 1% 显著性水平。

进一步地，表 5.15 则从供应商稳定度视角考察了行业集中度如何影响供应链稳定度与未来股价崩盘风险的关系，其中括号内报告了基于公司个体聚类的稳健标准误计算的 t 值。列（1）~列（3）考察了对未来负收益偏态系数 NCSKEW$_{i,t+1}$ 的影响；列（4）~列（6）则检验了对未来收益上下波动比率 DUVOL$_{i,t+1}$ 的影响。除列（2）和列（5）外，供应商稳定度指标与高行业集中度虚拟变量 HIGH_HHI$_{i,t}$ 的交乘项系数至少在 10% 水平下显著为负，在一定程度上再次验证了本部分的预期，即供应链稳定度对未来股价崩盘风险的负向影响在集中度高的行业中更突出。

表 5. 15　　　　　　供应商稳定度、行业集中度和未来股价崩盘风险

变量	NCSKEW$_{i,t+1}$			DUVOL$_{i,t+1}$		
	(1)	(2)	(3)	(4)	(5)	(6)
SCST1$_{i,t}$ × HIGH_HHI$_{i,t}$	− 0. 322 * (− 1. 82)			− 0. 152 * (− 1. 78)		
SCST2$_{i,t}$ × HIGH_HHI$_{i,t}$		− 0. 212 (− 0. 61)			− 0. 292 (− 1. 15)	
SCST3$_{i,t}$ × HIGH_HHI$_{i,t}$			− 0. 122 ** (− 2. 25)			− 0. 021 ** (− 2. 46)
SCST1$_{i,t}$	− 0. 075 (− 1. 16)			− 0. 062 (− 1. 52)		
SCST2$_{i,t}$		− 0. 190 ** (− 2. 21)			− 0. 163 *** (− 2. 78)	
SCST3$_{i,t}$			− 0. 173 (− 1. 37)			− 0. 112 (− 1. 29)
HIGH_HHI$_{i,t}$	0. 015 (0. 11)	− 0. 074 (− 0. 59)	− 0. 109 (− 0. 92)	− 0. 049 (− 0. 52)	− 0. 069 (− 0. 88)	− 0. 101 (− 1. 32)
NCSKEW$_{i,t}$	0. 074 *** (4. 08)	0. 074 *** (4. 06)	0. 074 *** (4. 10)			
DUVOL$_{i,t}$				0. 074 *** (3. 78)	0. 072 *** (3. 71)	0. 074 *** (3. 78)
SIZE$_{i,t}$	0. 001 (0. 07)	0. 002 (0. 10)	0. 003 (0. 18)	− 0. 014 (− 1. 16)	− 0. 013 (− 1. 13)	− 0. 012 (− 1. 05)
LEV$_{i,t}$	− 0. 028 (− 0. 35)	− 0. 015 (− 0. 18)	− 0. 022 (− 0. 27)	− 0. 021 (− 0. 40)	− 0. 015 (− 0. 28)	− 0. 022 (− 0. 40)
BM$_{i,t}$	− 0. 301 *** (− 2. 68)	− 0. 306 *** (− 2. 73)	− 0. 312 *** (− 2. 78)	− 0. 193 *** (− 2. 70)	− 0. 196 *** (− 2. 74)	− 0. 199 *** (− 2. 78)
ROE$_{i,t}$	0. 012 (0. 11)	0. 009 (0. 08)	0. 005 (0. 05)	0. 021 (0. 30)	0. 021 (0. 31)	0. 018 (0. 26)
TOBINQ$_{i,t}$	− 0. 014 (− 0. 93)	− 0. 013 (− 0. 81)	− 0. 013 (− 0. 85)	− 0. 017 (− 1. 57)	− 0. 016 (− 1. 49)	− 0. 016 (− 1. 55)

变量	NCSKEW$_{i,t+1}$			DUVOL$_{i,t+1}$		
	(1)	(2)	(3)	(4)	(5)	(6)
SIGMA$_{i,t}$	-0.423	-0.300	-0.364	-0.656	-0.601	-0.658
	(-0.41)	(-0.29)	(-0.36)	(-0.96)	(-0.89)	(-0.97)
RETURN$_{i,t}$	0.189 ***	0.182 ***	0.185 ***	0.151 ***	0.147 ***	0.150 ***
	(4.95)	(4.80)	(4.89)	(6.09)	(5.96)	(6.09)
DTURN$_{i,t}$	-0.011	-0.011	-0.011	0.011	0.012	0.011
	(-0.28)	(-0.27)	(-0.28)	(0.45)	(0.46)	(0.44)
BETA$_{i,t}$	-0.153 **	-0.151 **	-0.152 **	-0.055	-0.054	-0.055
	(-2.26)	(-2.23)	(-2.24)	(-1.26)	(-1.22)	(-1.24)
ABACC$_{i,t}$	0.207	0.224 *	0.216 *	0.073	0.084	0.075
	(1.62)	(1.74)	(1.68)	(0.92)	(1.05)	(0.95)
Cons.	0.296	0.606	0.596	0.495	0.722 **	0.723 **
	(0.64)	(1.45)	(1.43)	(1.51)	(2.29)	(2.29)
年份固定效应	是	是	是	是	是	是
行业固定效应	是	是	是	是	是	是
观测数	3152	3156	3156	3152	3156	3156
调整的 R^2	0.054	0.055	0.054	0.058	0.059	0.058
F 统计值	5.052	5.318	5.172	5.735	6.018	5.676

注：*、** 和 *** 分别代表 10%、5% 和 1% 显著性水平。

总体而言，表 5.14 和表 5.15 分别基于客户稳定度和供应商稳定度视角，揭示了对于集中度高的行业，供应链稳定度对未来股价崩盘风险的抑制作用更为明显。由此可见，行业集中度是影响供应链稳定度与未来股价崩盘风险之间关系的重要因素。

5.4.3 股权特征

5.4.3.1 股权性质

在中国特色社会主义市场经济体制中，国有企业和非国有企业在资源优势、经营目标、管理水平等诸多方面存在较大的差异（张春霖，1995；王柯敬，2005；武常岐和钱婷，2011）。本节聚焦股权性质差异是否影响供应链稳定度与未来股价崩盘风险的关系。尽管相较于国有企业，非国有企业更市场化的经理人制度和更透明的信息环境能够有效抑制管理层的信息遮掩（刘磊等，2004），但国有企业更大的资源和政策优势使得其能够在供应链关系中占据绝对优势和主导地位（张涌，2000；胡鞍钢等，2013；曹春方等，2018）。这意味着非国有企业会更重视稳定的供应链合作关系的维护，因而供应链上下游利益相关者通过这种供应链合作关系对非国有企业的监督约束将加强。故本部分预期，相较于国有企业，非国有企业中供应链稳定度对未来股价崩盘风险的负向影响会更显著。

本部分以上市公司实际控制人背景对 A 股市场国有企业和非国有企业进行区分，并使用虚拟变量 $nonSOE_{i,t}$ 代表非国有企业，当公司实际控制人为非国资背景时取 1，否则取 0。进一步地，本部分在基准回归模型（5.5）的基础上，加入非国有企业虚拟变量 $nonSOE_{i,t}$ 及其与供应链稳定度代理指标的交乘项进行 OLS 回归，以实证检验股权性质如何调节供应链稳定度对未来股价崩盘风险的影响。

表 5.16 报告了基于客户稳定度的回归结果，其中括号内报告了基于公司个体聚类的稳健标准误计算的 t 值。列（1）～列（3）考察了对未来负收益偏态系数 $NCSKEW_{i,t+1}$ 的影响。可以发现，在前两列中上一年客户稳定度 $CCST1_{i,t}$ 和前两年客户稳定度 $CCST2_{i,t}$ 与非国有企业虚拟变量 $nonSOE_{i,t}$ 交乘项的系数分别在 5% 和 1% 水平下显著，为 -0.018 和 -0.014，在列（3）中前三年客户稳定度 $CCST3_{i,t}$ 与 $nonSOE_{i,t}$ 的交乘项系数也为负但并不显著。该发现说明，客户稳定度对未来负收益偏态系数的负向影响在非国有企业中更显著。类似地，列（4）～列（6）考察了对未来收益上下波动比率 $DUVOL_{i,t+1}$ 的影响。在列（4）和列（6）中 $CCST1_{i,t}$ 和 $CCST3_{i,t}$ 与 $nonSOE_{i,t}$ 的交乘项系数分别为 -0.023 和 -0.010 且显著，但列（5）中 $CCST2_{i,t}$ 与 $nonSOE_{i,t}$ 的交乘项并没有显著的影响。该结果在一定程度上表明，客户稳定度对未来收益上下波动比率的抑制效应在非国有企业中更强。总之，上述结果验证了本部分的预期，即相较于国有企业，客户稳定度在非国有企业中对维护股价稳定的作用更重要，对未来股价崩盘风险的抑制效应更明显。

表 5.16　　　　客户稳定度、股权性质和未来股价崩盘风险

变量	NCSKEW$_{i,t+1}$			DUVOL$_{i,t+1}$		
	(1)	(2)	(3)	(4)	(5)	(6)
CCST1$_{i,t}$ × nonSOE$_{i,t}$	−0.018 ** (−2.28)			−0.023 ** (−2.54)		
CCST2$_{i,t}$ × nonSOE$_{i,t}$		−0.014 *** (−3.16)			−0.024 (−1.42)	
CCST3$_{i,t}$ × nonSOE$_{i,t}$			−0.009 (−0.08)			−0.010 * (−1.82)
CCST1$_{i,t}$	−0.031 (−0.61)			−0.051 (−1.52)		
CCST2$_{i,t}$		−0.053 (−0.74)			−0.054 (−1.13)	
CCST3$_{i,t}$			−0.107 (−1.03)			−0.082 (−1.20)
nonSOE$_{i,t}$	−0.044 (−1.43)	−0.049 * (−1.87)	−0.050 ** (−2.09)	−0.049 ** (−2.36)	−0.045 ** (−2.56)	−0.042 ** (−2.57)
NCSKEW$_{i,t}$	0.063 *** (4.34)	0.063 *** (4.33)	0.063 *** (4.33)			
DUVOL$_{i,t}$				0.056 *** (3.79)	0.056 *** (3.77)	0.056 *** (3.78)
SIZE$_{i,t}$	0.020 (1.63)	0.020 (1.64)	0.020 (1.63)	0.006 (0.69)	0.006 (0.69)	0.005 (0.67)
LEV$_{i,t}$	0.029 (0.48)	0.029 (0.48)	0.028 (0.46)	−0.015 (−0.39)	−0.014 (−0.38)	−0.015 (−0.40)
BM$_{i,t}$	−0.493 *** (−6.14)	−0.493 *** (−6.14)	−0.488 *** (−6.09)	−0.303 *** (−5.86)	−0.302 *** (−5.85)	−0.299 *** (−5.78)
ROE$_{i,t}$	0.067 (0.82)	0.062 (0.76)	0.060 (0.74)	0.037 (0.73)	0.034 (0.67)	0.032 (0.64)
TOBINQ$_{i,t}$	−0.014 (−1.32)	−0.014 (−1.35)	−0.014 (−1.30)	−0.015 ** (−2.02)	−0.015 ** (−2.06)	−0.014 ** (−1.98)

续表

变量	NCSKEW$_{i,t+1}$			DUVOL$_{i,t+1}$		
	(1)	(2)	(3)	(4)	(5)	(6)
SIGMA$_{i,t}$	-0.645	-0.647	-0.613	-0.686	-0.678	-0.657
	(-0.79)	(-0.80)	(-0.75)	(-1.27)	(-1.25)	(-1.21)
RETURN$_{i,t}$	0.082 ***	0.083 ***	0.082 ***	0.077 ***	0.077 ***	0.077 ***
	(3.10)	(3.14)	(3.12)	(4.43)	(4.46)	(4.44)
DTURN$_{i,t}$	0.013	0.012	0.012	0.022	0.021	0.022
	(0.46)	(0.43)	(0.44)	(1.19)	(1.17)	(1.19)
BETA$_{i,t}$	-0.132 ***	-0.132 ***	-0.136 ***	-0.066 **	-0.066 **	-0.069 **
	(-2.76)	(-2.76)	(-2.83)	(-2.12)	(-2.12)	(-2.20)
ABACC$_{i,t}$	0.156 **	0.152 *	0.152 *	0.048	0.045	0.046
	(1.96)	(1.90)	(1.92)	(0.98)	(0.91)	(0.94)
Cons.	-0.066	-0.068	-0.064	0.015	0.016	0.019
	(-0.21)	(-0.21)	(-0.20)	(0.07)	(0.07)	(0.09)
年份固定效应	是	是	是	是	是	是
行业固定效应	是	是	是	是	是	是
观测数	5369	5373	5373	5369	5373	5373
调整的 R^2	0.062	0.062	0.063	0.059	0.058	0.059
F 统计值	8.702	8.567	8.611	8.327	8.242	8.321

注：* 、** 和 *** 分别代表 10%、5% 和 1% 显著性水平。

此外，表 5.17 从供应商稳定度视角检验了供应链稳定度在国企和非国企中对未来股价崩盘风险影响的异质性，其中括号内报告了基于公司个体聚类的稳健标准误计算的 t 值。列（1）~ 列（3）考察了对未来负收益偏态系数 NCSKEW$_{i,t+1}$ 的影响。可以发现，在前两列中上一年供应商稳定度 SCST1$_{i,t}$ 和前两年客户稳定度 SCST2$_{i,t}$ 与非国有企业虚拟变量 nonSOE$_{i,t}$ 交乘项的系数分别在 1% 和 10% 水平下显著，为 -0.068 和 -0.096，在列（3）中前三年供应商稳定度 SCST3$_{i,t}$ 与 nonSOE$_{i,t}$ 的交乘项系数也为负但并不显著。该发现说明，供应商稳定度对未来负收益偏态系数的负向影响同样在非国有企业中更显著。类似地，列（4）~ 列（6）考察了对未来收益上下波动比率 DUVOL$_{i,t+1}$ 的影响。后两列中 SCST2$_{i,t}$ 和 SCST3$_{i,t}$ 与 nonSOE$_{i,t}$ 的交乘项系数均显著，分别为 -0.031 和 -0.112，但列（4）中 SCST1$_{i,t}$ 与 nonSOE$_{i,t}$ 的交乘项并没有显著的影响。该结果在一定程度上表明，供应商稳定度对未来收益上下波动比率的抑制效应在非国有企业中更强。因此，相较于国有企业，供应商稳定度在非国有企业中对维护股价稳定的作用更重要，对未来股价崩盘风险的抑制效应更明显。

表 5.17　　　　　　　　供应商稳定度、股权性质和未来股价崩盘风险

变量	$NCSKEW_{i,t+1}$			$DUVOL_{i,t+1}$		
	(1)	(2)	(3)	(4)	(5)	(6)
$SCST1_{i,t} \times nonSOE_{i,t}$	−0.068 *** (3.79)			−0.035 (−1.62)		
$SCST2_{i,t} \times nonSOE_{i,t}$		−0.096 * (−1.83)			−0.031 *** (−2.64)	
$SCST3_{i,t} \times nonSOE_{i,t}$			−0.105 (−0.63)			−0.112 ** (−2.00)
$SCST1_{i,t}$	−0.009 (−0.14)			−0.018 (−0.43)		
$SCST2_{i,t}$		−0.066 * (1.76)			−0.055 * (−1.90)	
$SCST3_{i,t}$			−0.143 (−1.34)			−0.050 (−0.64)
$nonSOE_{i,t}$	−0.065 (−1.55)	−0.070 ** (−1.98)	−0.051 (−1.57)	−0.042 (−1.47)	−0.048 ** (−2.08)	−0.038 * (−1.75)
$NCSKEW_{i,t}$	0.069 *** (3.73)	0.068 *** (3.68)	0.069 *** (3.74)			
$DUVOL_{i,t}$				0.071 *** (3.69)	0.070 *** (3.62)	0.071 *** (3.67)
$SIZE_{i,t}$	0.002 (0.10)	0.003 (0.19)	0.003 (0.20)	−0.013 (−1.13)	−0.012 (−1.03)	−0.012 (−1.03)
$LEV_{i,t}$	0.002 (0.03)	0.017 (0.21)	0.008 (0.10)	−0.002 (−0.04)	0.005 (0.10)	−0.002 (−0.04)
$BM_{i,t}$	−0.275 ** (−2.45)	−0.286 ** (−2.55)	−0.282 ** (−2.52)	−0.175 ** (−2.45)	−0.183 ** (−2.57)	−0.180 ** (−2.54)

变量	$NCSKEW_{i,t+1}$			$DUVOL_{i,t+1}$		
	(1)	(2)	(3)	(4)	(5)	(6)
$ROE_{i,t}$	−0.015 (−0.14)	−0.018 (−0.16)	−0.020 (−0.18)	0.009 (0.13)	0.008 (0.12)	0.007 (0.10)
$TOBINQ_{i,t}$	−0.008 (−0.53)	−0.007 (−0.45)	−0.008 (−0.48)	−0.013 (−1.26)	−0.013 (−1.21)	−0.013 (−1.28)
$SIGMA_{i,t}$	−0.573 (−0.56)	−0.416 (−0.41)	−0.510 (−0.50)	−0.754 (−1.10)	−0.665 (−0.98)	−0.732 (−1.07)
$RETURN_{i,t}$	0.187*** (4.92)	0.178*** (4.74)	0.183*** (4.87)	0.151*** (6.10)	0.146*** (5.92)	0.150*** (6.09)
$DTURN_{i,t}$	−0.008 (−0.20)	−0.009 (−0.23)	−0.007 (−0.19)	0.013 (0.51)	0.012 (0.47)	0.012 (0.50)
$BETA_{i,t}$	−0.145** (−2.14)	−0.141** (−2.07)	−0.141** (−2.08)	−0.047 (−1.07)	−0.044 (−1.00)	−0.045 (−1.01)
$ABACC_{i,t}$	0.195 (1.53)	0.212* (1.66)	0.210 (1.64)	0.067 (0.85)	0.077 (0.97)	0.071 (0.91)
Cons.	0.254 (0.54)	0.212 (0.45)	0.216 (0.46)	0.353 (1.08)	0.322 (0.99)	0.327 (1.00)
年份固定效应	是	是	是	是	是	是
行业固定效应	是	是	是	是	是	是
观测数	3200	3204	3204	3200	3204	3204
调整的 R^2	0.055	0.057	0.056	0.058	0.060	0.058
F统计值	5.140	5.393	5.217	5.574	5.877	5.589

注：*、**和***分别代表10%、5%和1%显著性水平。

总体而言，表5.16和表5.17分别从客户稳定度和供应商稳定度视角揭示了供应链稳定度对未来股价崩盘风险在国企和非国企中的影响差异，即相较于国有企业，稳定的供应链关系在非国有企业中对维护股价平稳运行、降低股价崩盘风险产生了更显著的效果。因此，在我国特色的经济体制中，企业股权性质是影响供应链稳定度和股价崩盘风险之间关系的一个重要因素。

5.4.3.2 两权分离

在现代公司体系中，控制权与所有权的分离，即两权分离是存在于绝大部分企业的普遍现象。当公司实际控制人对公司拥有较高的控制权但所有权较低时，实际控制人有足够的动机通过增加公司的不透明程度，利用隐蔽的方式侵占其他利益相关者的利益，这也将产生较严重的委托代理问题（Berle and Means，1932；Jensen and Merkling，1976；吴宗法和张英丽，2012；刘鑫等，2014）。鉴于有效的内外部监督是缓解委托代理问题的重要途径，对于两权分离程度高的公司而言，供应链合作关系的稳定能够促进客户和供应商等外部利益相关者对公司管理层的监督，从而在一定程度上提升公司透明度，缓解委托代理问题。因而，可以预期两权分离度会进一步增强供应链稳定度对未来股价崩盘风险的抑制作用。

本节使用实际控制人拥有上市公司控制权与所有权之差衡量公司两权分离度 $STR_{i,t}$，其值越大，说明公司实际控制人对公司的控制权越高但所有权越低，因此可能产生的委托代理问题越严重。进一步地，本节在基准回归模型（5.5）的基础上，加入两权分离度 $STR_{i,t}$ 及其与供应链稳定度代理指标的交乘项进行 OLS 回归，以实证检验两权分离如何调节供应链稳定度对未来股价崩盘风险的影响。

表5.18 报告了基于客户稳定度的回归结果，其中括号内报告了基于公司个体聚类的稳健标准误计算的 t 值。列（1）~列（3）考察了对未来负收益偏态系数 $NCSKEW_{i,t+1}$ 的影响。可以发现，在前两列中上一年客户稳定度 $CCST1_{i,t}$ 和前两年客户稳定度 $CCST2_{i,t}$ 与两权分离度 $STR_{i,t}$ 的交乘项系数分别在5%和10%水平下显著，为 -0.041 和 -0.092，在列（3）中前三年客户稳定度 $CCST3_{i,t}$ 与 $STR_{i,t}$ 的交乘项系数也为负但并不显著。该发现说明，公司两权分离度的增加会进一步加强客户稳定度对未来负收益偏态系数的负向影响。类似地，列（4）~列（5）考察了对未来收益上下波动比率 $DUVOL_{i,t+1}$ 的影响。在列（4）和列（6）中 $CCST1_{i,t}$ 和 $CCST3_{i,t}$ 与 $STR_{i,t}$ 的交乘项系数，为 -0.071 和 -0.053 且均显著，但列（5）中 $CCST2_{i,t}$ 与 $STR_{i,t}$ 的交乘项并没有显著的影响。该结果在一定程度上表明，客户稳定度对未来收益上下波动比率的抑制效应在两权分离度高的公司中更显著。总之，上述结果验证了本节的预期，即上市公司两权分离程度会增强客户稳定度在对维护股价稳定的重要作用，使其对未来股价崩盘风险发挥更显著的抑制效应。

表 5.18　　　　　　　　客户稳定度、两权分离度和未来股价崩盘风险

变量	$NCSKEW_{i,t+1}$			$DUVOL_{i,t+1}$		
	(1)	(2)	(3)	(4)	(5)	(6)
$CCST1_{i,t} \times STR_{i,t}$	-0.041** (-2.26)			-0.071* (-1.85)		
$CCST2_{i,t} \times STR_{i,t}$		-0.092* (-1.76)			-0.033 (-0.09)	
$CCST3_{i,t} \times STR_{i,t}$			-0.603 (-0.63)			-0.035* (-1.96)
$CCST1_{i,t}$	-0.045 (-1.07)			-0.033 (-1.18)		
$CCST2_{i,t}$		-0.091* (-1.66)			-0.050 (-1.31)	
$CCST3_{i,t}$			-0.167** (-2.21)			-0.113** (-2.19)
$STR_{i,t}$	0.170 (0.96)	0.073 (0.48)	0.046 (0.33)	0.200 (1.63)	0.114 (1.09)	0.071 (0.74)
$NCSKEW_{i,t}$	0.056*** (3.88)	0.056*** (3.87)	0.056*** (3.88)			
$DUVOL_{i,t}$				0.050*** (3.35)	0.050*** (3.35)	0.050*** (3.37)
$SIZE_{i,t}$	0.016 (1.36)	0.017 (1.37)	0.017 (1.36)	0.002 (0.30)	0.002 (0.29)	0.002 (0.29)
$LEV_{i,t}$	-0.030 (-0.49)	-0.032 (-0.52)	-0.034 (-0.54)	-0.051 (-1.28)	-0.051 (-1.29)	-0.053 (-1.33)
$BM_{i,t}$	-0.516*** (-6.29)	-0.517*** (-6.30)	-0.509*** (-6.22)	-0.314*** (-5.89)	-0.314*** (-5.89)	-0.309*** (-5.78)
$ROE_{i,t}$	0.068 (0.83)	0.060 (0.74)	0.057 (0.70)	0.040 (0.77)	0.035 (0.67)	0.032 (0.61)
$TOBINQ_{i,t}$	-0.014 (-1.31)	-0.015 (-1.39)	-0.014 (-1.30)	-0.014* (-1.85)	-0.014* (-1.92)	-0.014* (-1.85)

续表

变量	NCSKEW$_{i,t+1}$			DUVOL$_{i,t+1}$		
	（1）	（2）	（3）	（4）	（5）	（6）
SIGMA$_{i,t}$	-0.794 (-0.98)	-0.793 (-0.98)	-0.720 (-0.89)	-0.849 (-1.57)	-0.829 (-1.53)	-0.779 (-1.44)
RETURN$_{i,t}$	0.082 *** (3.04)	0.084 *** (3.14)	0.083 *** (3.10)	0.074 *** (4.17)	0.075 *** (4.24)	0.075 *** (4.23)
DTURN$_{i,t}$	0.012 (0.42)	0.011 (0.38)	0.012 (0.40)	0.022 (1.16)	0.021 (1.14)	0.021 (1.15)
BETA$_{i,t}$	-0.141 *** (-2.90)	-0.142 *** (-2.91)	-0.147 *** (-3.00)	-0.071 ** (-2.22)	-0.071 ** (-2.23)	-0.075 ** (-2.33)
ABACC$_{i,t}$	0.192 ** (2.41)	0.186 ** (2.33)	0.189 ** (2.38)	0.067 (1.37)	0.064 (1.29)	0.066 (1.34)
Cons.	0.112 (0.36)	0.104 (0.33)	0.097 (0.31)	0.281 (1.19)	0.277 (1.17)	0.272 (1.15)
年份固定效应	是	是	是	是	是	是
行业固定效应	是	是	是	是	是	是
观测数	5095	5099	5099	5095	5099	5099
调整的 R^2	0.064	0.064	0.065	0.060	0.059	0.060
F 统计值	8.601	8.500	8.542	8.379	8.262	8.368

注：*、**和***分别代表10%、5%和1%显著性水平。

表 5.19 从供应商稳定度视角检验了两权分离度的影响，其中括号内报告了基于公司个体聚类的稳健标准误计算的 t 值。列（1）~列（3）考察了对未来负收益偏态系数 NCSKEW$_{i,t+1}$ 的影响。可以发现，在前两列中上一年供应商稳定度 SCST1$_{i,t}$ 和前两年客户稳定度 SCST2$_{i,t}$ 与两权分离度 STR$_{i,t}$ 交乘项的系数分别在 5% 和 10% 水平下显著，为 -0.140 和 -0.147，在列（3）中前三年供应商稳定度 SCST3$_{i,t}$ 与 STR$_{i,t}$ 的交乘项系数也为负但并不显著。该发现说明，供应商稳定度对未来负收益偏态系数的负向影响在两权分离度高的公司中更强。类似地，列（4）~列（5）考察了对未来收益上下波动比率 DUVOL$_{i,t+1}$ 的影响。在列（5）中 SCST2$_{i,t}$ 与 STR$_{i,t}$ 的交乘项系数在 5% 水平下显著，为 -0.221，但列（4）和列（6）中交乘项并没有显著的影响。上述结果在一定程度上表明，公司两权分离程度同样增强了供应商稳定度对未来

股价崩盘风险的抑制效应。

表 5.19　　　　　　　供应商稳定度、两权分离度和未来股价崩盘风险

变量	NCSKEW$_{i,t+1}$			DUVOL$_{i,t+1}$		
	(1)	(2)	(3)	(4)	(5)	(6)
SCST1$_{i,t}$ × STR$_{i,t}$	−0.140** (−2.27)			−0.019 (−0.06)		
SCST2$_{i,t}$ × STR$_{i,t}$		−0.147*** (−3.19)			−0.221** (−2.49)	
SCST3$_{i,t}$ × STR$_{i,t}$			−0.616 (−1.64)			−0.280 (−0.46)
SCST1$_{i,t}$	−0.037 (−0.65)			−0.039 (1.04)		
SCST2$_{i,t}$		−0.058** (−2.06)			−0.131 (−1.49)	
SCST3$_{i,t}$			−0.016* (−1.95)			−0.115 (−1.52)
STR$_{i,t}$	−0.121 (−0.52)	−0.149 (−0.76)	−0.121 (−0.65)	−0.068 (−0.43)	−0.026 (−0.20)	−0.033 (−0.27)
NCSKEW$_{i,t}$	0.066*** (3.63)	0.066*** (3.60)	0.066*** (3.62)			
DUVOL$_{i,t}$				0.065*** (3.36)	0.064*** (3.29)	0.065*** (3.33)
SIZE$_{i,t}$	0.004 (0.24)	0.004 (0.26)	0.006 (0.34)	−0.012 (−1.06)	−0.012 (−1.02)	−0.011 (−0.95)
LEV$_{i,t}$	−0.075 (−0.93)	−0.063 (−0.78)	−0.070 (−0.86)	−0.055 (−1.02)	−0.049 (−0.92)	−0.056 (−1.04)
BM$_{i,t}$	−0.295*** (−2.59)	−0.299*** (−2.64)	−0.304*** (−2.68)	−0.182** (−2.51)	−0.186** (−2.58)	−0.188*** (−2.60)
ROE$_{i,t}$	−0.008 (−0.07)	−0.010 (−0.09)	−0.011 (−0.10)	0.009 (0.13)	0.007 (0.11)	0.007 (0.11)
TOBINQ$_{i,t}$	−0.007 (−0.43)	−0.005 (−0.34)	−0.006 (−0.39)	−0.011 (−1.11)	−0.010 (−1.03)	−0.011 (−1.11)

变量	NCSKEW$_{i,t+1}$			DUVOL$_{i,t+1}$		
	(1)	(2)	(3)	(4)	(5)	(6)
SIGMA$_{i,t}$	−0.420	−0.316	−0.389	−0.662	−0.620	−0.680
	(−0.41)	(−0.31)	(−0.38)	(−0.97)	(−0.92)	(−1.00)
RETURN$_{i,t}$	0.178 ***	0.170 ***	0.174 ***	0.142 ***	0.138 ***	0.141 ***
	(4.64)	(4.49)	(4.58)	(5.71)	(5.56)	(5.71)
DTURN$_{i,t}$	−0.010	−0.009	−0.010	0.014	0.014	0.014
	(−0.25)	(−0.24)	(−0.24)	(0.54)	(0.55)	(0.53)
BETA$_{i,t}$	−0.166 **	−0.162 **	−0.162 **	−0.057	−0.055	−0.056
	(−2.40)	(−2.34)	(−2.35)	(−1.28)	(−1.24)	(−1.25)
ABACC$_{i,t}$	0.240 *	0.257 **	0.250 *	0.094	0.103	0.095
	(1.86)	(1.98)	(1.93)	(1.17)	(1.29)	(1.19)
Cons.	0.686	0.656	0.633	0.782 **	0.759 **	0.756 **
	(1.64)	(1.57)	(1.52)	(2.52)	(2.45)	(2.44)
年份固定效应	是	是	是	是	是	是
行业固定效应	是	是	是	是	是	是
观测数	3053	3057	3057	3053	3057	3057
调整的 R^2	0.054	0.055	0.055	0.056	0.058	0.056
F 统计值	4.865	5.103	4.938	5.346	5.581	5.319

注: *、** 和 *** 分别代表10%、5%和1%显著性水平。

因此，表5.18 和表5.19 分别基于客户稳定度和供应商稳定度揭示了两权分离会增强供应链稳定度对未来股价崩盘风险的抑制效应。这些发现不仅进一步支持了稳定的供应链关系鼓励客户和供应商等外部利益相关者对上市公司管理层的监督和约束，同时有效识别了影响供应链稳定度和股价崩盘风险之间相互关系的公司层面因素。

5.5 路 径 机 制 检 验

本章前面的研究结果支持了供应链稳定度对未来股价崩盘风险的抑制效应假说。供应链稳定度对未来股价崩盘风险的抑制作用来自两种截然不同的

路径。一方面，供应链稳定度的增加会加强主要客户和供应商等利益相关者
对公司管理层的外部监督约束；另一方面，稳定的供应链关系能够降低公司
经营的不确定性风险，减少负面信息的产生。本节则从上市公司盈余管理和
经营风险两个视角，通过研究供应链稳定度是否制约了管理层对财务信息的
操纵，以及是否降低了公司经营风险，深入剖析其对未来股价崩盘风险产生
负面影响的路径机制。

5.5.1　盈余管理

当公司管理层与投资者处于信息不对称的状态，管理层非对称的披露偏
好带来的"坏消息"的累积及瞬间释放是导致股价崩盘风险的一个重要原因
（Jin and Myers，2006）。股价崩盘风险的产生机理凸显了财务信息稳健性的
重要作用。而在实际财务信息披露过程中，管理层会通过使用会计准则的自
由裁量权有目的地对公司盈余进行操纵，隐藏公司的真实经营状况，增加盈
余信息的不透明程度（Song，2015；Kim and Zhang，2016）。由于公司盈余
信息是外部投资者对公司进行价值评估的重要指标，管理层通过盈余管理对
财务报表进行粉饰将使得股价不能反映公司实际的盈余水平。当负面的财务
信息累积到一定程度，通过盈余管理隐藏的"坏消息"将在未来集中释放，
从而导致股票价格的崩盘。

第 4 章的研究证明更高的供应链集中度通过将主要客户或供应商等外部
利益者的利益与公司进行绑定，促进了供应链外部利益相关者对管理层的监
督。而从供应链稳定度视角来看，良好稳定的供应链合作关系能够促进客户
或供应商等外部利益相关者对公司进行更深层次的了解和信任，进而无形中
形成对管理层的持续监督，在一定程度上降低管理层对财务信息的操纵，削
弱管理层的盈余管理程度，从而提升财务信息的透明度，降低未来的股价崩
盘风险。因此，供应链稳定度同样会通过抑制公司盈余管理，降低未来的股
价崩盘风险。

与前面一致，本节从绝对真实盈余管理 $ABREM_{i,t}$ 和绝对应计盈余管理
$ABACC_{i,t}$ 两个方面对公司盈余管理水平进行衡量。其中，绝对真实盈余管理
$ABREM_{i,t}$ 使用罗伊乔杜尔（Roychowdhury，2006）的模型计算出异常生产成
本、异常现金流和异常费用，在采用藏（Zang，2012）的方法计算出的真实
盈余管理基础上取绝对值表示。绝对应计盈余管理水平则使用根据修正的

Jones 模型（Dechow et al.，1995）计算的应计盈余管理的绝对值测度。因此，$ABREM_{i,t}$ 和 $ABACC_{i,t}$ 的值越高，管理层的盈余管理程度越大，即对公司财务信息的操纵越强。

表 5.20 报告了股价崩盘风险、盈余管理和供应链稳定度的相关性分析。其中，绝对真实盈余管理 $ABREM_{i,t}$ 与负收益偏态系数 $NCSKEW_{i,t+1}$ 和收益上下波动比率 $DUVOL_{i,t+1}$ 之间的相关系数在 1% 和 5% 水平下分别为 0.063 和 0.052，而绝对应计盈余管理 $ABACC_{i,t}$ 与 $NCSKEW_{i,t+1}$ 和 $DUVOL_{i,t+1}$ 的相关系数分别为 0.012 和 0.011 且至少在 5% 水平下显著。这与前面表 4.19 的结果是一致的，再次表明上市公司管理层对盈余管理的程度越高，公司未来的股价崩盘风险越高。此外，客户稳定度指标 $CCST2_{i,t}$、$CCST2_{i,t}$ 和 $CCST3_{i,t}$ 与盈余管理 $ABREM_{i,t}$ 和 $ABACC_{i,t}$ 负相关，且至少在 10% 水平下显著；在供应商稳定度层面，$SCST2_{i,t}$、$SCST2_{i,t}$ 和 $SCST3_{i,t}$ 同样与公司盈余管理表现出显著的负相关关系。由此可见，更稳定的供应链合作关系通常伴随着公司更低的盈余管理程度。

表 5.20　　　股价崩盘风险、盈余管理和供应链稳定度——相关性分析

变量	$NCSKEW_{i,t+1}$	$DUVOL_{i,t+1}$	$ABREM_{i,t}$	$ABACC_{i,t}$	$CCST1_{i,t}$
$NCSKEW_{i,t+1}$	1				
$DUVOL_{i,t+1}$	0.882 ***	1			
$ABREM_{i,t}$	0.063 ***	0.052 **	1		
$ABACC_{i,t}$	0.012 **	0.011 ***	0.252 ***	1	
$CCST1_{i,t}$	−0.052 ***	−0.049 ***	−0.030 *	−0.092 ***	1
$CCST2_{i,t}$	−0.056 ***	−0.050 ***	−0.037 *	−0.082 ***	0.620 ***
$CCST3_{i,t}$	−0.056 ***	−0.054 ***	−0.094 ***	−0.081 ***	0.379 ***
$SCST1_{i,t}$	−0.013 ***	−0.022	−0.021	−0.069 ***	0.263 ***
$SCST2_{i,t}$	−0.036 **	−0.038 **	−0.013	−0.044 **	0.198 ***
$SCST3_{i,t}$	−0.025 **	−0.018 *	−0.055 ***	−0.037 *	0.156 ***
变量	$CCST2_{i,t}$	$CCST3_{i,t}$	$SCST1_{i,t}$	$SCST2_{i,t}$	$SCST3_{i,t}$
$CCST2_{i,t}$	1				
$CCST3_{i,t}$	0.611 ***	1			
$SCST1_{i,t}$	0.233 ***	0.136 ***	1		
$SCST2_{i,t}$	0.250 ***	0.131 ***	0.589 ***	1	
$SCST3_{i,t}$	0.171 ***	0.134 ***	0.443 ***	0.733 ***	1

注：*、** 和 *** 分别代表 10%、5% 和 1% 显著性水平。

与前面一致，本节使用两阶段回归分析法研究供应链稳定度是否通过降低盈余管理的机制抑制未来股价崩盘风险。由于表4.21中验证了公司盈余管理会加剧未来股价崩盘风险，本节仅考察第一阶段的回归结果，即供应链稳定度对公司盈余管理的影响。因此，若供应链稳定度通过降低盈余管理水平来抑制未来的股价崩盘风险，那么可以预期，在第一阶段的回归结果中供应链稳定度指标的系数显著为负。

表5.21报告了第一阶段的回归结果，即供应链稳定度对盈余管理的影响，其中表5.21-1考察了供应链稳定度对绝对真实盈余管理的影响，表5.21-2则揭示了供应链稳定度对绝对应计盈余管理的影响，括号内报告了基于公司个体聚类的稳健标准误计算的t值。很显然，表5.21中供应链稳定度的增加会显著降低上市公司盈余管理的水平。以表5.21-1为例，在客户稳定度方面，列（1）~列（3）中公司上一年、前两年和前三年的客户稳定度$CCST1_{i,t}$、$CCST2_{i,t}$和$CCST3_{i,t}$的系数分别为-0.022、-0.024和-0.043，且至少在10%水平下显著，表明客户稳定度的增加与上市公司绝对真实盈余管理水平的降低相关；在供应商稳定度方面，列（4）~列（6）中公司上一年、前两年和前三年的客户稳定度$CCST1_{i,t}$、$CCST2_{i,t}$和$CCST3_{i,t}$的系数分别为-0.009、-0.005和-0.038且均显著，意味着供应商稳定度同样对公司盈余管理发挥了显著的抑制效应。类似的发现在表5.21-2中同样存在。

表5.21-1　　供应链稳定度对真实盈余管理的影响

变量	$ABREM_{i,t}$					
	（1）	（2）	（3）	（4）	（5）	（6）
$CCST1_{i,t}$	-0.022** （-2.26）					
$CCST2_{i,t}$		-0.024* （-1.81）				
$CCST3_{i,t}$			-0.043*** （-2.74）			
$SCST1_{i,t}$				-0.009** （-2.51）		
$SCST2_{i,t}$					-0.005** （-2.17）	

续表

变量	ABREM$_{i,t}$					
	(1)	(2)	(3)	(4)	(5)	(6)
SCST3$_{i,t}$						-0.038^{*}
						(-1.74)
SIZE$_{i,t}$	0.010^{*}	0.010^{*}	0.010^{**}	0.018^{**}	0.019^{**}	0.018^{**}
	(1.85)	(1.95)	(2.01)	(2.11)	(2.16)	(2.12)
LEV$_{i,t}$	0.034	0.034	0.033	0.024	0.025	0.024
	(1.52)	(1.50)	(1.48)	(0.81)	(0.83)	(0.80)
BM$_{i,t}$	-0.094^{***}	-0.096^{***}	-0.095^{***}	-0.169^{***}	-0.170^{***}	-0.168^{***}
	(-3.68)	(-3.81)	(-3.78)	(-4.33)	(-4.38)	(-4.34)
ROE$_{i,t}$	0.086^{**}	0.086^{**}	0.084^{**}	0.104^{**}	0.103^{**}	0.105^{**}
	(2.50)	(2.49)	(2.45)	(2.03)	(2.05)	(2.07)
TOBINQ$_{i,t}$	0.003	0.003	0.003	-0.001	-0.001	-0.001
	(1.07)	(0.97)	(1.10)	(-0.27)	(-0.27)	(-0.29)
SOE$_{i,t}$	-0.007	-0.007	-0.007	-0.013	-0.012	-0.012
	(-0.75)	(-0.76)	(-0.76)	(-1.13)	(-1.05)	(-1.03)
INSHOLD$_{i,t}$	0.017	0.017	0.018	0.028^{*}	0.027^{*}	0.027^{*}
	(1.42)	(1.42)	(1.50)	(1.96)	(1.92)	(1.93)
ANACOVER$_{i,t}$	0.003	0.003	0.002	0.009	0.009	0.009
	(0.63)	(0.56)	(0.48)	(1.35)	(1.34)	(1.31)
BIG4$_{i,t}$	-0.017	-0.018	-0.018	-0.021	-0.022	-0.022
	(-0.86)	(-0.90)	(-0.91)	(-0.56)	(-0.60)	(-0.60)
Cons.	-0.097	-0.106	-0.114	-0.225	-0.233	-0.226
	(-0.81)	(-0.89)	(-0.96)	(-1.32)	(-1.37)	(-1.33)
年份固定效应	是	是	是	是	是	是
行业固定效应	是	是	是	是	是	是
观测数	2948	2951	2951	1546	1549	1549
调整的 R^2	0.101	0.101	0.101	0.118	0.117	0.118

注：$*$、$**$ 和 $***$ 分别代表10%、5%和1%显著性水平。

表 5. 21 - 2　　　　　供应链稳定度对应计盈余管理的影响

变量	ABACC$_{i,t}$					
	(1)	(2)	(3)	(4)	(5)	(6)
CCST1$_{i,t}$	-0.024^{***} (-3.37)					
CCST2$_{i,t}$		-0.028^{***} (-3.01)				
CCST3$_{i,t}$			-0.025^{*} (-1.84)			
SCST1$_{i,t}$				-0.025^{**} (-2.55)		
SCST2$_{i,t}$					-0.029^{**} (-2.15)	
SCST3$_{i,t}$						-0.016 (-0.82)
SIZE$_{i,t}$	-0.000 (-0.09)	0.000 (0.10)	0.001 (0.17)	0.005 (0.87)	0.005 (0.89)	0.005 (0.89)
LEV$_{i,t}$	0.047^{***} (2.83)	0.048^{***} (2.87)	0.048^{***} (2.87)	0.046^{*} (1.68)	0.047^{*} (1.73)	0.048^{*} (1.76)
BM$_{i,t}$	-0.029 (-1.33)	-0.032 (-1.46)	-0.032 (-1.42)	-0.056 (-1.53)	-0.057 (-1.56)	-0.057 (-1.55)
ROE$_{i,t}$	0.048^{***} (3.08)	0.047^{***} (3.04)	0.045^{***} (2.96)	0.060^{**} (2.21)	0.058^{**} (2.17)	0.058^{**} (2.15)
TOBINQ$_{i,t}$	0.003 (0.80)	0.002 (0.70)	0.003 (0.81)	0.002 (0.44)	0.002 (0.42)	0.002 (0.46)
SOE$_{i,t}$	-0.021^{***} (-4.00)	-0.020^{***} (-3.86)	-0.021^{***} (-3.97)	-0.023^{***} (-3.17)	-0.022^{***} (-2.98)	-0.022^{***} (-2.98)
INSHOLD$_{i,t}$	0.005 (0.86)	0.005 (0.83)	0.006 (0.90)	0.002 (0.30)	0.002 (0.25)	0.002 (0.22)
ANACOVER$_{i,t}$	-0.005^{**} (-2.00)	-0.005^{**} (-2.13)	-0.006^{**} (-2.26)	-0.005 (-1.36)	-0.005 (-1.36)	-0.005 (-1.41)

续表

变量	ABACC$_{i,t}$					
	(1)	(2)	(3)	(4)	(5)	(6)
BIG4$_{i,t}$	−0.007 (−0.55)	−0.008 (−0.63)	−0.008 (−0.67)	−0.011 (−0.54)	−0.012 (−0.60)	−0.013 (−0.65)
Cons.	0.018 (0.25)	0.003 (0.04)	−0.002 (−0.02)	−0.060 (−0.55)	−0.062 (−0.57)	−0.062 (−0.57)
年份固定效应	是	是	是	是	是	是
行业固定效应	是	是	是	是	是	是
观测数	3076	3078	3078	1594	1597	1597
调整的 R^2	0.137	0.135	0.133	0.108	0.107	0.105

注：*、**和***分别代表10%、5%和1%显著性水平。

因此，结合表4.21揭示的公司盈余管理与未来股价崩盘风险间的正相关关系，表5.21对供应链稳定度抑制公司盈余管理程度的验证结果同样支持了盈余管理传导路径，即较高的供应链稳定度鼓励客户和供应商等外部利益相关者对上市公司管理层的财务信息披露行为进行持续监督，能够有效降低管理层的盈余管理水平，进而抑制了未来的股价崩盘风险。

5.5.2　经营风险

本部分从公司经营风险角度考察供应链稳定度对未来股价崩盘风险产生负向影响的路径机制。本质上而言，上市公司自身的经营现状不仅是管理层信息操纵的直接对象，也是股价波动的客观原因。对管理层而言，出于不对称信息披露偏好和管理层职业前景的考虑，公司经营现状的恶化或经营风险的增加会促使管理层通过操纵经营绩效平滑短期经营风险导致的绩效波动，使得股价不能反映公司真实的经营信息（Dechow et al. , 1995；Roychowdhury，2006；肖华和张国清，2013）。对投资者而言，以绩效或现金流波动为代表的经营风险反映了公司经营的高度不确定性，会增加投资者对公司价值评估难度，积累潜在的股价崩盘风险（Konchitchkil et al. , 2016）。由于稳定的供应链合作关系，尤其是与客户的合作关系，能够在一定程度上增加公司持续性经营绩效，促进盈余的平滑程度（王雄元和彭旋，2016；樊亚童，2018；李欢等，2018b），因此供应链稳定度通过降低公司经营风险抑制了未来的股价崩盘风险。

借鉴张敏和黄继承（2009）的研究，本部分使用前三年的公司现金流波动 $CASHVOL_{i,t}$ 和公司总资产收益率波动 $ROAVOL_{i,t}$ 测度经营风险。$CASHVOL_{i,t}$ 和 $ROAVOL_{i,t}$ 取值越大，表明公司经营风险越高，盈利的不确定性程度越大。表 5.22 报告了股价崩盘风险、经营风险和供应链稳定度的相关性分析。其中，现金流波动 $CASHVOL_{i,t}$ 与负收益偏态系数 $NCSKEW_{i,t+1}$ 和收益上下波动比率 $DUVOL_{i,t+1}$ 之间的相关系数在 1% 和 5% 水平下分别为 0.034 和 0.056，总资产收益率波动 $ROAVOL_{i,t}$ 与 $NCSKEW_{i,t+1}$ 和 $DUVOL_{i,t+1}$ 的相关系数分别为 0.076 和 0.065 且均显著。该结果说明，公司经营风险与未来的股价崩盘风险是显著正相关的。同时，$CCST1_{i,t}$、$CCST3_{i,t}$ 和 $SCST3_{i,t}$ 与 $NCSKEW_{i,t+1}$ 的相关系数显著为负，$CCST1_{i,t}$、$CCST2_{i,t}$、$CCST3_{i,t}$ 和 $SCST1_{i,t}$ 与 $DUVOL_{i,t+1}$ 的相关系数同样显著为负，这在一定程度上验证了稳定的供应链关系会降低公司经营风险。

表 5.22　　股价崩盘风险、经营风险和供应链稳定度——相关性分析

变量	$NCSKEW_{i,t+1}$	$DUVOL_{i,t+1}$	$CASHVOL_{i,t}$	$ROAVOL_{i,t}$	$CCST1_{i,t}$
$NCSKEW_{i,t+1}$	1				
$DUVOL_{i,t+1}$	0.877 ***	1			
$CASHVOL_{i,t}$	0.034 ***	0.056 **	1		
$ROAVOL_{i,t}$	0.076 ***	0.065 ***	0.226 ***	1	
$CCST1_{i,t}$	− 0.052 ***	− 0.049 ***	− 0.011 **	− 0.128 ***	1
$CCST2_{i,t}$	− 0.056 ***	− 0.050 ***	− 0.001	− 0.121 ***	0.604 ***
$CCST3_{i,t}$	− 0.056 ***	− 0.054 ***	− 0.037 *	− 0.056 **	0.376 ***
$SCST1_{i,t}$	− 0.013 ***	− 0.022	− 0.008	− 0.071 ***	0.276 ***
$SCST2_{i,t}$	− 0.036 **	− 0.038 **	− 0.004	− 0.034	0.208 ***
$SCST3_{i,t}$	− 0.025 **	− 0.018 *	− 0.045 *	− 0.014	0.177 ***
变量	$CCST2_{i,t}$	$CCST3_{i,t}$	$SCST1_{i,t}$	$SCST2_{i,t}$	$SCST3_{i,t}$
$CCST2_{i,t}$	1				
$CCST3_{i,t}$	0.613 ***	1			
$SCST1_{i,t}$	0.240 ***	0.130 ***	1		
$SCST2_{i,t}$	0.283 ***	0.144 ***	0.597 ***	1	
$SCST3_{i,t}$	0.199 ***	0.121 ***	0.445 ***	0.730 ***	1

注：* 、** 和 *** 分别代表 10%、5% 和 1% 显著性水平。

本部分进一步使用两阶段回归分析法研究供应链稳定度是否通过缓解经营风险的机制减少未来股价崩盘风险。具体而言，第一阶段回归聚焦于供应链稳定度对企业经营风险的影响；第二阶段回归则结合基准模型分析企业经营风险对未来股价崩盘风险的传导效应。若供应链稳定度通过降低经营风险来抑制未来的股价崩盘风险，那么可以预期，在第一阶段的回归结果中供应链稳定度指标对现金流波动和总资产收益波动影响的系数显著为负；在第二阶段的回归结果中现金流波动和总资产收益波动的系数显著为正。

表 5.23 报告了第一阶段的回归结果，即供应链稳定度对企业经营风险的影响，其中表 5.23 – 1 考察了供应链稳定度对现金流波动的影响，括号内报告了基于公司个体聚类的稳健标准误计算的 t 值。可以发现，除列（2）和列（3）外，供应链稳定度指标的系数至少在 10% 水平下显著为负，说明稳定度供应链在一定程度上会降低企业的现金流波动。表 5.23 – 2 则揭示了供应链稳定度对前三年总资产收益波动的影响。在列（1）、列（2）和列（4）中，上一年客户稳定度 $CCST1_{i,t}$、前两年客户稳定度 $CCST2_{i,t}$ 和上一年供应商稳定度 $SCST1_{i,t}$ 的系数分别为 –0.007、–0.011 和 –0.006 且均显著。尽管列（3）、列（5）和列（6）中 $CCST3_{i,t}$、$SCST2_{i,t}$ 和 $SCST3_{i,t}$ 的系数不显著，但其系数方向都为负。因此，表 5.23 的结果在一定程度上表明，公司维护稳定的供应链合作关系有助于降低现金流波动和绩效波动，从而降低公司经营风险。

表 5.23 – 1   供应链稳定度对现金流波动的影响

变量	$CASHVOL_{i,t}$					
	（1）	（2）	（3）	（4）	（5）	（6）
$CCST1_{i,t}$	– 0.009 *** （– 2.77）					
$CCST2_{i,t}$		– 0.002 （– 0.33）				
$CCST3_{i,t}$			– 0.002 （– 0.30）			
$SCST1_{i,t}$				– 0.006 * （– 1.74）		
$SCST2_{i,t}$					– 0.005 * （– 1.82）	

变量	CASHVOL$_{i,t}$					
	(1)	(2)	(3)	(4)	(5)	(6)
SCST3$_{i,t}$						−0.011 ** (−2.12)
SIZE$_{i,t}$	−0.000 (−0.04)	0.000 (0.12)	0.000 (0.09)	−0.003 (−1.07)	−0.003 (−1.08)	−0.003 (−1.00)
LEV$_{i,t}$	−0.023 *** (−2.86)	−0.021 ** (−2.58)	−0.021 *** (−2.68)	−0.006 (−0.54)	−0.007 (−0.62)	−0.007 (−0.65)
BM$_{i,t}$	−0.024 *** (−2.92)	−0.024 *** (−2.92)	−0.024 *** (−2.92)	−0.031 *** (−2.89)	−0.031 *** (−2.91)	−0.031 *** (−2.92)
TOBINQ$_{i,t}$	−0.002 * (−1.86)	−0.002 * (−1.84)	−0.002 * (−1.85)	−0.003 ** (−2.03)	−0.003 ** (−2.07)	−0.003 ** (−2.06)
SALES$_{i,t}$	−0.002 (−1.42)	−0.003 * (−1.66)	−0.003 (−1.62)	−0.002 (−0.72)	−0.001 (−0.64)	−0.002 (−0.71)
CFO$_{i,t}$	0.470 *** (62.05)	0.471 *** (62.12)	0.471 *** (62.15)	0.463 *** (46.07)	0.463 *** (46.09)	0.462 *** (46.00)
Cons.	0.250 *** (8.74)	0.251 *** (8.73)	0.251 *** (8.73)	0.300 *** (7.55)	0.297 *** (7.50)	0.296 *** (7.43)
年份固定效应	是	是	是	是	是	是
行业固定效应	是	是	是	是	是	是
观测数	3672	3677	3677	2283	2286	2286
调整的 R^2	0.778	0.778	0.778	0.763	0.763	0.763
F 统计值	234.230	231.412	231.727	162.301	181.493	180.381

注：*、**和***分别代表10%、5%和1%显著性水平。

表 5.23 −2　　　　　　　供应链稳定度对总资产收益波动的影响

变量	ROAVOL$_{i,t}$					
	(1)	(2)	(3)	(4)	(5)	(6)
CCST1$_{i,t}$	−0.007 *** (−2.99)					
CCST2$_{i,t}$		−0.011 *** (−3.04)				

变量	ROAVOL$_{i,t}$					
	(1)	(2)	(3)	(4)	(5)	(6)
CCST3$_{i,t}$			-0.001 (-0.04)			
SCST1$_{i,t}$				-0.006* (-1.80)		
SCST2$_{i,t}$					-0.015 (-0.90)	
SCST3$_{i,t}$						-0.001 (-0.13)
SIZE$_{i,t}$	0.006*** (3.18)	0.006*** (3.19)	0.006*** (3.06)	0.005** (2.02)	0.005** (1.99)	0.005* (1.87)
LEV$_{i,t}$	-0.102*** (-14.01)	-0.101*** (-13.78)	-0.103*** (-14.10)	-0.094*** (-10.39)	-0.095*** (-10.39)	-0.096*** (-10.53)
BM$_{i,t}$	-0.081*** (-12.48)	-0.081*** (-12.45)	-0.081*** (-12.55)	-0.083*** (-9.62)	-0.083*** (-9.60)	-0.083*** (-9.56)
TOBINQ$_{i,t}$	0.003*** (2.88)	0.003*** (2.95)	0.003*** (2.89)	0.002 (1.50)	0.002 (1.50)	0.002 (1.46)
SALES$_{i,t}$	0.012*** (7.97)	0.012*** (7.95)	0.012*** (8.12)	0.013*** (5.90)	0.013*** (5.91)	0.013*** (5.98)
CFO$_{i,t}$	0.022*** (3.80)	0.022*** (3.90)	0.021*** (3.69)	0.024*** (3.16)	0.024*** (3.16)	0.024*** (3.14)
Cons.	-0.200*** (-8.39)	-0.200*** (-8.39)	-0.201*** (-8.47)	-0.196*** (-5.78)	-0.198*** (-5.79)	-0.198*** (-5.77)
年份固定效应	是	是	是	是	是	是
行业固定效应	是	是	是	是	是	是
观测数	4455	4458	4458	2638	2641	2641
调整的 R^2	0.423	0.423	0.421	0.383	0.382	0.382
F 统计值	32.091	32.278	31.978	20.147	20.250	20.250

注：*、**和***分别代表10%、5%和1%显著性水平。

表 5.24 报告了第二阶段的回归结果，即企业经营风险对未来股价崩盘风险的影响，其中括号内报告了基于公司个体聚类的稳健标准误计算的 t 值。列（1）和列（2）考察了对未来负收益偏态系数 $NCSKEW_{i,t+1}$ 的影响；列（3）和列（4）则检验了对未来收益上下波动比率 $DUVOL_{i,t+1}$ 的影响。可以发现，列（1）和列（2）中 $CASHVOL_{i,t}$ 和 $ROAVOL_{i,t}$ 的系数在 5% 和 1% 水平下分别为 0.046 和 0.895，说明企业经营风险越低，公司未来股价收益的负偏态系数越低。在列（3）和列（4）中，$CASHVOL_{i,t}$ 和 $ROAVOL_{i,t}$ 的系数分别为 0.078 和 0.550，且至少在 10% 水平下显著，表明较低的经营风险同样与未来收益上下波动比率负相关。总体而言，表 5.24 的结果充分说明，上市公司较低现金流波动和财务绩效波动会降低公司未来的股价崩盘风险。

表 5.24　　　　　　　　　　　经营风险对股价崩盘风险的影响

变量	$NCSKEW_{i,t+1}$		$DUVOL_{i,t+1}$	
	（1）	（2）	（3）	（4）
$CASHVOL_{i,t}$	0.046 **		0.078 *	
	(2.34)		(1.86)	
$ROAVOL_{i,t}$		0.895 ***		0.550 ***
		(2.73)		(2.61)
$NCSKEW_{i,t}$	0.075 ***	0.061 ***		
	(4.50)	(4.12)		
$DUVOL_{i,t}$				0.055 ***
				(3.58)
$SIZE_{i,t}$	0.018	0.014	−0.003	−0.002
	(1.24)	(1.03)	(−0.27)	(−0.26)
$LEV_{i,t}$	−0.014	0.125 *	−0.024	0.044
	(−0.17)	(1.67)	(−0.44)	(0.94)
$BM_{i,t}$	−0.428 ***	−0.500 ***	−0.274 ***	−0.310 ***
	(−4.43)	(−5.69)	(−4.34)	(−5.36)
$ROE_{i,t}$	0.119	−0.281 *	0.067	−0.203 **
	(0.88)	(−1.89)	(0.81)	(−2.01)
$TOBINQ_{i,t}$	−0.011	−0.020 *	−0.013	−0.018 **
	(−0.88)	(−1.69)	(−1.52)	(−2.25)

变量	NCSKEW$_{i,t+1}$		DUVOL$_{i,t+1}$	
	（1）	（2）	（3）	（4）
SIGMA$_{i,t}$	0.683 (0.73)	-0.045 (-0.05)	-0.576 (-0.93)	-0.430 (-0.76)
RETURN$_{i,t}$	0.094*** (3.16)	0.067** (2.42)	0.082*** (4.24)	0.069*** (3.74)
DTURN$_{i,t}$	0.044 (1.38)	0.037 (1.21)	0.053** (2.47)	0.032 (1.60)
BETA$_{i,t}$	-0.179*** (-3.11)	-0.159*** (-3.20)	-0.108*** (-2.93)	-0.101*** (-3.13)
ABACC$_{i,t}$	0.175** (2.04)	0.184** (2.20)	0.063 (1.21)	0.057 (1.09)
Cons.	-0.052 (-0.14)	-0.112 (-0.33)	0.139 (0.53)	0.053 (0.23)
年份固定效应	是	是	是	是
行业固定效应	是	是	是	是
观测数	4006	4801	4006	4801
调整的 R^2	0.067	0.066	0.062	0.064
F 统计值	7.622	8.561	7.484	8.958

注：*、**和***分别代表10%、5%和1%显著性水平。

结合表5.23和表5.24的结果，本节的研究结果支持了供应链稳定度的经营风险影响机制，即较高的供应链稳定度能够维持企业平稳的生产经营，降低现金流波动和财务绩效波动所刻画的经营风险，从而抑制了未来的股价崩盘风险。

5.6 稳健性检验

本节对供应链稳定度和未来股价崩盘风险之间的因果关系进行一系列稳健性检验，以进一步支持和论证前面的基本结论。具体而言，本节首先变更股价崩盘风险的测度方法，以降低变量度量偏差的影响。其次在控制年份和行业固定效应的基础上，控制地区固定效应，以排除地区不可观测因素的影响。最后为缓解遗漏变量导致的内生性问题，本节以供应链稳定度的行业中位数为工具变量，进行了一系列两阶段最小二乘法（2SLS）回归。

5.6.1 变更股价崩盘风险的测度

为降低股价崩盘风险的度量偏差对回归结果的影响，与前面类似，本节参照常等（2017）、许年行等（2012）的研究使用虚拟变量 $CRASH_{i,t}$ 对股价崩盘风险进行重新测度。具体地，将式（5.2）度量的特定周收益率 $W_{i,w}$ 根据如下条件进行判断：

$$W_{i,w} \leqslant Average(W_{i,w}) - 3.09\sigma_{i,w} \qquad (5.6)$$

其中，$Average(W_{i,w})$ 为第 i 家公司股票的特定周收益率年均值，$\sigma_{i,w}$ 为第 i 家公司股票当年特定周收益率的标准差，3.09 个标准差对应标准正态分布下 0.1% 的概率区间。如果在 t 年度公司 i 的股票特定周收益率 $W_{i,w}$ 至少有一次满足式（5.6）的条件，那么意味着该当年公司股票发生了崩盘事件，对应的 $CRASH_{i,t}$ 取值为 1，否则取值为 0。

参照基准回归模型（5.5），本节使用 Logistic 多元回归估计方法考察供应链稳定度对虚拟变量 $CRASH_{i,t}$ 测度的股价崩盘风险的影响。表 5.25 报告了回归结果，其中括号内报告了基于公司个体聚类的稳健标准误计算的 z 值。可以发现，除列（1）、列（2）和列（5）外，供应链稳定度指标的回归系数都至少在 10% 水平下显著为负，说明供应链稳定度显著抑制了未来发生股价崩盘的概率，这与先前的研究结果是一致的。

表 5.25　　　　　更换股价崩盘风险的测度

变量	$CRASH_{i,t+1}$					
	（1）	（2）	（3）	（4）	（5）	（6）
$CCST1_{i,t}$	-0.001 (-0.04)					
$CCST2_{i,t}$		-0.009 (-1.54)				
$CCST3_{i,t}$			-0.034* (-1.99)			

续表

变量	CRASH$_{i,t+1}$					
	(1)	(2)	(3)	(4)	(5)	(6)
SCST1$_{i,t}$				-0.024^{**} (-2.35)		
SCST2$_{i,t}$					-0.012 (-1.46)	
SCST3$_{i,t}$						-0.007^{**} (-1.91)
CRASH$_{i,t}$	-0.005 (-0.36)	-0.004 (-0.33)	-0.004 (-0.32)	0.004 (0.21)	0.004 (0.21)	0.004 (0.21)
SIZE$_{i,t}$	-0.012^{**} (-2.48)	-0.012^{**} (-2.47)	-0.012^{**} (-2.47)	-0.019^{***} (-2.78)	-0.019^{***} (-2.85)	-0.019^{***} (-2.85)
LEV$_{i,t}$	0.016 (0.65)	0.014 (0.60)	0.014 (0.57)	0.009 (0.29)	0.012 (0.37)	0.012 (0.40)
BM$_{i,t}$	-0.008 (-0.25)	-0.007 (-0.23)	-0.006 (-0.18)	0.021 (0.50)	0.023 (0.53)	0.022 (0.52)
ROE$_{i,t}$	-0.004 (-0.13)	-0.006 (-0.16)	-0.006 (-0.17)	-0.028 (-0.63)	-0.028 (-0.62)	-0.028 (-0.62)
TOBINQ$_{i,t}$	0.003 (0.82)	0.003 (0.81)	0.004 (0.84)	0.001 (0.11)	0.001 (0.15)	0.001 (0.17)
SIGMA$_{i,t}$	-0.692^{**} (-2.38)	-0.693^{**} (-2.39)	-0.691^{**} (-2.38)	-0.527 (-1.47)	-0.506 (-1.41)	-0.497 (-1.39)
RETURN$_{i,t}$	-0.005 (-0.42)	-0.004 (-0.33)	-0.004 (-0.32)	0.018 (1.18)	0.018 (1.16)	0.017 (1.13)
DTURN$_{i,t}$	0.008 (0.70)	0.007 (0.61)	0.007 (0.61)	0.005 (0.36)	0.005 (0.36)	0.005 (0.36)
BETA$_{i,t}$	-0.042^{**} (-2.13)	-0.042^{**} (-2.11)	-0.043^{**} (-2.18)	-0.056^{**} (-2.09)	-0.056^{**} (-2.09)	-0.056^{**} (-2.09)
ABACC$_{i,t}$	0.045 (1.43)	0.039 (1.26)	0.039 (1.26)	0.094^{*} (1.92)	0.095^{*} (1.94)	0.096^{**} (1.97)

变量	CRASH$_{i,t+1}$					
	（1）	（2）	（3）	（4）	（5）	（6）
Cons.	0.495 ***	0.493 ***	0.493 ***	0.655 ***	0.662 ***	0.662 ***
	（3.92）	（3.91）	（3.92）	（3.78）	（3.82）	（3.82）
年份固定效应	是	是	是	是	是	是
行业固定效应	是	是	是	是	是	是
观测数	5369	5373	5373	3200	3204	3204
调整的 R^2	0.019	0.019	0.019	0.021	0.021	0.021
F 统计值	8.386	8.358	8.475	4.585	4.702	4.732

注：*、** 和 *** 分别代表 10%、5% 和 1% 显著性水平。

5.6.2　控制地区固定效应

本节进一步控制地区固定效应，以缓解一些不可观测的地区因素导致基准回归结果的偏差。根据上市公司总部注册地所在省份，本节在基准回归模型（5.5）的基础上，进一步从省级层面控制地区固定效应进行 OLS 回归。表 5.26 报告了回归结果，其中表 5.26 - 1 考察了供应链稳定度对负收益偏态系数的影响，表 5.26 - 2 展示了对收益上下波动比率的影响，括号内报告了基于公司个体聚类的稳健标准误计算的 t 值。与先前的研究结果一致，在表 5.26 - 1 和表 5.26 - 2 中，供应链稳定度指标的系数大多至少在 10% 水平下显著为负。这些发现表明，在控制地区不可观测因素的影响后，供应链稳定度对未来股价崩盘风险的抑制效应是显著且稳健的。

表 5.26 - 1　供应链稳定度对负收益偏态系数的影响——控制地区固定效应

变量	NCSKEW$_{i,t+1}$					
	（1）	（2）	（3）	（4）	（5）	（6）
CCST1$_{i,t}$	- 0.043 *					
	（ - 1.62）					
CCST2$_{i,t}$		- 0.056 *				
		（ - 1.78）				
CCST3$_{i,t}$			- 0.085 **			
			（ - 2.35）			

变量	NCSKEW$_{i,t+1}$					
	(1)	(2)	(3)	(4)	(5)	(6)
SCST1$_{i,t}$				−0.018 (−0.39)		
SCST2$_{i,t}$					−0.143 ** (−2.09)	
SCST3$_{i,t}$						−0.198 ** (−2.22)
NCSKEW$_{i,t}$	0.056 *** (3.89)	0.056 *** (3.88)	0.056 *** (3.90)	0.059 *** (3.16)	0.059 *** (3.15)	0.059 *** (3.16)
SIZE$_{i,t}$	0.026 ** (2.19)	0.026 ** (2.19)	0.026 ** (2.17)	0.010 (0.60)	0.011 (0.64)	0.013 (0.74)
LEV$_{i,t}$	−0.002 (−0.03)	−0.001 (−0.02)	−0.001 (−0.02)	−0.008 (−0.10)	0.003 (0.04)	−0.001 (−0.01)
BM$_{i,t}$	−0.562 *** (−7.04)	−0.562 *** (−7.04)	−0.557 *** (−6.97)	−0.364 *** (−3.24)	−0.367 *** (−3.28)	−0.374 *** (−3.34)
ROE$_{i,t}$	0.051 (0.62)	0.046 (0.56)	0.044 (0.54)	−0.013 (−0.12)	−0.015 (−0.14)	−0.017 (−0.16)
TOBINQ$_{i,t}$	−0.014 (−1.31)	−0.014 (−1.34)	−0.013 (−1.28)	−0.010 (−0.63)	−0.008 (−0.52)	−0.009 (−0.56)
SIGMA$_{i,t}$	−0.516 (−0.65)	−0.514 (−0.64)	−0.476 (−0.59)	−0.516 (−0.51)	−0.397 (−0.40)	−0.467 (−0.46)
RETURN$_{i,t}$	0.069 *** (2.60)	0.070 *** (2.63)	0.070 *** (2.61)	0.177 *** (4.57)	0.170 *** (4.43)	0.173 *** (4.51)
DTURN$_{i,t}$	0.013 (0.47)	0.013 (0.45)	0.013 (0.45)	−0.007 (−0.18)	−0.007 (−0.18)	−0.007 (−0.17)
BETA$_{i,t}$	−0.142 *** (−3.01)	−0.142 *** (−3.00)	−0.144 *** (−3.04)	−0.156 ** (−2.32)	−0.152 ** (−2.26)	−0.151 ** (−2.25)
ABACC$_{i,t}$	0.148 * (1.88)	0.143 * (1.81)	0.145 * (1.84)	0.189 (1.53)	0.206 (1.65)	0.202 (1.62)

续表

变量	NCSKEW$_{i,t+1}$					
	(1)	(2)	(3)	(4)	(5)	(6)
Cons.	-0.258	-0.256	-0.251	0.078	0.048	0.020
	(-0.79)	(-0.78)	(-0.77)	(0.17)	(0.10)	(0.04)
年份固定效应	是	是	是	是	是	是
行业固定效应	是	是	是	是	是	是
地区固定效应	是	是	是	是	是	是
观测数	5369	5373	5373	3200	3204	3204
调整的 R^2	0.068	0.068	0.068	0.061	0.062	0.062
F 统计值	6.849	6.773	6.779	4.306	4.477	4.371

注：*、**和***分别代表 10%、5%和 1%显著性水平。

表 5.26 - 2　供应链稳定度对收益上下波动比率的影响——控制地区固定效应

变量	DUVOL$_{i,t+1}$					
	(1)	(2)	(3)	(4)	(5)	(6)
CCST1$_{i,t}$	-0.039*					
	(-1.70)					
CCST2$_{i,t}$		-0.036				
		(-1.15)				
CCST3$_{i,t}$			-0.058**			
			(-2.40)			
SCST1$_{i,t}$				-0.032		
				(-1.00)		
SCST2$_{i,t}$					-0.108**	
					(-2.36)	
SCST3$_{i,t}$						-0.111*
						(-1.79)
DUVOL$_{i,t}$	0.049***	0.049***	0.049***	0.061***	0.060***	0.061***
	(3.33)	(3.33)	(3.35)	(3.15)	(3.11)	(3.13)
SIZE$_{i,t}$	0.008	0.008	0.008	-0.009	-0.009	-0.008
	(1.06)	(1.04)	(1.02)	(-0.80)	(-0.75)	(-0.66)

变量	DUVOL$_{i,t+1}$					
	(1)	(2)	(3)	(4)	(5)	(6)
LEV$_{i,t}$	−0.038 (−0.99)	−0.036 (−0.96)	−0.037 (−0.96)	−0.014 (−0.26)	−0.009 (−0.16)	−0.014 (−0.25)
BM$_{i,t}$	−0.352*** (−6.86)	−0.352*** (−6.85)	−0.349*** (−6.76)	−0.235*** (−3.28)	−0.237*** (−3.32)	−0.240*** (−3.36)
ROE$_{i,t}$	0.029 (0.58)	0.025 (0.51)	0.024 (0.49)	0.006 (0.09)	0.005 (0.08)	0.004 (0.06)
TOBINQ$_{i,t}$	−0.015** (−2.04)	−0.015** (−2.07)	−0.014** (−2.00)	−0.015 (−1.43)	−0.014 (−1.33)	−0.015 (−1.40)
SIGMA$_{i,t}$	−0.617 (−1.16)	−0.600 (−1.12)	−0.577 (−1.08)	−0.737 (−1.10)	−0.672 (−1.01)	−0.734 (−1.10)
RETURN$_{i,t}$	0.068*** (3.91)	0.069*** (3.92)	0.068*** (3.91)	0.145*** (5.80)	0.141*** (5.65)	0.144*** (5.78)
DTURN$_{i,t}$	0.023 (1.23)	0.022 (1.22)	0.022 (1.22)	0.014 (0.54)	0.013 (0.53)	0.013 (0.53)
BETA$_{i,t}$	−0.072** (−2.37)	−0.072** (−2.37)	−0.074** (−2.42)	−0.052 (−1.20)	−0.049 (−1.14)	−0.049 (−1.14)
ABACC$_{i,t}$	0.040 (0.82)	0.038 (0.77)	0.039 (0.79)	0.061 (0.80)	0.071 (0.92)	0.065 (0.85)
Cons.	−0.109 (−0.50)	−0.107 (−0.49)	−0.103 (−0.47)	0.250 (0.77)	0.225 (0.70)	0.211 (0.65)
年份固定效应	是	是	是	是	是	是
行业固定效应	是	是	是	是	是	是
地区固定效应	是	是	是	是	是	是
观测数	5369	5373	5373	3200	3204	3204
调整的 R^2	0.063	0.063	0.063	0.062	0.063	0.062
F 统计值	6.406	6.355	6.368	4.414	4.511	4.391

注：*、** 和 *** 分别代表 10%、5% 和 1% 显著性水平。

5.6.3 两阶段最小二乘法 (2SLS) 回归

为了缓解不可观测的遗漏变量导致的内生性问题，本节拟采用工具变量法通过两阶段最小二乘回归进一步识别供应链稳定度与未来股价崩盘风险之间的因果关系。具体而言，在第一阶段回归中，本节拟采用每年各行业中对应的供应链稳定度指标的行业均值作为公司层面供应链稳定度指标的工具变量。该工具变量的选取在一定程度上是外生性的，因为处于同一行业的上市公司由于行业特征和发展因素的影响可能存在相似的稳定度；然而行业稳定度对于个股的股价崩盘风险影响是外生的。

表5.27 报告了 2SLS 第一阶段回归的结果，括号内报告了基于公司个体聚类的稳健标准误计算的 t 值。可以发现，在所有回归中，相应上市公司供应链稳定度的行业均值的系数都在 1% 水平下显著为正，说明行业层面的供应链稳定度是上市公司供应链稳定度的重要影响因素。

表 5.27   **2SLS 第一阶段回归结果**

变量	$CCST1_{i,t}$	$CCST2_{i,t}$	$CCST3_{i,t}$	$SCST1_{i,t}$	$SCST2_{i,t}$	$SCST3_{i,t}$
	(1)	(2)	(3)	(4)	(5)	(6)
$IND\_CCST1_{i,t}$	0.517 ***					
	(10.28)					
$IND\_CCST2_{i,t}$		0.389 ***				
		(8.97)				
$IND\_CCST3_{i,t}$			0.603 ***			
			(7.38)			
$IND\_SCST1_{i,t}$				0.661 ***		
				(13.06)		
$IND\_SCST2_{i,t}$					0.573 ***	
					(7.21)	
$IND\_SCST3_{i,t}$						0.859 ***
						(10.29)
$SIZE_{i,t}$	0.005	0.008 *	0.003	0.012	0.001	−0.005
	(0.82)	(1.65)	(0.76)	(1.53)	(0.19)	(−1.07)

变量	CCST1$_{i,t}$	CCST2$_{i,t}$	CCST3$_{i,t}$	SCST1$_{i,t}$	SCST2$_{i,t}$	SCST3$_{i,t}$
	(1)	(2)	(3)	(4)	(5)	(6)
LEV$_{i,t}$	-0.082***	-0.057**	-0.036	-0.140***	-0.085***	-0.031*
	(-2.75)	(-2.38)	(-1.53)	(-4.20)	(-3.37)	(-1.75)
BM$_{i,t}$	-0.010	-0.019	0.026	-0.000	0.047	0.052**
	(-0.27)	(-0.60)	(1.03)	(-0.01)	(1.38)	(2.04)
ROE$_{i,t}$	0.069**	0.024	0.001	0.016	0.009	0.018
	(2.03)	(1.02)	(0.04)	(0.31)	(0.29)	(1.18)
TOBINQ$_{i,t}$	-0.000	-0.008**	0.001	-0.015***	-0.009***	-0.003
	(-0.06)	(-2.36)	(0.48)	(-2.82)	(-2.63)	(-1.42)
SIGMA$_{i,t}$	-1.261***	-0.862***	-0.139	-1.118***	-0.800***	-0.249
	(-3.84)	(-3.59)	(-0.77)	(-2.99)	(-3.02)	(-1.30)
RETURN$_{i,t}$	0.015	0.027***	0.006	0.040***	0.042***	0.016**
	(1.54)	(4.15)	(1.11)	(2.80)	(4.51)	(2.45)
DTURN$_{i,t}$	0.003	-0.009	-0.004	0.001	-0.005	-0.004
	(0.34)	(-1.32)	(-0.75)	(0.05)	(-0.57)	(-0.90)
BETA$_{i,t}$	-0.004	-0.014	-0.041***	-0.025	-0.004	-0.005
	(-0.20)	(-0.85)	(-2.82)	(-1.00)	(-0.21)	(-0.41)
ABACC$_{i,t}$	-0.039	-0.062**	-0.027*	-0.140***	-0.126***	-0.074***
	(-1.09)	(-2.28)	(-1.70)	(-3.07)	(-4.33)	(-3.28)
Cons.	-0.023	-0.077	-0.032	-0.127	0.028	0.090
	(-0.17)	(-0.73)	(-0.39)	(-0.74)	(0.21)	(0.95)
年份固定效应	是	是	是	是	是	是
行业固定效应	是	是	是	是	是	是
观测数	5369	5373	5373	3200	3204	3204
调整的 R^2	0.192	0.179	0.191	0.234	0.214	0.154
F 统计值	72.467	29.119	11.041	37.894	18.949	120.898

注：*、** 和 *** 分别代表10%、5%和1%显著性水平。

表5.28进一步报告了2SLS第二阶段的回归结果，其中表5.28-1研究了对负收益偏态系数的影响，表5.28-2考察了对收益上下波动比率的影响，括号内报告了基于公司个体聚类的稳健标准误计算的z值。在表5.28-1中，

除列（2）和列（4）外，供应链稳定度代理指标的系数至少在10%水平上显著为负，再次证明了供应链稳定度对降低负收益偏态系数的重要作用。类似的结果在表5.28-2中同样存在。这些发现说明，在控制可能的遗漏变量造成的回归结果偏差后，供应链稳定度对上市公司未来股价崩盘风险的抑制效应依然是显著且稳健的。

表5.28-1　　　　2SLS 第二阶段回归——对负收益偏态系数的影响

变量	$NCSKEW_{i,t+1}$					
	（1）	（2）	（3）	（4）	（5）	（6）
$CCST1_{i,t}$	-0.285 * （-1.73）					
$CCST2_{i,t}$		-0.074 （-0.20）				
$CCST3_{i,t}$			-0.115 ** （-2.35）			
$SCST1_{i,t}$				-0.168 （-0.71）		
$SCST2_{i,t}$					-0.435 ** （-2.24）	
$SCST3_{i,t}$						-0.536 ** （-1.96）
$NCSKEW_{i,t}$	0.068 *** （4.71）	0.066 *** （4.51）	0.065 *** （4.50）	0.071 *** （3.90）	0.070 *** （3.82）	0.071 *** （3.90）
$SIZE_{i,t}$	0.015 （1.20）	0.015 （1.24）	0.016 （1.33）	-0.003 （-0.15）	-0.000 （-0.02）	0.003 （0.19）
$LEV_{i,t}$	0.043 （0.67）	0.022 （0.36）	0.014 （0.23）	0.012 （0.14）	0.028 （0.34）	0.009 （0.11）
$BM_{i,t}$	-0.504 *** （-6.17）	-0.503 *** （-6.26）	-0.501 *** （-6.18）	-0.285 ** （-2.56）	-0.305 *** （-2.71）	-0.314 *** （-2.75）
$ROE_{i,t}$	0.052 （0.64）	0.066 （0.81）	0.067 （0.84）	-0.015 （-0.14）	-0.018 （-0.17）	-0.022 （-0.20）

变量	NCSKEW$_{i,t+1}$					
	(1)	(2)	(3)	(4)	(5)	(6)
TOBINQ$_{i,t}$	-0.014 (-1.33)	-0.014 (-1.27)	-0.014 (-1.34)	-0.006 (-0.40)	-0.004 (-0.26)	-0.006 (-0.40)
SIGMA$_{i,t}$	-0.072 (-0.08)	-0.368 (-0.41)	-0.470 (-0.58)	-0.271 (-0.25)	-0.106 (-0.10)	-0.312 (-0.30)
RETURN$_{i,t}$	0.076*** (2.85)	0.078*** (2.77)	0.081*** (3.06)	0.180*** (4.58)	0.166*** (3.98)	0.177*** (4.59)
DTURN$_{i,t}$	0.009 (0.32)	0.011 (0.39)	0.011 (0.37)	-0.009 (-0.24)	-0.007 (-0.18)	-0.007 (-0.18)
BETA$_{i,t}$	-0.139*** (-2.92)	-0.138*** (-2.89)	-0.146*** (-2.90)	-0.152** (-2.26)	-0.149** (-2.22)	-0.150** (-2.22)
ABACC$_{i,t}$	0.173** (2.15)	0.164** (2.01)	0.157** (1.99)	0.227* (1.74)	0.262* (1.94)	0.245* (1.83)
Cons.	0.033 (0.10)	0.032 (0.10)	0.025 (0.08)	0.338 (0.72)	0.277 (0.59)	0.232 (0.48)
年份固定效应	是	是	是	是	是	是
行业固定效应	是	是	是	是	是	是
观测数	5369	5373	5373	3200	3204	3204
调整的 R^2	0.045	0.060	0.062	0.052	0.051	0.052
Wald Chi2	264.47	269.52	272.36	168.85	177.81	170.32

注: *、** 和 *** 分别代表10%、5%和1%显著性水平。

表 5.28-2　　2SLS 第二阶段回归——对收益上下波动比率的影响

变量	DUVOL$_{i,t+1}$					
	(1)	(2)	(3)	(4)	(5)	(6)
CCST1$_{i,t}$	-0.180** (-2.13)					
CCST2$_{i,t}$		-0.169* (-1.68)				
CCST3$_{i,t}$			-0.142*** (-3.63)			

续表

变量	DUVOL$_{i,t+1}$					
	(1)	(2)	(3)	(4)	(5)	(6)
SCST1$_{i,t}$				−0.056 (−1.36)		
SCST2$_{i,t}$					−0.119 ** (−2.46)	
SCST3$_{i,t}$						−0.090 (−0.19)
DUVOL$_{i,t}$	0.060 *** (4.04)	0.056 *** (3.71)	0.058 *** (3.92)	0.073 *** (3.81)	0.072 *** (3.73)	0.073 *** (3.79)
SIZE$_{i,t}$	0.002 (0.21)	0.004 (0.43)	0.003 (0.32)	−0.015 (−1.30)	−0.015 (−1.27)	−0.014 (−1.16)
LEV$_{i,t}$	−0.007 (−0.17)	−0.032 (−0.81)	−0.029 (−0.73)	−0.007 (−0.12)	−0.003 (−0.06)	−0.011 (−0.19)
BM$_{i,t}$	−0.313 *** (−5.94)	−0.316 *** (−6.09)	−0.307 *** (−5.86)	−0.184 *** (−2.61)	−0.189 *** (−2.64)	−0.189 ** (−2.54)
ROE$_{i,t}$	0.028 (0.56)	0.043 (0.85)	0.038 (0.76)	0.010 (0.15)	0.010 (0.15)	0.010 (0.14)
TOBINQ$_{i,t}$	−0.015 ** (−2.02)	−0.016 ** (−2.15)	−0.015 ** (−2.00)	−0.013 (−1.24)	−0.013 (−1.18)	−0.013 (−1.27)
SIGMA$_{i,t}$	−0.304 (−0.53)	−0.690 (−1.16)	−0.561 (−1.04)	−0.646 (−0.90)	−0.609 (−0.86)	−0.681 (−0.99)
RETURN$_{i,t}$	0.073 *** (4.14)	0.080 *** (4.29)	0.076 *** (4.39)	0.150 *** (5.82)	0.146 *** (5.32)	0.150 *** (5.87)
DTURN$_{i,t}$	0.019 (1.06)	0.020 (1.07)	0.020 (1.12)	0.012 (0.48)	0.012 (0.48)	0.012 (0.47)
BETA$_{i,t}$	−0.072 ** (−2.31)	−0.077 ** (−2.45)	−0.080 ** (−2.43)	−0.053 (−1.22)	−0.051 (−1.18)	−0.052 (−1.19)
ABACC$_{i,t}$	0.060 (1.20)	0.042 (0.82)	0.049 (1.00)	0.078 (0.97)	0.086 (1.01)	0.077 (0.90)

变量	$DUVOL_{i,t+1}$					
	(1)	(2)	(3)	(4)	(5)	(6)
Cons.	0.094	0.078	0.090	0.396	0.375	0.369
	(0.43)	(0.37)	(0.43)	(1.23)	(1.17)	(1.13)
年份固定效应	是	是	是	是	是	是
行业固定效应	是	是	是	是	是	是
观测数	5369	5373	5373	3200	3204	3204
调整的 R^2	0.040	0.054	0.057	0.057	0.059	0.058
Wald Chi2	241.07	251.89	250.00	168.22	171.04	166.35

注：＊、＊＊和＊＊＊分别代表10%、5%和1%显著性水平。

5.7 本章小结

本章以2003～2019年我国沪深A股市场上市公司为研究样本，考察了供应链稳定度对公司未来股价崩盘风险的影响。首先，本章的基本研究发现，稳定的供应链合作关系有助于降低上市公司未来的股价崩盘风险，并且该影响在客户稳定度层面和供应商稳定度层面都是显著的。其次，本章结合宏观周期、行业特征和股权特征深入考察了供应链稳定度影响股价崩盘风险的异质性。从宏观周期来看，供应链稳定度对未来股价崩盘风险的抑制效应在熊市周期和经济下行周期中更强。在行业层面，对于制造业和集中度较高的行业，稳定的供应链合作关系对股价崩盘风险的负向影响更显著；在公司层面，相较于国有企业，非国有企业中供应链稳定度在维护股价平稳运行上发挥了更重要的作用。此外，企业两权分离程度会加强供应链稳定度对未来股价崩盘风险的负向影响。再次，本章结合外部利益相关者的监督效应和对企业经营的治理效应，从盈余管理和经营风险两个路径检验了供应链稳定度降低股价崩盘风险的机制，研究发现供应链稳定度的提升通过降低管理层对财务信息的操纵和降低企业经营风险两种途径，降低未来的股价崩盘风险。最后，本章采用股价崩盘风险的替代变量、控制地区固定效应以及使用工具变量2SLS回归方法，进一步验证了供应链稳定度对未来股价崩盘风险的稳健性。

总体而言，本章的发现揭示了供应链管理中稳定的供应链合作关系的重要性，即供应链稳定度的提升不仅能够加强客户和供应商等利益相关者对上市公司管理层的监督，同时能够降低公司经营的不确定性和经营风险，并且供应链稳定度在特定宏观市场环境、行业特征和公司股权特征中对稳定股价能够发挥重要治理作用。更重要的是，本章从管理层盈余管理程度和企业经营风险的双重视角识别了供应链稳定度影响未来股价崩盘风险的路径机制，能够为促使上市公司维护供应链关系、促进信息透明度以及稳定公司股价提供重要的实践启示。同时，为各行业组织推动供应链的长久合作提供实践依据，为促进资本市场平稳健康发展提供积极的政策参考借鉴。

第 6 章

供应链特征、预期股价崩盘风险与上市公司融资能力

上市公司股价崩盘风险的积累和崩盘现象的发生不仅会导致股票投资者的资产付诸东流，同时也会导致公司的企业价值迅速降低，给企业融资活动带来巨大难题。然而，良好的供应链管理能力，包括透明度供应链信息披露、较高的供应链集中度和稳定的供应链合作关系，能够促进资产定价效率的提升，降低股价崩盘风险。那么，供应链特征对股价崩盘风险的影响是否会被债权人或者投资人感知，从而影响公司融资能力呢？本章在前述研究的基础上，以上市公司融资为立足点，深入系统地考察供应链特征预期的未来股价崩盘风险如何影响上市公司融资方式、融资规模和融资约束，进而揭示供应链管理、资产定价和企业融资三者间的内在联系，为公司加强供应链治理能力、维护股价平稳运行和提升外部融资能力提供充分的经验证据和重要的实践启示。

6.1 理论基础与研究假说

6.1.1 理论基础

传统金融框架下，公司融资理论具有两个基本假设：第一，假设金融交易的各参与方完全理性；第二，假设公司融资源于内部需求（Baker et al.，2009）。在信息不对称广泛存在的现实背景下，完全理性假设意味着公司融

资将伴随着相关主体的利益冲突，融资动机不仅源于投资需求，还包括满足相关主体的利益博弈需要。在这种情况下，与本书密切相关的代理理论、信号传递理论、融资优序理论等，在一定程度上体现了不同利益主体的冲突和博弈。

从公司融资的代理理论视角来看，管理层与股东之间、股东与债权人之间存在利益冲突，因此融资类型的选择、融资工具的设计以及资本结构的形成是代理问题处理的结果。詹森和默克林（1976）指出，企业内部存在两类与融资相关的委托代理关系，一是债务融资造成的债权人与股东之间的委托代理问题，二是权益融资形成的股东与管理者间的委托代理问题。合理的资本结构安排，将有助于降低相关的代理成本，从而增加企业价值，最优的资本结构就是使总代理成本最低的财务杠杆。

信号传递理论则以不完全信息博弈为分析框架，以信息不对称下公司内部人和外部投资者之间存在利用冲突为前提，探讨公司如何通过融资政策、投资政策和股利政策等，向市场发出有关公司价值的信号，来影响投资者的决策。信号传递理论体现了"互动博弈"思想，认为企业在制定政策时，必须把市场对新政策的预期反应考虑在内；而对于债务或股权投资者而言，反映未来价值预期的企业信息则是他们制定投资决策的重要参考（Bhatta-charya，1979）。

迈尔斯和马吉卢夫（Myers and Majluf，1984）在信号传递理论的基础上，分析了非对称信息下企业的融资方式问题，并提出了融资优序理论。该理论认为，公司偏好的融资顺序应当为：优先利用内部融资；如果需要外部资金，那么首选债务融资，次选混合证券融资，最后选择成本最高的股权融资。由于外部融资存在交易成本，那么内源融资优于外源融资；根据信息不对称理论，信息优势方会有逆向选择的倾向，那么权益融资会被市场认为是公司经营的不良信号，从而导致权益融资成本大于债务融资成本。

6.1.2 研究假说

股价崩盘风险实际上是投资者将积累的公司负面信息集中反映在股票价格中的直接市场表现。首先，在一定程度上较高的股价崩盘风险说明管理层隐藏了更多与公司真实价值密切相关的负面信息，同时也体现了管理层和股东之间的突出的委托代理问题和信息不对称问题（Jin and Myers，2006；Hutton et al.，2009）。因此，预期的股价崩盘风险的增加或降低必然会对企业融资能力，包括银行贷款融资、债券融资和股权再融资，产生重要影响。

从信号传递理论视角来看，预期的股价崩盘风险的增加将首先向股权投资者传递关于公司价值下跌的信号预期，从而使投资者意识到投资风险的增加，迫使投资者承担更高的风险水平。而股票风险水平与投资者要求的回报率正相关，风险水平越大，企业通过股权融资的成本也越高（曾颖和陆正飞，2006）。根据融资优序理论，对企业而言新增外部融资需求的最优选择应该是债务融资，因为风险敏感的股权投资者会要求更高的风险溢价（喻灵，2017）。而从投资者视角来看，即使预期股价崩盘风险增加的情况下企业通过股权再融资筹措资金，投资者的投资意愿和规模也会大幅下降。因此，在股权融资方面，基于供应链特征预期的股价崩盘风险越大，企业通过股权再融资筹措资金的可能性越低，且筹措资金的规模会收缩。

其次，较高的股价崩盘风险在一定程度上也反映了股东和债权人之间的委托代理问题。对于债权人而言，预期的股价崩盘风险的增加同样会向债权人传递关于公司经营治理和价值相关的重要信息（杨棉之等，2015；顾小龙等，2018）。由于银行信贷是我国企业主要的债务融资来源，并且银行信贷市场又是资金供给方主导的市场，因此预期股价崩盘风险的增加会降低银行对企业新增贷款融资的可能性，同时缩减对企业新增贷款融资规模。而当预期股价崩盘风险的增加导致企业通过股权再融资和银行贷款融资的能力受到限制，公司债作为上市公司债权融资的重要工具和手段，很可能吸引管理者作出以高于银行贷款成本但低于权益成本发行公司债的融资决策。基于以上分析，本章从银行贷款融资、债券融资和股权再融资三方面提出以下假说。

假说6.1：预期股价崩盘风险越高，公司通过新增银行贷款筹措资金的可能性降低，新增银行贷款的规模也会缩小。

假说6.2：预期股价崩盘风险越高，公司通过发行债券筹措资金的可能性增加，发行债券规模也会扩大。

假说6.3：预期股价崩盘风险越高，公司通过股权再融资筹措资金的可能性降低，并且股权再融资获取的资金规模也会减少。

最后，尽管预期的股价崩盘风险的增加可能促使公司发行更多的公司债券，但由于我国市场环境中银行贷款融资和股权融资是上市公司进行外部融资的主要方式，因此，更高预期股价崩盘风险仍然会加剧上市公司面临的融资约束。故本章提出假说6.4。

假说 6.4：预期股价崩盘风险越高，公司面临的融资约束程度越大。

6.2 研 究 设 计

6.2.1 样本选取和数据来源

本章选取 2001～2019 年沪深 A 股市场上市公司的年度观测数据作为初始样本，并根据以下方式对初始样本进行筛选：（1）剔除金融行业公司；（2）剔除样本期间内带有 "ST" "*ST" "PT" 标识的样本；（3）剔除年交易周数少于 26 周的样本；（4）剔除相关财务数据缺失的样本。本章所涉及的上市公司客户/供应商相关信息、公司财务数据、公司融资数据和股票市场交易数据等均来自国泰安（CSMAR）数据库。此外，为降低极端值的影响，本章对所有连续变量在上下 1% 水平上进行缩尾处理。需要说明的是，由于上市公司对供应链信息的披露情况存在差异，本章后续各节中的研究样本根据供应链特征作相应的调整。

6.2.2 被解释变量定义和测度

本章主要的被解释变量包括公司融资方式、融资规模和融资约束三方面，具体的定义和测度方法如下。

6.2.2.1 融资方式

本章将公司下一期的融资方式分为银行贷款、债券发行和股权再融资：（1）采用虚拟变量 $DUM\_LOAN_{i,t+1}$ 表示公司下一期的银行贷款融资，其当公司 i 在 t+1 年存在新增银行贷款时取 1，否则取 0；（2）采用虚拟变量 $DUM\_BOND_{i,t+1}$ 表示公司下一期的债券发行融资，其当公司 i 在 t+1 年对外公开发行了债券时取 1，否则取 0；（3）采用虚拟变量 $DUM\_EFR_{i,t+1}$ 表示公司下一期的股权再融资，其当公司 i 在 t+1 年进行了增发或者配股时取 1，否则取 0。

6.2.2.2　融资规模

本章使用新增银行贷款、新增债券发行和股权再融资规模对公司下一期的融资规模进行测度。具体地，（1）使用连续变量 $DSIZE\_SLOAN_{i,t+1}$、$DSIZE\_LLOAN_{i,t+1}$ 和 $DSIZE\_TLOAN_{i,t+1}$ 分别测度公司下一期新增短期银行贷款规模、新增长期银行贷款规模和新增总贷款规模；（2）采用连续变量 $DSIZE\_BOND_{i,t+1}$ 表示公司下一期新发行的债券规模；（3）采用连续变量 $DSIZE\_EFR_{i,t+1}$ 表示公司下一期的股权再融资规模。上述融资规模都在公司 $t+1$ 年初总资产的基础上进行调整。

6.2.2.3　融资约束

借鉴卡普兰和津加勒斯（Kaplan and Zingales，1997）研究，本章使用根据公司经营性净现金流比率 CASHFLOW、股利支付哑变量 DIV、现金持有率 CASHHOLD、资产负债率 LEV 以及托宾 Q 值 TOBINQ 等财务指标构建融资约束 $KZ_{i,t+1}$。具体公式如下：

$$KZ_{i,t+1} = -1.002 \times CASHFLOW_{i,t+1} + 0.283 \times TOBINQ_{i,t+1} + 3.139 \times LEV_{i,t+1} + 39.367 \times DIV_{i,t+1} - 1.315 \times CASHHOLD_{i,t+1} \tag{6.1}$$

此外，参照怀特德和吴（Whited and Wu，2006），本章还通过广义矩估计法，选取净现金流比率 CASHFLOW、股利支付哑变量 DIV、长期负债与总资产比率 LDEBT、总资产的自然对数 SIZE、行业销售增长率 INDGROWTH 和公司销售收入增长率 GROWTH 等财务指标的线性组合，构建外部融资约束指标 $WW_{i,t+1}$：

$$WW_{i,t+1} = -0.091 \times CASHFLOW_{i,t+1} - 0.062 \times DIV_{i,t+1} + 0.021 \times LDEBT_{i,t+1} - 0.044 \times SIZE_{i,t+1} + 0.102 \times INDGROWTH_{i,t+1} - 0.035 \times GROWTH_{i,t+1} \tag{6.2}$$

6.2.3　解释变量定义和测度

为考察投资者和债权人对股价崩盘风险的感知，本章主要的解释变量为基于供应链特征预期的未来股价崩盘风险，具体从以下几方面进行定义和测度：

6.2.3.1 基于供应链透明度预期的股价崩盘风险

鉴于供应链透明度指标存在较强的相关性，本章主要根据上市公司对供应链整体基本信息的披露，即客户和供应商基本透明度 $CSBIT_{i,t}$，对未来股价崩盘风险进行预测。因此，根据第3章表3.5列（1）和列（3）的回归结果，基于供应链透明度预期的未来股价崩盘风险由以下公式计算：

$$
\begin{aligned}
P\_CRASH\_TD_{i,t+1} &= \alpha_0 + \beta_1 CSBIT_{i,t} + \sum \lambda Controls_{i,t} + \text{Year Fixed Effects} \\
&\quad + \text{Industry Fixed Effects} \\
&= CRASH\_index_{i,t+1} - \varepsilon_{i,t}
\end{aligned}
\tag{6.3}
$$

其中，$P\_CRASH\_TD_{i,t+1}$ 为基于供应链透明度预测的未来股价负收益偏态系数 $P\_NCSKEW\_TD_{i,t+1}$ 和股价收益上下波动比率 $P\_DUVOL\_TD_{i,t+1}$，$CSBIT_{i,t}$ 为客户和供应商基本信息透明度指标，$Controls_{i,t}$ 为控制变量，Year Fixed Effects 和 Industry Fixed Effects 分别为年度固定效应和行业固定效应。$CRASH\_index_{i,t+1}$ 为实际的股价崩盘风险代理指标，包括股票收益的负收益偏态系数 $NCSKEW_{i,t+1}$ 和收益上下波动比率 $DUVOL_{i,t+1}$。$\varepsilon_{i,t}$ 为第3章表3.5列（1）或列（3）回归结果的残差。

6.2.3.2 基于供应链集中度预期的股价崩盘风险

同样，由于供应链集中度指标存在较强的相关性，并且客户和供应商集中度信息披露的样本不存在较大差异，本章主要根据上市公司整体供应链集中度，即客户和供应商集中度 $CSC_{i,t}$，对未来股价崩盘风险进行预测。因此，根据第4章表4.5列（1）和列（2）的回归结果，基于供应链集中度预期的未来股价崩盘风险由下式计算：

$$
\begin{aligned}
P\_CRASH\_CD_{i,t+1} &= \alpha_0 + \beta_1 CSC_{i,t} + \sum \lambda Controls_{i,t} + \text{Year Fixed Effects} \\
&\quad + \text{Industry Fixed Effects} \\
&= CRASH\_index_{i,t+1} - \varepsilon_{i,t}
\end{aligned}
\tag{6.4}
$$

其中，$P\_CRASH\_CD_{i,t+1}$ 为基于供应链透明度预测的未来股价负收益偏态系数 $P\_NCSKEW\_CD_{i,t+1}$ 和股价收益上下波动比率 $P\_DUVOL\_CD_{i,t+1}$，$CSC_{i,t}$ 为客户和供应商集中度指标，$Controls_{i,t}$ 为控制变量，Year Fixed Effects 和 Industry Fixed Effects 分别为年度固定效应和行业固定效应。$CRASH\_index_{i,t+1}$ 为实际

的股价崩盘风险代理指标，包括股票收益的负收益偏态系数 $NCSKEW_{i,t+1}$ 和收益上下波动比率 $DUVOL_{i,t+1}$。$\varepsilon_{i,t}$ 为第 4 章表 4.5 列（1）和列（2）回归结果的残差。

6.2.3.3 基于供应链稳定度预期的股价崩盘风险

本章根据供应链稳定度对未来的股价崩盘风险进行预测。由于上市公司对主要客户和供应商深层信息披露存在较大差异，因此本章分别从客户稳定度和供应商稳定度两方面预测未来的股价崩盘风险。因此，根据第 5 章表 5.5 列（1）和列（4），基于客户稳定度预期的未来股价崩盘风险由下式计算：

$$P\_CRASH\_CSD_{i,t+1} = \alpha_0 + \beta_1 CCST1_{i,t} + \sum \lambda Controls_{i,t} + Year\ Fixed\ Effects + Industry\ Fixed\ Effects$$
$$= CRASH\_index_{i,t+1} - \varepsilon_{i,t} \tag{6.5}$$

其中，$P\_CRASH\_CSD_{i,t+1}$ 为基于客户稳定度预测的未来股价负收益偏态系数 $P\_NCSKEW\_CSD_{i,t+1}$ 和股价收益上下波动比率 $P\_DUVOL\_CSD_{i,t+1}$，$CCST1_{i,t}$ 为上年客户稳定度指标，$Controls_{i,t}$ 为控制变量，Year Fixed Effects 和 Industry Fixed Effects 分别为年度固定效应和行业固定效应。$CRASH\_index_{i,t+1}$ 为实际的股价崩盘风险代理指标，包括股票收益的负收益偏态系数 $NCSKEW_{i,t+1}$ 和收益上下波动比率 $DUVOL_{i,t+1}$。$\varepsilon_{i,t}$ 为第 5 章表 5.5 列（1）和列（4）回归结果的残差。

基于供应商稳定度预期的未来股价崩盘风险由下式计算：

$$P\_CRASH\_SSD_{i,t+1} = \alpha_0 + \beta_1 SCST1_{i,t} + \sum \lambda Controls_{i,t} + Year\ Fixed\ Effects + Industry\ Fixed\ Effects$$
$$= CRASH\_index_{i,t+1} - \varepsilon_{i,t} \tag{6.6}$$

其中，$P\_CRASH\_SSD_{i,t+1}$ 为基于客户稳定度预测的未来股价负收益偏态系数 $P\_NCSKEW\_SSD_{i,t+1}$ 和股价收益上下波动比率 $P\_DUVOL\_SSD_{i,t+1}$，$SCST1_{i,t}$ 为上年供应商稳定度指标，$Controls_{i,t}$ 为控制变量，Year Fixed Effects 和 Industry Fixed Effects 分别为年度固定效应和行业固定效应。$CRASH\_index_{i,t+1}$ 为实际的股价崩盘风险代理指标，包括股票收益的负收益偏态系数 $NCSKEW_{i,t+1}$ 和收益上下波动比率 $DUVOL_{i,t+1}$。$\varepsilon_{i,t}$ 为第 5 章表 5.7 列（1）和列（4）回归结

果的残差。

6.2.4 控制变量

参考以往文献（杨棉之等，2015；喻灵，2017；蔡贵龙等，2018），本章拟控制上市公司的基本面因素，包括公司总资产的自然对数 $SIZE_{i,t}$、资产负债率 $LEV_{i,t}$、账面市值比 $BM_{i,t}$、托宾 Q 值 $TOBINQ_{i,t}$、经营性现金流比例 $CFO_{i,t}$、固定资产比例 $PPE_{i,t}$、销售收入的自然对数 $SALES_{i,t}$、净资产收益率 $ROE_{i,t}$ 和销售收入增长率 $GROWTH_{i,t}$。具体的变量定义如表 6.1 所示。

表 6.1　　　　　　　　　　　主要变量名称和定义

项目	变量符号	变量定义
被解释变量	$DUM\_LOAN_{i,t+1}$	新增银行贷款融资虚拟变量，其当公司 i 在 t+1 年存在新增银行贷款时取 1，否则取 0
	$DUM\_BOND_{i,t+1}$	发行债券融资虚拟变量，其当公司 i 在 t+1 年对外公开发行债券时取 1，否则取 0
	$DUM\_ERF_{i,t+1}$	股权再融资虚拟变量，其当公司 i 在 t+1 年存在增发或配股时取 1，否则取 0
	$DSIZE\_SLOAN_{i,t+1}$	新增短期银行贷款规模，即公司 i 在 t+1 年的短期银行贷款总额减去 t 年的短期银行贷款总额除以总资产
	$DSIZE\_LLOAN_{i,t+1}$	新增长期银行贷款规模，即公司 i 在 t+1 年的长期银行贷款总额减去 t 年的长期银行贷款总额除以总资产
	$DSIZE\_TLOAN_{i,t+1}$	新增银行贷款规模，即公司 i 在 t+1 年的银行贷款总额减去 t 年的长期银行贷款除以总资产
	$DSIZE\_BOND_{i,t+1}$	发行债券融资规模，即公司 i 在 t+1 年发行的债券规模除以总资产
	$DSIZE\_ERF_{i,t+1}$	股权再融资规模，即公司 i 在 t+1 年通过增发或配股筹集的资金除以总资产
	$KZ_{i,t+1}$	参考卡普兰和津加莱斯（Kaplan and Zingales，1997），根据式（6.1）计算的公司融资约束指标
	$WW_{i,t+1}$	参考怀特德和吴（Whited and Wu，2006），根据式（6.2）计算的公司融资约束指标

项目	变量符号	变量定义
解释变量	$P\_NCSKEW\_TD_{i,t+1}$	预期的股价崩盘风险，即基于供应链透明度利用式（6.3）预测的未来股价收益负偏态系数
	$P\_DUVOL\_TD_{i,t+1}$	预期的股价崩盘风险，即基于供应链透明度利用式（6.3）预测的未来股价收益上下波动比率
	$P\_NCSKEW\_CD_{i,t+1}$	预期的股价崩盘风险，即基于供应链集中度利用式（6.4）预测的未来股价收益负偏态系数
	$P\_DUVOL\_CD_{i,t+1}$	预期的股价崩盘风险，即基于供应链集中度利用式（6.4）预测的未来股价收益上下波动比率
	$P\_NCSKEW\_CSD_{i,t+1}$	预期的股价崩盘风险，即基于客户稳定度利用式（6.5）预测的未来股价收益负偏态系数
	$P\_DUVOL\_CSD_{i,t+1}$	预期的股价崩盘风险，即基于客户稳定度利用式（6.5）预测的未来股价收益上下波动比率
	$P\_NCSKEW\_SSD_{i,t+1}$	预期的股价崩盘风险，即基于供应商稳定度利用式（6.6）预测的未来股价收益负偏态系数
	$P\_DUVOL\_SSD_{i,t+1}$	预期的股价崩盘风险，即基于供应商稳定度利用式（6.6）预测的未来股价收益上下波动比率
控制变量	$SIZE_{i,t}$	总规模，即公司 i 在 t 年度总资产的自然对数
	$LEV_{i,t}$	杠杆率，即公司 i 在 t 年度股票总市值的自然对数
	$BM_{i,t}$	账面市值比，即公司 i 在 t 年度的账面价值除以市场价值
	$TOBINQ_{i,t}$	托宾 Q 值，即公司 i 在 t 年度的市值对资产重置成本的比
	$CFO_{i,t}$	经营性现金流比率，即公司 i 在 t 年度的经营现金流量除以总资产
	$PPE_{i,t}$	固定资产率，即公司 i 在 t 年度的固定资产总额除以总资产
	$SALES_{i,t}$	销售收入，即公司 i 在 t 年度的主营业务收入的自然对数
	$ROE_{i,t}$	净资产收益率，即公司 i 在 t 年度的净利润除以净资产
	$GROWTH_{i,t}$	销售增长率，即公司 i 在 t 年度的主营业务收入增长率

6.2.5　回归模型构建

本章聚焦于供应链特征预测的股价崩盘风险对下一期企业融资行为的影响。因此，参考蔡贵龙等（2018）、喻灵（2017）的研究，本章拟构建如下基准回归模型：

$$REFUNDING_{i,t+1} = \alpha_0 + \beta_1 P\_CRASHindex_{i,t+1} + \sum \lambda Controls_{i,t}$$
$$+ \text{Year Fixed Effects} + \text{Industry Fixed Effects} + \varepsilon_{i,t}$$

$$(6.7)$$

回归模型（6.7）中，$REFUNDING_{i,t+1}$ 为企业下一期的融资指标，包括上述融资方式、融资规模和融资约束三方面的测度；$P\_CRASHindex_{i,t+1}$ 为上述一系列基于供应链特征预测的未来股价崩盘风险；$Controls_{i,t}$ 为控制变量。此外，该基准模型同样控制了年份固定效应（Year Fixed Effects）和行业固定效应（Industry Fixed Effects）的影响。需要注意的是，对于融资方式的考察，本章采用 Logistic 多元回归估计方法；而对于融资规模和融资约束的研究，本章则采用多元 OLS 回归进行分析。

6.3 供应链透明度预期的股价崩盘风险对融资的影响

本节主要考察供应链透明度预期的股价崩盘风险对企业融资的影响。具体而言，首先，基于本节的观测样本对主要变量进行描述性统计和相关性分析；其次，采用 Logistic 多元回归估计方法考察供应链透明度预期的股价崩盘风险对企业融资方式选择的影响；再次，结合多元 OLS 回归分析供应链透明度预期的股价崩盘风险如何影响企业融资规模；最后，研究供应链透明度预期的股价崩盘风险对企业整体融资约束的影响。

6.3.1 描述性统计和相关性分析

6.3.1.1 描述性统计

表6.2报告了本节样本中主要变量的描述性统计。可以发现，$DUM\_LOAN_{i,t+1}$、$DUM\_BOND_{i,t+1}$ 和 $DUM\_ERF_{i,t+1}$ 的均值分别为 0.481、0.078 和 0.107，说明在本节选择的样本期间内有 48.1% 的公司增加了贷款融资，7.8% 的公司通过发行债券进行融资，有 10.7% 的公司通过增发或者配股进

行了股权再融资，并且银行贷款融资是上市公司融资的普遍选择，而债券融资则相对较少。此外，DSIZE_SLOAN$_{i,t+1}$、DSIZE_LLOAN$_{i,t+1}$和DSIZE_TLOAN$_{i,t+1}$的最小值（最大值）分别为 -0.185、-0.144 和 -0.201（0.167、0.180 和 0.210）；债券融资规模 DSIZE_BOND$_{i,t+1}$ 和股权再融资规模 DSIZE_ERF$_{i,t+1}$ 的最大值分别为 0.118 和 0.399。融资约束指标 KZ$_{i,t+1}$ 和 WW$_{i,t+1}$ 的均值则分别为 1.082 和 -0.846，标准差分别为 1.271 和 0.582。最后，基于供应链透明度预测的股价负收益偏态系数 P_NCSKEW_TD$_{i,t+1}$ 在 -0.947 和 0.480 之间波动，对应的均值和标准差分别为 -0.283 和 0.202；基于供应链透明度预测的股价收益上下波动比率 P_DUVOL_TD$_{i,t+1}$ 则在 -0.645 和 0.328 之间波动，对应的均值和标准差分别为 -0.193 和 0.139。

表 6.2　　　　供应链透明度预测的股价崩盘风险与融资——描述性统计

变量	观测数	均值	标准差	最小值	25 分位数	中位数	75 分位数	最大值
DUM_LOAN$_{i,t+1}$	27755	0.481	0.366	0.000	0.000	0.000	1.000	1.000
DUM_BOND$_{i,t+1}$	28073	0.078	0.268	0.000	0.000	0.000	0.000	1.000
DUM_ERF$_{i,t+1}$	28073	0.107	0.309	0.000	0.000	0.000	0.000	1.000
DSIZE_SLOAN$_{i,t+1}$	22377	0.001	0.059	-0.185	-0.028	0.000	0.031	0.167
DSIZE_LLOAN$_{i,t+1}$	22377	0.001	0.047	-0.144	-0.014	0.000	0.011	0.180
DSIZE_TLOAN$_{i,t+1}$	22377	0.003	0.069	-0.202	-0.033	0.000	0.039	0.210
DSIZE_BOND$_{i,t+1}$	24148	0.004	0.018	0.000	0.000	0.000	0.000	0.118
DSIZE_ERF$_{i,t+1}$	24148	0.021	0.070	0.000	0.000	0.000	0.000	0.399
KZ$_{i,t+1}$	24444	1.082	1.271	-3.666	0.476	1.330	1.963	4.300
WW$_{i,t+1}$	21526	-0.846	0.582	-1.246	-1.038	-0.982	-0.915	2.404
P_NCSKEW_TD$_{i,t+1}$	27658	-0.283	0.202	-0.947	-0.441	-0.283	-0.129	0.480
P_DUVOL_TD$_{i,t+1}$	27658	-0.193	0.139	-0.645	-0.298	-0.193	-0.089	0.328

6.3.1.2　相关性分析

表 6.3 报告了本节样本中主要变量的皮尔森相关系数矩阵。在本节的样本中，可以发现，预期的股价崩盘风险 P_NCSKEW_TD$_{i,t+1}$ 和 P_DUVOL_TD$_{i,t+1}$ 与银行贷款融资方式 DUM_LOAN$_{i,t+1}$ 的相关系数分别显著为 -0.024 和 -0.015，与债券发行融资 DUM_BOND$_{i,t+1}$ 的相关系数分别为 0.161 和 0.166，与股权再融资 DUM_ERF$_{i,t+1}$ 的相关系数并不显著，说明预期的股价崩盘风险

越高，公司增加银行贷款的可能性越低，发行债券进行融资的可能性越高，但与股权再融资并不存在显著的相关关系。从融资规模来看，预期的股价崩盘风险与新增短期银行贷款和长期银行贷款规模都显著负相关，与债券发行规模正相关，并且与股权再融资规模也是负相关。$P\_NCSKEW\_TD_{i,t+1}$ 和 $P\_DUVOL\_TD_{i,t+1}$ 与融资约束 $KZ_{i,t+1}$ 和 $WW_{i,t+1}$ 的相关系数都在 1% 水平下显著为正，说明预期的股价崩盘风险越高，公司融资能力越差，融资约束程度越高。

表 6.3　　供应链透明度预测的股价崩盘风险与融资——相关性分析

变量	(1)	(2)	(3)	(4)	(5)	(6)
(1) $DUM\_LOAN_{i,t+1}$	1					
(2) $DUM\_BOND_{i,t+1}$	-0.004	1				
(3) $DUM\_ERF_{i,t+1}$	0.009	0.011	1			
(4) $DSIZE\_SLOAN_{i,t+1}$	0.448***	-0.063***	-0.169***	1		
(5) $DSIZE\_LLOAN_{i,t+1}$	0.268***	-0.037***	-0.047***	-0.162***	1	
(6) $DSIZE\_TLOAN_{i,t+1}$	0.610	-0.092***	-0.178***	0.717***	0.454***	1
(7) $DSIZE\_BOND_{i,t+1}$	-0.031***	0.754***	-0.010	-0.077***	-0.039***	-0.103***
(8) $DSIZE\_ERF_{i,t+1}$	-0.011	-0.035***	0.830***	-0.195***	-0.038***	-0.195***
(9) $KZ_{i,t+1}$	0.063***	0.082***	-0.110***	0.049***	0.012	0.062***
(10) $WW_{i,t+1}$	-0.005	-0.049***	-0.034***	0.002	0.019**	0.012
(11) $P\_NCSKEW\_TD_{i,t+1}$	-0.024***	0.161***	-0.013	-0.014*	-0.023***	-0.013
(12) $P\_DUVOL\_TD_{i,t+1}$	-0.015*	0.166***	-0.003	-0.014*	-0.019***	-0.009

变量	(7)	(8)	(9)	(10)	(11)	(12)
(7) $DSIZE\_BOND_{i,t+1}$	1					
(8) $DSIZE\_ERF_{i,t+1}$	-0.026***	1				
(9) $KZ_{i,t+1}$	0.012	-0.196***	1			
(10) $WW_{i,t+1}$	-0.026***	-0.024***	0.086***	1		
(11) $P\_NCSKEW\_TD_{i,t+1}$	0.079***	-0.048***	0.126***	0.027***	1	
(12) $P\_DUVOL\_TD_{i,t+1}$	0.076***	-0.040***	0.123***	0.046***	0.983***	1

注：*、** 和 *** 分别代表 10%、5% 和 1% 显著性水平。

6.3.2 预期的股价崩盘风险与融资方式

根据基准回归模型（6.7），本节使用 Logistic 多元回归估计方法考察供应链透明度预期的股价崩盘风险如何影响企业融资方式的选择。表 6.4 报告了回归结果，其中括号内报告了基于公司个体聚类的稳健标准误计算的 z 值。列（1）和列（2）考察了对银行贷款融资方式的影响；列（3）和列（4）分析了对债券发行融资的影响；列（5）和列（6）则揭示了对公司股权再融资的影响。

表 6.4　供应链透明度预测的股价崩盘风险对融资方式的影响

变量	$DUM\_LOAN_{i,t+1}$		$DUM\_BOND_{i,t+1}$		$DUM\_ERF_{i,t+1}$	
	（1）	（2）	（3）	（4）	（5）	（6）
$P\_NCSKEW\_TD_{i,t+1}$	-1.112 *** (-6.10)		0.006 (1.27)		-0.173 *** (-7.39)	
$P\_DUVOL\_TD_{i,t+1}$		-0.951 *** (-4.53)		0.004 (1.14)		-0.151 *** (-5.58)
$SIZE_{i,t}$	0.260 *** (7.62)	0.285 *** (8.34)	0.090 *** (19.86)	0.090 *** (19.79)	0.066 *** (17.06)	0.070 *** (18.09)
$LEV_{i,t}$	0.864 *** (6.01)	0.875 *** (6.09)	0.188 *** (11.04)	0.188 *** (11.03)	-0.122 *** (-7.71)	-0.120 *** (-7.58)
$BM_{i,t}$	0.416 *** (2.79)	0.253 * (1.71)	0.057 *** (3.08)	0.059 *** (3.14)	-0.040 ** (-2.22)	-0.064 *** (-3.64)
$TOBINQ_{i,t}$	0.016 (0.87)	0.018 (1.01)	0.011 *** (6.70)	0.011 *** (6.65)	-0.018 *** (-9.07)	-0.017 *** (-8.84)
$CFO_{i,t}$	0.763 *** (6.05)	0.763 *** (6.04)	0.129 *** (8.61)	0.129 *** (8.61)	0.002 (0.15)	0.002 (0.16)
$PPE_{i,t}$	-0.423 *** (-3.08)	-0.425 *** (-3.09)	0.067 *** (3.61)	0.067 *** (3.61)	-0.054 *** (-3.46)	-0.054 *** (-3.47)
$SALES_{i,t}$	-0.245 *** (-8.48)	-0.246 *** (-8.52)	-0.024 *** (-7.64)	-0.024 *** (-7.64)	-0.023 *** (-7.47)	-0.023 *** (-7.55)

变量	DUM_LOAN$_{i,t+1}$		DUM_BOND$_{i,t+1}$		DUM_ERF$_{i,t+1}$	
	(1)	(2)	(3)	(4)	(5)	(6)
ROE$_{i,t}$	0.462 ***	0.465 ***	0.037 ***	0.037 ***	− 0.120 ***	− 0.120 ***
	(3.87)	(3.88)	(3.31)	(3.27)	(− 8.88)	(− 8.82)
GROWTH$_{i,t}$	0.599 ***	0.603 ***	− 0.012 ***	− 0.012 ***	0.146 ***	0.147 ***
	(12.28)	(12.35)	(− 3.62)	(− 3.63)	(22.99)	(23.09)
Cons.	− 0.309	− 0.660	− 1.577 ***	− 1.575 ***	− 0.717 ***	− 0.773 ***
	(− 0.74)	(− 1.54)	(− 22.64)	(− 22.29)	(− 13.84)	(− 14.60)
年份固定效应	是	是	是	是	是	是
行业固定效应	是	是	是	是	是	是
观测数	27344	27344	27658	27658	27658	27658
调整的 R^2	0.040	0.039	0.160	0.160	0.098	0.097
Wald chi2	928.43	926.20	930.820	930.828	657.468	656.855

注：* 和 *** 分别代表10% 和1% 显著性水平。

在列（1）和列（2）中，预期的股价负收益偏态系数 P_NCSKEW_TD$_{i,t+1}$ 和收益上下波动比率 P_DUVOL_TD$_{i,t+1}$ 的系数在1% 水平上显著，分别为 − 1.112 和 − 0.951，说明基于供应链透明度预期的股价崩盘风险越高，银行对企业新增贷款的概率越低，验证了假说6.1。然而，列（3）和列（4）中 P_NCSKEW_TD$_{i,t+1}$ 和 P_DUVOL_TD$_{i,t+1}$ 的系数分别为 0.006 和 0.004，且并不显著，说明基于供应链透明度预期的股价崩盘风险与债券发行是不相关的。此外，列（5）P_NCSKEW_TD$_{i,t+1}$ 的系数在1% 水平下显著，为 − 0.173，列（6）中 P_DUVOL_TD$_{i,t+1}$ 的系数为 − 0.151 且显著，表明预期的股价崩盘风险越高，公司选择股权再融资的可能性越低，支持了假说6.3。

从控制变量的系数来看，规模大、资产负债率高、账面市值比大、现金流充裕、固定资产比例低、销售收入低、盈利能力强和增长率高的企业选择银行贷款方式进行融资的可能性较大；规模大、资产负债率高、账面市值比大、托宾 Q 值大、现金流充裕、固定资产比例高、销售收入低、盈利能力强但增长率低的企业选择发行债券的方式进行融资的概率更大；然而，规模大、资产负债率低、账面市值比低、托宾 Q 值高、固定资产比例低、销售收入低、盈利能力差和增长率高的企业更倾向于选择通过股权再融资。

总之，表6.4 的发现从融资方式角度支持了本章研究假说6.1 和假说

6.3，即预期股价崩盘风险越高，企业获得银行贷款或通过股权再融资获取资金的概率越低。

6.3.3 预期的股价崩盘风险与融资规模

进一步地，本节基于回归模型（6.7）采用多元 OLS 回归分析研究供应链透明度预期的股价崩盘风险对融资规模的影响。表 6.5 报告了回归结果，括号内报告了基于公司个体聚类的稳健标准误计算的 t 值，其中表 6.5 - 1 和表 6.5 - 2 分别报告了基于供应链透明度预测股价负收益偏态系数和收益上下波动比率对融资规模的影响。

表 6.5 - 1　　供应链透明度预期的股价崩盘风险对融资规模的影响

变量	$DSIZE\_SLOAN_{i,t+1}$	$DSIZE\_LLOAN_{i,t+1}$	$DSIZE\_TLOAN_{i,t+1}$	$DSIZE\_BOND_{i,t+1}$	$DSIZE\_ERF_{i,t+1}$
	(1)	(2)	(3)	(4)	(5)
$P\_NCSKEW\_TD_{i,t+1}$	- 0.022 ***	- 0.013 ***	- 0.035 ***	0.002	- 0.035 ***
	(- 4.26)	(- 3.50)	(- 5.80)	(1.21)	(- 7.06)
$SIZE_{i,t}$	- 0.001	0.003 ***	0.004 ***	0.003 ***	0.014 ***
	(- 1.52)	(5.56)	(4.05)	(12.65)	(15.60)
$LEV_{i,t}$	0.000	0.039 ***	0.045 ***	0.013 ***	- 0.038 ***
	(0.08)	(15.11)	(12.48)	(13.05)	(- 10.63)
$BM_{i,t}$	0.013 ***	0.002	0.015 ***	- 0.002 *	- 0.012 ***
	(3.49)	(0.67)	(3.34)	(- 1.92)	(- 3.18)
$TOBINQ_{i,t}$	- 0.000	- 0.001 ***	- 0.001 **	- 0.000 ***	- 0.003 ***
	(- 0.18)	(- 3.42)	(- 2.08)	(- 2.80)	(- 6.64)
$CFO_{i,t}$	- 0.039 ***	0.040 ***	- 0.002	0.009 ***	0.001
	(- 13.70)	(15.19)	(- 0.56)	(10.14)	(0.29)
$PPE_{i,t}$	- 0.027 ***	0.008 ***	- 0.021 ***	0.005 ***	- 0.008 **
	(- 9.04)	(2.83)	(- 5.99)	(5.56)	(- 2.53)
$SALES_{i,t}$	- 0.000	- 0.004 ***	- 0.006 ***	- 0.001 ***	- 0.008 ***
	(- 0.62)	(- 8.28)	(- 7.60)	(- 7.85)	(- 10.87)
$ROE_{i,t}$	- 0.033 ***	- 0.005	- 0.043 ***	0.004 ***	- 0.031 ***
	(- 8.03)	(- 1.55)	(- 8.97)	(5.87)	(- 11.10)

续表

变量	DSIZE_SLOAN$_{i,t+1}$	DSIZE_LLOAN$_{i,t+1}$	DSIZE_TLOAN$_{i,t+1}$	DSIZE_BOND$_{i,t+1}$	DSIZE_ERF$_{i,t+1}$
	(1)	(2)	(3)	(4)	(5)
GROWTH$_{i,t}$	0.002	0.001	0.004 **	-0.001 ***	0.039 ***
	(1.24)	(1.27)	(2.08)	(-2.96)	(20.01)
Cons.	0.063 ***	-0.009	0.051 ***	-0.039 ***	-0.092 ***
	(7.98)	(-1.46)	(5.18)	(-14.37)	(-8.67)
年份固定效应	是	是	是	是	是
行业固定效应	是	是	是	是	是
观测数	22064	22064	22064	27658	27658
调整的 R^2	0.042	0.025	0.044	0.046	0.106
F 统计值	24.675	13.747	22.769	26.266	37.325

注：*、** 和 *** 分别代表 10%、5% 和 1% 显著性水平。

表 6.5－2 供应链透明度预期的股价崩盘风险对融资规模的影响

变量	DSIZE_SLOAN$_{i,t+1}$	DSIZE_LLOAN$_{i,t+1}$	DSIZE_TLOAN$_{i,t+1}$	DSIZE_BOND$_{i,t+1}$	DSIZE_ERF$_{i,t+1}$
	(1)	(2)	(3)	(4)	(5)
P_DUVOL_TD$_{i,t+1}$	-0.016 ***	-0.014 ***	-0.030 ***	0.003 *	-0.030 ***
	(-2.77)	(-3.32)	(-4.37)	(1.78)	(-5.26)
SIZE$_{i,t}$	-0.001	0.003 ***	0.004 ***	0.003 ***	0.015 ***
	(-0.83)	(6.17)	(4.97)	(12.43)	(16.41)
LEV$_{i,t}$	0.001	0.039 ***	0.046 ***	0.013 ***	-0.037 ***
	(0.20)	(15.13)	(12.59)	(13.06)	(-10.50)
BM$_{i,t}$	0.009 **	0.001	0.010 **	-0.002 **	-0.017 ***
	(2.36)	(0.45)	(2.19)	(-2.28)	(-4.62)
TOBINQ$_{i,t}$	0.000	-0.001 ***	-0.001 *	-0.000 ***	-0.003 ***
	(0.02)	(-3.44)	(-1.90)	(-2.58)	(-6.46)
CFO$_{i,t}$	-0.039 ***	0.040 ***	-0.002	0.009 ***	0.001
	(-13.66)	(15.20)	(-0.55)	(10.14)	(0.29)
PPE$_{i,t}$	-0.027 ***	0.008 ***	-0.021 ***	0.005 ***	-0.008 **
	(-9.03)	(2.81)	(-5.99)	(5.57)	(-2.54)
SALES$_{i,t}$	-0.000	-0.004 ***	-0.006 ***	-0.001 ***	-0.008 ***
	(-0.68)	(-8.33)	(-7.67)	(-7.83)	(-10.92)

续表

变量	DSIZE_SLOAN$_{i,t+1}$	DSIZE_LLOAN$_{i,t+1}$	DSIZE_TLOAN$_{i,t+1}$	DSIZE_BOND$_{i,t+1}$	DSIZE_ERF$_{i,t+1}$
	(1)	(2)	(3)	(4)	(5)
ROE$_{i,t}$	-0.033 ***	-0.005	-0.043 ***	0.004 ***	-0.031 ***
	(-7.90)	(-1.62)	(-8.88)	(6.02)	(-11.00)
GROWTH$_{i,t}$	0.002	0.001	0.004 **	-0.001 ***	0.039 ***
	(1.30)	(1.29)	(2.15)	(-2.95)	(20.07)
Cons.	0.057 ***	-0.014 **	0.040 ***	-0.038 ***	-0.104 ***
	(6.94)	(-2.25)	(3.91)	(-13.65)	(-9.45)
年份固定效应	是	是	是	是	是
行业固定效应	是	是	是	是	是
观测数	22064	22064	22064	27658	27658
调整的 R^2	0.042	0.025	0.043	0.046	0.106
F 统计值	24.423	13.720	22.377	26.217	36.981

注：* 、** 和 *** 分别代表10%、5%和1%显著性水平。

表 6.5 - 1 中，列（1）~列（3）分别考察了基于供应链透明度预测股价负收益偏态系数对新增短期银行贷款规模、新增长期银行贷款规模和新增银行贷款总规模的影响。可以发现，P_NCSKEW_TD$_{i,t+1}$的系数在1%水平下分别为 -0.022、-0.013 和 -0.035。该结果表明，一方面，预期的股价负收益偏态系数会显著降低企业对银行贷款融资的获取；另一方面，短期银行贷款对预期的股价负收益偏态系数的敏感性要高于长期银行贷款。在列（4）中，P_NCSKEW_TD$_{i,t+1}$的系数为 0.002 但并不显著，说明预期的股价负收益偏态系数对债券发行规模不存在显著的影响。在列（5）中，P_NCSKEW_TD$_{i,t+1}$的系数为 -0.035，且在1%水平下显著，表明预期的股价崩盘风险同样会降低企业进行股权再融资的规模。因此，上述发现验证了假说 6.1 和假说 6.3。

表 6.5 - 2 中，列（1）~列（3）分别考察了 P_DUVOL_TD$_{i,t+1}$对新增短期银行贷款规模、新增长期银行贷款规模和新增银行贷款总规模的影响。可以发现，P_DUVOL_TD$_{i,t+1}$的系数在1%水平下分别为 -0.016、-0.014 和 -0.030，这与表 6.5 - 1 的结果是一致的。在第（5）列中，P_DUVOL_TD$_{i,t+1}$的系数为 -0.030，且在1%水平下显著，表明预期的股价收益上下波动比率同样会降低企业进行股权再融资的规模。与表 6.5 - 1 不同的是，在第（4）列中，

$P\_DUVOL\_TD_{i,t+1}$的系数为 0.003 且在 10% 水平下显著。该发现意味着，预期的股价收益上下波动比率对债券发行规模产生了显著的正向影响，在一定程度上支持了假说6.2。

因此，表6.5 的结果进一步从融资规模视角支持了假说6.1 和假说6.3，证明了银行对预期股价崩盘风险的感知会降低银行贷款规模的发放，而投资者面对预期股价崩盘风险的增加会降低对企业股权的投资规模。需要说明的是，表6.5 的发现在一定程度上了支持了假说6.2，即预期股价崩盘风险的增加会促使企业发行更多的债券进行融资。

6.3.4 预期的股价崩盘风险与融资约束

本节聚焦于供应链透明度预期的股价崩盘风险对融资约束的影响。表6.6 报告了基于回归模型（6.7）的 OLS 回归结果，其中列（1）和列（2）检验了预期的股价崩盘风险对融资约束 $KZ_{i,t+1}$的影响，列（3）和列（4）则分析了对融资约束 $WW_{i,t+1}$的影响。可以发现，在表6.6 的结果中预期的股价负收益偏态系数 $P\_NCSKEW\_TD_{i,t+1}$和收益上下波动比率 $P\_DUVOL\_TD_{i,t+1}$的系数都在 1% 水平上显著为正，说明基于供应链透明度预期的股价崩盘风险越高，企业将面临更严峻的融资约束。该发现支持了假说6.4。

表6.6　供应链透明度预期的股价崩盘风险对融资约束的影响

变量	$KZ_{i,t+1}$		$WW_{i,t+1}$	
	（1）	（2）	（3）	（4）
$P\_NCSKEW\_TD_{i,t+1}$	0.435 *** (4.78)		0.229 *** (4.41)	
$P\_DUVOL\_TD_{i,t+1}$		0.728 *** (6.98)		0.235 *** (4.03)
$SIZE_{i,t}$	−0.110 *** (−5.55)	−0.122 *** (−6.22)	0.011 (1.07)	0.005 (0.54)
$LEV_{i,t}$	4.504 *** (60.17)	4.512 *** (60.52)	0.240 *** (5.48)	0.240 *** (5.46)

变量	$KZ_{i,t+1}$		$WW_{i,t+1}$	
	(1)	(2)	(3)	(4)
$BM_{i,t}$	-0.801^{***}	-0.701^{***}	-0.119^{***}	-0.103^{**}
	(-9.93)	(-8.83)	(-2.73)	(-2.40)
$TOBINQ_{i,t}$	0.146^{***}	0.150^{***}	-0.001	-0.001
	(7.91)	(8.16)	(-0.19)	(-0.17)
$CFO_{i,t}$	-0.580^{***}	-0.581^{***}	-0.166^{***}	-0.166^{***}
	(-8.80)	(-8.86)	(-4.07)	(-4.07)
$PPE_{i,t}$	-0.158^{**}	-0.152^{**}	0.016	0.017
	(-2.20)	(-2.13)	(0.45)	(0.47)
$SALES_{i,t}$	-0.132^{***}	-0.131^{***}	-0.060^{***}	-0.060^{***}
	(-8.61)	(-8.59)	(-6.95)	(-6.90)
$ROE_{i,t}$	-1.815^{***}	-1.780^{***}	-0.044	-0.041
	(-16.06)	(-15.85)	(-1.45)	(-1.35)
$GROWTH_{i,t}$	-0.280^{***}	-0.280^{***}	-0.017^{*}	-0.018^{*}
	(-11.10)	(-11.08)	(-1.70)	(-1.75)
Cons.	3.644^{***}	3.911^{***}	-0.086	0.015
	(12.36)	(13.05)	(-0.73)	(0.13)
年份固定效应	是	是	是	是
行业固定效应	是	是	是	是
观测数	24093	24093	21211	21211
调整的 R^2	0.603	0.604	0.159	0.158
F 统计值	228.391	230.010	48.600	48.807

注：*、** 和 *** 分别代表10%、5%和1%显著性水平。

此外，可以发现上市公司规模越小，杠杆率越高，账面市值比越低，经营性现金流越少，固定资产比率越低，销售收入越低，绩效越差以及增长率越低，会面临更大的融资约束。

总之，本节基于供应链透明度预测的股价崩盘风险，深入系统地考察了其对企业融资的影响。研究揭示了银行借款方和股权投资者对股价崩盘风险有更敏感的感知，即供应链透明度预测的股价崩盘风险会降低企业通过银行贷款以及股权再融资筹措资金的可能性和筹措规模，因此提升了企业的融资约束。另外，债权人对股价崩盘风险的感知是不敏锐的；相反，预期的股价崩盘风险越高，在一定程度上可能增加企业发行债券的可能性以及债券发行规模。因此，本节的研究支持了假说6.1、假说6.3以及假说6.4。

6.4 供应链集中度预期的股价崩盘风险对融资的影响

本节进一步考察供应链集中度预期的股价崩盘风险对企业融资的影响。具体而言，首先，基于本节的观测样本对主要变量进行描述性统计和相关性分析；其次，采用Logistic多元回归估计方法考察供应链集中度预期的股价崩盘风险对企业融资方式选择的影响；再次，结合多元OLS回归分析供应链集中度预期的股价崩盘风险如何影响企业融资规模；最后，研究供应链集中度预期的股价崩盘风险对企业整体融资约束的影响。

6.4.1 描述性统计和相关性分析

6.4.1.1 描述性统计

表6.7报告了本节样本中主要变量的描述性统计。可以发现，$DUM\_LOAN_{i,t+1}$、$DUM\_BOND_{i,t+1}$和$DUM\_ERF_{i,t+1}$的均值分别为0.483、0.079和0.110，说明在本节选择的样本期间内有48.3%的公司增加了贷款融资，7.9%的公司通过发行债券进行融资，有11.0%的公司通过增发或者配股进行了股权再融资，且银行贷款融资是上市公司融资的普遍选择，而债券融资则相对较少。此外，融资约束指标$KZ_{i,t+1}$和$WW_{i,t+1}$的均值则分别为1.063和-0.846，标准差分别为1.278和0.587。基于供应链集中度预测的股价负收益偏态系数$P\_NCSKEW\_CD_{i,t+1}$在-0.941和0.472之间波动，对应的均值和标准差分别为-0.282和0.197；基于供应链集中度预测的股价收益上下波动比率$P\_DUVOL\_CD_{i,t+1}$则在-0.622和0.316之间波动，对应的均值和标准差分别为-0.192和0.135。

表 6.7　供应链集中度预测的股价崩盘风险与融资——描述性统计

变量	观测数	均值	标准差	最小值	25 分位数	中位数	75 分位数	最大值
$DUM\_LOAN_{i,t+1}$	24660	0.483	0.366	0.000	0.000	0.000	1.000	1.000
$DUM\_BOND_{i,t+1}$	24935	0.079	0.270	0.000	0.000	0.000	0.000	1.000
$DUM\_ERF_{i,t+1}$	24935	0.110	0.313	0.000	0.000	0.000	0.000	1.000
$DSIZE\_SLOAN_{i,t+1}$	19866	0.001	0.059	-0.185	-0.027	0.000	0.031	0.167
$DSIZE\_LLOAN_{i,t+1}$	19866	0.001	0.046	-0.144	-0.014	0.000	0.011	0.180
$DSIZE\_TLOAN_{i,t+1}$	19866	0.003	0.069	-0.202	-0.033	0.000	0.038	0.210
$DSIZE\_BOND_{i,t+1}$	21434	0.004	0.018	0.000	0.000	0.000	0.000	0.118
$DSIZE\_ERF_{i,t+1}$	21434	0.022	0.071	0.000	0.000	0.000	0.000	0.399
$KZ_{i,t+1}$	21737	1.063	1.278	-3.666	0.459	1.313	1.949	4.300
$WW_{i,t+1}$	18987	-0.846	0.587	-1.246	-1.038	-0.982	-0.916	2.404
$P\_NCSKEW\_CD_{i,t+1}$	24581	-0.282	0.197	-0.941	-0.437	-0.281	-0.133	0.472
$P\_DUVOL\_CD_{i,t+1}$	24581	-0.192	0.135	-0.622	-0.293	-0.191	-0.091	0.316

6.4.1.2　相关性分析

表 6.8 报告了主要变量的皮尔森相关系数矩阵。在本节的样本中，预期的股价崩盘风险 $P\_NCSKEW\_CD_{i,t+1}$ 和 $P\_DUVOL\_CD_{i,t+1}$ 与银行贷款融资方式 $DUM\_LOAN_{i,t+1}$ 的相关系数分别为 -0.034 和 -0.020 且显著，与债券发行融资 $DUM\_BOND_{i,t+1}$ 的相关系数分别为 0.099 和 0.119，与股权再融资 $DUM\_ERF_{i,t+1}$ 的相关系数分别为 -0.116 和 -0.103 且显著。这些发现说明预期的股价崩盘风险越高，公司增加银行贷款的可能性越低，发行债券进行融资的可能性越高，同时公司通过股权进行融资的概率也越低。从融资规模来看，预期的股价崩盘风险与新增短期银行贷款和长期银行贷款规模都显著负相关，与债券发行规模正相关但并不显著，并且与股权再融资规模也是负相关。最后，$P\_NCSKEW\_CD_{i,t+1}$ 和 $P\_DUVOL\_CD_{i,t+1}$ 与融资约束 $KZ_{i,t+1}$ 和 $WW_{i,t+1}$ 的相关系数都显著为正，说明基于供应链集中度预期的股价崩盘风险越高，公司融资能力越差，融资约束程度越高。

表 6.8　供应链集中度预测的股价崩盘风险与融资——相关性分析

变量	(1)	(2)	(3)	(4)	(5)	(6)
(1) $DUM\_LOAN_{i,t+1}$	1					
(2) $DUM\_BOND_{i,t+1}$	-0.006	1				

变量	(1)	(2)	(3)	(4)	(5)	(6)
(3) $DUM\_ERF_{i,t+1}$	−0.001	−0.009	1			
(4) $DSIZE\_SLOAN_{i,t+1}$	0.465***	−0.078***	−0.209***	1		
(5) $DSIZE\_LLOAN_{i,t+1}$	0.259***	−0.046***	−0.059***	−0.096***	1	
(6) $DSIZE\_TLOAN_{i,t+1}$	0.605***	−0.107***	−0.208***	0.761***	0.439***	1
(7) $DSIZE\_BOND_{i,t+1}$	−0.032**	0.756***	−0.024*	−0.093***	−0.037***	−0.114***
(8) $DSIZE\_ERF_{i,t+1}$	−0.018	−0.054***	0.819***	−0.236***	−0.042***	−0.222***
(9) $KZ_{i,t+1}$	0.040***	0.106***	−0.120***	0.055***	−0.004	0.046***
(10) $WW_{i,t+1}$	−0.013	−0.031**	−0.033**	0.009	0.011	0.000
(11) $P\_NCSKEW\_CD_{i,t+1}$	−0.034**	0.099***	−0.116***	−0.046***	−0.032**	0.013
(12) $P\_DUVOL\_CD_{i,t+1}$	−0.020*	0.119***	−0.103***	−0.052***	−0.034**	0.021

变量	(7)	(8)	(9)	(10)	(11)	(12)
(7) $DSIZE\_BOND_{i,t+1}$	1					
(8) $DSIZE\_ERF_{i,t+1}$	−0.036***	1				
(9) $KZ_{i,t+1}$	0.008	−0.222***	1			
(10) $WW_{i,t+1}$	0.001	−0.026*	0.061***	1		
(11) $P\_NCSKEW\_CD_{i,t+1}$	0.010	−0.142***	0.154***	0.013***	1	
(12) $P\_DUVOL\_CD_{i,t+1}$	0.009	−0.133***	0.159***	0.031**	0.973***	1

注：＊、＊＊和＊＊＊分别代表 10%、5% 和 1% 显著性水平。

6.4.2　预期的股价崩盘风险与融资方式

根据基准回归模型（6.7），本节使用 Logistic 多元回归估计方法考察供应链透明度预期的股价崩盘风险如何影响企业融资方式的选择。表 6.9 报告了回归结果，其中括号内报告了基于公司个体聚类的稳健标准误计算的 z 值。列（1）和列（2）考察了对银行贷款融资方式的影响；列（3）和列（4）分析了对债券发行融资的影响；列（5）和列（6）则揭示了对公司股权再融资的影响。

表 6.9 供应链集中度预测的股价崩盘风险对融资方式的影响

变量	DUM_LOAN$_{i,t+1}$		DUM_BOND$_{i,t+1}$		DUM_ERF$_{i,t+1}$	
	(1)	(2)	(3)	(4)	(5)	(6)
P_NCSKEW_CD$_{i,t+1}$	-0.909 ***		0.005		-0.124 ***	
	(-3.55)		(1.08)		(-3.56)	
P_DUVOL_CD$_{i,t+1}$		-0.850 ***		0.004		-0.132 ***
		(-2.89)		(1.01)		(-3.18)
SIZE$_{i,t}$	0.215 ***	0.243 ***	0.112 ***	0.111 ***	0.090 ***	0.094 ***
	(3.85)	(4.38)	(13.63)	(13.54)	(12.04)	(12.65)
LEV$_{i,t}$	0.139	0.140	0.313 ***	0.313 ***	-0.194 ***	-0.194 ***
	(0.60)	(0.60)	(10.35)	(10.34)	(-6.68)	(-6.66)
BM$_{i,t}$	0.242	0.147	0.019	0.019	-0.105 ***	-0.109 ***
	(0.99)	(0.60)	(0.59)	(0.60)	(-3.39)	(-3.49)
TOBINQ$_{i,t}$	0.013	0.019	0.012 ***	0.012 ***	-0.018 ***	-0.017 ***
	(0.46)	(0.67)	(4.70)	(4.61)	(-4.95)	(-4.78)
CFO$_{i,t}$	0.192	0.182	0.236 ***	0.237 ***	-0.101 ***	-0.102 ***
	(0.93)	(0.89)	(8.64)	(8.65)	(-3.84)	(-3.88)
PPE$_{i,t}$	-1.181 ***	-1.189 ***	0.169 ***	0.169 ***	-0.119 ***	-0.120 ***
	(-4.91)	(-4.94)	(4.70)	(4.71)	(-3.92)	(-3.95)
SALES$_{i,t}$	-0.237 ***	-0.237 ***	-0.034 ***	-0.034 ***	-0.035 ***	-0.035 ***
	(-5.20)	(-5.22)	(-5.99)	(-5.97)	(-6.12)	(-6.15)
ROE$_{i,t}$	0.337 *	0.317	0.043 **	0.046 **	-0.158 ***	-0.163 ***
	(1.65)	(1.54)	(2.03)	(2.12)	(-5.81)	(-5.93)
GROWTH$_{i,t}$	0.630 ***	0.632 ***	-0.017 ***	-0.017 ***	0.195 ***	0.195 ***
	(7.51)	(7.54)	(-2.75)	(-2.77)	(17.34)	(17.38)
Cons.	1.897 *	1.463	-1.921 ***	-1.892 ***	-0.813 ***	-0.878 ***
	(1.87)	(1.43)	(-15.22)	(-15.04)	(-6.38)	(-6.86)
年份固定效应	是	是	是	是	是	是
行业固定效应	是	是	是	是	是	是
观测数	9405	9405	9523	9523	9523	9523
Pseudo R^2	0.098	0.098	0.151	0.151	0.125	0.125
Wald chi2	726.105	727.042	714.001	713.977	826.651	826.565

注：* 、** 和 *** 分别代表 10%、5% 和 1% 显著性水平。

在列（1）和列（2）中，预期的股价负收益偏态系数 P＿NCSKEW＿$CD_{i,t+1}$ 和收益上下波动比率 P_DUVOL_$CD_{i,t+1}$ 的系数在 1% 水平上显著，分别为 −0.909 和 −0.850，说明基于供应链集中度预期的股价崩盘风险越高，银行对企业新增贷款的概率越低，验证了假说 6.1。在列（3）和列（4）中，P_NCSKEW_$CD_{i,t+1}$ 和 P_DUVOL_$CD_{i,t+1}$ 的系数分别为 0.005 和 0.004 但不显著，说明基于供应链集中度预期的股价崩盘风险与债券发行无关。此外，列（5）中 P_NCSKEW_$CD_{i,t+1}$ 的系数在 1% 水平下显著，为 −0.124，列（6）中 P_DUVOL_$CD_{i,t+1}$ 的系数为 −0.132 且显著，表明预期的股价崩盘风险越高，公司选择股权再融资的可能性越低，支持了假说 6.3。

6.4.3　预期的股价崩盘风险与融资规模

表 6.10 报告了供应链集中度预期的股价崩盘风险对融资规模的影响，括号内报告了基于公司个体聚类的稳健标准误计算的 t 值，其中表 6.10 − 1 和表 6.10 − 2 分别报告了基于供应链集中度预测股价负收益偏态系数和收益上下波动比率对融资规模的影响。

表 6.10 − 1　基于供应链集中度预期的股价崩盘风险对融资规模的影响

变量	DSIZE_SLOAN$_{i,t+1}$	DSIZE_LLOAN$_{i,t+1}$	DSIZE_TLOAN$_{i,t+1}$	DSIZE_BOND$_{i,t+1}$	DSIZE_ERF$_{i,t+1}$
	（1）	（2）	（3）	（4）	（5）
P_NCSKEW_CD$_{i,t+1}$	− 0.016 **	− 0.008 *	− 0.026 ***	0.001	− 0.025 ***
	（− 2.28）	（− 1.70）	（− 3.20）	（1.05）	（− 3.13）
SIZE$_{i,t}$	− 0.001	0.002	0.002	0.003 ***	0.021 ***
	（− 1.14）	（1.63）	（1.03）	（7.55）	（11.59）
LEV$_{i,t}$	− 0.003	0.028 ***	0.023 ***	0.021 ***	− 0.051 ***
	（− 0.58）	（6.85）	（3.52）	（10.11）	（− 7.16）
BM$_{i,t}$	0.002	0.000	0.007	− 0.003 *	− 0.031 ***
	（0.39）	（0.11）	（0.91）	（− 1.79）	（− 4.40）
TOBINQ$_{i,t}$	− 0.001	− 0.001	− 0.001	− 0.000 ***	− 0.003 ***
	（− 1.17）	（− 1.06）	（− 1.29）	（− 2.67）	（− 3.44）
CFO$_{i,t}$	− 0.044 ***	0.022 ***	− 0.029 ***	0.015 ***	− 0.017 ***
	（− 9.28）	（5.48）	（− 4.84）	（8.00）	（− 2.73）

变量	$DSIZE\_SLOAN_{i,t+1}$	$DSIZE\_LLOAN_{i,t+1}$	$DSIZE\_TLOAN_{i,t+1}$	$DSIZE\_BOND_{i,t+1}$	$DSIZE\_ERF_{i,t+1}$
	(1)	(2)	(3)	(4)	(5)
$PPE_{i,t}$	−0.041 ***	−0.003	−0.053 ***	0.010 ***	−0.014 **
	(−7.69)	(−0.65)	(−8.02)	(4.63)	(−2.09)
$SALES_{i,t}$	−0.001	−0.003 ***	−0.005 ***	−0.002 ***	−0.011 ***
	(−0.64)	(−3.32)	(−3.57)	(−5.41)	(−8.33)
$ROE_{i,t}$	−0.038 ***	−0.006	−0.047 ***	0.005 ***	−0.042 ***
	(−4.97)	(−1.23)	(−5.56)	(3.15)	(−7.11)
$GROWTH_{i,t}$	0.000	0.001	0.003	−0.001 ***	0.051 ***
	(0.00)	(0.81)	(0.83)	(−2.77)	(14.10)
Cons.	0.099 ***	0.012	0.111 ***	−0.044 ***	−0.139 ***
	(4.97)	(0.61)	(4.28)	(−7.59)	(−5.74)
年份固定效应	是	是	是	是	是
行业固定效应	是	是	是	是	是
观测数	7527	7527	7527	9523	9523
调整的 R^2	0.041	0.017	0.046	0.039	0.134
F 统计值	8.461	4.990	9.297	9.977	16.752

注：*、** 和 *** 分别代表 10%、5% 和 1% 显著性水平。

表 6.10−2　基于供应链集中度预期的股价崩盘风险对融资规模的影响

变量	$DSIZE\_SLOAN_{i,t+1}$	$DSIZE\_LLOAN_{i,t+1}$	$DSIZE\_TLOAN_{i,t+1}$	$DSIZE\_BOND_{i,t+1}$	$DSIZE\_ERF_{i,t+1}$
	(1)	(2)	(3)	(4)	(5)
$P\_DUVOL\_CD_{i,t+1}$	−0.013 *	−0.009	−0.025 **	0.003	−0.026 ***
	(−1.70)	(−1.56)	(−2.56)	(1.10)	(−2.82)
$SIZE_{i,t}$	−0.001	0.002 *	0.002	0.003 ***	0.022 ***
	(−0.77)	(1.92)	(1.56)	(7.46)	(12.09)
$LEV_{i,t}$	−0.003	0.028 ***	0.023 ***	0.021 ***	−0.051 ***
	(−0.58)	(6.86)	(3.52)	(10.10)	(−7.14)
$BM_{i,t}$	−0.000	0.000	0.004	−0.004 **	−0.032 ***
	(−0.02)	(0.05)	(0.53)	(−1.97)	(−4.48)
$TOBINQ_{i,t}$	−0.001	−0.001	−0.001	−0.000 ***	−0.003 ***
	(−1.05)	(−1.01)	(−1.12)	(−2.72)	(−3.32)

续表

变量	DSIZE_SLOAN$_{i,t+1}$	DSIZE_LLOAN$_{i,t+1}$	DSIZE_TLOAN$_{i,t+1}$	DSIZE_BOND$_{i,t+1}$	DSIZE_ERF$_{i,t+1}$
	(1)	(2)	(3)	(4)	(5)
CFO$_{i,t}$	- 0. 044 ***	0. 022 ***	- 0. 029 ***	0. 015 ***	- 0. 017 ***
	(- 9. 30)	(5. 46)	(- 4. 87)	(8. 00)	(- 2. 75)
PPE$_{i,t}$	- 0. 041 ***	- 0. 003	- 0. 053 ***	0. 010 ***	- 0. 014 **
	(- 7. 71)	(- 0. 66)	(- 8. 05)	(4. 64)	(- 2. 12)
SALES$_{i,t}$	- 0. 001	- 0. 003 ***	- 0. 005 ***	- 0. 002 ***	- 0. 011 ***
	(- 0. 64)	(- 3. 33)	(- 3. 58)	(- 5. 40)	(- 8. 34)
ROE$_{i,t}$	- 0. 038 ***	- 0. 007	- 0. 048 ***	0. 005 ***	- 0. 043 ***
	(- 4. 97)	(- 1. 28)	(- 5. 60)	(3. 23)	(- 7. 20)
GROWTH$_{i,t}$	0. 000	0. 001	0. 003	- 0. 001 ***	0. 051 ***
	(0. 03)	(0. 82)	(0. 86)	(- 2. 75)	(14. 12)
Cons.	0. 092 ***	0. 008	0. 099 ***	- 0. 043 ***	- 0. 151 ***
	(4. 57)	(0. 40)	(3. 80)	(- 7. 29)	(- 6. 22)
年份固定效应	是	是	是	是	是
行业固定效应	是	是	是	是	是
观测数	7527	7527	7527	9523	9523
调整的 R^2	0. 041	0. 017	0. 046	0. 039	0. 134
F 统计值	8. 425	4. 997	9. 181	9. 981	16. 729

注：*、** 和 *** 分别代表10%、5%和1%显著性水平。

表6. 10 - 1 中，列（1）~列（3）分别考察了基于供应链集中度预测股价负收益偏态系数对新增短期银行贷款规模、新增长期银行贷款规模和新增银行贷款总规模的影响。可以发现，P_NCSKEW_CD$_{i,t+1}$的系数分别为 - 0. 016、- 0. 008 和 - 0. 026，且至少在10%水平下显著。该结果表明，一方面，基于供应链集中度预期的股价负收益偏态系数会显著降低企业对银行贷款融资的获取；另一方面，短期银行贷款对预期的股价负收益偏态系数的敏感性要高于长期银行贷款。在列（4）中，P_NCSKEW_CD$_{i,t+1}$的系数为 0. 001 但并不显著，说明预期的股价负收益偏态系数对债券发行规模不存在显著的影响。最后，在列（5）中，P_NCSKEW_CD$_{i,t+1}$的系数为 - 0. 025，且在1%水平下显著，表明预期的股价崩盘风险同样会降低企业进行股权再融资的规模。因此，上述发现验证了假说6. 1 和假说6. 3。

表 6.10 - 2 中，列（1）~列（3）分别考察了 P_DUVOL_CD$_{i,t+1}$对新增短期银行贷款规模、新增长期银行贷款规模和新增银行贷款总规模的影响。可以发现，P_DUVOL_CD$_{i,t+1}$的系数在列（1）和列（3）中显著为负，但在列（2）中却不显著。同样在列（4）中，P_DUVOL_CD$_{i,t+1}$的系数为正但不显著。在列（5）中，P_DUVOL_CD$_{i,t+1}$的系数为 - 0.026，且在 1% 水平上显著，表明预期的股价收益上下波动比率同样会降低企业进行股权再融资的规模。

综上所述，表 6.10 的结果基于供应链集中度预测的股价崩盘风险，从融资规模视角支持了研究假说 6.1 和假说 6.3，证明了银行对预期股价崩盘风险的感知会降低银行贷款规模的发放，而投资者面对预期股价崩盘风险的增加会降低对企业股权的投资规模。

6.4.4 预期的股价崩盘风险与融资约束

本节聚焦于供应链集中度预期的股价崩盘风险对融资约束的影响。表 6.11 报告了基于回归模型（6.7）的 OLS 回归结果，其中列（1）和列（2）检验了预期的股价崩盘风险对融资约束 KZ$_{i,t+1}$的影响，列（3）和列（4）则分析了对融资约束 WW$_{i,t+1}$的影响。可以发现，在表 6.6 的结果中预期的股价负收益偏态系数 P_NCSKEW_CD$_{i,t+1}$和收益上下波动比率 P_DUVOL_CD$_{i,t+1}$的系数至少在 10% 的水平下显著为正，说明基于供应链集中度预期的股价崩盘风险越高，企业将面临更严峻的融资约束。该发现同样支持了研究假说 6.4。

表 6.11　供应链集中度预期的股价崩盘风险对融资约束的影响

变量	KZ$_{i,t+1}$		WW$_{i,t+1}$	
	（1）	（2）	（3）	（4）
P_NCSKEW_TD$_{i,t+1}$	0.178 *** (3.46)		0.090 ** (2.19)	
P_DUVOL_TD$_{i,t+1}$		0.330 ** (2.32)		0.085 * (1.98)
SIZE$_{i,t}$	- 0.100 *** (- 3.08)	- 0.105 *** (- 3.30)	- 0.001 (- 0.07)	- 0.004 (- 0.26)

续表

变量	KZ$_{i,t+1}$		WW$_{i,t+1}$	
	(1)	(2)	(3)	(4)
LEV$_{i,t}$	4.393***	4.391***	0.161***	0.161***
	(37.61)	(37.64)	(2.62)	(2.62)
BM$_{i,t}$	0.826***	0.760***	−0.030	−0.021
	(6.28)	(5.77)	(−0.44)	(−0.31)
TOBINQ$_{i,t}$	0.146***	0.145***	0.007	0.006
	(5.75)	(5.75)	(0.99)	(0.91)
CFO$_{i,t}$	−0.846***	−0.846***	0.167***	0.168***
	(−8.33)	(−8.34)	(2.91)	(2.93)
PPE$_{i,t}$	−0.348***	−0.346***	0.127*	0.128*
	(−3.17)	(−3.15)	(1.92)	(1.94)
SALES$_{i,t}$	−0.152***	−0.151***	−0.040***	−0.040***
	(−5.82)	(−5.79)	(−3.28)	(−3.28)
ROE$_{i,t}$	−1.930***	−1.909***	−0.158***	−0.156***
	(−9.32)	(−9.23)	(−3.11)	(−3.05)
GROWTH$_{i,t}$	−0.374***	−0.373***	0.007	0.006
	(−7.76)	(−7.74)	(0.43)	(0.41)
Cons.	3.868***	3.999***	−0.278	−0.222
	(7.17)	(7.37)	(−1.57)	(−1.14)
年份固定效应	是	是	是	是
行业固定效应	是	是	是	是
观测数	8163	8163	6858	6858
调整的 R^2	0.582	0.583	0.125	0.124
F 统计值	94.733	94.615	17.511	17.546

注：*、**和***分别代表10%、5%和1%显著性水平。

综合表6.8~表6.11的发现，本节基于供应链集中度预测的股价崩盘风险，深入系统地考察了其对企业融资的影响。与前面研究一致，本节同样揭示了银行借款方和股权投资者对股价崩盘风险有更敏感的感知，即供应链集中度预测的股价崩盘风险会降低企业通过银行贷款以及股权再融资筹措资金的可能性和筹措规模，因此提升了企业的融资约束。另外，债权人对股价崩盘风险的感知是不敏锐的。本节同样揭示了预期的股价崩盘风险会加剧融资约束。因此，本节的研究支持了假说 6.1、假说 6.3 以及假说 6.4。

6.5 供应链稳定度预期的股价崩盘风险对融资的影响

本节从供应链稳定度预期的股价崩盘风险视角研究了其对企业融资的影响。首先，基于有限的观测样本对主要变量进行描述性统计和相关性分析；其次，采用 Logistic 多元回归估计方法分别考察客户稳定度和供应商稳定度预期的股价崩盘风险对企业融资方式选择的影响；再次，结合多元 OLS 回归分析客户稳定度和供应商稳定度预期的股价崩盘风险如何影响企业融资规模；最后，研究客户稳定度和供应商稳定度预期的股价崩盘风险对企业整体融资约束的影响。

6.5.1 描述性统计和相关性分析

6.5.1.1 描述性统计

表 6.12 报告了本节样本中主要变量的描述性统计。其中，DUM_LOAN$_{i,t+1}$、DUM_BOND$_{i,t+1}$ 和 DUM_ERF$_{i,t+1}$ 的均值分别为 0.480、0.090 和 0.127，说明在本节选择的样本期间内有 48.0% 的公司增加了贷款融资，9.0% 的公司通过发行债券进行了融资，12.7% 的公司通过增发或者配股进行了股权再融资。因此，银行贷款融资是上市公司融资的普遍选择，而债券融资则相对较少。此外，融资约束指标 KZ$_{i,t+1}$ 和 WW$_{i,t+1}$ 的均值则分别为 1.269 和 -0.812，标准差分别为 1.223 和 0.665。基于客户稳定度预测的股价负收益偏态系数 P_NCSKEW_CSD$_{i,t+1}$ 在 -0.997 和 0.512 之间波动，对应的均值和标准差分别为 -0.320 和 0.188；股价收益上下波动比率 P_DUVOL_CSD$_{i,t+1}$ 则在 -0.665 和 0.322 之间波动，对应的均值和标准差分别为 -0.209 和 0.120。对于客户稳定度预测的股价负收益偏态系数 P_NCSKEW_SSD$_{i,t+1}$ 的均值和标准差则分别为 -0.329 和 0.194，股价收益上下波动比率 P_DUVOL_SSD$_{i,t+1}$ 的均值和标准差则分别为 -0.213 和 0.130。

表 6.12　　供应链稳定度预测的股价崩盘风险与融资——描述性统计

变量	观测数	均值	标准差	最小值	25 分位数	中位数	75 分位数	最大值
$DUM\_LOAN_{i,t+1}$	5728	0.480	0.366	0.000	0.000	0.000	1.000	1.000
$DUM\_BOND_{i,t+1}$	5829	0.090	0.286	0.000	0.000	0.000	0.000	1.000
$DUM\_ERF_{i,t+1}$	5829	0.127	0.333	0.000	0.000	0.000	0.000	1.000
$DSIZE\_SLOAN_{i,t+1}$	4667	−0.001	0.059	−0.185	−0.029	0.000	0.029	0.167
$DSIZE\_LLOAN_{i,t+1}$	4667	0.000	0.048	−0.144	−0.016	0.000	0.012	0.180
$DSIZE\_TLOAN_{i,t+1}$	4667	−0.000	0.070	−0.202	−0.036	−0.001	0.036	0.210
$DSIZE\_BOND_{i,t+1}$	4990	0.005	0.021	0.000	0.000	0.000	0.000	0.118
$DSIZE\_ERF_{i,t+1}$	4990	0.027	0.080	0.000	0.000	0.000	0.000	0.399
$KZ_{i,t+1}$	4783	1.269	1.223	−3.666	0.678	1.484	2.085	4.300
$WW_{i,t+1}$	4857	−0.812	0.665	−1.246	−1.033	−0.979	−0.915	2.404
$P\_NCSKEW\_CSD_{i,t+1}$	5373	−0.320	0.188	−0.977	−0.448	−0.314	−0.189	0.512
$P\_DUVOL\_CSD_{i,t+1}$	5373	−0.209	0.120	−0.665	−0.289	−0.203	−0.123	0.322
$P\_NCSKEW\_SSD_{i,t+1}$	3204	−0.329	0.194	−0.944	−0.464	−0.327	−0.201	0.537
$P\_DUVOL\_SSD_{i,t+1}$	3204	−0.213	0.130	−0.695	−0.301	−0.211	−0.130	0.375

6.5.1.2　相关性分析

表 6.13 报告了本节样本中主要变量的皮尔森相关系数矩阵。首先，供应链稳定度预测的股价崩盘风险与银行贷款融资虚拟变量 $DUM\_LOAN_{i,t+1}$ 的相关系数都为负，但是并不显著；与债券发行虚拟变量 $DUM\_BOND_{i,t+1}$ 的相关系数都在 1% 水平下显著为正；与股权再融资虚拟变量的相关系数在 1% 水平上显著为负。这说明预期的股价崩盘风险与公司债券发行行为正相关，与公司股权再融资行为负相关。其次，从融资规模来看，供应链稳定度预测的股价崩盘风险指标与短期新增银行贷款规模 $DSIZE\_SLOAN_{i,t+1}$ 的相关系数显著为负，与长期新增银行贷款融资规模 $DSIZE\_LLOAN_{i,t+1}$ 的相关系数为正但不显著；与新增银行总贷款规模 $DSIZE\_TLOAN_{i,t+1}$ 的相关系数部分显著为负。这说明基于供应链稳定度预测的股价崩盘风险越高，新获取的短期银行贷款规模越低，同时总的银行贷款规模也会下降。此外，供应链稳定度预测的股价崩盘风险与债券发行规模的相关系数在 1% 水平上显著为正，与股权再融资规模显著负相关。最后，预测的股价崩盘风险与融资约束指标 $KZ_{i,t+1}$ 正相关，与 $WW_{i,t+1}$ 正相关但不显著。由此可见，基于供应链稳定度预测的股价崩

盘风险同样会被投资方感知，但由于样本的局限性，部分变量间的相关性与前述存在一定差异。

表 6.13   供应链稳定度预测的股价崩盘风险与融资——相关性分析

变量	(1)	(2)	(3)	(4)	(5)	(6)	(7)
(1) DUM_LOAN$_{i,t+1}$	1						
(2) DUM_BOND$_{i,t+1}$	−0.013	1					
(3) DUM_ERF$_{i,t+1}$	0.000	−0.021	1				
(4) DSIZE_SLOAN$_{i,t+1}$	0.469 ***	−0.076 ***	−0.207 ***	1			
(5) DSIZE_LLOAN$_{i,t+1}$	0.230 ***	−0.027	−0.040 *	−0.128 ***	1		
(6) DSIZE_TLOAN$_{i,t+1}$	0.598 ***	−0.106 ***	−0.210 ***	0.763 ***	0.388 ***	1	
(7) DSIZE_BOND$_{i,t+1}$	−0.044 *	0.777 ***	−0.029	−0.081 ***	−0.029	−0.108 ***	1
(8) DSIZE_ERF$_{i,t+1}$	−0.032	−0.061 **	0.835 ***	−0.260 ***	−0.026	−0.245 ***	−0.032
(9) KZ$_{i,t+1}$	0.045 *	0.080 ***	−0.166 ***	0.058 **	0.009	0.062 ***	−0.011
(10) WW$_{i,t+1}$	0.006	−0.018	−0.011	0.021	0.006	0.014	0.015
(11) P_NCSKEW_CSD$_{i,t+1}$	−0.014	0.160 ***	−0.143 ***	−0.079 ***	0.013	−0.045 *	0.092 ***
(12) P_DUVOL_CSD$_{i,t+1}$	−0.038	0.179 ***	−0.139 ***	−0.090 ***	0.017	−0.056 **	0.099 ***
(13) P_NCSKEW_SSD$_{i,t+1}$	−0.004	0.148 ***	−0.111 ***	−0.072 ***	0.031	−0.026	0.086 ***
(14) P_DUVOL_SSD$_{i,t+1}$	−0.029	0.167 ***	−0.098 ***	−0.080 ***	0.035	−0.036	0.093 ***
变量	(8)	(9)	(10)	(11)	(12)	(13)	(14)
(8) DSIZE_ERF$_{i,t+1}$	1						
(9) KZ$_{i,t+1}$	−0.252 ***	1					
(10) WW$_{i,t+1}$	−0.018	0.058 **	1				
(11) P_NCSKEW_CSD$_{i,t+1}$	−0.167 ***	0.139 ***	0.010	1			
(12) P_DUVOL_CSD$_{i,t+1}$	−0.171 ***	0.180 ***	0.005	0.974 ***	1		
(13) P_NCSKEW_SSD$_{i,t+1}$	−0.131 ***	0.116 ***	0.002	0.943 ***	0.931 ***	1	
(14) P_DUVOL_SSD$_{i,t+1}$	−0.122 ***	0.133 ***	0.020	0.902 ***	0.944 ***	0.960 ***	1

注：*、** 和 *** 分别代表10%、5%和1%显著性水平。

6.5.2 预期的股价崩盘风险与融资方式

本节先考察基于客户稳定和供应商稳定度预期的股价崩盘风险对融资方式的影响。根据基准回归模型（6.7），本节使用 Logistic 多元回归方法进行估计。表6.14和表6.15分别报告了基于客户稳定度和供应商稳定度预期的股价崩盘风险的回归结果，其中括号内报告了基于公司个体聚类的稳健标准误计算的z值。各表中，列（1）和列（2）考察了对银行贷款融资方式的影响；列（3）和列（4）分析了对债券发行融资的影响；列（5）和列（6）则揭示了对公司股权再融资的影响。

表6.14　　　基于客户稳定度预期的股价崩盘风险对融资方式的影响

变量	DUM_LOAN$_{i,t+1}$		DUM_BOND$_{i,t+1}$		DUM_ERF$_{i,t+1}$	
	（1）	（2）	（3）	（4）	（5）	（6）
P_NCSKEW_CSD$_{i,t+1}$	− 1.389 ***		0.086 **		− 0.343 ***	
	（− 2.77）		（2.45）		（− 5.07）	
P_DUVOL_CSD$_{i,t+1}$		− 0.539 *		0.069 **		− 0.280 ***
		（− 1.71）		（2.19）		（− 4.29）
SIZE$_{i,t}$	0.280 ***	0.305 ***	0.093 ***	0.092 ***	0.078 ***	0.083 ***
	（4.01）	（4.42）	（9.40）	（9.33）	（8.78）	（9.42）
LEV$_{i,t}$	0.831 ***	0.872 ***	0.154 ***	0.151 ***	− 0.111 ***	− 0.096 ***
	（2.99）	（3.15）	（4.20）	（4.09）	（− 3.32）	（− 2.88）
BM$_{i,t}$	0.828 **	0.410	0.031	0.041	− 0.008	− 0.043
	（2.29）	（1.16）	（0.70）	（0.95）	（− 0.17）	（− 1.00）
TOBINQ$_{i,t}$	0.068 *	0.067 *	0.015 ***	0.014 ***	− 0.014 ***	− 0.012 ***
	（1.85）	（1.80）	（4.72）	（4.49）	（− 3.52）	（− 3.10）
CFO$_{i,t}$	0.724 ***	0.734 ***	0.141 ***	0.140 ***	0.010	0.012
	（2.94）	（2.98）	（4.25）	（4.24）	（0.34）	（0.38）
PPE$_{i,t}$	− 1.027 ***	− 1.030 ***	0.104 **	0.104 **	− 0.046	− 0.047
	（− 3.59）	（− 3.60）	（2.41）	（2.41）	（− 1.26）	（− 1.29）
SALES$_{i,t}$	− 0.239 ***	− 0.241 ***	− 0.021 ***	− 0.021 ***	− 0.030 ***	− 0.030 ***
	（− 4.16）	（− 4.19）	（− 2.96）	（− 2.94）	（− 4.42）	（− 4.47）
ROE$_{i,t}$	0.054	0.154	0.053 **	0.051 **	− 0.154 ***	− 0.145 ***
	（0.19）	（0.55）	（2.29）	（2.20）	（− 5.19）	（− 4.94）
GROWTH$_{i,t}$	0.488 ***	0.497 ***	− 0.029 ***	− 0.029 ***	0.179 ***	0.180 ***
	（5.04）	（5.11）	（− 4.32）	（− 4.33）	（13.11）	（13.15）
Cons.	− 0.153	− 0.212	− 1.698 ***	− 1.691 ***	− 0.926 ***	− 0.953 ***
	（− 0.16）	（− 0.22）	（− 12.07）	（− 12.00）	（− 7.05）	（− 7.26）

续表

变量	DUM_LOAN$_{i,t+1}$		DUM_BOND$_{i,t+1}$		DUM_ERF$_{i,t+1}$	
	(1)	(2)	(3)	(4)	(5)	(6)
年份固定效应	是	是	是	是	是	是
行业固定效应	是	是	是	是	是	是
观测数	5252	5252	5368	5368	5368	5368
Pseudo R^2	0.096	0.097	0.130	0.130	0.108	0.107
Wald chi2	715.381	714.929	708.593	708.605	614.829	614.286

注：*、** 和 *** 分别代表10%、5%和1%显著性水平。

表 6.15   基于供应商稳定度预期的股价崩盘风险对融资方式的影响

变量	DUM_LOAN$_{i,t+1}$		DUM_BOND$_{i,t+1}$		DUM_ERF$_{i,t+1}$	
	(1)	(2)	(3)	(4)	(5)	(6)
P_NCSKEW_SSD$_{i,t+1}$	-0.762 *		0.134 **		-0.238 ***	
	(-1.69)		(2.22)		(-3.33)	
P_DUVOL_SSD$_{i,t+1}$		-0.348		0.084 *		-0.210 ***
		(-0.75)		(1.79)		(-3.03)
SIZE$_{i,t}$	0.274 ***	0.285 ***	0.116 ***	0.114 ***	0.120 ***	0.125 ***
	(3.04)	(3.17)	(9.00)	(8.86)	(9.47)	(9.75)
LEV$_{i,t}$	0.579	0.586	0.232 ***	0.230 ***	-0.184 ***	-0.181 ***
	(1.62)	(1.64)	(4.81)	(4.78)	(-3.95)	(-3.89)
BM$_{i,t}$	0.264	0.138	0.037	0.053	-0.149 ***	-0.159 ***
	(0.69)	(0.36)	(0.77)	(1.10)	(-3.21)	(-3.47)
TOBINQ$_{i,t}$	0.041	0.048	0.016 ***	0.015 ***	-0.020 ***	-0.017 ***
	(0.85)	(1.00)	(4.08)	(3.76)	(-3.17)	(-2.82)
CFO$_{i,t}$	0.478	0.483	0.212 ***	0.211 ***	-0.068	-0.067
	(1.53)	(1.54)	(4.89)	(4.88)	(-1.60)	(-1.58)
PPE$_{i,t}$	-1.149 ***	-1.146 ***	0.135 **	0.134 **	-0.078	-0.078
	(-3.09)	(-3.08)	(2.33)	(2.33)	(-1.55)	(-1.56)
SALES$_{i,t}$	-0.231 ***	-0.230 ***	-0.033 ***	-0.033 ***	-0.057 ***	-0.057 ***
	(-3.27)	(-3.26)	(-3.74)	(-3.74)	(-6.07)	(-6.07)
ROE$_{i,t}$	0.187	0.208	0.049 *	0.047	-0.127 ***	-0.130 ***
	(0.54)	(0.60)	(1.69)	(1.64)	(-3.40)	(-3.47)

续表

变量	DUM_LOAN$_{i,t+1}$		DUM_BOND$_{i,t+1}$		DUM_ERF$_{i,t+1}$	
	(1)	(2)	(3)	(4)	(5)	(6)
GROWTH$_{i,t}$	0.353 ***	0.358 ***	−0.023 **	−0.024 **	0.199 ***	0.200 ***
	(3.22)	(3.25)	(−2.48)	(−2.54)	(12.32)	(12.41)
Cons.	1.044	0.957	−1.972 ***	−1.949 ***	−1.048 ***	−1.103 ***
	(0.73)	(0.67)	(−10.92)	(−10.76)	(−5.38)	(−5.65)
年份固定效应	是	是	是	是	是	是
行业固定效应	是	是	是	是	是	是
观测数	3145	3145	3200	3200	3200	3200
Pseudo R^2	0.122	0.122	0.148	0.148	0.139	0.138
Wald chi2	762.330	762.352	839.096	839.076	813.099	813.111

注：*、** 和 *** 分别代表 10%、5% 和 1% 显著性水平。

在表 6.14 的列（1）和列（2）中，预期的股价负收益偏态系数 P_NC-SKEW_CSD$_{i,t+1}$ 和收益上下波动比率 P_DUVOL_CSD$_{i,t+1}$ 的系数分别在 1% 和 10% 的水平下显著，为 −1.389 和 −0.539，说明基于客户稳定度预期的股价崩盘风险越高，银行对企业新增贷款的概率越低，验证了假说 6.1。列（3）和列（4）中 P_NCSKEW_CSD$_{i,t+1}$ 和 P_DUVOL_CSD$_{i,t+1}$ 的系数在 5% 水平下显著，分别为 0.086 和 0.069，说明基于客户稳定度预期的股价崩盘风险与债券发行正相关，验证了假说 6.2。此外，列（5）中 P_NCSKEW_CSD$_{i,t+1}$ 的系数在 1% 水平下显著，为 −0.343，列（6）中 P_DUVOL_CSD$_{i,t+1}$ 的系数为 −0.280 且显著，表明预期的股价崩盘风险越高，公司选择股权再融资的可能性越低，支持了假说 6.3。

表 6.15 则报告了基于供应商稳定度预期的股价崩盘风险对融资方式的影响。在列（1）中，预期的股价负收益偏态系数 P_NCSKEW_SSD$_{i,t+1}$ 的系数在 10% 水平下显著，为 −0.762，但列（2）中 P_DUVOL_SSD$_{i,t+1}$ 的系数并不显著。该结果在一定程度上支持了假说 6.1。此外，列（3）和列（4）中预期股价崩盘风险的系数分别为 0.134 和 0.084 且显著，进一步支持了假说 6.2，即供应链稳定度预期的股价崩盘风险会增加企业发行债券进行融资的可能性。最后，列（5）和列（6）的结果与先前的发现一致，即预期的股价崩盘风险越高，企业通过股权再融资方式获取资金的可能性越低。

总体而言，在有限的样本观测下，本节的发现从融资方式角度支持了假说6.1、假说6.2和假说6.3，即预期股价崩盘风险越高，企业通过银行贷款和股权再融资方式筹措资金的概率越低，但通过发行债券方式融资的可能性越大。

6.5.3 预期的股价崩盘风险与融资规模

本节进一步从融资规模角度对假说6.1～假说6.3进行检验。表6.16报告了回归模型（6.7）的多元 OLS 回归结果，括号内报告了基于公司个体聚类的稳健标准误计算的 t 值，其中表6.16－1和表6.16－2分别报告了基于客户稳定度预测股价负收益偏态系数和收益上下波动比率对融资规模的影响。

表6.16－1　基于客户稳定度预期的股价崩盘风险对融资规模的影响（一）

变量	$DSIZE\_SLOAN_{i,t+1}$	$DSIZE\_LLOAN_{i,t+1}$	$DSIZE\_TLOAN_{i,t+1}$	$DSIZE\_BOND_{i,t+1}$	$DSIZE\_ERF_{i,t+1}$
	（1）	（2）	（3）	（4）	（5）
$P\_NCSKEW\_CSD_{i,t+1}$	-0.021	-0.023 **	-0.040 **	0.009 **	-0.084 ***
	（-1.46）	（-2.06）	（-2.32）	（2.41）	（-5.25）
$SIZE_{i,t}$	-0.002	0.002	0.002	0.003 ***	0.016 ***
	（-1.47）	（1.29）	（0.84）	（5.66）	（7.22）
$LEV_{i,t}$	-0.006	0.042 ***	0.041 ***	0.012 ***	-0.037 ***
	（-0.77）	（6.89）	（4.83）	（5.12）	（-4.50）
$BM_{i,t}$	0.014	0.009	0.024 **	-0.005	-0.006
	（1.44）	（1.17）	（2.06）	（-1.60）	（-0.65）
$TOBINQ_{i,t}$	-0.000	0.000	0.000	-0.000	-0.003 ***
	（-0.26）	（0.11）	（0.23）	（-0.45）	（-2.97）
$CFO_{i,t}$	-0.043 ***	0.046 ***	0.001	0.011 ***	0.003
	（-6.67）	（8.48）	（0.09）	（4.85）	（0.41）
$PPE_{i,t}$	-0.036 ***	0.002	-0.040 ***	0.008 ***	-0.006
	（-5.16）	（0.30）	（-5.13）	（3.26）	（-0.80）
$SALES_{i,t}$	0.001	-0.003 **	-0.004 **	-0.001 **	-0.008 ***
	（1.07）	（-2.41）	（-2.25）	（-2.57）	（-5.02）
$ROE_{i,t}$	-0.026 ***	-0.008	-0.049 ***	0.005 ***	-0.045 ***
	（-2.60）	（-1.17）	（-4.76）	（3.18）	（-6.25）

续表

变量	DSIZE_SLOAN$_{i,t+1}$	DSIZE_LLOAN$_{i,t+1}$	DSIZE_TLOAN$_{i,t+1}$	DSIZE_BOND$_{i,t+1}$	DSIZE_ERF$_{i,t+1}$
	(1)	(2)	(3)	(4)	(5)
GROWTH$_{i,t}$	-0.002	-0.000	-0.000	-0.002 ***	0.047 ***
	(-0.80)	(-0.04)	(-0.02)	(-3.90)	(10.56)
Cons.	0.072 ***	-0.013	0.054 **	-0.054 ***	-0.153 ***
	(3.39)	(-0.71)	(2.07)	(-7.96)	(-5.82)
年份固定效应	是	是	是	是	是
行业固定效应	是	是	是	是	是
观测数	4311	4311	4311	5368	5368
调整的 R^2	0.036	0.034	0.044	0.042	0.119
F 统计值	7.015	7.491	8.110	6.878	8.467

注: ** 和 *** 分别代表5%和1%显著性水平。

表 6.16 - 2　基于客户稳定度预期的股价崩盘风险对融资规模的影响（二）

变量	DSIZE_SLOAN$_{i,t+1}$	DSIZE_LLOAN$_{i,t+1}$	DSIZE_TLOAN$_{i,t+1}$	DSIZE_BOND$_{i,t+1}$	DSIZE_ERF$_{i,t+1}$
	(1)	(2)	(3)	(4)	(5)
P_DUVOL_CSD$_{i,t+1}$	-0.002	-0.017	-0.006	0.009 **	-0.062 ***
	(-0.01)	(-1.57)	(-0.37)	(2.57)	(-4.15)
SIZE$_{i,t}$	-0.002	0.002	0.002	0.003 ***	0.017 ***
	(-1.20)	(1.53)	(1.26)	(5.54)	(7.85)
LEV$_{i,t}$	-0.005	0.043 ***	0.042 ***	0.011 ***	-0.034 ***
	(-0.70)	(7.06)	(5.02)	(4.96)	(-4.09)
BM$_{i,t}$	0.004	0.006	0.007	-0.005	-0.018 *
	(0.39)	(0.76)	(0.64)	(-1.62)	(-1.91)
TOBINQ$_{i,t}$	-0.000	0.000	0.000	-0.000	-0.003 ***
	(-0.34)	(0.19)	(0.13)	(-0.79)	(-2.71)
CFO$_{i,t}$	-0.042 ***	0.046 ***	0.001	0.011 ***	0.003
	(-6.62)	(8.50)	(0.17)	(4.84)	(0.46)
PPE$_{i,t}$	-0.036 ***	0.002	-0.040 ***	0.008 ***	-0.006
	(-5.17)	(0.30)	(-5.15)	(3.27)	(-0.83)
SALES$_{i,t}$	0.001	-0.003 **	-0.004 **	-0.001 **	-0.009 ***
	(1.04)	(-2.43)	(-2.30)	(-2.55)	(-5.07)

续表

变量	DSIZE_SLOAN$_{i,t+1}$	DSIZE_LLOAN$_{i,t+1}$	DSIZE_TLOAN$_{i,t+1}$	DSIZE_BOND$_{i,t+1}$	DSIZE_ERF$_{i,t+1}$
	（1）	（2）	（3）	（4）	（5）
ROE$_{i,t}$	- 0.024 **	- 0.007	- 0.045 ***	0.005 ***	- 0.042 ***
	（- 2.35）	（- 1.05）	（- 4.36）	（3.19）	（- 5.92）
GROWTH$_{i,t}$	- 0.002	- 0.000	0.000	- 0.002 ***	0.047 ***
	（- 0.72）	（- 0.02）	（0.07）	（- 3.87）	（10.58）
Cons.	0.072 ***	- 0.015	0.054 **	- 0.053 ***	- 0.159 ***
	（3.38）	（- 0.78）	（2.06）	（- 7.82）	（- 6.07）
年份固定效应	是	是	是	是	是
行业固定效应	是	是	是	是	是
观测数	4311	4311	4311	5368	5368
调整的 R^2	0.035	0.034	0.043	0.042	0.117
F 统计值	7.733	8.172	8.911	6.904	8.136

注：* 、** 和 *** 分别代表 10%、5% 和 1% 显著性水平。

表 6.16 - 1 中，列（1）~ 列（3）分别考察了基于客户稳定度预测的股价负收益偏态系数对新增短期银行贷款规模、新增长期银行贷款规模和新增银行贷款总规模的影响。可以发现，列（1）中 P_NCSKEW_CSD$_{i,t+1}$ 的系数并不显著，但在列（2）和列（3）中 P_NCSKEW_CSD$_{i,t+1}$ 的系数在 5% 水平下显著，分别为 - 0.023 和 - 0.040。该结果再次支持了假说 6.1，即预期的股价负收益偏态系数会显著减少企业对银行贷款融资的获取。在列（4）中，P_NCSKEW_CSD$_{i,t+1}$ 的系数为 0.009 且显著，说明预期的股价负收益偏态系数会增加企业债券发行规模。在列（5）中，P_NCSKEW_CSD$_{i,t+1}$ 的系数为 - 0.084，且在 1% 水平下显著，表明基于客户稳定度预期的股价崩盘风险同样会降低企业进行股权再融资的规模。类似的发现在表 6.16 - 2 中同样存在。尽管表 6.16 - 2 中列（1）~ 列（3）P_DUVOL_CSD$_{i,t+1}$ 的系数为负但并不显著，但是列（4）和列（5）的结果进一步支持了假说 6.2 和假说 6.3。因此，上述基于客户稳定度预测的股价崩盘风险进行的回归分析在一定程度上验证了假说 6.1 ~ 假说 6.3。

此外，表 6.17 报告了基于供应商稳定度预期的股价崩盘风险的回归结果，括号内报告了基于公司个体聚类的稳健标准误计算的 t 值，其中表 6.17 - 1 和表 6.17 - 2 分别报告了基于客户稳定度预测股价负收益偏态系数和收益上下波动比率对融资规模的影响。可以发现，在表 6.17 - 1 中，除列（2）外，P_NCSKEW_SSD$_{i,t+1}$的系数至少在 10% 的水平下显著，并且与先前的结果一致。在表 6.17 - 2 中，尽管列（1）～ 列（3）P_DUVOL_SSD$_{i,t+1}$的系数为负但并不显著，但是列（4）和列（5）的结果同样支持了假说 6.2 和假说 6.3。

表 6.17 - 1　基于供应商稳定度预期的股价崩盘风险对融资规模的影响

变量	DSIZE_SLOAN$_{i,t+1}$	DSIZE_LLOAN$_{i,t+1}$	DSIZE_TLOAN$_{i,t+1}$	DSIZE_BOND$_{i,t+1}$	DSIZE_ERF$_{i,t+1}$
	（1）	（2）	（3）	（4）	（5）
P_NCSKEW_SSD$_{i,t+1}$	- 0. 025 *	- 0. 017	- 0. 038 **	0. 010 ***	- 0. 056 ***
	（- 1. 75）	（- 1. 61）	（- 2. 25）	（2. 71）	（- 3. 47）
SIZE$_{i,t}$	- 0. 004 *	- 0. 001	- 0. 003	0. 003 ***	0. 026 ***
	（- 1. 94）	（- 0. 33）	（- 0. 92）	（4. 20）	（7. 65）
LEV$_{i,t}$	- 0. 001	0. 031 ***	0. 029 **	0. 016 ***	- 0. 049 ***
	（- 0. 08）	（4. 29）	（2. 51）	（4. 91）	（- 4. 15）
BM$_{i,t}$	0. 015	0. 007	0. 018 *	- 0. 002	- 0. 044 ***
	（1. 61）	（0. 93）	（1. 66）	（- 0. 59）	（- 4. 20）
TOBINQ$_{i,t}$	- 0. 001	0. 000	- 0. 000	- 0. 000	- 0. 004 **
	（- 0. 72）	（0. 13）	（- 0. 13）	（- 0. 33）	（- 2. 34）
CFO$_{i,t}$	- 0. 043 ***	0. 028 ***	- 0. 023 **	0. 014 ***	- 0. 008
	（- 5. 09）	（3. 99）	（- 2. 36）	（4. 63）	（- 0. 79）
PPE$_{i,t}$	- 0. 045 ***	- 0. 009	- 0. 065 ***	0. 010 ***	- 0. 003
	（- 4. 89）	（- 1. 16）	（- 5. 92）	（2. 90）	（- 0. 24）
SALES$_{i,t}$	0. 001	- 0. 001	- 0. 002	- 0. 002 ***	- 0. 014 ***
	（0. 43）	（- 0. 49）	（- 0. 79）	（- 2. 97）	（- 5. 77）
ROE$_{i,t}$	- 0. 014	- 0. 012	- 0. 044 ***	0. 005 **	- 0. 041 ***
	（- 1. 02）	（- 1. 39）	（- 3. 19）	（2. 54）	（- 4. 44）
GROWTH$_{i,t}$	- 0. 006	- 0. 002	- 0. 007	- 0. 001 **	0. 053 ***
	（- 1. 31）	（- 0. 73）	（- 1. 42）	（- 2. 22）	（9. 35）
Cons.	0. 135 ***	0. 011	0. 138 ***	- 0. 048 ***	- 0. 205 ***
	（4. 53）	（0. 42）	（3. 67）	（- 5. 42）	（- 5. 26）
年份固定效应	是	是	是	是	是
行业固定效应	是	是	是	是	是
观测数	2582	2582	2582	3200	3200
调整的 R^2	0. 038	0. 021	0. 055	0. 043	0. 148
F 统计值	6. 334	5. 281	7. 109	5. 224	7. 269

注：* 、** 和 *** 分别代表 10% 、5% 和 1% 显著性水平。

表 6.17 - 2　基于供应商稳定度预期的股价崩盘风险对融资规模的影响

变量	DSIZE_SLOAN$_{i,t+1}$	DSIZE_LLOAN$_{i,t+1}$	DSIZE_TLOAN$_{i,t+1}$	DSIZE_BOND$_{i,t+1}$	DSIZE_ERF$_{i,t+1}$
	(1)	(2)	(3)	(4)	(5)
P_DUVOL_SSD$_{i,t+1}$	-0.017	-0.014	-0.023	0.008 **	-0.048 ***
	(-1.24)	(-1.38)	(-1.41)	(2.48)	(-3.07)
SIZE$_{i,t}$	-0.004 *	-0.000	-0.002	0.003 ***	0.027 ***
	(-1.74)	(-0.16)	(-0.70)	(4.00)	(7.93)
LEV$_{i,t}$	-0.001	0.031 ***	0.030 **	0.015 ***	-0.048 ***
	(-0.06)	(4.31)	(2.54)	(4.88)	(-4.10)
BM$_{i,t}$	0.012	0.006	0.014	-0.001	-0.047 ***
	(1.37)	(0.82)	(1.27)	(-0.39)	(-4.49)
TOBINQ$_{i,t}$	-0.001	0.000	0.000	-0.000	-0.004 **
	(-0.56)	(0.30)	(0.14)	(-0.75)	(-2.07)
CFO$_{i,t}$	-0.043 ***	0.028 ***	-0.023 **	0.014 ***	-0.008
	(-5.07)	(4.00)	(-2.32)	(4.63)	(-0.78)
PPE$_{i,t}$	-0.045 ***	-0.009	-0.065 ***	0.010 ***	-0.003
	(-4.88)	(-1.17)	(-5.91)	(2.91)	(-0.24)
SALES$_{i,t}$	0.001	-0.001	-0.002	-0.002 ***	-0.014 ***
	(0.44)	(-0.49)	(-0.79)	(-2.96)	(-5.77)
ROE$_{i,t}$	-0.014	-0.012	-0.043 ***	0.005 ***	-0.042 ***
	(-1.00)	(-1.40)	(-3.12)	(2.60)	(-4.48)
GROWTH$_{i,t}$	-0.006	-0.002	-0.007	-0.001 **	0.053 ***
	(-1.30)	(-0.72)	(-1.40)	(-2.27)	(9.40)
Cons.	0.130 ***	0.007	0.132 ***	-0.046 ***	-0.217 ***
	(4.33)	(0.28)	(3.50)	(-5.17)	(-5.59)
年份固定效应	是	是	是	是	是
行业固定效应	是	是	是	是	是
观测数	2582	2582	2582	3200	3200
调整的 R^2	0.037	0.021	0.053	0.043	0.147
F 统计值	6.207	5.319	7.063	5.215	7.087

注：*、** 和 *** 分别代表 10%、5% 和 1% 显著性水平。

因此，本节基于有限的样本观测从融资规模角度支持了假说6.1~假说6.3，即供应链稳定度预期的股价崩盘风险越高，企业将获取越少的银行贷款和越低的股权再融资资金，取而代之的是，企业会发行更大规模的债券来缓解融资压力。

6.5.4　预期的股价崩盘风险与融资约束

为进一步验证假说6.4，本节考察了客户稳定度和供应商稳定度预期的股价崩盘风险对融资约束的影响。表6.18报告了基于客户稳定度预期的股价崩盘风险的OLS回归结果，表6.19则从供应商稳定度预期的股价崩盘风险视角进行分析。其中，列（1）和列（2）检验了预期的股价崩盘风险对融资约束指标$KZ_{i,t+1}$的影响，列（3）和列（4）则分析了对融资约束指标$WW_{i,t+1}$的影响。可以发现，在表6.18的列（1）和列（2）中预期的股价负收益偏态系数$P\_NCSKEW\_CSD_{i,t+1}$和收益上下波动比率$P\_DUVOL\_CSD_{i,t+1}$的系数至少在10%的水平下显著为正，但列（3）和列（4）的系数并不显著。类似地，在表6.19中仅列（2）中$P\_NCSKEW\_SSD_{i,t+1}$的系数在10%水平下显著为正。上述结果在一定程度上验证了假说6.4，即基于供应链稳定度预期的股价崩盘风险越高，企业将面临越严峻的融资约束。

表6.18　客户稳定度预测的股价崩盘风险对融资约束的影响

变量	$KV_{i,t+1}$		$WW_{i,t+1}$	
	（1）	（2）	（3）	（4）
$P\_NCSKEW\_CSD_{i,t+1}$	0.227 **		0.310	
	(1.08)		(0.92)	
$P\_DUVOL\_CSD_{i,t+1}$		0.358 *		0.231
		(1.86)		(1.49)
$SIZE_{i,t}$	-0.170 ***	-0.172 ***	0.039 *	0.035
	(-4.85)	(-4.86)	(1.80)	(1.61)
$LEV_{i,t}$	4.372 ***	4.357 ***	0.319 ***	0.308 ***
	(37.08)	(36.80)	(3.79)	(3.68)
$BM_{i,t}$	0.929 ***	0.872 ***	-0.160	-0.118
	(5.86)	(5.62)	(-1.38)	(-1.08)

变量	$KV_{i,t+1}$		$WW_{i,t+1}$	
	（1）	（2）	（3）	（4）
$TOBINQ_{i,t}$	0.185 ***	0.182 ***	− 0.011	− 0.012
	（5.93）	（5.87）	（− 1.28）	（− 1.37）
$CFO_{i,t}$	− 0.635 ***	− 0.635 ***	0.181 **	0.180 **
	（− 6.06）	（− 6.06）	（2.25）	（2.23）
$PPE_{i,t}$	− 0.125	− 0.124	− 0.001	0.000
	（− 1.13）	（− 1.12）	（− 0.01）	（0.00）
$SALES_{i,t}$	− 0.097 ***	− 0.097 ***	− 0.084 ***	− 0.084 ***
	（− 3.86）	（− 3.86）	（− 4.31）	（− 4.30）
$ROE_{i,t}$	− 1.229 ***	− 1.216 ***	0.022	0.012
	（− 5.94）	（− 5.87）	（0.32）	（0.18）
$GROWTH_{i,t}$	− 0.331 ***	− 0.329 ***	− 0.024	− 0.024
	（− 6.06）	（− 6.06）	（− 1.34）	（− 1.34）
Cons.	4.096 ***	4.122 ***	0.019	0.026
	（7.30）	（7.32）	（0.08）	（0.10）
年份固定效应	是	是	是	是
行业固定效应	是	是	是	是
观测数	4394	4394	4498	4498
调整的 R^2	0.625	0.625	0.135	0.134
F 统计值	85.122	84.970	11.944	11.933

注：*、** 和 *** 分别代表 10%、5% 和 1% 显著性水平。

表6.19　供应商稳定度预测的股价崩盘风险对融资约束的影响

变量	$KV_{i,t+1}$		$WW_{i,t+1}$	
	（1）	（2）	（3）	（4）
$P\_NCSKEW\_SSD_{i,t+1}$	0.038		0.056	
	（1.18）		（1.34）	
$P\_DUVOL\_SSD_{i,t+1}$		0.141 *		0.040
		（1.69）		（0.72）
$SIZE_{i,t}$	− 0.137 ***	− 0.138 ***	0.009	0.008
	（− 3.07）	（− 3.09）	（0.31）	（0.28）

续表

变量	KV$_{i,t+1}$		WW$_{i,t+1}$	
	(1)	(2)	(3)	(4)
LEV$_{i,t}$	4.253 ***	4.252 ***	0.116	0.115
	(29.12)	(29.00)	(1.21)	(1.20)
BM$_{i,t}$	1.309 ***	1.256 ***	0.116	0.121
	(6.74)	(6.31)	(1.03)	(1.10)
TOBINQ$_{i,t}$	0.248 ***	0.248 ***	0.009	0.008
	(6.91)	(7.01)	(0.65)	(0.62)
CFO$_{i,t}$	−0.699 ***	−0.698 ***	0.147	0.147
	(−5.17)	(−5.16)	(1.57)	(1.57)
PPE$_{i,t}$	−0.264 *	−0.262 *	0.030	0.030
	(−1.68)	(−1.66)	(0.30)	(0.30)
SALES$_{i,t}$	−0.116 ***	−0.115 ***	−0.055 **	−0.055 **
	(−3.01)	(−2.99)	(−2.52)	(−2.52)
ROE$_{i,t}$	−1.445 ***	−1.428 ***	0.029	0.029
	(−4.53)	(−4.48)	(0.40)	(0.40)
GROWTH$_{i,t}$	−0.292 ***	−0.291 ***	−0.009	−0.009
	(−4.04)	(−4.03)	(−0.31)	(−0.32)
Cons.	3.700 ***	3.733 ***	−0.263	−0.252
	(5.04)	(5.10)	(−0.71)	(−0.65)
年份固定效应	是	是	是	是
行业固定效应	是	是	是	是
观测数	2619	2619	2566	2566
调整的 R^2	0.615	0.615	0.134	0.134
F 统计值	59.453	59.448	8.460	8.587

注：*、** 和 *** 分别代表 10%、5% 和 1% 显著性水平。

总之，本节基于客户稳定度和供应商稳定度预测的股价崩盘风险，深入系统地考察了其对企业融资的影响。研究揭示了银行借款方和股权投资者对股价崩盘风险有更敏感的感知，即供应链稳定度预测的股价崩盘风险会降低企业通过银行贷款以及股权再融资筹措资金的可能性和筹措规模，因此提升了企业的融资约束。然而，供应链稳定度预测的股价崩盘风险越高，企业发行债券的可能性却越大，债券发行的规模也越大。同时，基于客户稳定度和供应商稳定度预测的股价崩盘风险会显著增加 KV 指标测度的融资约束。因此，本节的研究支持了假说 6.1~假说 6.4。

6.6 本章小结

　　本章在前面研究的基础上，基于供应链透明度、集中度和稳定度预测了公司未来的股价崩盘风险，并考察了预期的股价崩盘风险对上市公司融资的影响。本章研究发现，首先，基于供应链特征预测的股价崩盘风险的增加不仅会显著降低上市公司通过银行贷款方式获取资金的可能性，而且将减少公司新增短期贷款规模、长期贷款规模以及银行贷款总规模。其次，基于供应链特征预测的股价崩盘风险的增加同样降低了企业通过股票市场筹措资金的可能性，并会减少公司通过增发和配股方式进行股权再融资的规模。再次，基于供应链透明度和供应链集中度预测的股价崩盘风险对公司债券发行的概率和发行债券规模的影响并不显著，但基于客户稳定度和供应商稳定度预期的股价崩盘风险越高，公司发行债券的概率和规模越大。最后，本章研究发现基于供应链特征预测的股价崩盘风险会加剧上市公司融资约束。

　　总体而言，本章的发现从上市公司融资视角揭示了供应链特征影响未来股价崩盘风险的经济后果。预期的股价崩盘风险对上市公司融资方式、融资规模和融资约束的影响表明，供应链信息披露和管理的不足导致的预期股价崩盘风险的上升将作为一种信号传递给银行家和投资者，从而影响上市公司获取银行贷款和通过股权再融资的能力。但相反的是，预期股价崩盘风险的上升却在一定程度上促进了公司债券的发行。从优序融资理论来看，当公司银行贷款和股权再融资受到约束时，上市公司将倾向以更高的代价通过发行债券进行融资。但总体而言，预期股价崩盘风险的上升明显加剧了公司面临的融资困境。因此，本章研究依据"供应链管理—股价表现—融资"的思路，深刻揭示了上市公司对供应链信息披露和供应链管理的重要性，这为上市公司更好地维护股价平稳运行、降低公司融资压力提供了丰富的实证证据，同时为资本市场的稳定发展以及市场经济的健康运行提供了宝贵的实践启示。

第 7 章

研究结论、建议及展望

本章在前面的基础上总结了本书的研究结论，并基于研究结论阐明本书的理论贡献和管理启示，同时提出本书的研究局限和对未来的展望。

7.1 研 究 结 论

随着竞争全球化的加剧，供应链体系的管理和整合已逐渐成为管理者和学者的研究焦点。然而，现有研究在对供应链关系的透明度、集中度和稳定度等特征是否以及如何影响公司未来的股价崩盘风险上存在空缺。因此，本书主要基于供应链利益相关者理论，在外部监督效应和管理层信息披露缺陷的基础上，探究了供应链关系特征与股价崩盘风险之间的内在联系，并从企业融资能力视角剖析了供应链关系影响股价崩盘风险的经济后果。本书研究总体由四个模块构成。其中，模块 1 聚焦供应链关系的透明度与未来股价崩盘风险之间的直接关系、影响因素和路径机制（第 3 章）。模块 2 探究供应链关系的集中度对未来股价崩盘风险影响的直接表现、调节因素和路径机制（第 4 章）。模块 3 从供应链关系的稳定度视角，考察了客户稳定度和供应商稳定度与未来股价崩盘风险的直接关系、影响因素和路径机制（第 5 章）。模块 4 则从企业融资能力视角深入剖析了基于供应链特征预测的未来股价崩盘风险对企业融资方式、融资规模和融资约束的影响（第 6 章）。本书中的四个模块分别得出以下研究结论。

首先，基于上市公司对供应链相关信息（包括向主要客户销售额和向主要供应商采购额这类基本信息，以及主要客户或供应商的名称等深层信息）

的披露，本书从供应链整体层面、客户层面和供应商层面分别测度了公司供应链关系的透明度指标。研究发现，透明的供应链关系有助于抑制公司未来的股价崩盘风险，并且该影响在一系列稳健性检验中同样是显著的。供应链透明度对未来股价崩盘风险的这种抑制效应在熊市周期中、集中度高的行业中以及内部控制更差的公司中更强。研究进一步揭示，供应链关系的透明度能够促进公司整体的信息透明度，具体表现为降低审计风险、提升分析师预测精度和降低股价信息不透明度，进而减少未来公司股价发生崩盘的概率。

其次，本书从供应链整体层面、客户层面和供应商层面分别测度了供应链关系的集中度，并发现上市公司供应链集中度越高，即公司向前五大客户销售额或向前五大供应商采购额的占比越大，公司未来的股价崩盘风险越低，且上述关系在一系列稳健性检验中同样是显著的。同时，供应链集中度对未来股价崩盘风险的抑制效应在熊市周期、高垄断行业和内部监督弱的公司中更显著。结合供应链外部利益相关者的监督效应，研究揭示了公司供应链关系的集中度能够降低管理层对财务信息的操纵和约束管理层的激进避税行为，进而降低未来的股价崩盘风险。

再次，本书从客户稳定度和供应商稳定度两个层面测度了供应链关系的稳定度，发现稳定的客户和供应商合作关系同样会显著降低公司未来的股价崩盘风险，并且该影响在一系列稳健性检验中同样是显著的。从宏观周期来看，供应链稳定度对未来股价崩盘风险的抑制效应在熊市周期和经济下行周期中更强；在行业层面，对于制造业和集中度较高的行业，稳定的供应链合作关系对股价崩盘风险的负向影响更显著；在公司层面，相较于国有企业，非国有企业中供应链稳定度在维护股价平稳运行上发挥了更重要的作用。此外，企业两权分离程度同样会加强供应链稳定度对未来股价崩盘风险的负向影响。基于外部利益相关者的监督效应和对企业经营的治理效应，研究发现供应链关系的稳定度通过降低管理层对财务信息的操纵和降低企业经营风险两种途径，进而降低未来的股价崩盘风险。

最后，本书基于供应链关系的透明度、集中度和稳定度预测了公司未来的股价崩盘风险，并考察了预期的股价崩盘风险对上市公司融资能力的影响。研究发现，基于供应链关系特征预测的股价崩盘风险的增加不仅会显著降低上市公司通过银行贷款方式获取资金的可能性，而且将减少公司新增短期贷款规模、长期贷款规模以及银行贷款总规模。更重要的是，基于供应链关系特征预测的股价崩盘风险的增加同样降低了企业通过股票市场筹措资金的可能性，并会减少公司通过增发和配股方式进行股权再融资的规模。此外，基于供应链关系的透明度和集中度预测的股价崩盘风险对公司债券发行的概率和发行债券规模的影响并不显著，然而，基于客户稳定度和供应商稳定度预期的股价崩盘风险越高，公司发行债券的概率越大，并且债券发行规模越大。进一步地，研究揭示了基于供应链关系特征预测的股价崩盘风险会加剧上市公司融资约束。上述发现说明，上市公司加强供应链管理，促进稳定的供应链合作关系，有助于降低未来的股价崩盘风险，从而提升公司融资能力。

7.2 理 论 贡 献

本书聚焦企业供应链关系特征，考察了股价崩盘风险的生成机理和经济后果，对已有研究具有以下两方面的理论贡献。

首先，本书丰富了供应链管理理论在资本市场的溢出效应的文献。一方面，供应链信息的披露与企业信息透明度密切相关，这种信息在资本市场上进行传递，有利于降低信息不对称及其交易成本，增加信息的透明度，成为分析师、债权人、投资者决策者的依据（李丹和王丹，2016；王雄元和彭旋，2016；Bateman et al.，2017）。另一方面，供应链关系的维护会影响企业的经营绩效和治理能力，同时加强供应链外部利益相关者对管理层的监督约束（Arya and Mittendorf，2007；Ellis et al.，2012）。现有研究聚焦企业供应链关系特征对财务绩效、创新绩效和融资绩效等方面的影响（廖成林等，2008；Raman and Shahrur，2008；Patatoukas，2011；Itzkowitz，2013；陈正林和王彧，2014；赵秀云和鲍群，2015；Ak and Patatoukas，2016；江伟等，2017b），但忽略了供应链信息披露和关系特征对资本市场中股票定价产生的溢出效应。本书从股价崩盘风险视角深入揭示了供应链关系的透明度、集中度和稳定度对股票定价的影响，有助于拓展供应链管理领域的研究思路，丰富和补充供应链信息披露和供应链关系治理领域的文献。

其次，现有文献主要从会计信息质量（Jin and Myers，2006；Hutton et al.，2009）、会计稳健性（Kim and Zhang，2016；袁振超和代冰彬，2017）、税收规避（Kim et al.，2011a；江轩宇，2013）、高管股权激励（Kim et al.，2011b；任莉莉和张瑞君，2019）、分析师（潘越等，2011；许年行等，2012）、机构投资者（许年行等，2013；Callen and Fang，2013）等企业内部

特征因素来对股价崩盘风险进行研究，却忽视了从企业的供应链信息披露和外部契约因素来考察股价崩盘风险的生成和影响因素。从信息披露视角来看，供应链信息不仅是公司披露含量及披露质量的重要组成部分，同时作为一个公司信息来源的补充渠道，对资本市场参与者判断公司发展状况也极具价值。从供应链关系质量视角来看，稳定、良好的供应商—客户之间的商业关系有助于供应链的整合，而供应链的整合能够改善公司基本面、降低公司经营风险（Patatoukas，2011）。同时，大供应商或大客户所拥有的议价能力能够帮助其促使公司及时披露各种负面信息（Hui et al.，2018），从而降低负面信息累积集中释放的可能性。因此，本书将供应链信息披露和供应链管理理论与公司治理理论和资产定价理论深度融合，基于供应链透明度、集中度和稳定度视角考察了股价崩盘风险与供应链特征之间关系的客观表现、调节因素和路径机制，拓展了资产定价领域的研究思路，丰富了对股价崩盘风险生成机理的研究。

7.3 实践启示

本书不仅从理论上丰富供应链关系管理和整合与股价崩盘风险间关系的研究，也能为包括公司管理层、供应链利益相关者、各行业组织、分析师和机构投资者等市场参与者以及证券市场监管部门提供实践指导。

第一，本书能够指导公司管理层完善供应链信息披露机制和制定合理的供应链管理策略来管理其与客户和供应商的关系，以稳定股价的平稳运行，并最终拓宽企业的融资能力。管理层应当充分认识到供应链信息的披露在降低审计风险、提升分析师预测精度和缓解股价信息不透明度等方面发挥的重要作用。因此，积极披露供应链相关信息能够促进公司整体透明度的提升，增强投资者信心，从而降低公司股价崩盘风险。在供应链管理方面，管理层应当加强与销售额占比较高的客户或采购额占比较大的供应商进行深度合作，注重维护与主要客户和供应商长期稳定的合作关系，鼓励供应链外部利益相关者充分发挥监督治理效应，以降低管理层自身面临的财务信息操纵风险、偷税漏税风险和企业经营风险。无论是加强供应链信息披露还是提升供应链管理水平，都能在一定程度上帮助企业平稳度过熊市周期，缓解经济下行压力带来的股价压力，冲销行业集中和垄断带来的负面溢出效应，并对公司内部控制和治理的不足进行有效补充。重要的是，管理层应充分理解供应链信息披露与供应链体系管理、股价运行和企业融资三者间的内在联系，并在此基础上建立系统化的公司治理思维，以促进供应链治理、股价运行和融资能力的健康发展和良性循环。

第二，本书能够为在促使供应链上下游利益相关者加强与企业稳定合作的同时促进供应链透明度的提升、强化对企业管理层的监督，以降低合作风险、维护自身利益，促进整体供应链的健康发展提供经验借鉴。对于供应链利益相关者而言，合作企业透明的信息披露、稳健的内部治理、稳定的股票价格和充分的融资能力是企业与客户间契约落实和完成的保障，也是供应商能够充分及时回收资金和稳定经营的前提。因此，在供应链合作体系中，企业与主要客户和供应商的利益是深度交融的。鉴于供应链透明度能够降低公司股价崩盘风险，并进一步强化企业融资能力，客户和供应商应当在市场竞争和合作的基础上鼓励企业积极披露供应链相关信息，降低供应链各方间的信息不对称程度。与此同时，企业的主要客户和供应商应当努力争取企业更多的合作份额，促进与企业更稳定的合作关系，从而更好地履行对管理层进行外部监督的义务和责任，降低企业经营风险，推动供应链整体价值的提升，避免管理层通过信息操纵和偷税漏税等行为导致股价崩盘从而损害自身利益的现象发生。

第三，本书能够为行业组织或行业协会积极推动各行业供应链透明度提升，完善行业供应链体系的整合和治理，以促进行业公平竞争和健康发展提供政策指导。在我国 A 股市场上市公司中，制造业不仅是竞争激烈的行业，也是对供应链信息披露更完善的行业。对行业整体而言，行业内部的有效竞争和协同发展与各企业自身的健康发展密切相关，而企业自身发展又离不开行业供应链体系的稳定支撑。因此，行业组织或行业协会，尤其是信息披露不够充分的社会卫生业和教育业等，应当重视行业整体供应链透明度对维护行业股价平稳运行的重要作用，积极在行业内部鼓励企业披露供应链相关信息，促进公平和透明的行业竞争环境的营造。同时，行业领导者应当推动并帮助企业立足行业整体的供应链体系搭建和治理，积极倡导长久稳定的供应链合作关系，以提升行业整体有效应对股票市场危机和宏观经济危机的能力，缓解行业过度集中或垄断对行业发展和稳定的阻碍。

第四，本书的发现鼓励市场参与者充分利用企业披露的供应链相关信息对企业经营能力和企业价值进行有效评估，以维护自身利益。在上市公司公开披露的信息中，供应链层面的信息一直未受到市场参与者的重视。实际上，企业自愿性披露的供应链相关信息，包括主要客户和供应商的采购销售比例以及名称信息等，不仅能够用来对企业真实的生产经营状况进行有效评价，而且能够用来对企业披露的财务信息进行审计核对。具体地，会计师和审计师在审计过程中能够通过供应链相关信息审查企业真实的商业往来数据，降低审计风险；分析师能够通过将供应链相关信息与其他公开信息进行深度整合，对企业未来的经营绩效进行更准确的评估；投资者能够从供应链相关信息中获取到公司供应链治理整合和供应链关系维护的情况，评估企业真实的生产经营状况，约束管理层对财务信息的操纵，从而降低股价崩盘风险，保护自身的利益。因此，供应链信息是市场参与者对管理层进行监督和对企业价值进行评估的重要信息之一。

第五，本书的发现为监管部门强化上市公司供应链信息披露，充分发挥供应链信息衍生的外部监督治理效应，以维护资本市场稳定运行和健康发展、保护中小投资者的切身利益，提供重要的政策启示。截至目前，我国 A 股市场上市公司信息披露规范中并未明确对上市公司供应链信息披露作出要求，供应链相关信息的披露更多来源于企业的自愿性披露。在我国 A 股市场制度体系构建尚不完善、股票崩盘现象屡见不鲜的现实背景下，鉴于供应链信息对稳定股价运行的重要作用，证券监管部门应当强化上市公司供应链信息披露要求，为强制企业积极披露供应链基本信息制定必要的规章制度，为引导企业合理披露供应链深层信息提供政策指引，从而循序渐进地构建适应我国资本市场实际的供应链信息披露制度体系，为市场参与者行使外部监督权力提供充分保障，为促进资本市场良性循环和健康发展、保护供应链利益相关者和中小投资者的切身利益提供制度基础。

7.4 研究局限和未来展望

本书从供应链关系的透明度、集中度和稳定度视角探究了上市公司供应链关系特征对未来股价崩盘风险的影响，通过收集客观数据，使用科学研究的实证研究方法进行假设检验和得出结论，丰富和发展了现有的理论研究，同时也能够为管理层、供应链利益相关者、证券市场参与者、行业组织和证券监管部门等主体提供实践指导。但本书中仍然不可避免地存在一些研究局限，这也为未来的研究提供了研究方向，有待以后的研究进行深入探索。

首先，本书只使用了中国A股市场上市公司的数据来检验假设，可能局限了研究结论的普遍性。一方面，相较于全国成千上万的企业，本书获取的3500多家A股市场上市公司可能本身具有优秀的供应链管理能力，并且仅代表我国上市公司中的部分样本。另一方面，虽然中国在全球市场中竞争力不断上升，并且在全球供应链中占据重要的地位，但中国制度和文化的特殊性可能会影响供应链关系管理。例如，中国政府在商业环境中发挥着有影响力的作用，政府支持等其他因素有可能对供应链信息披露和供应链关系管理产生显著影响。因此，未来研究可能需要将供应链关系管理实践拓展到其他板块的上市公司，甚至基于发达资本市场进行深入研究，得出具有普遍性的研究结论。

其次，在本书第4章和第5章的研究中，由于客观数据的限制，本书在数据匹配过程中丢失了部分未披露供应链基本信息的公司数据，以及大量未披露供应链深层信息的公司数据。客观数据的衡量并不会受到主观意识的影响，会使数据更具可信度，但也存在一些问题，例如在衡量变量时只能采用片面的表示结果的数据作为衡量指标，并不能全面地反映某个变量。因此，未来的研究可以通过公司调研、客户和供应商访谈等多样化方式拓展样本观测，优化变量的测度，以减少数据测量和数据丢失带来的误差，进而拓展供应链关系管理实践领域的研究。

再次，在供应链管理研究领域中，地理相邻度是另外一个重要且有意义的话题。一方面，集中、稳定的供应链合作关系会受到企业和上下游客户及供应商的地理空间分布的影响；另一方面，相邻的供应链利益相关者以及投资者也会因为本地偏差因素对本地上市公司有更多的信息需求和监督约束。但是，由于上市公司在供应链深层信息披露中对客户和供应商具体名称和所属区域的披露不详尽，本书未能对供应链地理相邻度如何影响公司未来的股价崩盘风险进行研究。未来的研究可以结合交通、物流和通信等方面的数据记录，间接对企业供应链地理相邻度进行测度，从而深入剖析供应链管理实践中地理相邻度的重要影响。

最后，随着互联网、物联网和智能技术的发展，供应链大数据逐渐成为供应链管理体系的一项研究热点，同时供应链大数据化特征对资本市场的溢出效应将是未来研究可以尝试和拓展的方向。根据国际数据公司IDC的报告，五年来全球的大数据投入持续增长，企业在供应链管理中对大数据的投入和依赖也越来越明显。崔等（Choi et al.，2017）指出，供应链管理的大数据化将有利于企业更好地感知和应对市场环境的变化。那么，一个自然的问题是，供应链大数据化是否以及如何影响供应链的价值创造和获取，是否以及如何能够更好地维护供应链利益相关者的利益，是否以及如何影响资本市场的定价效率，这些都是目前研究尚未涉足但有待未来深入拓展的关键科学问题。

参 考 文 献

［1］蔡贵龙，叶敏健，马新啸．股价崩盘风险预期与企业债务成本［J］．金融学季刊，2018（2）：1 – 21．

［2］曹春方，张婷婷，刘秀梅．市场分割提升了国企产品市场竞争地位？［J］．金融研究，2018（3）：121 – 136．

［3］陈宏辉．利益相关者管理：企业伦理管理的时代要求［J］．经济问题探索，2003（2）：68 – 71．

［4］陈建军，胡晨光．产业集聚的集聚效应——以长江三角洲次区域为例的理论和实证分析［J］．管理世界，2008（6）：68 – 83．

［5］陈峻，王雄元，彭旋．环境不确定性、客户集中度与权益资本成本［J］．会计研究，2015（11）：76 – 82．

［6］陈峻，张志宏．客户集中度对企业资本结构动态调整的影响——财政政策调节效应的实证分析［J］．财政研究，2016（5）：90 – 101．

［7］陈小林．潜在错报风险、信息透明度与审计定价——基于中国证券市场的经验证据［J］．科学决策，2009（8）：10 – 16．

［8］陈正林，王彧．供应链集成影响上市公司财务绩效的实证研究［J］．会计研究，2014（2）：49 – 56．

［9］程宏伟．隐性契约与企业财务政策选择研究［J］．财会月刊，2004（2）：6 – 7．

［10］程小可，孙乾，高升好．正面信息渲染与股价崩盘风险——基于安硕信息的案例分析［J］．管理评论，2021，33（1）：340 – 352．

［11］褚剑，方军雄．客户集中度与股价崩盘风险：火上浇油还是扬汤止沸［J］．经济理论与经济管理，2016（7）：44 – 57．

［12］褚剑，方军雄．政府审计的外部治理效应：基于股价崩盘风险的研究［J］．财经研究，2017，43（4）：133 – 145．

[13] 樊亚童. 供应商/客户集中度与会计稳健性的实证研究 [D]. 南昌: 南昌大学, 2018.

[14] 范剑勇. 产业集聚与地区间劳动生产率差异 [J]. 经济研究, 2006 (11): 72-81.

[15] 方红星, 张勇. 供应商/客户关系型交易, 盈余管理与审计师决策 [J]. 会计研究, 2016 (1): 79-86.

[16] 高大良, 刘志峰, 杨晓光. 投资者情绪、平均相关性与股市收益 [J]. 中国管理科学, 2015, 23 (2): 10-20.

[17] 龚丽. 利益相关者参与企业价值增值分享的研究 [D]. 青岛: 中国海洋大学, 2011.

[18] 顾乃华, 毕斗斗, 任旺兵. 中国转型期生产性服务业发展与制造业竞争力关系研究——基于面板数据的实证分析 [J]. 中国工业经济, 2006 (9): 14-21.

[19] 顾小龙等. 暴跌风险预期与公司银行债务结构 [J]. 会计研究, 2018 (8): 35-41.

[20] 何威风, 刘怡君, 吴玉宇. 大股东股权质押和企业风险承担研究 [J]. 中国软科学, 2018 (5): 110-122.

[21] 何兴强, 周开国. 牛、熊市周期和股市间的周期协同性 [J]. 管理世界, 2006 (4): 35-40.

[22] 贺志芳等. 投资者情绪与时变风险补偿系数 [J]. 管理科学学报, 2017, 20 (12): 29-38.

[23] 赫凤杰. 市场集中度、资本结构与产品市场竞争力——基于制造业上市公司数据的实证研究 [J]. 山西财经大学学报, 2008, 30 (2): 56-60.

[24] 胡鞍钢, 魏星, 高宇宁. 中国国有企业竞争力评价 (2003~2011): 世界500强的视角 [J]. 当代中国史研究, 2013 (2): 120.

[25] 胡跃飞, 黄少卿. 供应链金融: 背景、创新与概念界定 [J]. 金融研究, 2009 (8): 194-206.

[26] 黄宏斌, 牟韶红, 李然. 上市公司自媒体信息披露与股价崩盘风险——信息效应抑或情绪效应? [J]. 财经论丛, 2019 (5): 53-63.

[27] 贾洪彬. 供应商/客户集中度对企业会计稳健性的影响 [D]. 乌鲁木齐: 新疆财经大学, 2015.

［28］贾生华，陈宏辉．利益相关者的界定方法述评［J］．外国经济与管理，2002（5）：13－18.

［29］江婕，王正位，龚新宇．信息透明度与股价崩盘风险的多维实证研究［J］．经济与管理研究，2021，42（2）：53－65.

［30］江伟，底璐璐，彭晨．客户集中度影响银行长期贷款吗——来自中国上市公司的经验证据［J］．南开管理评论，2017a，20（2）：71－80.

［31］江伟，底璐璐，姚文韬．客户集中度与企业成本黏性——来自中国制造业上市公司的经验证据［J］．金融研究，2017b（9）：192－206.

［32］江轩宇．税收征管、税收激进与股价崩盘风险［J］．南开管理评论，2013，5：152－160.

［33］江轩宇，许年行．企业过度投资与股价崩盘风险［J］．金融研究，2015（8）：141－158.

［34］姜付秀，蔡欣妮，朱冰．多个大股东与股价崩盘风险［J］．会计研究，2018（1）：68－74.

［35］姜国华，岳衡．大股东占用上市公司资金与上市公司股票回报率关系的研究［J］．管理世界，2015（9）：119－126.

［36］蒋红芸，王雄元．内部控制信息披露与股价崩盘风险［J］．中南财经政法大学学报，2018（3）：23－32.

［37］焦小静，张鹏伟．客户集中度影响公司股利政策吗：治理效应抑或风险效应［J］．广东财经大学学报，2017，32（4）：70－81.

［38］旷乐．供应链集成对经营性营运资金管理绩效的影响——基于制造业上市公司的实证研究［J］．会计之友，2018（3）：95－101.

［39］雷光勇，刘慧龙．大股东控制、融资规模与盈余操纵程度［J］．管理世界，2016（1）：129－136.

［40］李丹，王丹．供应链客户信息对公司信息环境的影响研究——基于股价同步性的分析［J］．金融研究，2016（12）：191－206.

［41］李丹蒙．公司透明度与分析师预测活动［J］．经济科学，2007（6）：107－117.

［42］李欢，李丹，王丹．客户效应与上市公司债务融资能力——来自我国供应链客户关系的证据［J］．金融研究，2018a（6）：138－154.

［43］李欢，郑杲娉，李丹．大客户能够提升上市公司业绩吗？——基于我国供应链客户关系的研究［J］．会计研究，2018b（4）：58－65.

［44］李全喜，孙磐石．供应链组织关系对于质量绩效影响的实证研究［J］．求是学刊，2012，39（2）：72 - 77.

［45］李维安，李勇建，石丹．供应链治理理论研究：概念、内涵与规范性分析框架［J］．南开管理评论，2016，19（1）：4 - 15.

［46］李维安，唐跃军．上市公司利益相关者治理机制、治理指数与企业业绩［J］．管理世界，2005（9）：127 - 136.

［47］李晓玲，户方舟．股票回购、信息透明度与分析师预测研究［J］．金融发展研究，2018（1）：61 - 66.

［48］李心合．利益相关者与公司财务控制［J］．财经研究，2001（9）：57 - 64.

［49］李雪灵，申佳．关系质量量表开发与验证：基于本土研究视角［J］．科研管理，2017，38（11）：117 - 125.

［50］廖成林，仇明全，龙勇．企业合作关系、敏捷供应链和企业绩效间关系实证研究［J］．系统工程理论与实践，2008（6）：115 - 128.

［51］林长泉，毛新述，刘凯璇．董秘性别与信息披露质量——来自沪深 A 股市场的经验证据［J］．金融研究，2016（9）：193 - 206.

［52］林川，杨柏，彭程．控制人权力、制度环境与股价崩盘风险——基于创业板上市公司的经验证据［J］．现代财经，2017，37（12）：36 - 51.

［53］林乐，郑登津．退市监管与股价崩盘风险［J］．中国工业经济，2016（12）：58 - 74.

［54］刘宝华，罗宏，周微．社会信任与股价崩盘风险［J］．财贸经济，2016（9）：53 - 66.

［55］刘斌，叶建中，廖莹毅．我国上市公司审计收费影响因素的实证研究——深沪市 2001 年报的经验证据［J］．审计研究，2003（1）：44 - 47.

［56］刘磊，刘益，黄燕．国有股比例、经营者选择及冗员间关系的经验证据与国有企业的治理失效［J］．管理世界，2004（6）：97 - 105.

［57］刘力．信念、偏好与行为金融学［M］．北京：北京大学出版社，2007.

［58］刘俏，陆洲．公司资源的“隧道效应”——来自中国上市公司的证据［J］．经济学（季刊），2004，3（2）：432 - 456.

［59］刘鑫，薛有志，严子淳．公司风险承担决定因素研究——基于两权分离和股权制衡的分析［J］．经济与管理研究，2014（2）：47 - 55.

［60］柳建华，魏明海，郑国坚．大股东控制下的关联投资："效率促进"抑或"转移资源"［J］．管理世界，2008（3）：133－141.

［61］陆蓉，徐龙炳．"牛市"和"熊市"对信息的不平衡性反应研究［J］．经济研究，2004（3）：65－72.

［62］罗进辉，杜兴强．媒体报道、制度环境与股价崩盘风险［J］．会计研究，2014（9）：53－59.

［63］马可哪呐，唐凯桃，郝莉莉．社会审计监管与资本市场风险防范研究——基于股价崩盘风险的视角［J］．山西财经大学学报，2016，38（8）：25－34.

［64］孟庆斌，杨俊华，鲁冰．管理层讨论与分析披露的信息含量与股价崩盘风险——基于文本向量化方法的研究［J］．中国工业经济，2017（12）：132－150.

［65］孟庆玺，白俊，施文．客户集中度与企业技术创新：助力抑或阻碍——基于客户个体特征的研究［J］．南开管理评论，2018，21（4）：62－73.

［66］潘越，戴亦一，林超群．信息不透明、分析师关注与个股暴跌风险［J］．金融研究，2011，9：138－151.

［67］彭旋．上市公司客户信息披露的现状及影响因素研究［J］．会计之友，2016（10）：66－69.

［68］彭旋，王雄元．支持抑或掠夺？客户盈余信息与供应商股价崩盘风险［J］．经济管理，2018（8）：135－152.

［69］齐萱，谷慧丽，刘树海．上市公司自愿性会计信息披露区域影响因素研究——融资约束视角［J］．云南财经大学学报，2013（2）：122－128.

［70］秦璇，方军雄，于传荣．股价崩盘与 CEO 变更［J］．财务研究，2019（2）：45－59.

［71］权小锋，肖红军．社会责任披露对股价崩盘风险的影响研究：基于会计稳健性的中介机理［J］．中国软科学，2016（6）：80－97.

［72］任莉莉，张瑞君．上市公司股权激励与股价崩盘风险关系研究［J］．财会通讯，2019，7：3－6.

［73］沈华玉，郭晓冬，吴晓晖．会计稳健性、信息透明度与股价同步性［J］．山西财经大学学报，2017，39（12）：114－124.

[74] 沈华玉，吴晓晖，吴世农．控股股东控制权与股价崩盘风险："利益协同"还是"隧道"效应？[J]．经济管理，2017，39（4）：65-83.

[75] 沈华玉，吴晓晖．上市公司违规行为会提升股价崩盘风险吗[J]．山西财经大学学报，2017，39（1）：83-94.

[76] 施先旺，胡沁，徐芳婷．市场化进程、会计信息质量与股价崩盘风险[J]．中南财经政法大学学报，2014（4）：80-87.

[77] 宋光辉，董永琦，肖万．股价崩盘风险与收入差距——股价异常波动经济后果的分析[J]．预测，2018，37（1）：62-67.

[78] 宋献中，胡珺，李四海．社会责任信息披露与股价崩盘风险——基于信息效应与声誉保险效应的路径分析[J]．金融研究，2017（4）：161-175.

[79] 孙世敏等．考虑长短期努力的过度自信代理人激励机制[J]．运筹与管理，2017，26（8）：174-186.

[80] 唐清泉，曾诗韵，蔡贵龙，陈文川．审计师提供并购尽职调查会影响财务报表的审计质量吗？[J]．审计研究，2018（1）：94-102.

[81] 唐斯圆，李丹．普通投资者关注度与股价崩盘风险——基于自媒体的研究[J]．投资研究，2018（4）：38-56.

[82] 唐斯圆，李丹．上市公司供应链地理距离与审计费用[J]．审计研究，2018（1）：72-80.

[83] 唐跃军．供应商、经销商议价能力与公司业绩——来自2005-2007年中国制造业上市公司的经验证据[J]．中国工业经济，2009（10）：67-76.

[84] 田昆儒，孙瑜．非效率投资、审计监督与股价崩盘风险[J]．审计与经济研究，2015，30（2）：43-51.

[85] 佟孟华，艾永芳，孙光林．公司战略、大股东持股以及股价崩盘风险[J]．当代经济管理，2017，39（10）：73-80.

[86] 万东灿．审计收费与股价崩盘风险[J]．审计研究，2015（6）：85-93.

[87] 汪贵浦，陈明亮．邮电通信业市场势力测度及对行业发展影响的实证分析[J]．中国工业经济，2007（1）：21-28.

[88] 王迪，刘祖基，赵泽朋．供应链关系与银行借款——基于供应商/客户集中度的分析[J]．会计研究，2016（10）：42-49.

[89] 王化成，曹丰，高升好．投资者保护与股价崩盘风险[J]．财贸经济，2014（10）：73-82.

［90］王化成，曹丰，叶康涛．监督还是掏空：大股东持股比例与股价崩盘风险［J］．管理世界，2015（2）：45－57.

［91］王柯敬．国有企业经营目标的演进和定位［J］．中央财经大学学报，2005（2）：37－42.

［92］王雄元，高开娟．客户集中度与公司债二级市场信用利差［J］．金融研究，2017（1）：130－144.

［93］王雄元，刘芳．客户议价能力与供应商会计稳健性［J］．中国会计评论，2014，12（3）：389－404.

［94］王雄元，彭旋．稳定客户提高了分析师对企业盈余预测的准确性吗？［J］．金融研究，2016（5）：156－172.

［95］王雄元，喻长秋．专有化成本与公司自愿性信息披露：基于客户信息披露的分析［J］．财经研究，2015（12）：27－38.

［96］王亚平，刘慧龙，吴联生．信息透明度、机构投资者与股价同步性［J］．金融研究，2009（12）：162－174.

［97］王阅，谷丽丽，陈刚．基于供应链管理的商业模式创新研究［J］．现代管理科学，2009（1）：47－48.

［98］温春龙，胡平．我国各地区信息服务产业的地理聚集分析［J］．科技管理研究，2011，31（4）：180－184.

［99］吴松强等．产业集群网络关系特征对产品创新绩效的影响——环境不确定性的调节效应［J］．外国经济与管理，2017，39（5）：46－57.

［100］吴宗法，张英丽．基于法律环境和两权分离的利益侵占研究——来自中国民营上市公司的经验证据［J］．审计与经济研究，2012（1）：90－98.

［101］武常岐，钱婷．集团控制与国有企业治理［J］．经济研究，2011（6）：93－104.

［102］夏常源，贾凡胜．控股股东股权质押与股价崩盘："实际伤害"还是"情绪宣泄"［J］．南开管理评论，2019，22（5）：165－177.

［103］向诚，陆静．本地投资者有信息优势吗？基于百度搜索的实证研究［J］．中国管理科学，2019（4）：25－36.

［104］肖华，张国清．内部控制质量、盈余持续性与公司价值［J］．会计研究，2013（5）：73－80.

［105］肖土盛，宋顺林，李路．信息披露质量与股价崩盘风险：分析师

预测的中介作用 [J]. 财经研究, 2017, 43 (2): 110 – 121.

[106] 谢德仁, 郑登津, 崔宸瑜. 控股股东股权质押是潜在的"地雷"吗?——基于股价崩盘风险视角的研究 [J]. 管理世界, 2016 (5): 128 – 140.

[107] 谢珺, 陈航行. 产品市场势力、行业集中度与分析师预测活动——来自中国上市公司的经验证据 [J]. 经济评论, 2016 (5): 38 – 51.

[108] 谢盛纹, 廖佳. 财务重述、管理层权力与股价崩盘风险: 来自中国证券市场的经验证据 [J]. 财经理论与实践, 2017, 38 (1): 80 – 87.

[109] 徐可, 何桢, 王瑞. 供应链关系质量与企业创新价值链——知识螺旋和供应链整合的作用 [J]. 南开管理评论, 2015, 18 (1): 108 – 117.

[110] 许年行等. 分析师利益冲突、乐观偏差与股价崩盘风险 [J]. 经济研究, 2012 (7): 127 – 140.

[111] 许年行, 于上尧, 伊志宏. 机构投资者羊群行为与股价崩盘风险 [J]. 管理世界, 2013 (7): 31 – 43.

[112] 薛敏正, 郭振雄, 刘沂佩. 信息透明度对审计收费之影响 [J]. 中国会计评论, 2009 (2): 207 – 224.

[113] 杨棉之, 谢婷婷, 孙晓莉. 股价崩盘风险与公司资本成本——基于中国 A 股上市公司的经验证据 [J]. 现代财经, 2015 (12): 41 – 51.

[114] 姚博, 魏玮, 刘婕. 消费疲软与经济周期不确定性对贸易改善影响的阶段比较研究 [J]. 财贸研究, 2013 (6): 9 – 17.

[115] 叶飞, 徐学军. 供应链伙伴关系间信任与关系承诺对信息共享与运营绩效的影响 [J]. 系统工程理论与实践, 2009, 29 (8): 36 – 49.

[116] 叶康涛, 曹丰, 王化成. 内部控制信息披露能够降低股价崩盘风险吗? [J]. 金融研究, 2015 (2): 192 – 206.

[117] 于博, 毛玄, 吴菡虹. 客户集中度, 融资约束与股价崩盘风险 [J]. 广东财经大学学报, 2019 (5): 62 – 75.

[118] 喻灵. 股价崩盘风险与权益资本成本——来自中国上市公司的经验证据 [J]. 会计研究, 2017 (10): 78 – 85.

[119] 袁振超, 代冰彬. 会计信息可比性与股价崩盘风险 [J]. 财务研究, 2017 (3): 65 – 75.

[120] 曾春华, 章翔, 胡国柳. 高溢价并购与股价崩盘风险: 代理冲突抑或过度自信? [J]. 商业研究, 2017 (6): 124 – 130.

［121］曾颖，陆正飞. 信息披露质量与股权融资成本［J］. 经济研究，2006，41（2）：69 - 79.

［122］张超，彭浩东. 客户集中度对股价崩盘风险的影响及内在机理研究［J］. 金融理论与实践，2019（6）：79 - 86.

［123］张春霖. 从融资角度分析国有企业的治理结构改革［J］. 改革，1995（3）：34 - 36.

［124］张敏，马黎珺，张胜. 供应商—客户关系与审计师选择［J］. 会计研究，2012（12）：81 - 86.

［125］张敏，黄继承. 政治关联，多元化与企业风险——来自我国证券市场的经验证据［J］. 管理世界，2009（7）：156 - 164.

［126］张胜. 供应商—客户关系与资产结构——来自我国制造业上市公司的经验证据［J］. 会计论坛，2013（1）：89 - 99.

［127］张首魁，党兴华. 关系结构、关系质量对合作创新企业间知识转移的影响研究［J］. 研究与发展管理，2009，21（3）：1 - 7.

［128］张淑英. 经济周期，供应链合作关系与营运资金的产品市场竞争效应［J］. 现代财经，2017（3）：35 - 53.

［129］张涌. 从代理成本角度看中国国有企业融资结构的确定［J］. 金融研究，2000（12）：101 - 109.

［130］章琳一，张洪辉. 无控股股东，内部人控制与内部控制质量［J］. 审计研究，2020（1）：96 - 104.

［131］赵秀云，鲍群. 制度环境、关系交易与现金持有决策［J］. 审计与经济研究，2015，30（3）：21 - 29.

［132］郑国坚，林东杰，林斌. 大股东股权质押、占款与企业价值［J］. 管理科学学报，2014（9）：72 - 87.

［133］周冬华，赖升东. 上市公司现金流操控行为会加剧股价崩盘风险吗［J］. 山西财经大学学报，2016，38（2）：100 - 111.

［134］周泽将，汪帅，王彪华. 经济周期与金融风险防范——基于股价崩盘视角的分析［J］. 财经研究，2021，47（6）：108 - 123.

［135］Ak, B. K., and P. N. Patatoukas. Customer-base concertration and inventory efficiencies：Evidence from the manufacturing sector［J］. Production & Operations Management, 2016, 25（2）：258 - 272.

［136］An, H., and T. Zhang. Stock price synchronicity, crash risk, and institutional investors [J]. Journal of Corporate Finance, 2013, 21 (6): 1 – 15.

[137] An, Z. , C. Chen, V. Naiker, and J. Wang. Does media coverage deter firms from withholding bad news? Evidence from stock price crash risk [J]. Journal of Corporate Finance, 2020, 64: 101664.

[138] An, Z. , D. Li, and J. Yu. Firm crash risk, information environment, and speed of leverage adjustment [J]. Journal of Corporate Finance, 2015, 31: 132 – 151.

[139] Ang, J. S. , and Y. Ma. Transparency in chinese stocks: a study of earnings forecasts by professional analysts [J]. Pacific-Basin Finance Journal, 1999, 7 (2): 129 – 155.

[140] Argyres, N. S. , and L. J. Porter. Contratural commitments, bargaining power and governance inseparability: Incorporating history into transaction cost theory [J]. Academy of Management Review, 1999, 24 (1): 49 – 63.

[141] Arora, A. , and P. Alam. CEO compensation and stakeholders' claims [J]. Contemporary Accounting Research, 2005, 22 (3): 519 – 547.

[142] Arya, A. , and B. Mittendorf. Interacting supply chain distortions: The pricing of internal transfers and external procurement [J]. The Accounting Review, 2007, 82 (3): 551 – 580.

[143] Baiman, S. , and M. V. Rajan. The role of information and opportunism in the choice of buyer-supplier relationships [J]. Journal of Accounting Research, 2002, 40 (2): 32 – 51.

[144] Baker, A. J. A model of competition and monopoly in the record industry [J]. Journal of Cultural Economics, 1991, 15 (1): 29 – 54.

[145] Baker, M. , R. S. Ruback, and J. Wurgler. Chapter 4: Behavior corporate finance [J]. Handbook of Empirical Corporate Finance, 2009 (1): 145 – 186.

[146] Baker, M. P. , and J. A. Wurgler. Investor sentiment and the cross-section of stock returns [J]. Journal of Finance, 2006, 61 (4): 1645 – 1680.

[147] Banerjee, S. , S. Dasgupta, and Y. Kim. Buyer-supplier relationships and the stakeholder theory of capital structure [J]. Journal of Finance, 2008, 63 (5): 2507 – 2552.

[148] Bateman, A. H. , E. E. Blanco, and Y. Sheffi. Disclosing and reporting environmental sustainability of supply chains, in Sustainable Supply Chains (Springer Series in Supply Chain Management), 2017.

[149] Bekaert, G. , and G. Wu. Asymmetric volatility and risk in equity markets [J]. Review of Financial Studies, 1997, 13 (1): 1 –42.

[150] Berle, A. , and G. Means. The modern corporation and private property [M]. New York: Macmillan, 1932.

[151] Bhattacharya, S. Imperfect information, dividend policy, and the brid on the hand fallacy [J]. The Bell Journal of Economics, 1979, 10 (1): 259 – 270.

[152] Bhuiyan, M. , A. Rahman, and N. Sultana. Female tainted directors, financial reporting quality and audit fees [J]. Journal of Contemporary Accounting & Economics, 2020, 16 (2): 100189.

[153] Black, F. Noise [J]. The Journal of Finance, 1986, 41 (1): 529 – 543.

[154] Bleck, A. , and X. Liu. Market transparency and the accounting regime [J]. Journal of Accounting Research, 2007, 45 (2): 229 –256.

[155] Bommaraju, R. , M. Ahearne, R. Krause, and S. Trirunillai. Does a customer on the board of directors affect business-to-business firm performance [J]. Journal of Marketing, 2018, 83 (1): 8 –23.

[156] Boone, J. Intensity of competition and the incentive to innovate [J]. International Journal of Industrial Organization, 2001, 19 (5): 705 –726.

[157] Bresser, R. K. , and J. E. Harl. Collective stratefy: Vice or virtue? [J]. Academy of Management Review, 1986, 11 (2): 408 –427.

[158] Brinkhoff, A. , O. Ozer, and G. Sargut. All you need is trust? An examination of inter-organizational supply chain projects [J]. Production & Operations Management, 2015, 24 (2): 181 –200.

[159] Brooks, C. , and A. Katsaris. A three-regime model of speculative behavior: Modelling the evolution of the S&P 500 composite index [J]. Economic Journal, 2005, 115 (5): 767 –797.

[160] Bryson, J. M. , and J. Pfeffer. External control of organizations: A resource dependence perspective [J]. Journal of the American Planning Associa-

tion, 1980, 46 (2): 465 - 467.

[161] Callen, J. L. , and X. Fang. Institutional investor stability and crash risk: Monitoring versus short-termism? [J]. Journal of Banking & Finance, 2013, 37: 3047 - 3063.

[162] Campello, M. , and J. Gao. Customer concentration and loan contract terms [J]. Journal of Financial Economics, 2017, 123 (1): 108 - 136.

[163] Cao, H. H. , and C. D. Hirshleifer. Sidelined investors, trading-generated news, and security returns [J]. Review of Financial Studies, 2002, 15 (2): 615 - 648.

[164] Casciaro, T. , and M. J. Piskorski. Power imbalance, mutual dependence, and constraint absorption: A closer look at resource dependence theory [J]. Administrative Science Quarterly, 2005, 50 (2): 167 - 199.

[165] Cen, L. , S. Dasgupta, R. Elkamhi, and R. S. Pungaliya. Reputation and loan contract terms: The role of principal customers [J]. Review of Finance, 2016, 20 (2): 501 - 533.

[166] Chang, M. , C. Cheng, and W. Wu. How buyer-seller relationship quality influences adaptation and innovation by foreign MNCs' subsidiaries [J]. Industrial Marketing Management, 2012, 41 (7): 1047 - 1057.

[167] Chang, X. , Y. Chen, and L. Zolotoy. Stock liquidity and stock price crash risk [J]. Journal of Financial & Quantitative Analysis, 2017, 52 (4): 1605 - 1637.

[168] Charkham, J. P. Corporate governance: Lessons from abroad [J]. European Business Journal, 1992, 4 (2): 8 - 17.

[169] Chen, C. , J. B. Kim, and L. Yao. Earnings smoothing: does it exacerbate or constrain stock price crash risk? [J]. Journal of Corporate Finance, 2017, 42: 36 - 54.

[170] Chen, I. J. , A. Paulraj, and A. A. Lado. Strategic purchasing, supply management, and firm performance [J]. Journal of Operations Management, 2004, 22 (5): 505 - 523.

[171] Chen, J. , H. Hong, and J. C. Stein. Forecasting crashes: Trading volume, past returns, and conditional skewness in stock prices [J]. Journal of Financial Economics, 2001, 61 (3): 345 - 381.

[172] Chen, Y. , X. Yuan, Y. Hong, and Y. Zhang. Does crackdown on corruption reduce stock price crash risk? Evidence from China [J]. Journal of Corporate Finance, 2018, 51: 125 – 141.

[173] Cheng, Q. The role of analysts' forecasts in accounting-based valuation: a critical evaluation [J]. Review of Accounting Studies, 2005, 10 (1): 5 – 31.

[174] Choi, T. M. , H. K. Chan, and X. Yue. Recent development in big data analytics for business operations and risk management [J]. IEEE Transactions on Cybernetics, 2017, 47 (1): 81 – 92.

[175] Christie, A. A. The stochastic behavior of common stock variances: Value, leverage and interest rate effects [J]. Journal of Financial Economics, 1982, 10 (4): 407 – 432.

[176] Clarkson, M. E. A stakeholder framework for analyzing and evaluating corporate social performance [J]. Academy of Management Review, 1995, 20 (1): 92 – 117.

[177] Clemons, E. K. , S. P. Reddi, and M. C. Row. The impact of information technology on the organization of economic activity: The "move to the middle" hypothesis [J]. Journal of Management Information Systems, 1993, 10 (2): 9 – 35.

[178] Coase, R. H. The nature of the firm [J]. Economica, 1937, 4 (16): 386 – 405.

[179] Cool, K. and J. Henderson. Factor and regression analysis, power and profits in supply chains//Statistical Models for Strategic Management [M]. MA, Boston, 1997.

[180] Crosby, L. A. , K. R. Evans, and D. Cowles. Relationship quality in services selling: An interpersonal influence perspective [J]. Journal of Marketing, 1990, 54 (3): 68 – 81.

[181] Culter, D. H. , J. Poterba, and L. H. Summers. What moves stock prices? [J]. The Journal of Portfolio Management, 1988, 15 (3): 4 – 12.

[182] Dahlman, C. J. The problem of externality [J]. The Journal of Law & Economics, 1979, 22 (1): 141 – 162.

[183] Dan, D. , C. Jsj, D. Ms, and E. Ss. Customer concentration risk and

the cost of equity capital [J]. Journal of Accounting & Economics, 2016, 61 (1): 23 –48.

[184] Danese, P. , and T. Bortolotti. Supply chain integration patterns and operational performance: A plant-level survey-based analysis [J]. International Journal of Production Research, 2014, 52 (23): 7062 –7083.

[185] Dechow, P. M. , R. G. Sloan, and A. P. Sweeney. Detecting earnings management [J]. Accounting Review, 1995, 70 (2): 193 –225.

[186] Defond, M. L. , and K. R. Subramanyam. Auditor changes and discretionary accruals [J]. Journal of Accounting & Economics, 1998, 25 (1): 35 –67.

[187] Denis, D. J. , D. K. Denis, and A. Sarin. Agency problems, equity ownership, and corporate diversification [J]. Journal of Finance, 1997, 52 (1): 135 –197.

[188] Diamond, D. W. , and R. E. Verrecchia. Disclosure, liquidity, and the cost of capital [J]. The Journal of Finance, 1991, 46 (4): 1325 –1360.

[189] Dubois, A. , and P. Fredriksson. Cooperating and competing in supply networks: making sense of a triadic sourcing strategy [J]. Journal of Purchasing & Supply Management, 2008, 14 (3): 170 –179.

[190] Dwyer, F. R. , P. H. Schurr, and S. Oh. Developing buyer-seller relationships [J]. Journal of Marketing, 1987, 51 (2): 179 –193.

[191] Dyer, J. H. , and H. Singh. The relational view: Cooperative strategy and sources of nter-organizational competitive advantage [J]. Academy of Management Review, 1998, 23 (4): 660 –679.

[192] Ellis, J. A. , C. E. Fee, and S. E. Thomas. Proprietary costs and the disclosure of information about customers [J]. Journal of Accounting Research, 2012, 50 (3): 685 –727.

[193] Fama, E. F. Efficient capital markets: A review of theroy and empirical work [J]. Journal of Finance, 1970, 25 (2): 383 –417.

[194] Fink, R. C. Transaction cost economics, resource dependence theory, and customer-supplier relationships [J]. Journal of Strategic Marketing, 2006, 19 (1): 73 –89.

[195] Flynn, B. B. , B. Huo, and X. Zhao. The impact of supply chain inte-

gration on performance: A contingency and configuration approach [J]. Journal of Operations Management, 2010, 28 (1): 58 –71.

[196] Francis, J., and D. Philbrick. Shareholder litigation and corporate disclosures [J]. Journal of Accounting Research, 1994, 32 (2): 137 –164.

[197] Frederick, W. C. The moral authority of transnational corporate codes [J]. Journal of Business Ethics, 1991, 10 (3): 165 –177.

[198] Freeman, R. E. Strategic management: A stakeholder approach [M]. New York: Cambridge University Press, 1984.

[199] French, K. R., and R. Roll. Srock return variances: The arrival of information and the reaction of traders [J]. Journal of Financial Economics, 1986, 17 (1).

[200] French, K. R., G. W. Schwert, and R. F. Stambaugh. Expected stock returns and volatility [J]. Journal of Financial Economics, 1987, 19 (1): 3 – 29.

[201] Fynes, B., S. De Búrca, and C. Voss. Supply chain relationship quality, the competitive environment and performance [J]. International Journal of Production Research, 2005, 43 (16): 3303 –3320.

[202] Fynes, B., S. De Búrca, and D. Marshall. Environmental uncertainty, supply chain relationship quality and performance [J]. Journal of Purchasing and Supply Management, 2004, 10 (4 –5): 179 –190.

[203] Galbraith, C. S., and C. H. Stiles. Firm profitability and relative firm power [J]. Strategic Management Journal, 1983, 4 (3): 237 –249.

[204] Gennotte, G., and H. Leland. Market liquidity, hedging, and crashes [J]. American Economic Review, 1990, 80 (5): 999 –1021.

[205] Gosman, M. L., and M. J. Kohlbeck. Effects of the existence and identity of major customers on supplier profitability: Is wal-mart different? [J]. Journal of Management Accounting Research, 2009, 21 (1): 179 –201.

[206] Griffin, J. M., F. Nardari, and R. M. Stulz. Stock market trading and market conditions. EB/OL 2004, SSRN.

[207] Guan, Y., M. H. F. Wong, and Y. Zhang. Analyst following along the supply chain [J]. Rview of Accounting Studies, 2014, 20 (1): 210 –241.

[208] Gulati, R., and M. Sytch. Dependence asymmetry and joint dependence

in interorganizational relationships: Effects of embeddedness on a manufacturer's performance in procurement relationships [J]. Administrative Science Quarterly, 2007, 51 (1): 32 –69.

[209] Gummesson, E. The new marketing—Developing long-term interactive relationships [J]. Long Range Planning, 1987, 20 (4): 10 –20.

[210] Hall, S. C. , V. Agrawal, and P. Agrawal. Earnings management and the financial statement analyst [J]. Accounting and Finance Research, 2013, 2 (2): 105 –111.

[211] Harrison, T. P.. Principles for the strategic design of supply chains. In: The practice of supply chain management: Where theory and application converge, in *International series in operations research & management science* (Springer, Boston).

[212] Harymawan, I. , Lam, M. Nasih, and R. Rumayya. Political connections and stock price crash risk: empirical evidence from the fall of suharto [J]. International Journal of Financial Studies, 2019, 7 (3): 49 –65.

[213] Healy, P. M. , and K. G. Palepu. Information asymmetry, corporate disclosure and the capital markets: A review of the empirical disclosure literature [J]. Journal of Accounting & Economics, 2001, 31 (1): 405 –440.

[214] Helwege, J. , V. J. Intintoli, and A. Zhang. Voting with their feet or activism? Institutional investors' impact on CEO turnover [J]. Journal of Corporate Finance, 2012, 18 (1): 22 –37.

[215] Henderson, C. J. Power and firm profitability in supply chains: French manufacturing industry in 1993 [J]. Strategic Management Journal, 1998, 19 (10): 909 –926.

[216] Hennig-Thurau, T. Relationship quality and customer retention through strategic communication of customer skills [J]. Journal of Marketing Management, 2000, 16 (1 –3): 55 –79.

[217] Hong, H. , and J. C. Stein. Differences of opinion, short-sales constraints, and market crashes [J]. Review of Financial Studies, 2003, 16 (2): 487 –525.

[218] Hong, T. S. , and T. J. Wong. Why new issues and high-accrual firms underperform: the role of analysts' credulity [J]. Review of Financial Studies,

2002, 15 (3): 869 – 900.

[219] Huang, H. H. , G. J. Lobo, and C. Wang. Customer concentration and corporate tax avoidance [J]. Journal of Banking & Finance, 2016, 72 (1): 184 – 200.

[220] Hueng, C. J. , and J. B. Mcdonald. Forecasting asymmetries in aggregate stock market returns: Evidence from conditional skewness [J]. Journal of Empirical Finance, 2005, 12 (5): 666 – 685.

[221] Hui, K. W. , C. Liang, and P. E. Yeung. The effect of major customer concertration on firm profitability: Competitive or collaborative [J]. Review of Accounting Studies, 2018, 24 (1): 189 – 229.

[222] Huntley, J. K.. Conceptualization and measurement of relationship quality: Linking relationship quality to actual sales and recommendation intention [J]. Industrial Marketing Management, 2006, 35 (6): 703 – 714.

[223] Hutton, A. P. , A. J. Marcus, and H. Tehranian. Opaque financial report, R2, and crash risk [J]. Journal of Financial Economics, 2009, 94 (1): 67 – 86.

[224] Itzkowitz, J. Customers and cash: How relationships affect suppliers' cash holdings [J]. Journal of Corporate Finance, 2013, 19 (1): 159 – 180.

[225] Ivanovich, M. V. , M. Zukerman, and R. Addie. "Onto-delusion" in psychology and positivism : out of monopoly of "consciousness worship" to coexistence of [J]. Journal of the Japan Association for Philosophy of Science, 2007, 34 (2): 71 – 82.

[226] Jensen, M. C. , and W. H. Merkling. Theory of the firm: Managerial behavior, agency costs and ownership structure [J]. Journal of Financial Economics, 1976, 3 (2): 305 – 360.

[227] Jin, L. , and S. C. Myers. R2 around the world: New theory and new tests [J]. Journal of Financial Economics, 2006, 79 (2): 257 – 292.

[228] Johnstone, K. M. , C. Li, and S. Luo. Client-auditor supply chain relationships, audit quality, and audit pricing [J]. Auditing, 2014, 33 (4): 119 – 166.

[229] Johson, S. , and R. La Porta. Tunneling [J]. American Economic Review, 2000, 90 (2): 22 – 27.

[230] Joshi, A. W. , and R. L. Stump. The contingent effect of specific asset

investments on joint action in manufacturer-supplier relationships: An empirical test of the moderating role of reciprocal asset investments, uncertainty, and trust [J]. Journal of the Academy of Marketing Science, 1999, 27 (3): 291 – 305.

[231] Kahkonen, A. K. , K. Lintukangas, and J. Hallikas. Buyer's dependence in value creating supplier relationships [J]. Supply Chain Management: An International Journal, 2015, 20 (2): 151 – 162.

[232] Kai, W. H. , S. Klasa, and P. E. Yeung. Corporate suppliers and customers and accounting conservatism [J]. Journal of Accounting & Economics, 2012, 52 (1): 115 – 135.

[233] Kale, J. R. , and H Shahrur. Corporate capital structure and the characteristics of suppliers and customers [J]. Journal of Financial Economics, 2007, 83 (2): 321 – 365.

[234] Kalwani, M. U. , and N. Narayandas. Long-term manufacturer-supplier relationships: Do they pay off for supplier firms? [J]. Journal of Marketing, 1995, 59 (1): 1 – 15.

[235] Kaplan, S. N. , and L. Zingales. Do investment-cash flow sensitivities provide useful measures of financing constraints [J]. Quarterly Journal of Economics, 1997, 112 (1): 169 – 215.

[236] Kim, D. Y. , and P. Zhu. Supplier dependence and R&D intensity: The moderating role of network certrality and interconnectedness [J]. Journal of Operations Management, 2018, 64 (1): 7 – 18.

[237] Kim, J. B. , and L. D. Zhang. Does accounting conservatism reduce stock price crash risk? Firm-level evidence [J]. Contemporary Accounting Research, 2016, 33 (1): 412 – 441.

[238] Kim, J. B. , Y. Li, and L. Zhang. CFOs versus CEOs: Equity incentives and crashes [J]. Journal of Financial Economics, 2011b, 101 (3): 713 – 730.

[239] Kim, J. B. , Y. Li, and L. Zhang. Corporate tax avoidance and stock price crash rsk: Firm-level analysis [J]. Journal of Financial Economics, 2011a, 100 (3): 639 – 662.

[240] Kim, O. , and R. Verrecchia. The relation among disclosure, returns and trading [J]. The Accounting Review, 2001, 76 (4): 633 – 654.

[241] Kim, Y. H., and D. Henderson. Financial benefits and risks of dependency in triadic supply chain relationships [J]. Journal of Operations Management, 2015, 36: 115 – 129.

[242] Kim, Y. H. The effects of major customer networks on supplier profitability [J]. Journal of Supply Chain Management, 2017, 53 (1): 26 – 40.

[243] Klein, B., R. G. Crawford, and A. A. Alchian. Vertical integration, appropriable rents, and the competitive contracting process [J]. Journal of Law & Economics, 1978, 21 (2): 297 – 326.

[244] Konchitchkil, Y., Y. Luo, M. L. Z. Ma, and F. Wu. Accounting-based downside risk, cost of capital, and the macroeconomy [J]. Review of Accounting Studies, 2016, 21 (1): 1 – 36.

[245] Kong, D., L. Shi, and F. Zhang. Explain or conceal? causal language intensity in annual report and stock price crash risk [J]. Economic Modelling, 2020, 94: 715 – 725.

[246] Kothari, S. P., S. Shu, and P. D. Wysocki. Do managers withhold bad news? [J]. Journal of Accounting Research, 2009, 47 (1): 241 – 276.

[247] Krolikowski, M, and X. Yuan. Friend or foe: Customer-supplier relationships and innovation [J]. Journal of Business Research, 2017, 78: 53 – 68.

[248] Kwak, K., and N. Kim. Concertrate or disperse? The relationship between major customer concertration and supplier profitability and the moderating role of insider ownership [J]. Journal of Business Research, 2020, 109 (2): 648 – 658.

[249] La Porta, R. L., F. Lopez-De-Silanes, A. Shleifer, and R. Vishny. Investor protection and corporate governance [J]. Journal of Financial Economics, 2000, 58 (1): 3 – 27.

[250] Lafontaine, F., and M. Slade. Vertical integration and firm boundaries: The evidence [J]. Journal of Economic Literature, 2007, 45 (3): 629 – 685.

[251] Lanier, D., W. F. Wempe, and Z. G. Zacharia. Concentrated supply chain membership and financial performance: Chain-and firm-level perspectives [J]. Journal of Operations Management, 2010, 28 (1): 1 – 16.

[252] Lee, I. H. Market crashes and informational avalanches [J]. Review

of Economic Studies, 1998, 65 (4): 741 –759.

[253] Lee, S. M. , P. Jiraporn, and H. Song. Customer concentration and stock price crash risk [J]. Journal of Business Research, 2020, 110 (3): 327 – 346.

[254] Li, W. , and G. Cai. Religion and stock price crash risk: Evidence from China [J]. China Journal of Accounting Research, 2016, 9 (3): 235 – 250.

[255] Li, Y. H. , X. Li, E. Xiang, and H. G. Djajadikerta. Financial distress, internal control, and earnings management: Evidence from China [J]. Journal of Contemporary Accounting & Economics, 2020, 16 (3): 100210.

[256] Liu, H. , Y. L. Wang, L. Huang, and X. Zhang. Outward fdi and stock price crash risk——Evidence from china [J]. Journal of International Financial Markets Institutions and Money, 2021 (3): 101366.

[257] Ma, X. , W. Wang, J. Wu, and W. Zhang. Corporate customer concentration and stock price crash risk [J]. Journal of Banking & Finance, 2020, 119: 105903.

[258] Macher, J. T. , and B. D. Richman. Transaction cost economics: An assessment of empirical research in the social sciences [J]. Business & Politics, 2008, 10 (1): 1 –63.

[259] Marin, J. M. , and J. P. Olivier. The dog that did not bark: Insider trading and crashes [J]. Journal of Finance, 2008, 63 (5): 2429 –2476.

[260] Myers, J. N. , L. A. Myers, and T. C. Omer. Exploring the term of the auditor-client relationship and the quality of earnings: a case for mandatory auditor rotation? [J]. Accounting Review, 2003, 78 (3): 779 –799.

[261] Myers, S. C. , and N. S. Majluf. Corporate financing and investment decisions when firms have information that investors do not have [J]. Journal of Financial Economics, 1984, 13 (2): 187 –221.

[262] Naudé, P. , and F. Buttle. Assessing relationship quality [J]. Industrial Marketing Management, 2000, 29 (4): 351 –361.

[263] Nyaga, G. N. , and J. M. Whipple. Relationship quality and performance outcomes: Achieving a sustainable competitive advantage [J]. Journal of Business Logistics, 2011, 32 (4): 345 –360.

［264］ Olsen, C, and J. R. Dietrich. Vertical information transfers: The association between retailers' sales announcements and suppliers' security returns ［J］. Journal of Accounting Research, 1985, 23 (1): 144 – 166.

［265］ Pagan, A. R. , and K. A. Sossounov. A simple framework for analysing bull and bear markets ［J］. Journal of Applied Econometrics, 2003, 18 (1): 23 – 46.

［266］ Palmatier, R. W. , L. K. Scheer, and K. R. Evans. Achieving relationship marketing effectiveness in business-to-business exchanges ［J］. Journal of the Academy of Marketing Science, 2008, 36 (2): 174 – 190.

［267］ Pandit, S. , C. E. Wasley, and T. Zach. Information externalities along the supply chain: The economic determinants of suppliers' stock price reaction to their customers' earnings announcements ［J］. Contemporary Accounting Research, 2011, 28 (4): 1304 – 1343.

［268］ Pastena, V. , and J. Ronen. Some hypotheses on the pattern of management's informal disclosures ［J］. Journal of Accounting Research, 1979, 17 (2): 550 – 564.

［269］ Patatoukas, P. N. Customer-base concentration: implication for firm performance and capital markets ［J］. The Accounting Review, 2011, 87 (2): 363 – 392.

［270］ Paulraj, A. , and I. J. Chen. Environmental uncertainty and strategic supply management: A resource dependence perspective and performance implications ［J］. Journal of Supply Chain Management, 2007, 43 (3): 29 – 42.

［271］ Penrose, E. T. The theory of the growth of the firm ［M］. New York: Oxford University Press, 1959.

［272］ Pfeffer, J. , and J. R. Salancik. The external control of organizations ［M］. San Francisco: Stanford Business Press, 1978.

［273］ Pindyck, R. S. Risk, inflation, and the stock market ［J］. American Economic Review, 1984, 74 (3): 335 – 351.

［274］ Porter, M. E. Consumer behavior, retailer power and market performance in consumer goods industries ［J］. Review of Economics and Statistics, 1974, 56 (4): 419 – 436.

［275］ Prahalad, C. K. , and G. Hamel. The core competence of the corporation [J]. Harvard Business Review, 1990, 6 (3): 79 –91.

[276] Raman, K., and H. Shahrur. Relationship-specific investments and earnings management: Evidence on corporate suppliers and customers [J]. Accounting Review, 2008, 83 (4): 1041 –1081.

[277] Roll, R. R2 [J]. The Journal of Finance, 1988, 43 (3): 541 –566.

[278] Romer, D. Rational asset-price movements without news [J]. American Economic Review, 1993, 83 (5): 1112 –1130.

[279] Roychowdhury, S. Earnings management through real activities manipulation [J]. Journal of Accounting & Economics, 2006, 42 (3): 335 –370.

[280] Schmitz, T. , B. Schweiger, and J. Daft. The emergence of dependence and lock-in effects in buyer-supplier relationships: A buyer perspective [J]. Industrial Marketing Management, 2016, 55 (1): 22 –34.

[281] Schwert, G. W. Why does stock market volatility change over time? [J]. Journal of Finance, 1989, 44 (5): 1115 –1153.

[282] Shleifer, A. , and R. W. Vishny. A survey of corporate governance [J]. Journal of Finance, 1997, 52 (1): 737 –783.

[283] Silva, P. Corporate governance, earnings quality and idiosyncratic crash risk during the 2007 –2008 financial crisis [J]. Journal of Multinational Financial Management, 2019, 51 (2): 61 –79.

[284] Sinunio, D. The pricing of audit services: Theory and evidence [J]. Journal of Accounting Research, 1980, 18 (1): 161 –190.

[285] Song, L. Accounting disclosure, stock price synchronicity and stock crash risk [J]. International Journal of Accounting & Information Management, 2015, 23 (4): 349 –363.

[286] Spender, J. C. Making knowledge the basis of a dynamic theory of the firm [J]. Strategic Management Journal, 1996, 17 (2): 45 –62.

[287] Stevens, G. C. Integrating the supply chain [J]. International Journal of Physical Distribution & Logistics Management, 1989, 19 (8): 3 –8.

[288] Tesar, L. L. , and I. M. Werner. Home bias and high turnover [J]. Journal of International Money & Finance, 1995, 14 (4): 467 –492.

[289] Trebilcock, B. . Mainlining RFID into the pharma supply chain [J].

Modern Materials Handling, 2007, 62 (6): 11 – 12.

[290] Verrecchia, R. E. Discretionary disclosure [J]. Journal of Accounting & Economics, 1983, 5 (1): 179 – 194.

[291] Wang, J. Do firms' relationships with principal customers/suppliers affect shareholders' income? [J]. Journal of Corporate Finance, 2012, 18 (4): 860 – 878.

[292] Wernerfelt, B. A resource-based view of the firm [J]. Strategic Management Journal, 1984, 5 (1): 171 – 180.

[293] Whited, T. M. , and G. Wu. Financial constraints risk [J]. Review of Financial Studies, 2006, 19 (2): 531 – 559.

[294] Williamson, O. E. Transaction-cost economics: The governance of contractual relations [J]. The Journal of Law & Economics, 1979, 22 (2): 233 – 261.

[295] Xu, C. K. Price convexity and skewness [J]. Journal of Finance, 2007, 62 (5): 2521 – 2552.

[296] Xu, N. , X. Li, Q. Yuan, and K. Chan. Excess perks and stock price crash risk: Evidence from China [J]. Journal of Corporate Finance, 2014, 25 (2): 419 – 434.

[297] Yang, J. , J. Lu, and C. Xiang. Company visits and stock price crash risk: Evidence from China [J]. Emerging Markets Review, 2020, 44: 100723.

[298] Yi, L. Import competition and skill content in U. S. manufacturing industries [J]. Review of Economics and Statistics, 2013, 95 (4): 1404 – 1417.

[299] Yli-Renko, H. , and R. Janakiraman. How customer portfolio affects new product development in technology-based entrepreneurial firms [J]. Journal of Marketing, 2008, 72 (5): 131 – 148.

[300] Yuan, K. Asymmetric price movements and borrowing contraints: A rational expections equilibrium model of crises, contagion, and confusion [J]. Journal of Finance, 2005, 60 (1): 379 – 411.

[301] Zaman, R. , N. Atawnah, M. Haseeb, M. Nadeem, and D. Saadia. Does corporate eco-innovation affect stock price crash risk? [J]. The British Accounting Review, 2021: Forthcoming.

[302] Zhang, X. , M. Zou, W. Liu, and Y. Zhang. Does a firm's supplier concentration affect its cash holding? [J]. Economic Modelling, 2020, 90: 527 –

535.

[303] Zhao，R.. Quantifying the correlation of media coverage and stock price crash risk：A panel study from China [J]. Physica A：Statistical Mechanics and its Applications，2020（537）：122378.